国家"十二五"重点图书

世界主要政党规章制度文献

丛书主编：俞可平
执行主编：陈家刚

墨西哥、巴西

主编：靳呈伟

中央编译出版社
Central Compilation & Translation Press

中央编译局文库出版工作领导小组（编委会）

组　　长：贾高建
副 组 长：魏海生　陈和平　柴方国　季正聚
成　　员：崔友平　沈红文　杨雪冬　冯　雷　陈家刚
　　　　　赖海榕　郗卫东　张文成　葛海彦

中央编译局文库出版工作领导小组办公室

主　　任：薛晓源
成　　员：徐向梅　苗永姝

中央编译出版社文库编辑中心编辑小组

葛海彦　董　巍　贾宇琰　曲建文　苗永姝
杜永明　盛菊艳　李媛媛　薛迎春　董　妍

总　序

　　近代的政党，是基于一定的阶级或阶层之上，为了夺取和巩固国家的政治权力，从而维护特定利益的政治组织。与其他政治组织相比，政党最明显的特征，就是它有着明确的政治目标，即夺取政权和维护政权。除了执掌国家政权这一基本职能外，政党也是现代社会中最重要的利益表达和利益综合机构，是连接政府与民众的政治桥梁。政党还是国家政治生活的最重要组织者，是公民参与国家政治生活的重要平台，它履行着政治动员、公共参与和政治教育等重要的政治职能。因此，从权力的角度看，在所有政治组织中，政党是最重要的政治组织，它对近代国家的政治生活有着极为重要的影响。实际上，近代政治就是政党政治。国家权力主要由政党掌握，并且通过政党运行。

　　由于政党在国家公共政治生活中起着如此关键性的决定作用，规范政党组织本身及其成员的行为和活动，就变得极其重要。从国家的角度看，宪法及相应的专门法律，通常要对政党参与国家政权的方式、途径、范围等做出原则性规定，从而形成了不同的政党制度，如多党制、两党制、一党制、一党主导或一党独大制、多党合作制等。从政党自身的角度看，每个政党都必须有一整套政治纲领和规章制度，明确宣示政党的性质、使命、目标、任务和政策倡议，详细规定党员的资格、条件、义务、责任、权利，以及党的组织形式、选举制度、领导机制、决策程序和纪律约束等。广义上说，政党制度既包括政党的外部制度，也包括政党的内部制度，它们一起构成国家政治制度的重要组成部分。

如果说主权国家是国际政治舞台的主角，那么政党便是国内政治舞台的主角。除了少数小国之外，世界上绝大多数国家的政权实际上都掌握在执政党手中。一个个政党的产生、发展、壮大、掌权、下台、消亡，以及各个政党之间的竞争、合作、争斗、兼并、分化、组合，构成了现实政治生活一幅五彩斑斓的图景。要真正了解当代世界，就要了解世界各国的政治图景，那就不能不了解主演这些政治图景的各个政党。世界的丰富多彩，不仅体现在文化传统、生活方式和乡土风情上，也体现在社会结构、发展模式和政治体制上。进而言之，要真正了解一个国家，就要了解这个国家的政治体制；而要了解一个国家的政治体制，就不能不了解这个国家的政党制度。

中国共产党是按照马列主义原则建立起来的一个革命政党，在夺取国家政权后，特别是在改革开放后，它逐渐从一个革命党转变为执政党。党的根本宗旨没有改变，但党的群众基础、指导思想、组织结构、领导机制和执政方式等，都发生了重大的变化。坚持人民主体地位，发展人民民主已经成为中共执政的基本政治目标；民主、自由、平等、公正、法治、和谐，已经成为中共追求的核心政治价值；民主执政、依法执政和科学执政，已经成为中共的基本执政方式；建设中国特色的社会主义法治国家，推进国家治理现代化，已经成为中共全面深化改革的总目标。所有这些都表明，中国共产党自身正处于现代化的转型之中，实现治理的现代化，不仅是党执政治国的目标，也是党自身建设的目标。政党治理的现代化，是世界各国主要政党共同面临的时代课题。一些政党在推进治理现代化方面，取得了成功的经验，得以继续在本国的政坛叱咤风云；而另一些政党则付出了惨重的代价，直至失去了政权。学习和借鉴国外政党的成功经验，汲取它们的失败教训，对于中国共产党实现治理现代化，有着重要的现实意义。

1998年，我曾经主编过当时国内唯一的《当代各国政治体制》丛书，总共有16册之多，内容包括了世界各主要国家。那套丛书比较客观地介绍了各国主要政治体制，为读者全面了解当代世界的各种政治制度提供了翔

总 序

实的资料,从而广受好评。此后,我一直想编纂一套介绍世界各主要政党制度的丛书,可惜终未如愿。巧的是,前几年中央为了加强党内法规建设,需要了解和借鉴国外政党的经验做法,有关部门便委托我局编译国外主要政党的规章制度。我认为,这些党内规章制度,虽不能在整体上等同于政党制度,但却在很大程度上体现了党的组织制度、领导制度、决策制度和纪检制度,因而,编译这些国外政党的法规制度,不仅对于我们加强党内法规建设有其借鉴意义,而且将这些材料正式汇编出版,也可以在一定程度上起到帮助读者了解世界各国政党制度,从而更全面地了解世界各国政治制度的作用。

《世界主要政党规章制度文献》丛书,总共有20卷,收录了当今世界绝大多数重要政党的代表性规章制度。在收集、编选和翻译这套丛书的过程中,我们得到了社会各界的大力支持。例如,一些从事世界政党研究的专家学者提出了很好的编纂建议,一些驻外使领馆人员为我们提供了所在国主要政党的最新材料,一些译者放弃休息时间,努力按照要求完成翻译任务;国家出版基金给予了专项出版资助。在此,我代表编者向所有为本丛书出版做出过贡献的朋友们表示衷心的感谢。参与本丛书的许多译者,是年轻的博士后和博士生,他们积极性高,责任心强,但尚缺乏足够的翻译经验,错讹之处还望读者谅解并不吝批评。

俞可平

2015年1月13日于方圆阁

目 录

导　言 ………………………………………………………… 1

第一部分　墨西哥主要政党规章制度 ……………………… 1
　墨西哥宪法（摘译） ………………………………………… 3
　墨西哥联邦选举制度与选举程序法 ………………………… 8
　墨西哥革命制度党章程 …………………………………… 198
　墨西哥国家行动党党章程 ………………………………… 277
　墨西哥民主革命党章程 …………………………………… 319

第二部分　巴西主要政党规章制度 ……………………… 397
　巴西宪法（摘译） ………………………………………… 399
　巴西政党法 ………………………………………………… 403
　巴西劳工党章程 …………………………………………… 422
　巴西社会民主党章程 ……………………………………… 494
　巴西共产党章程 …………………………………………… 553

后　记 ……………………………………………………… 581

导　言

从经济实力、疆域与自然资源、地区影响与号召力等各方面而言，墨西哥与巴西都是拉丁美洲和加勒比地区无可争议的大国。两国的政党法规建设也各有特点并具有其典型性。对墨西哥与巴西政党法规建设的情况进行梳理与研究具有重要理论与现实意义。

为给关于墨西哥与巴西政党法规建设的研究提供必要材料，本书不仅整理了两国关于政党的主要法律，也汇集了两国主要政党的党章。

一方面，政党法规建设本身是一国政治制度建设的重要组成部分；另一方面，政党法规建设离不开或依托于大的政治生态环境。把握墨西哥与巴西的政治制度尤其是选举制度与政党制度，有助于更好地认识两国的政党法规情况。

一、墨西哥政治制度和政党法规建设

（一）墨西哥政治制度概况

墨西哥合众国是实行总统制的联邦制国家。墨西哥联邦由32个联邦单位（包括首都联邦区和31个州）组成。各联邦单位拥有较大的独立性与自主性是墨西哥联邦制的一个显著特征。20世纪80年代以来，各联邦单位的权力呈现出进一步加强的趋向。

在联邦层面，联邦最高权力在行使时分为立法权、行政权和司法权。联邦立法权归属联邦议会。联邦议会的主要职权包括批准新州入邦、最终处理各州的边界事宜、按照系列原则就有关联邦区的所有事务立法、规定征税项目等等，议会的任何决议都有法律或法令性质。联邦议会分为众议院和参议院。众议院由300名按照相对多数选举原则、通过单名制选区选出的议员和200名按照比例代表制原则、通过多名制选区按地区名单选举制的方法选出的议员组成。众议院每3年选举一次。参议院由128名参议员组成。各联邦单位均有3个参议员名额，依据相对多数选举原则产生2名，另一名额分配给得票最多的少数党；另外，还在全国性多名制选区内根据比例代表制产生32名参议员。参议员每6年全部改选。联邦参议员和众议员均不得连选连任。

联邦最高行政权由墨西哥合众国总统行使。总统的权力非常广泛，主要有：任免政府各部部长、总检察长，在参议院或联邦议会常务委员会的批准下任命联邦最高法院法官、三军高级军官、国家驻外使节、外交代表和总领事，领导外交谈判和缔结条约，指挥陆、海、空三军和国民警卫队等。墨西哥总统依照选举法规定的条件直接选举产生，任期6年，不得连任。墨西哥宪法规定，总统不在时，依次由国会议长、副议长、最高法院首席法官代理总统职务；在总统长期无行为能力的情况下，议会可把自己改组为选举团，选举团成员的三分之二通过无记名投票选出临时代总统，然后，通过普选选出总统任期所剩期限内的总统。

联邦的最高行政执行机关是墨西哥联邦政府，也即内阁。内阁由总统、各部部长和总统指定的一些重要官员组成。墨西哥联邦政府的中央机构主要有总统府、政府各部、直属局及总检察院。此外还有一些准国家机构，包括各分支机构、国家参与的企业、国家信贷机构和信贷辅助组织、国营保险机构等。

联邦的司法权由最高法院、若干巡回法庭和若干区审判庭行使。最高法院为联邦终审法院。最高法院由21名编内法官和5名候补法官组成，或全庭或分庭行使职能。最高法院法官由总统提名，并经参议院批准，无任期限制，只有因严重问题方可辞职。巡回法庭分合议制和独任制两种，合议制法庭受理保护诉讼案，独任制法庭受理上诉案。巡回法庭法官由最高法院任命。区审判庭系联邦初审法院，区审判庭审判官由最高法院任命。

为了实现立法、行政与司法三权之间的制衡，墨西哥有诸多规定及制度和机制设计。例如，墨西哥宪法明确规定，三权的执行机构成员互不兼任。具体而言，行政官员不得被选为议员，议员不得兼任行政官员，最高法院法官、巡回法庭法官、区审判庭审判官及其各自书记官在任何情况下不得接受和担任联邦、州或私人的职位或职务。如果某一机构的成员想成为另一机构的一分子，必须在规定的时限要求内辞去现职，方可竞选新职。例如，在政府部门任职的人，必须提前90天辞职方有资格竞选众议员或参议员。

在实际运作的过程中，墨西哥三权之间表现出行政权强势、立法与司法权相对较弱的特点。例如，就行政权与立法权的关系而言，在相当长的时期里，总统权力巨大，议会仅起到"橡皮图章"的作用，立法权很难实现对行政权的制衡。新世纪以来，伴随国家行动党代替革命制度党上台执政，这种情况有所改观。议会的独立性逐步增强，对行政权的制衡力变强。再如，就行政权与司法权而言，政府为影响和干预司法活动，设立了代表政府追究刑事责任和提起公诉的机关——检察机关。墨西哥联邦总检察院即是负责保持墨西哥联邦政府同司法机关之间联系的特殊部门。总检察长有权亲自或委托代理人干预以联邦为一方的一切事务。而且，墨西哥未设司法部，由总检察长与大法官行使司法行政权，这是利用行政机关控制法官的一种有效手段。

在组成墨西哥联邦的各联邦单位层面，各单位均有自己的宪法，有相对独立的立法、行政和司法机构。州的立法机构是一院制议会。州议会主要负责通过和批准州预算。议会议员的数目根据州的人口比例确定，议员直选产生，任期3年，不得连选连任。州宪法通常赋予州长很大权力。州长也是由选民直接选举产生，任期6年，不可连选连任。各州都有自己的司法机构即法院系统，州法院系统与联邦法院系统之间没有从属关系。州法院系统除适用联邦宪法和其他联邦法律外,还适用州宪法和州法律。各联邦单位的立法、行政与司法三权之间,也存在行政权强势,立法与司法权相对较弱的情况。

无论是从历史还是从现实角度看,墨西哥的政党制度都具有典型性,非常具有研究价值。历史上,在1929年至2000年长达71年的时段里,墨西哥一直是革命制度党执政。革命制度党不仅一直控制总统职位,还长期在议会拥有三分之二以上绝对多数。有人将这种革命制度党长期执政的政党制度称为"一党居优制",有人称之为"一党主导制",有人称为"霸权党制",等等。在这种政党制度框架下,革命制度党与国家形成了连生关系,并藉此控制立法、行政与司法部门,在国家政治生活中处于其他政党难以企及的主导地位;而反对党没有足够的空间与平台影响国家政权,难以给革命制度党带来实质性挑战。这种政党制度得以长期存在的核心政治要素有二。其一,革命制度党将职团主义运用到整个国家政治生活当中,把整个社会都纳入国家指挥下的各种职团中。职团主义一方面鼓励民众通过在革命制度党控制范围内的集团进行政治参与,一方面反对公开竞争,既增强了革命制度党的执政合法性,又维护了革命制度党的主导党地位。其二,作为官方党领袖的总统有权指定下届官方总统候选人。总统处于墨西哥政治序列的顶端,控制了总统职位相当于控制了国家政权。指定总统候选人可以理解为对总统职位的变相"垄断"。

随着客观条件的变化,尤其是因新自由主义改革而引起的变化,20世纪70、80年代起,一党主导的政党制度开始逐步瓦解。新自由主义改革对一党主导政党制度的影响是多重而深远的。从直接的角度讲,作为新自由主义改革重要构成的政治改革的许多方面都是针对政党制度的。譬如,萨利纳斯时期的政治改革规定,任何政党均不得在众议院控制三分之二以上席位;塞迪略放弃总统指定下届官方总统候选人的权力,等等。从间接或宏观的方面看,新自由主义改革侵蚀并损坏了一党主导制存续的政治经济环境,改变了墨西哥的政治格局与政治氛围:自埃切维里亚总统起,出现了总统为扩大行政权而刻意疏远与革命制度党关系的现象；政治领域多元主义盛行；各类组织团体雨后春笋般兴起并迅速分流甚至接管了革命制度党控制的职团的功能，等等。简言之，新自由主义改革的趋向或后果是，打破了革命制度党对立法、行政机构的垄断，使反对派的空间不断变大，改变了革命制度党与各反对党之间的力量对比，最终导致一党主导制瓦解。在世纪之交一党主导制崩塌之前，出现了众多一党主导政党制度逐步瓦解的征兆与表现。例如，1988 年，革命制度党第一次失去众议院三分之二绝对多数；在 1997 年的中期选举中，革命制度党仅获得了众议院 500 席中的 238 席。

现实方面，2000 年，国家行动党赢得总统大选，成功取代革命制度党执政，开启了通过和平方式实现政党制度转型的历程；2012 年，革命制度党重新执政，标志着墨西哥政党制度转型取得了阶段性成果。虽然断言墨西哥已成功完成政党制度的转型可能为时过早，但可以确定的是，目前墨西哥业已形成事实上的多党制。墨西哥当前的政党格局是，革命制度党、国家行动党与民主革命党三大党三足鼎立，在全国与地方层面的政治舞台上角力。其他政党虽然在力量上无法与三大党相抗衡，但在国家政治生活中也能发挥重要作用。政党之间的角逐首先围绕选举展开。各政党或单独或与其他政党组成选举联盟参加选举。例如，赢得 2000 年总统大选的是由国家行动党与绿色生态党联合组成的变革联盟，赢得 2012 年大选的是革命制度党与绿色生态党组成的竞选联盟。政党之间结成联盟参与选举的情况比较复杂，表现出选举导向性、易变性与交错性。选举导向性指各政党为赢得选举而走到一起，目的性非常明确。易变性指竞选联盟比较脆弱，不稳定，易因分歧而破裂。交错性指两个政党可能在联邦层面竞选中结成联盟，但在州及地方选举中不是联盟；或者相反，在联邦层面选举中不是联盟，而在州及地方选举中是联盟；或者在这个州选举中结成联盟，而在另一州不是联盟，等等。

(二) 墨西哥的政党法规建设

在墨西哥，政党受到政党法规的规制。墨西哥的政党法规包括国家涉党法律法规及各党内部规章。

1. 涉党法律

国家法律中内容涉及政党问题的主要有宪法与选举法。墨西哥现行宪法于1917年公布并生效，是墨西哥1910年至1917年资产阶级民主革命的成果，是墨西哥现行制度的基本法律规范与依据。墨西哥宪法将政党界定为代表公共利益的实体，目的是促进民众政治参与。宪法赋予全国性政党参加国家和地方选举的权利。宪法对政党的规制与要求，主要体现在：第一，要求政党进行合法登记，只有满足特定标准与条件的政党方可获得合法登记。第二，要求法律明确约束政党资金的规范，包括捐赠的范围、资助的上限、资助的来源与用途等。第三，规定任何政党拥有的众议员数量不得超过300个。第四，要求法律明确政党组建议会党团的形式和程序。第五，规定选举机构可以并且只能在宪法和有关法律规定的条件下影响政党内部事务。

墨西哥现行选举法于2008年初公布，是墨民主发展的需要与产物，是宪法精神在选举领域的延伸与体现，是规范选举主体及其行为的主要法律依据。关于政党问题的规定是墨西哥选举法的重要内容。选举法的整个第二编对政党问题进行了详细规定，涉及政党的成立与注册、联盟与合并、权利与义务、宣传、资金、审计等方面。选举法对政党的一般性规定与要求主要有：第一，政党要向联邦选举委员会申请获取注册资格。第二，政党要依法开展活动，不使用暴力，不扰乱公共秩序。第三，政党不得依靠或附属于国外政党、国际组织机构。第四，政党不依靠任何宗教神职人员开展活动，不在宣传中使用宗教标志和语言。选举法也对政党内部事务做出了规定。选举法将政党内部事务界定为政党依据宪法、选举法及自身章程与条例开展的组织活动，包括政党基本文件的拟定与修改、党员纳新及相应程序、党的领导机构及其成员的选举、公职候选人的推选、党内争议的处理等方面。选举法还明确了政党在使用媒体、募集资金等方面享有的特权。具体而言：第一，政党有权长期使用媒体。政党对媒体的使用，要通过法律规定的形式与方式，不能私自租用或购买。第二，政党有权筹集资金并获得资助。政党筹集资金的方式包括公共资助、党费、同情者资助、自筹资金及其他方式。政党不能接受国家公权机构及其下属官方或半官方组织机构、国外组织机构、国际组织机构、宗教组织机构等来源的捐赠。政党获得的资助主要用于日常活动、竞选活动及专门活动。第三，政党有权免于部分税费。政党虽然不能免除纳税义务，但可以不缴纳部分税费，包括与政党募集资金活动相关的税费、获得捐赠的所得税、销售印刷品所得税及法律规定的其他税费。第四，政党享有邮政、电报资费豁免权。

2. 政党内部规章

除了宪法、选举法等国家法律，墨西哥政党还受内部规章的规制。尤其是在涉及政党内部事务或者政党组织运行的问题时，主要依据内部规章。在内部规章建设方面，墨西哥各政党情况不尽相同。

革命制度党的内部规章主要包括党的章程、行动纲领、原则宣言、道德行为准则、决议和各类条例等。党章是革命制度党的综合性基本文件，共计228条，分六大部分，对党的性质与宗旨、党员的权利与义务、党的各级组织机构、党的领导人及公职候选人的推选、党的专门机构、党的奖惩等问题进行了全面规定。原则宣言是革命制度党意识形态的集中展现，宣言围绕政党、国家、社会、世界环境等问题阐明了革命制度党的基本观点主张，描绘了革命制度党追求的新社会理想。虽然行动纲领的部分内容也是对党的意识形态某种形式的阐述，但总体而言，行动纲领的侧重点或出发点是对原则宣言中的基本观点进行具化与阐释，对国家发展过程中迫切需要解决的问题予以解答，对革命制度党致力的新政治秩序与新社会秩序进行描绘，并明确如何推动墨西哥的大变革、实现新政治与社会秩序。道德行为准则是全党（无论是普通党员，还是党的干部与领袖，抑或担任公职的党员）都要遵守的行为规范，共27条，五大部分。准则既对全党提出了一般性要求，也分别明确了普通党员、党的干部与领袖以及担任公职党员的责任与义务，并就准则的执行机构、如何执行准则做出了规定。会议决议通常针对某一问题做出，由全国代表大会或全国政治委员会做出的决议，对全党有约束力。条例的种类较多，既有组织条例，也有事项条例。组织条例包括全国政治委员会条例、各级司法委员会条例、附属组织条例等，主要对这些组织机构的目标、作用、职权、权利与义务、构成、运行、工作程序与方式做出了规定。事项条例，包括入党与政党注册条例、激励与表扬条例、惩处条例、领导人选举与候选人推选条例、申诉条例、全国党费结构条例等，对党的注册、入党、党费、领导人选举与候选人推选、激励与惩处、申诉等事项进行了规定。无论是组织条例，还是事项条例，出发点都在于帮助党员更好地享有权利、履行义务。

从总体上把握革命制度党的内部规章，可以注意以下几点。其一，内部规章包含的原则与规范具有普遍约束力。所有党员、党的组织机构和部门均应遵守党章、行动纲领、原则宣言、道德行为准则及会议决议中包含的原则与规范。其二，全国代表大会、全国政治委员会、全国政治委员会常委会有权按照规定与流程制定并调整党内规章，但相应权限范围与要求不同。在获得与会代表多数票的情况下，全国代表大会有权修改或补充党内规章。全国政治委员会有权制定道德行为准则，也可以在必要合理的情况下修改或补充党的行动纲领及党章的部分内容（党章第一部分外的其他部分），但相应调整须经在场三分之二成员投票通过并经大多数州政治委员会同意。批准用以规范全党选举活动的竞选计划、方案与纲领，也是全国政治委员会的权限。在法律改革或选举机构决定需要的情况下，全国政治委员会常委会可以遵照规定通过简单多数对党章进行调整，相关调整要上报全国政治委员会。全国政治委员会常委会可以制定各类条例，但制定及调整这些条例的程序由全国政治委员会决定，在经全国政治委员会三分之二委员出席且以绝对多数票通过，同时得到多数州政治委员会同意的基础上，相应调整方能有效。

　　国家行动党的内部规章主要包括党章、主义原理、道德行为准则和各类条例。党章由国家行动党全国代表大会制定，党章的修订须通过召开国家行动党全国代表大会特别会议并经与会者三分之二多数票通过，对党章的修订还要报联邦选举法院，经其批准后方生效。国家行动党章程正文共97条，分20章，对党的宗旨与目标、党员、党的干部与党的领袖、党的各级组织、各类专门机构、候选人的产生等问题进行了规定。正文之外，国家行动党章程还包括9条补充条款，对正文的规定进行了注解或补充。主义原理是国家行动党开展活动的依据与源动力，是国家行动党意识形态的集中展现。主义原理最早在1939国家行动党的成立大会上通过，阐述了国家行动党对国家、个人、政府、秩序、自由、教育、劳动、创新精神、所有权、经济、农村、城市、权利、政治等问题的基本观点主张。1965年和2002年，结合当时的国内国际环境，国家行动党全国会议批准通过了主义原理的两个"时代版"。1965年版增加了关于国际秩序、民主、政党、家庭、社会正义等问题的观点，2002年版增加了关于社会责任、人的可持续发展、经济的人道主义、生物伦理学等问题的观点。国家行动党的道德行为准则有两部。一部针对普通党员，一部针对出任公职的党员。前者的目的在于促进党员行为与党的原则及人本主义和谐一致，增强党在民众面前团结一致的形象并使党成为一种政治选择，保持优良品德。后者旨在为由国家行动党推举出任公职或委派到派驻机构的党员提供行为规范；同时，该准则也为担任公职的党员履行职责时有所能仿效的模范及公民能监督公职人员履行职责充当教学材料。各类条例由条例委员会在吸收党员建议的基础上根据相关程序制定。国家行动党的条例也分组织条例与事项条例两类。组织条例包括全国委员会条例、全国执行委员会条例、州及市级组织条例、青年组织（即"青年行动"）条例等，对这些组织的目标、职责、构成、领导及成员的产生等进行了规定。事项条例包括党内关系及党与担任公职党员关系条例、与中间团体关系条例、公职候选人选择条例、资金管理条例、处罚条例等，对党内关系、公职候选人的推选、资金管理等问题进行了规定。这些条例基本上都在临时条款部分或条例末尾注明条例的批准机构、批准时间、生效时间、修改情况等信息——条例的生效、修改须由全国委员会或全国执行委员会批准。其中，全国执行委员会条例、资金管理条例、公职候选人选择条例由全国委员会批准，其他条例由全国执行委员会批准。全国执行委员会条例、公职候选人选择条例还要在全国选举委员会注册。

民主革命党的党内规章包括党章、党纲、原则宣言、党的政治路线、条例、决定等。党章正文共330条，对党的宗旨、基本原则（即党内民主）、党员、组织结构、党产与经费管理、培训、宣传、激励与纪律、内部选举、公职选举等问题进行了详细规定。原则宣言不仅梳理了民主革命党的历史，明确了党的身份，还就政治伦理、民主设想、政教分离、人权、土著居民的权利、平等、青年、教育、文化、发展、科技、经济、健康环境与可持续发展、国际等问题进行了阐述。党纲集中阐述了民主革命党的基本目标。围绕"将墨西哥建成民主国家"这一目标的内容、价值意义、基础、方法途径等问题，阐述了党的观点主张。党纲特别明确，党纲对党在各级行政或立法机构的代理人即担任公职的党员有强制性，这些代理人有义务传播党纲的观点主张，增进民众对相应观点主张的理解，并推动其得到恰当执行。民主革命党政治路线就国家形势、党的状况、其他政党及相互关系、党的策略、政党模式进行了论述。决定通常由民主革命党全国代表大会、全国委员会及其特别会议针对某一问题或突发事件做出。民主革命党曾就选举（某次选举的竞选纲领、选举活动组织机构、候选人）、政党联盟、他党议案（如革命制度党提出的劳动改革建议）、移民状况、国际问题（如美国在墨西哥的机构、美国侵犯墨西哥主权、美国重判古巴5人案等）等问题做出过决定。通常情况下，决定不仅表明民主革命党对某一问题的态度、认识与分析，还会就如何解决或应对问题提出建议、做出决定。条例也分为组织条例与事项条例两类。组织条例包括代表大会条例、各级会议和全国咨询委员会条例、执行委员会条例、道德和监督与道德委员会条例、全国担保委员会条例、全国选举委员会条例、国际关系部条例、地方机构协调人条例等。就这些组织机构的目标、架构、组成、领导机构成员的产生方式、成员的责任与权利、成员的罢黜、功能、职权、运行、程序等进行了规定。事项条例有入党条例、审计和监督条例、专业服务条例、透明度条例等，对入党、审计、监督、透明度、信息获取、专业服务等问题进行了规定。民主革命党的条例均有临时条款，临时条款一般用来明确条例的批准机构、生效条件。部分条例还在正文之前用一段文字交待了制定该条例的背景与出发点。民主革命党的条例一般由全国代表大会制定、修改，现行条例多由民主革命党第十二次全国代表大会制定。条例还须经党的相应机构批准后才能生效。具体而言，代表大会条例、地方机构协调人条例、入党条例、审计和监督条例、专业服务条例、透明度条例等由全国会议批准，各级会议和全国咨询委员会条例、道德和监督与道德委员会条例、全国担保委员会条例、全国选举委员会条例等由全国政治委员会批准。民主革命党的多数条例还要在特定媒体公布。需要在媒体公布的条例一般在全国会议公报刊发，有些还要同时在网上公布。

墨西哥三大政党内部规章具有以下主要特点：其一，三党均构建了涵盖范围较为全面的内部规章体系。三党的内部规章体系基本上由党章、宣言、党纲、准则、条例、决议（决定）等组成。党章是涵盖所有主要问题的基本规范；宣言是党的意识形态的集中体现，集中阐述党的基本观点主张；党纲对基本观点进行阐发，就主要问题进行解答；准则、条例为党的组织机构、党员干部提供各方面的行为规范；决议（决定）通常针对某一问题或突发事件做出。它们共同构成了涵盖范围较为全面的内部规章体系。其二，制定、修改内部规章的主体多元而又相对固定。三党制定、修改内部规章的主体主要有党的全国代表大会、全国会议、全国委员会或全国政治委员会等。但这些主体的权限不同。尤其是革命制度党，对上述主体的权限有明确规定与要求。其三，内部规章包含的原则与规范具有约束力，但不同规章约束的对象、范围存在差异。党章、宣言、党纲等具有普遍约束力，所有党员、党的组织机构均应遵守。条例尤其是组织条例通常只要求条例所针对组织的成员遵守。其四，内部规章的制定、修改经过一定程序，遵循特定要求。例如，对内部规章的修改须获得一定比例以上与会人员的投票赞同，还要经过相应机构的批准，等等。其五，内部规章合乎国家法律。政党内部规章合乎国家法律不仅表现为内部规章的内容须与国家法律有关规定保持一致，也表现为对内部规章的调整要符合有关法律规定，还表现为根据有关法律要求，党章等文件要在国家有关机构注册、备案，等等。其六，三党比较注意内部规章的公开性。公开性不仅表现为党章等基本文件可查，也表现为对党内规章的修改要刊发在党刊或官网上。

二、巴西政治制度和政党法规建设

（一）巴西政治制度概况

巴西现在是实行总统共和制的联邦制国家。巴西现行政治体制的确立与发展经历了长期的反复过程。在巴西，长期存在着总统制和议会制的交锋。20世纪中期以来，用议会制取代总统制的想法和努力不断，甚至一度变为现实，但最终还是总统制占据了上风。虽然巴西的政体多次发生变化，但作为调节中央与地方关系体制和国家结构形式的联邦制从1891年确立以后一直沿用至今。巴西联邦共和国由27个联邦单位（包括首都联邦区和26个州）组成。各联邦单位（尤其是实力强大的联邦单位）拥有较大的自主性与自治权，联邦单位还拥有保留权力（即各联邦单位在巴西联邦共和国成立前已经获得且在联邦建立后得到继续保留的权力）。联邦单位的保留权力得到宪法的确认与保障。宪法明文规定，"已经授予州的所有权力，不论是明确的还是暗含的，都不受本宪法禁止。"同时，联邦政府也拥有相当大的权力。例如，联邦政府严格控制税收权与信贷权，大部分税收权都归属联邦,各联邦单位的税收权仅限于财产转让税、商品流通税两种,等等。除非出于维护国家完整、制止州公共权力机关秩序混乱、确保州权力机关的任何一方能自由行使职权等考量外,联邦一般不对州进行干预。而联邦和州之间以及州际冲突由相关司法机构调节和处理。上世纪30年代以来,巴西的联邦制朝着"中央集权"的方向发展,即不断扩大联邦政府的权力,不断加强联邦对联邦单位的控制和干预。

推翻帝制后,巴西开始奉行三权分立原则。宪法规定联邦的权力分为立法、行政和司法权,三者在各自的范围互相交叉,又互相独立。立法权分为联邦、州和地方三个层级。联邦层面的立法权由国民议会行使,国民议会由参众两院组成,国民议会主席由参议长兼任。众议院由在各州(联邦区)根据比例代表制选举产生的代表组成,参议院由根据多数代表制选举产生的各州(联邦区)代表组成。众议员513人,任期4年,每4年改选一次,名额根据各州人口比例确定,最多不得超过70名,最少不低于8名;参议员81人,每州3人,任期8年,4年改选三分之一,下一个4年改选三分之二;两院议长、副议长每2年改选一次,可连选连任。议会独有的权力包括最终审定国际条约或协议、批准或取消联邦干预、审查总统账目、审查政府计划执行报告、直接或通过众(参)议院监控行政机构的行为、在面对其他权力机构时确保立法权的维护等。众议院的独有权力包括授权启动针对总统(副总统)和部长的法律程序等。参议院的独有权力包括实施针对总统(副总统)和部长的法律程序和审判等。

行政权由总统在部长协助下行使。总统由直接选举产生,任期4年,可连任一次。总统享有广泛权力,其独有权力主要包括任命或罢免部长、设立或取消联邦政府职位、规定联邦行政机关的组织和运行、下令和实施联邦干预、根据宪法规定启动立法程序、批准和颁布法律、部分或全部否决提案、任命最高法院法官等。

司法权由联邦最高法院、联邦法院、高等司法院、高等劳工法院、高等选举法院、高等军事法院和各联邦单位法院行使。这些法院均享有各自的权力。其中，联邦最高法院由11名大法官组成，由总统提名，经参院批准后任命。联邦最高法院享有的权力包括针对总统、副总统、议员、法官和检察长违法犯罪、联邦与州（联邦区）之间的分歧和矛盾启动司法程序，维护自身决定的权威性等。联邦上诉法院的权力包括针对州长的违法犯罪、法院之间职权的矛盾、联邦行政和司法职能部门之间的责任的矛盾、某州司法职能部门与另一州行政职能部门之间的矛盾启动司法程序等。法院法官享有系列保障，包括终身性、不可罢免性、薪俸的不可缩减性等。

立法机关、行政机关和司法机关是独立而又相互制约、相互协调的，对此有系列相关规定。例如，在任总统、部长、州长或市长必须提前半年自行卸任，方可参加下一届联邦、州或市议会选举；最高法院法官由总统任命；司法机关的管理和财务自主；法院可以宣判政府法令违宪，等等。

此外，立法机关、行政机关和司法机关也可有条件地部分行使各自相应范畴外的其他职能。例如，参众两院可行使部分司法职能，实施针对总统（副总统）和部长的法律程序和审判等。

各联邦单位享有相当的自主权和自治权。宪法未明确禁止的权力，联邦单位均可享有。州长任期4年，通过全民直接选举和不记名投票产生。每个州都有州议会，州议会任期4年，由选举产生。州议会众议员数量是该州在联邦众议院拥有的代表人数的3倍，达到36名后，如果该州联邦众议员超过12名，每增加1名联邦众议员，增加1名州议会议员。联邦单位根据宪法规定的原则组建各自的司法体系。

巴西实行的是多党制。目前合法登记的政党有32个。其中，劳工党是现执政党，是巴西最大的左翼党；民主运动党是执政联盟成员，第一大党；民主工党、共产党、工党、进步党、社会主义人民党都是执政联盟成员；社会党、社会民主党、民主党则是主要反对党。此外还有基督教社会党、共和党、社会自由党、民族动员党、绿党等政党。

政党在巴西国家政治生活中所处的地位及发挥的作用经历了不断发展

变化的过程。大致而言，19世纪末至20世纪初，也即第一共和时期，政党（当时的政党还不算真正意义上的现代政党）处于国家政治生活的边缘。20世纪30年代以后，政党慢慢开始由边缘走向中心，发挥的作用也越来越大。20世纪60年代末至80年代末，政党业已在巴西国家政治生活中发挥非常重要的作用，但依然不是占据统治地位的力量。军政权还政于民后，政党既对巴西民主的发展与巩固做出了贡献，也深受民主进程的影响。政党逐渐成为巴西国家政治制度不可缺少的因素，成长为国家政治生活中起决定作用的力量。与此同时，政党格局也出现变化，传统政党开始衰落，新的政党则异军突起（目前合法登记的政党中有相当一部分是上世纪80年代以后成立或合并而成）。世纪之交，巴西各政党之间尤其是政策方面的分歧不断缩小，出现趋同现象，出现左、中、右政党结盟联合执政的现象。例如卡多佐由四个政治倾向不尽相同的政党组成的联盟提名为总统候选人，劳工党同中右政党自由党结盟帮卢拉赢得世纪初的大选。目前，两个传统大党力量进一步均势，部分中小党派实力虽增强但尚不足以挑战传统政党。

（二）巴西的政党法规建设

巴西的政党也受到政党法规的规制。巴西的政党法规同样包括国家法律法规及各党内部规章制度。

1. 涉党法律

相关国家法律主要有宪法、选举法和政党法等。在巴西，政党法出台前，政党问题主要由宪法、选举法等法律规制。

巴西现行宪法于1988年通过并生效（截至目前已修改了60余次），规定和确认了巴西的民主制度，其中涉及政党问题。宪法明确了政党的创建、联合、合并及消亡是自由的，政党有权自主决定其内部结构、组织和运作，有权制定选择标准和选举联盟形式。宪法也规定了政党必须遵守的原则，包括：其一，民族性；其二，禁止接受来自国外实体或政府及其附属机构的资助；其三，向选举法院提供报告；其四，根据法律在国会中活动。宪法还对政党提出了一些要求，包括：其一，政党章程应该规定关于政党忠诚和纪律的原则；其二，政党应该向高级选举法院注册其章程；其三，政党有权获得政党基金并免费使用广播和电视；其四，政党不得利用准军事组织。

选举法等法律主要涉及政党活动（尤其是围绕选举开展的活动）、作用发挥等方面的问题。例如，巴西 8.713 号法律(LEI N° 8.713，即 1993 年选举法) 要求政党、候选人向选举法院提交详细的决算报告（要列出捐款人及选举花费）。

巴西 9.096 号法律(LEI N° 9.096)即政党法于 1995 年获准通过，随即得到实施。这一政党法规建设重大成果的出台与实施为巴西政党的成立、运行及发挥作用提供了专门的法律规范。政党法是巴西民主发展的结果，是民主发展在法律方面的反映形式。早在还政于民前，巴西军政府就开始了渐进的民主化进程，在一些领域进行了民主尝试。1965 年政党法、1979 年的政党改革法及 1985 年的宪法修正案均是这些民主尝试在法律方面的反映。1965 年政党法系军政府成立不久后通过的政党法律，其主要影响在于为政党的成立、运行设定了原则。1979 年政党改革法由菲格雷多政府提出，并获议会通过。政党改革法的主要影响在于允许建立多党制，使巴西实现了由两党制向多党制的转变。1985 年宪法修正案的主要影响在于恢复了自由建党原则、取消了禁止政党结盟的法律规定。

巴西政党法共计 63 条，分初步规定、政党的组织和运行、政党的财务和会计、免费使用广播和电视、一般规定以及最终和过渡性条款 6 章。对政党的身份、目的、创建与注册、合并或消亡、章程与纲领、议会活动、纪律、经费与账目、宣传等问题进行了较为全面的规定。

其一，政党是以民主制度的利益为出发点的法人实体——关于政党的初步规定。政党在政治社会生活中扮演何种角色、政党角色扮演的效果如何，不仅影响着政党的存续与发展，也影响着代议制民主的运转状况。巴西政党法初步规定部分明确了政党的身份，也从其与民主制度关系的角度明确了政党的目的，即其在民主政治中扮演的角色。

第一，政党是私法中的法人实体。与许多国家的政党法将政党规定为社会团体不同，巴西政党法开宗明确规定政党是私法中的法人实体。将政党限定为私法中的法人实体，至少蕴含两方面的理念或意识：一是，政党非国家机构或公权机构的理念。从法律关系主体的角度区分公法与私法，当法律关系的主体出现公权力形态的主体时，适用的是公法；反之，未出现公权力形态的主体，适用的是私法。将政党限定为私法主体，以法律的形式明确了政党非公权机构。二是，尊重政党独立性与强调政党责任并举的理念。法人实体可以理解为能够以自身名义开展活动并对活动后果负法律责任的团体。承认政党为法人实体，意味着一方面尊重政党在开展活动等方面的独立性，一方面强调其必须承担有关法律责任。

成为法人实体，必须满足几个基本条件，即具有独立名称、独立组织机构并进行了合法注册登记。独立名称方面，巴西政党法强调各党名称、缩写及标志的排他性，各党不能使用他党的名称、缩写、标志及其变化形式。独立组织机构方面，政党法一方面强调确保政党确定其内部组织结构和运行的自主性，一方面强调政党不得从属于外国机构或政府。合法注册登记方面，政党法强调全国性政党创始人要亲自前往联邦区法人民事登记机构申请进行注册登记，注册要满足人数、选举地址分布方面的要求，注册时还要携带有关材料。在依据民事法律规定取得法人资格后，政党还要在高等选举法院（以下简称"高法"）注册登记党的章程，在高法登记党章需要满足得票比例与分布方面的要求，即在最近一次众议院选举中获得百分之五及以上选票，选票分散在三分之一及以上州，且各州得票百分之十及以上。

第二，政党以民主制度的利益为出发点。在初步规定部分，政党法还明确了作为法人实体的政党的目的，即以民主制度的利益为出发点，确保代议制真实可靠，捍卫联邦宪法明确的基本权利。对于政党目的的规定，强调的是政党的工具性。政党的价值在于其是现代代议制民主政治运作的工具。只有明确并恪守这一角色定位，政党方能长期存续、发展并发挥作用。角色意识不强甚或迷失乃至有意模糊、定位不准，对政党的长远发展不是福音。

第三，政党不得提供军事教育、利用军事组织。初步规定部分的第六条专门强调禁止政党提供军事或准军事教育、利用军事或准军事组织。这一点既有在合法框架下和平实现政权轮替、避免通过暴力获取国家政权情况出现的考虑，也基于巴西乃至拉美地区军人干政或军人政治的传统，有利于维护文人政治的稳定与延续。

其二，经过注册并跨过得票门槛的政党借助议会党团在立法机构活动——关于政党组织与运行的规定。

第一，政党的创建要经过注册程序。巴西政党法规定，只要其纲领尊重国家主权、民主政体、多党制和个人权利，政党的创建是自由的。创建政党要经过注册登记程序。先要在法人民事登记机构注册从而获得法人资格，还要在高法注册登记党的章程。注册登记要求的资格条件除上文提到的外，还在政党的机构、领导人等方面提出了要求。在申请法人资格时，要说明党的临时领导人的姓名、职务及党的总部地址；获得法人资格后，政党应根据党章成立相应机构并产生领导人，并向选举法院通报领导机构的构成及有关成员姓名信息。

第二，党纲和党章自由制定，但要包含规定内容。除了要求政党要到高法登记党章，政党法还对政党章程必须涉及的问题提出了要求。要求政党章程必须对党的名称、总部、党员的加入与退出、党员的权利与义务、党的组织结构、候选人的推选、党的财务及党章的修改程序等问题做出规定。

第三，政党借助议会党团在立法机构活动。关于政党在立法机构活动的规定，主要包括两个方面：一方面，政党在议会选举中得票满足特定要求才能有权在拥有当选议员的立法机构活动。要求是在每次众议院选举中最少获得百分之五选票，选票要至少分布在三分之一的州，且每个有选票的州得票不少于百分之二。另一方面，政党在立法机构的活动主要借助议会党团。

第四，通过政党纪律确保对党忠诚。除了约束普通党员，政党纪律还重点约束议会党团成员与议员。对于党员，如不履行对党义务或者违反了规定，会受到党纪措施或处罚；政党法同时要求，必须保障党员享有充分辩护权。对于议会党团成员，其议会活动应遵照党章、党纲，遵循党的指导原则，服从党的领导机构的指示。对于出任议员的党员，政党可针对其与党的决定相对立的态度或行为规定处罚；另外，如果议员脱离参选时所在政党，将自动丧失依据该党在立法机构获取的职位与职务。

其三，政党要收支合法，保存并按时提供收支账目——关于政党财务和会计的规定。

经费是政党得以存续、发展的基本资源。为使政党的经费收支规范有序，推动政党财务运转透明，巴西政党法不仅对政党经费的来源作了规定，也对政党经费的使用提出了要求，还明确要求政党必须按时提供账目以备查询。

第一，政党经费要"取之有道"。政党法对政党经费的来源、捐赠主体等都有规定。一旦不符合规定，将会受到相应处罚。政党的合法经费来源包括党费、政党基金份额、个人或法人捐款等。如果政党的资金来源得不到说明（尤其是在报送选举法院的收支报表中），其政党基金份额将会被暂停发放。禁止政党以任何形式或借口或直接或间接接受特定主体的捐助。这些主体包括外国机构或政府、政府机关或公共机构、资金来自公共机构的自治机关、公共企业或提供公共服务的特许服务商、股份公司、基金会。如果接受了这些主体的捐赠，政党会受到暂停政党基金份额一年的处罚。

第二，政党基金要"用之有度"。政党基金全称是政党财政援助特别基金，由依法征收的罚款、法律规定的资金、个人或法人捐款以及联邦预算的政党资助等构成。政党基金总额的百分之五会单独分配给所有在高法登记党章的政党，其余百分之九十五则会根据政党在上届众议院选举中的得票数分配。

政党法对政党基金的使用有明确要求。首先，政党基金的预算与决算要向选举法院提交。政党使用政党基金的预算，要在向高法提供的材料中加以说明；政党基金的开支情况则要在政党向选举法院提交的账目中加以详细说明。其次，政党基金的存放与支取均须在由联邦政府或州政府控制范围内的银行机构中进行。再次，政党基金的用途有特定范围与比例。政党基金只能用于政党总部的维护、服务开支及人员费用、理论和政治宣传、招聘和竞选、建立并维护理论研究与政治教育机构或基金会以及建立并维持支持妇女参政的项目。比例方面，人员费用不能超过总额的百分之五十，用于理论研究和政治教育机构的费用不少于百分之二十，支持妇女参政项目的比例虽具体由各党自己确定，但比例不少于总额的百分之五。

第三，政党要保存并在规定时间提交政党收支账目。对于政党收支账目，政党法一方面强调政党的各级组织机构必须保存会计记录，一方面要求政党按时向有关机构报送报表。报表必须包括党费、捐款的来源与金额、政党基金份额及其用途、选举活动的费用等内容，要详细分类并加以说明。年度会计报表要在次年的4月30日之前报送；选举年，选前4个月及选后2个月，每月都要报送。政党不同层级组织机构的报表报送相应层级的选举法院或选举法官。选举法院要在官方媒体公布或在选举公证处张贴报表，要对政党报表进行核实与监督，确认报表是否如实反映出政党的实际资金运行情况或竞选开支情况。选举法院认定政党的账目信息全部或部分不合格后，政党的基金份额将会被暂停发放；选举法院可要求政党补充相关信息或消除不规范之处，政党则须根据要求对账目进行重新修订。

其四，免费使用广播电视。政党需要借助许多媒介、平台与工具宣传其政策主张。广播电视无疑是其中非常重要的媒介。免费使用广播电视，对政党意义重大。政党法第四章对政党免费使用广播电视的用途、注意事项等问题进行了规定。

政党有利用广播电视进行免费宣传的权利。政党利用广播电视进行的宣传，只能用于传播党的纲领、向党员传递党的活动信息、宣传党在政治议题上的立场以及推动妇女政治参与。政党的免费宣传节目不能出现不负责宣传节目的党员参与此节目、宣传参与公职竞选的候选人、捍卫个人或其他政党利益、使用可能导致歪曲事实的方式等情况。由政党单独制作的节目在不同层次、范围内播放，要经过相应层级选举法院审核。

2. 政党内部规章

从巴西政党发展演变的历程看，多数巴西政党具有发展不充分、制度化水平低、缺乏连贯性等鲜明特征。鉴于此，许多学者喜欢用"虚弱"或"脆弱"来描述巴西政党。巴西政党的虚弱性主要表现为：政党的意识形态色彩非常淡，政党的形象模糊，各政党间的界限混乱；政党的组织结构不完善，缺乏党内规章程序；党员对党缺乏基本的认同与忠诚，党员的组织纪律性差，换党的现象时有发生；很多政党尤其是小党围绕选举产生，缺乏明确的纲领与长远目标，选举时热闹一番，选举过后便偃旗息鼓，缺乏应有的连贯性。政党的虚弱性是巴西独特政党生态环境的产物，有其存在的合理性；但政党的虚弱性在一定程度上限制了巴西政党的发展及其功能的实现。

巴西政党的虚弱性为研究巴西政党党内规章制度建设的情况制造了难题，也使从总体上把握巴西政党党内规章制度建设的情况成为在目前较难完成的任务。但从另一方面来理解，这愈加彰显了研究巴西政党党内规章制度建设的价值意义。

巴西劳工党与巴西共产党是巴西政党发展过程中出现的两个特例。与其他政党相比，劳工党与共产党均非常重视自身建设，政党制度化水平较高，因而在思想理论、组织结构、社会基础等方面两党有着其他政党所无法比拟的优势。

综上，此处拟重点梳理巴西劳工党和巴西共产党内部规章的情况；同时，出于比较，也梳理社民党的内部规章情况。

劳工党的内部规章包括原则宪章、党章、道德和纪律准则、条例、决议和决定等。原则宪章是在劳工党成立前由全国临时委员会完成的。宪章分析了巴西的形势，表达了党在经济、政治等领域的基本主张，明确党作为维护民主稳定的力量及鼓励民众参与国家政治生活、表达政治诉求的组织参与选举，明确了作为劳工先锋队、作为民众政党的定位。党章共271条，分12大部分，对党的宗旨与目标、党员的权利与义务、党的组织结构和运行、党的公职候选人的推选、联盟、党的财政和会计、党的纪律和奖惩、党内流派、党的资产等问题进行了全面规定。道德和纪律准则由全国领导委员会制定，经全国代表大会批准生效，用来规范党员（尤其是出任公职的党员）的行为。道德和纪律准则全文共73条，规定了引导党员行为的基本道德原则和令行禁止的行为，明确了党员的权利和义务（此处的权利和义务是对党章规定的党员权利和义务的补充和扩展），明确了党的领导干部的道德责任，明确了协调党与国家、社会（社会运动）的关系及党内关系的规范，明确了出任公职的党员行使相应权力应遵循的原则，围绕党内选举和决策程序、党的行政管理结构、党的经费和资金分配、纪律程序等做出了规定，还明确了违反道德规范所应受到的纪律处分。条例通常由全国领导委员会或全国执行委员会批准，可分为组织条例和事项条例两类。组织条例包括纪律事项委员会内部章程、基金会宣言等，对这些组织机构的职责、组成、领导等进行了规定。事项条例包括部门会议条例等，明确了部门会议的机制。全国代表大会、全国会议、全国领导委员会、全国执行委员会和相应职能机构均可做出决议。全国代表大会做出的决议可涉及各方面的问题，既可能涉及党的理念、基本观点主张等重大问题，也可能涉及具体、临时问题；而其他机构做出的决议通常针对某一专门问题、新出现的问题或情况。与决议类似的还有决定。决定通常针对特定问题（比决议针对的问题更为具体）形成，由全国执行委员会做出。决定的篇幅通常较小。

巴西共产党的内部规章包括党章、巴西社会主义纲领、条例、决议和规定等。党章共72条，分15章，对党的性质、宗旨、党员的权利和义务、干部、党费、组织和运行体系、纪律、宣传、党产等问题做了全面规定。巴西社会主义纲领由巴西共产党全国代表大会批准。纲领从文明周期、国家发展主义的枯竭、新自由主义、卢拉带来的变化、时代挑战等方面明确了国家建设的历史挑战，从社会主义迈动其历史步伐、资本主义的衰竭、现实世界的改变、巴西从资本主义向社会主义的过渡、经济建设、霸权与力量的累积、巴西社会主义道路、联盟、如何资助发展、争取社会主义等方面阐明了巴西社会主义纲领，目标在于推动巴西乃至全世界实现由资本主义向社会主义的转变。条例通常由中央委员会制定，也可分为组织条例和事务条例两类。组织条例包括全国领导制度条例、中央委员会运行条例等，明确了中央委员会、政治委员会等机构的运行规范。事务条例包括对党捐赠和党员证条例、纪律程序条例等，对党捐赠和党员证条例规范了党员对党捐赠、各项资源在党的诸委员会之间的分配、党员证的问题；纪律程序条例围绕相应纪律组织机构的构成与职责、评估程序、纪律程序的启动、辩护等方面做出了规定。围绕某一具体问题或事项，巴西共产党会通过决议、规定等来表明党的立场、态度和观点，明确相应原则和规范。决议通常由中央委员会、全国政治委员会做出，所涉范围广泛，涉及国内、国际诸多问题，如国内政治经济形势、政治改革、选举、拉美左翼、资本主义经济危机、世界社会主义、国际和平等。规定通常由中央委员会、全国政治委员会等围绕国内问题（重点是党自身问题、选举联盟问题等）做出。例如，全国代表大会特别会议规定（2010年5月23日）明确了开会的时间、参会人员；选举协议规定（2010年3月5日）明确了在各级选举中与其他政党合作共同推举候选人的事宜。

社民党的内部规章包括党章、党纲和决议等。党章共171条，分10部分，对党的目标和原则、党员权利与义务、党的组织和运作、党的纪律和忠诚、党的资产、公职候选人推选、党的宣传等做出了全面规定。党的基本路线方针以党纲为基础。建党初期的党纲（1988年）明确民主是基本价值,社会公平是发展目标,并明确了教育文化、社会保障、经济增长和收入分配、通胀和外债、土地改革和农业政策、金融改革、自然资源保护、国际舞台等方面的主张和方针政策。另外,该党纲还专门明确党纲要定期调整。经第三次全国代表大会批准的党纲(2007年)在总结党员围绕国家和党面临的挑战、未来发展所开展的大讨论的基础上,梳理了主流社会民主议题,明确了党在自身和国家发展等方面的新观点主张和方针政策。决议通常由全国执行委员会做出,非常简短,简单几条明确党在一些具体问题上的决断。

与墨西哥政党的党内规章建设相比,巴西政党的党内规章建设既有共同点,也有不同之处。共同点主要有:其一,制定、修改内部规章的主体多元,包括党的全国代表大会、全国会议、全国(中央)委员会、全国政治委员会、全国执行委员会等。其二,内部规章具有一定的层次性,都以党章为最基本和最重要的内部规章。其三,内部规章包含的原则与规范对党内行为主体具有约束力。其四,内部规章合乎国家法律,以国家法律为依据。不同之处主要有:其一,墨西哥政党多构建了涵盖范围较为全面的内部规章体系,而大多数巴西政党的内部规章相对简单,有的党甚至没有构建起全面的规章体系。其二,在将哪些党内规章列为党的基本文件方面的做法不同,党的基本文件的范围不同。无论是墨西哥还是巴西政党都有党的基本文件。党章无疑是理所当然的基本文件,但两国的党甚至同一国内不同政党之间在是否将决议等其他党内规章列为党的基本文件的问题上,做法不同。其三,巴西政党对决议的运用较多。其四,墨西哥政党比较注意内部规章的公开性,对此多有明文规定,巴西政党此方面的明文规定不多。

三、结　语

有学者曾在比对拉美政党与欧洲政党后,认为拉美国家的政党存在党内缺乏民主、党务由少数上层人物控制、党的个别领导人的作用特别突出、组织上存在严重缺陷、内部成分复杂、内部分歧严重、经常出现分裂等缺陷。这种认识基于上个世纪60、70年代的情况。经过第三波民主浪潮的洗礼，许多拉美国家成功实现了民主转型，并且在相当程度上实现了民主巩固。政党在拉美民主转型和民主巩固进程中发挥了不可替代的作用；同时，在民主转型和民主巩固的大背景下，拉美政党也出现了诸多新变化，政党制度化水平得到提高。党内规章制度建设是拉美政党提高自身制度化水平的重要内容，是克服自身缺陷的重要依仗，对相应问题进行研究，如20世纪80年代以来拉美政党内部规章建设与自身制度化水平乃至国家民主巩固的关系等，具有重要意义。

有学者认为许多拉美民主国家以弱制度环境著称。在弱制度环境中，不仅规章的执行度低，对规章的运用存在广泛的自由裁量，而且制度的持久性差，正式规章可能会一再改变，很少能在权力和优先权的分配波动中存续下来。政治主体不清楚违反规章是否会招致惩罚或者既有规章是否会得到坚持，政治主体不能借助正式规章可靠地预期其他主体如何行动。此类环境对制度发展具有较大消极影响。不稳定的规章及规章执行过程中广泛存在的自由裁量强有力地影响到政治主体如何以及为何创设制度，也影响这些制度为何、何时以及如何改变。① 因此，虽然拉美国家政党的内部规章建设取得了相当成绩，但仍面临各方挑战，政党制度化水平的提高任重而道远。拉美国家政党内部规章建设面临的挑战及发展前景也是非常值得研究的问题。

希望本书能为相关研究的开展和深入提供文献材料，贡献绵薄之力。

---

① 〔美〕史蒂文·列维茨基、玛利亚·穆里洛：《弱基础上的制度建设》，刘玉译，载《国外理论动态》2014年第5期。

第一部分
墨西哥主要政党规章制度

墨西哥宪法（摘译）

第四十一条

第一款 政党是代表公共利益的团体；法律应规定其合法登记的标准与必要条件以及其参与选举进程的特定形式。全国性政党有权参加各州、联邦区和地市选举。

作为公民组织，政党的目的是促进人民参与民主生活，增进国家代议制的整合度，根据它们提出的纲领、原则和主张，并通过普遍、自由、无记名和直接选举，使公民能够参与行使公共权力。只有公民能够组建或作为个体自由地加入政党，禁止行会组织或有不同社会目标的组织参与创建政党，或任何形式的社团入党。

选举机构只能在本宪法和相关法律规定的条件下影响政党内部事务。

第二款 法律应保证全国性政党公平地获得开展活动的资源，明确约束政党资金及其竞选活动的规范，确保源于公共资源的支持胜过私人资助。

给每次选举后仍然保留注册登记资格的政党提供公共资助，用以维持其日常活动、在选举中赢得选票和特别需要。公共资助应根据以下规定和法律有关规定：

（a）维持政党日常运转的公共资助按年度拨付，额度为登记在选民花名册上的公民总数乘以联邦区最低日工资的百分之六十五。其中，百分之三十应在各党中平均分配，百分之七十根据各党在上次众议院选举中的得票百分比分配。

（b）与赢得选票有关活动的公共资助，在合众国总统选举、联邦参议员选举和联邦众议员选举都进行的年份，应相当于每个政党当年所获得日常活动资助的百分之五十；只有众议员选举的年份，应相当于百分之三十。

（c）特别经费，用于与教育、培训、社会经济和政治调查研究及编辑工作有关的活动，应相当于每个政党年度日常活动经费的百分之三。其中，百分之三十应在各党中平均分配，百分之七十根据各党在上次众议院选举中的得票百分比分配。

相应法律应确定政党内部候选人推选和政党参与国家选举活动过程中所接受捐赠的范围；设定政党同情者资助的上限，它们的年度总额不能超过最近一次总统选举活动花费的百分之十；制定控制和监督政党所获资源来源和用途的程序；明确对政党不遵守这些规定的处罚措施。

法律应确定清理错过登记的政党的债务的程序及将其财产和剩余判给联邦的依据。

第三款 全国性政党有权长期使用社会传播媒介。

第一项 全国选举委员会是管理属于国家的广播电台和电视时段的唯一机构。相应时段根据相应法律有关规定和以下规定，用于全国选举委员会自身的目标以及全国性政党享有的权利。

第一目 联邦选举期间，从预选活动开始至投票日，联邦选举委员会每天拥有四十八分钟的时段。相应时段应在本项第四目提及的时间段，以在各家电台和电视台每小时播放二至三分钟的方式分配。

第二目 在预选活动期间，从整体上看，政党将可以在各家电台和电视台每小时播放一分钟，剩余的时间根据有关法律规定使用。

第三目 选举活动期间，为确保政党的权利，本项第一目中提及的可支配时段的至少百分之八十五应进行分配。

第四目 在各家电台和电视台的播放应安排在每天六点到二十四点的时间段内。

第五目 作为政党权利的电台和电视台时段应根据以下标准分配：百分之三十在政党中平均分配，剩余的百分之七十按各政党在最近一次联邦众议员选举中获得的选票数的百分比分配。

第六目 在国会两院中没有代表的全国性政党只能参与上一目规定的百分之三十时段的分配。

第七目 独立于本款第一项和第二项以此为基础的规定，在联邦预选和选举期间以外，联邦选举委员会应按照有关法律以以下任何方式分配属于国家的电台和电视台时段的百分之二十。待分配的总时段中的百分之五十应在全国性政党中间平均分配，剩余的时段用于委员会自身目标或其他选举机构（联邦和联邦单位的选举机构）的目标。每个全国性政党可使用的此种时段为每月一个节目中的五分钟，剩余的时段转换为每条持续二十秒的信息。本目所涉及的所有上述情况的播放均应在联邦选举委员会根据本项第四目的规定确定的时间段内。在特殊情况下，联邦选举委员会可安排相应的政党信息时段支持某一政党，此种情况下应证明其合理性。

政党在任何时候都不得亲自或通过第三方租用或购买任何形式的电台和电视台时段。

任何自然人或法人不得亲自或通过第三方租用或购买电台和电视台时段进行宣传，影响民众投票倾向，或对政党及公职预候选人和候选人进行有利或不利宣传。禁止在国内播出在国外租用或购买的宣传节目。

上两段包含的规定应根据适用法律在州和联邦区范围内得到遵守。

第二项 出于联邦单位选举的目的，联邦选举委员会根据有关法律规定和以下规定管理在仅覆盖所涉联邦单位的电台和电视台的属于国家的时段。

第一目 在地方选举和联邦选举安排在同一天的情况下，每个联邦单位分配的时段应包括在根据第一项第一、第二和第三目的可以利用的总时段内。

第二目 其他选举进程，相应分配应以本宪法的标准为基础，在相应法律中得到规定。

第三目 在政党（包括在地方注册的政党）之间分配时段，应根据第一项规定的标准和适用法律的规定。

当联邦选举委员会认为第一项和本项前面部分涉及的电台和电视台时段不足以满足其自身和其他选举机构的要求时，应根据相应法律授予的权力决定合适的时段。

第三项 在政党开展的政治或选举宣传中，应避免对机构和政党的诋毁及对个人的中伤。

第四款 法律应明确政党推选民选公职候选人的期限，以及预选和选举活动的规范。

在进行合众国总统、联邦参议员和众议员选举的年份，选举活动的持续时间应为九十天；在只进行联邦众议员选举的年份，选举活动的持续时间应为六十天。在任何情况下，预选活动的持续时间均不得超过上述选举活动持续时间的三分之二。

政党或任何其他自然人或法人违反上述规定，应根据法律受到处罚。

第五款 立法机构的委员应由政党在议会的成员组成的议会党团提议。议会党团只有一个委员不妨碍其在联邦国会两院得到承认。

全国性政党的财务监察是联邦选举委员会总委员会技术机构的职责。该技术机构自主管理，其领导人应根据委员会主席的提议，经委员会三分之二多数票产生。法律应明确该机构的组建和运行，以及实施由总委员会决定的处罚的程序。该技术机构在履行职责时不受银行、信用及财务秘密的约束。

第五十四条 按照比例代表制和地区名单制选举二百名众议员，应遵循以下一般基本原则和法律规定的特殊要求。

第一款 为使自己的地区名单获得登记，提出申请的全国性政党应委派通过相对多数制产生的众议员候选人参与至少二百个单名制选区的选举。

第二款 在多名制选区获得对所有地区名单进行的投票总数百分之二以上选票的政党，有权根据比例代表制获得众议院席位。

第三款 对符合本条第一款和第二款中规定的政党，应按比例代表制原则分配有关多名制选区中符合得票百分比的该党地区名单的众议员人数。在分配时将按候选人在有关名单上的顺序进行。

第四款 在根据上述两个原则产生的众议员中，任何政党拥有的众议员数量不能超过三百名。

第五款 在任何情况下，一个政党在众议院的议席数量占总席位的百分比不能超过其所获选票在全国投票中所占百分比八个点。在单名制选区获胜的政党不受此限。

第六款 根据上文第四或第五款所任命的比例代表制众议员离职后，将由本党直接依据在最近一次选举中获得的选票比例推举来自多名制选区的本党成员代替。为确保达到此效果，法律将发展必要的规则与程序。

第五十六条 参议院有一百二十八个席位。每个州和联邦区各得三席。其中，两席根据相对多数选出，一席分配给主要反对党。为此，政党应注册登记有两套方案的候选人名单。反对党的一席将分配给在该州选举中获得第二多选票的政党，在该党候选人名单中排在首位的候选人获任参议员。

第七十条 法律应根据众议员的政党身份规定组成议会党团的形式和程序，以保证各种意识形态流派在众议院中得到自由表达。

（依据 2012 年 6 月修订的墨西哥宪法摘译，来源：www.diputados.gob.mx/leyesBiblto/index.htm）

（靳呈伟 译校）

墨西哥联邦选举制度与选举程序法

第一编 合众国立法权和行政权的组成

第一篇 总 则

第一条

第一款 本法为公法，普遍适用于全国范围以及在国外行使投票权选举墨西哥合众国总统的墨西哥公民。

第二款 本法主要规范下列问题：

第一项 公民的政治选举权利和义务。

第二项 政党的组织、职能、特权以及适用于政治团体的规定。

第三项 合众国立法和行政权力机构成员选举的组织。

第二条

第一款 按宪法和本法规定成立的选举机构，在履行其职能时，应得到联邦、州以及市当局的支持和配合。

第二款 从联邦选举活动开始直至选举日结束，一切社会媒体上的政府宣传，包括联邦政府、州政府、市政府、联邦区政府机构及其下辖区域以及其他任何公共机构在社会媒体上进行的宣传，都应暂停。对选举机构进行的宣传、教育和公共卫生有关信息的发布以及紧急情况下为保护民众所需信息的发布例外。

第三款 联邦选举委员会、各政党及其候选人应负责鼓励民众行使自己的投票权。联邦选举委员会制定相关规定，其他机构依据规定组织活动鼓励选民参与投票。

第四款 联邦选举委员会将采取必要的手段确保上述规定以及本法其他规定得到执行。

第三条

第一款 本法有关规定分别由联邦选举委员会、联邦选举法庭及众议院在各自权限范围内执行。

第二款 对于本法的解释应遵照宪法第十四条最后一款的规定，按照语法、惯例以及职能标准进行。

第二篇 公民对选举的参与

第一章 权利与义务

第四条

第一款 在选举中投票是成立民选国家机构的一项权利和义务。竞选公职时，机会平等和男女平等也是公民的权利和政党的义务。

第二款 投票是普遍的、自由的、保密的、直接的、个人的和不可转让的。

第三款 严禁向选民施压或逼迫选民。

第五条

第一款 墨西哥公民有权成立全国性政党或以个人名义自由加入政党。

第二款 任何公民不得加入超过一个政党。

第三款 墨西哥公民有义务根据本法中的条款组成投票点工作委员会。

第四款 根据以下规定，以联邦选举委员会总委员会所规定的方式作为观察员参与选举程序的准备和开展以及在选举日举行的其他活动，是墨西哥公民的独有权利。

第一项　只有在以正当的方式获得选举机构的任命后方可参与选举。

第二项　谋求成为观察员的公民必须在申请书中说明个人身份信息，附一份选民证复印件，并明确表示将依照公平、客观、准确、合法以及不属于任何政党和政治团体等原则行事。

第三项　作为选举观察员的注册申请可以以个人名义或以所属组织的名义，在选举程序开始至选举当年的5月31日期间，提交给与住址相对应的地方或选区委员会主席。地方或选区委员会主席将在收到申请后的第一次全体大会上通报申请情况，并做出决定。所发布的决议书应告知申请者。联邦选举委员会总委员会将保障这一权利并解决由公民或相关机构提出的任何问题。

第四项　被任命为观察员的公民除符合选举机构规定的要求之外，还应满足以下要求：

第一目　是享有全部公民权利和政治权利的墨西哥公民；

第二目　目前不是，在选举前三年内也未曾担任过任何政治组织或政党的全国、州或市领导成员；

第三目　目前不是，在选举前三年内也未曾担任过任何公职的候选人；

第四目　根据联邦选举委员会有关部门所规定的指导计划和内容，参加联邦选举委员会或选举观察员所属组织举办的培训、准备或普及课程。联邦选举委员会的负责部门将对课程进行检查。并非由相关组织引起的对课程检查的缺失，不能成为拒绝任命观察员的理由。

第五项　观察员将不可：

第一目　代替、阻碍或干涉选举机构履行其职责；

第二目　以任何形式拉拢支持者或公开支持任何政党或候选人；

第三目　对选举机构、政党或候选人进行任何形式的攻击、诽谤或污蔑；

第四目　宣布任何政党或候选人获胜。

第六项　对选举程序的观察可在墨西哥合众国国境内任何区域进行。

第七项　为更好地开展工作，被任命的选举观察员可以向相关地方委员会申请获取选举信息。以上信息如非法律规定的保密或机密信息，且具备提供的物质和技术条件，均应给予提供。

第八项　选区执行委员会针对投票点工作委员会工作人员开展的培训，应包含对选举观察员在场以及观察员责任和义务的相关解释。

第九项　选举观察员可在选举日当天凭任命书和观察员证前往一个或多个投票点，以及相应的选区委员会，可以观察：

第一目　投票点的设立；

第二目　投票的进行；

第三目　投票点内选票的开票及计票；

第四目　投票点外投票结果的张贴；

第五目　投票点的关闭；

第六目　在选区委员会大声朗读投票结果；

第七目　意外事件的书面报告和抗议的接收。

第十项　观察员可以按照联邦选举委员会总委员会规定的形式和时间，向选举机构报告其活动。在任何情况下，所有观察员所撰写的报告、判断、意见和结论，均不对选举程序和选举结果有法律效力。

第五款　选举观察员所属组织在选举日后三十日内应向联邦选举委员会总委员会提交报告，说明观察员开展与选举观察直接相关的活动所使用的资金来源、数量以及使用情况。

第六条

第一款　公民行使投票权，除满足宪法第三十四条的有关规定之外，还应满足以下要求：

第一项　依照本法，在联邦选民登记处注册登记；

第二项　有相应的投票许可证。

第二款　在每个选区，除本法明确指出的特殊情况，投票应在公民住所所属的小范围选区内进行。

第二章 选举资格

第七条

第一款 成为联邦众议员或参议员,除满足宪法第五十五条和第五十八条的规定外,还应满足以下要求:

第一项 在联邦选民登记处注册并持有选民证;

第二项 非联邦司法机构下属选举法官或选举法庭秘书,在所涉选举竞选程序开始时已经离职两年以上的情况除外;

第三项 非联邦选举委员会执行秘书或主任,在所涉选举竞选程序开始时已经离职两年以上的情况除外;

第四项 非联邦选举委员会总委员会、地方或选区委员会主席或委员,在所涉选举竞选程序开始时已经离职两年以上的情况除外;

第五项 非联邦选举委员会正式工作人员;

第六项 非市级或联邦区政治和行政机构负责人或行使相同职权,在选举时已离职三个月以上的情况除外。

第八条

第一款 任何人在一次选举中不得注册竞选多个公职;也不能在竞选联邦级公职的同时成为州级、市级或联邦区公职的候选人。如发生这种情况,已完成的联邦级公职竞选注册资格将自动取消。

第二款 在同一次选举中,在其五份地区名单中,任何政党不得同时注册超过六十名相对多数制和比例代表制联邦众议员候选人。

第三款 在同一次选举中,任何政党不得同时注册超过六名相对多数制和比例代表制联邦参议员候选人。

第三篇 墨西哥合众国总统及联邦参议院和众议院议员选举

第一章 选举制度

第九条 墨西哥合众国的行政权由墨西哥合众国总统行使,总统每六年由墨西哥公民投票直接普选，候选人依据相对多数制当选。

第十条 墨西哥合众国的立法权由国会行使。国会分为两院，分别为众议院和参议院。

第十一条

第一款 众议院由三百名依据相对多数制、通过单名制选区制选举产生的众议员和二百名依据比例代表制、通过多名制选区制产生的众议员组成。众议院所有众议员每三年改选一次。

第二款 参议院由一百二十八名参议员组成。每个州和联邦区均有三个名额。其中，依据相对多数制通过投票产生两名，另一个名额分配给得票最多的少数党。其余三十二名参议员，在一个全国性多名制选区内，依据比例代表制投票产生。参议院所有参议员每六年改选一次。

第三款 在各州，政党必须注册一份包括两组参议员候选人的名单。得票数最多的少数党获得的参议员席位由在所涉及的州选举投票中获得第二多票数的政党的排名第一的候选人组合获得。此外还需注册一份有三十二组候选人组合的全国性名单，依据比例代表制进行投票。

第四款 在上文所指的名单中，政党须标明候选人组合的排列顺序。

第二章 组成联邦众议院和联邦参议院的比例代表制与分配方式

第十二条

第一款 根据宪法第五十四条第二款，所有已投选票应理解为所有投入票箱的选票的总和。

第二款 根据宪法第五十四条第三款，依据比例代表制分配联邦众议员议席时，全国范围内所有已投选票理解为从全国所有已投选票中减去投给获得选票数少于百分之二的政党的选票和无效选票后的票数。

第三款 任何政党不可通过相对多数和比例代表制获得超过三百席众议员席位。在任何情况下，一个政党通过相对多数和比例代表制获得的联邦众议员席位比例不得超过其在全国范围内获得选票比例的百分之八。这一规定不适用于凭借在单名制选区内获胜，在联邦众议院获得的席位数比例超过其在全国范围内获得的票数比例百分之八的政党的情况。

第十三条

第一款　依据宪法第五十四条第三款的规定，通过比例代表制分配联邦众议员议席时，使用由以下要素组成的纯比例方式：

第一项　自然商数；

第二项　最大余数法。

第二款　自然商数是全国范围的投票数除以依据比例代表制选举产生的二百名联邦众议员的结果。

第三款　选票最大余数是指根据自然商数法分配完议席之后，每一政党所剩票数中的最高票数。当仍有议席需要分配时，采用最大余数法。

第十四条

第一款　上一条中所规定的程序完成之后，进行以下流程。

第一项　根据每一政党所获选票包含自然商数的次数，决定分配给其的众议员议席数量。

第二项　如采用自然商数法后，仍有众议员议席需要分配，则通过最大余数法分配议席。分配根据每一政党在根据自然商数法分配议员席位时没有使用过的选票数量的降序进行。

第二款　应视情况决定是否应根据宪法第五十四条第四款和第五款，对通过相对多数和比例代表制获得超过三百席众议员席位或其获得的议席数占众议院总议席的比例超过其在投票中获得的选票比例的百分之八的政党，减少其通过比例代表制获得的议席数量，直到符合相关规定，并将多余的议席分配给之前不占有议席的政党。

第三款　减去超出的依据比例代表制产生的联邦众议员数后，对符合本条第二款其中一种情况的政党，按照以下方式，向其分配每个选区内相应的议席。

第一项　获取分配商数，分配商数由符合这一情况的政党所获得的选票总数除以此政党将要获得的议席数量产生。

第二项　此政党在每一选区获得的选票数除以分配商数，得到的结果的整数部分为其在每一选区内的议席数量。

第三项　如仍剩余议席待分配，将采用前一条中规定的最大余数法分配。

第十五条

第一款　如遇宪法第五十四条第六款所规定的情况，依据比例代表制分配联邦众议员席位将通过以下方式进行。

第一项　在完成上一条所指的分配之后，将按以下方式向其他有权获得席位的政党分配剩余的议席。

第一目　获取全国范围内的有效选票数。有效选票数由在全国范围内投出的选票数减去依据宪法第五十四条第四款或第五款的规定对其实行了限制的政党的选票数而产生。

第二目　将全国范围内的有效选票数除以需要分配的议席数量，获得一个新的自然商数。

第三目　每一政党在全国范围内获得的有效选票数除以新的自然商数，结果的整数部分为分配给每个政党的议席总数。

第四目　如仍剩余议席待分配，则依据各个政党的最大余数进行分配。

第二款　依照多名制选区制，向各政党分配相应的议席，按以下方式进行。

第一项　获取每一选区的有效选票数，有效选票数为每一选区的票数减去符合宪法第五十四条第四款或第五款情况的政党的选票数。

第二项　将每一多名制选区的有效选票数除以此选区待分配的议席数，获得每一选区的分配商数。

第三项　将每一政党在每一多名制选区的有效选票数除以此选区的分配商数，结果的整数部分为该选区内分配给各政党的议席数。

第四项　如在使用分配商数的方法后，仍剩余议席待分配，则按降序按各政党在各选区选票的最大余数进行分配，直至用尽选票，确保每一多名制选区有四十席议席。

第十六条

第一款　根据本法第十四条第一款第一项和第二项的规定，确定各政党的议席名额分配之后，在没有任何政党符合宪法第五十四条第四款或第五款规定的情况下，按以下方式进行。

第一项　将每一选区的选票总数除以四十，得到分配商数。

第二项　将每一政党在每一多名制选区获得的选票数除以分配商数，结果的整数部分为此政党在此选区获得的议席数。

第三项　如在使用分配商数的方法后，仍剩余议席待分配，则按降序按各政党的最大余数进行分配，直至用尽选票，确保每一多名制选区有四十席议席。

第十七条　在任何情况下，根据比例代表制分配众议员议席，均须按照候选人在各自区域名单上的排名顺序进行。

第十八条

第一款　根据宪法第五十六条第二款规定的比例代表制分配联邦参议院议席，采用比例制的方式，并参照以下规则。

第一项　全国范围内，依据比例代表原则，为选举产生联邦参议员所投出的选票总数理解为投入选票箱内的选举全国性多名制选区名单上的候选人的选票数。

第二项　根据比例代表制分配联邦参议员席位时，将投票总数减去投给未获得投票总数百分之二的政党的票数和无效选票数理解为全国范围内投出的选票数。

第二款　纯比例方式由以下要素构成：

第一项　自然商数；

第二项　最大余数。

第三款 自然商数系全国范围内投出的选票数除以根据比例代表制待分配的联邦参议员数的结果。

第四款 最大余数系各政党根据自然商数法，参与联邦参议员议席分配后，最高的剩余票数。在仍有参议员席位待分配时，应采用最大余数法。

第五款 采用纯比例方式时，按以下流程进行。

第一项 根据每一政党所获选票包含自然商数的次数，决定分配给其的参议员议席数量。

第二项 如采用自然商数法后，仍有参议员议席需要分配，则通过最大余数法分配。分配根据每一政党在按自然商数法分配议员席位时没有使用过的选票数量的降序进行。

第六款 在任何情况下，根据比例代表制分配参议员议席，均应按照候选人在全国性候选人名单上的排名顺序进行。

第三章 补充规定

第十九条

第一款 正常情况下，选举应于相应年份7月的第一个周日举行，选举产生：

第一项 每三年选举一届联邦众议员。

第二项 每六年选举一届联邦参议员。

第三项 每六年选举一任墨西哥合众国总统。

第二款 正常情况下，举行联邦选举的日子为全国范围内的非工作日。

第二十条

第一款 如选举被宣布无效，或在选举中获胜的候选人组合成员不具备当选资格，则举行特别选举，通知应在选举程序最后阶段结束后四十五日内发出。

第二款　在国会根据相对多数制选举产生的议员议席出现空缺时，议席所在院召集举行特别选举。

第三款　在联邦众议院根据比例代表制选举产生的议员议席出现空缺时，应由相应获选候选人组合中此众议员的候补填补空缺。如候补议员也不能填补空缺，则在向其分配众议员议席之后，由同一政党在相应地区性候选人名单中紧排在当选候选人组合之后的候选人组合填补空缺。

第四款　在联邦参议院根据比例代表制选举产生的议员议席出现空缺时，应由相应获选候选人组合中此参议员的候补填补空缺。如候补议员也不能填补空缺，则在向其分配参议员议席之后，由同一政党在相应全国性候选人名单中紧排在当选候选人组合之后的候选人组合填补空缺。

第二十一条

第一款　举行特别选举的通知，不能限制本法承认的墨西哥公民和全国性政党的权利，不能更改本法规定的程序和形式。

第二款　联邦选举委员会总委员会，可以根据举行特别选举通知中所指出的日期，对本法规定的期限进行调整。

第三款　在任何情况下，在正常选举前，失去注册资格的政党，既不能参加正常选举也不能参加特别选举。然而，只要政党参加了被宣布无效的选举，就算失去注册资格仍能参加特别选举。

第二编　政　党

第一篇　总　则

第二十二条

第一款　有意组成政党并参加联邦选举的公民组织，应向联邦选举委员会申请获取注册登记资格。

第二款　禁止行业组织或社会宗旨不同的组织参与成立政党，或以任何社团形式加入政党。

第三款 "全国性政党"指在本法规定所涉及的范围内，获得和保有注册登记资格的全国性政治组织。

第四款 全国性政党具有法人资格，享有宪法和本法规定的权利和特权，承担宪法和本法规定的义务。

第五款 政党内部通过其基本文件实行管理，可依据本法及党章相关规定自由组织和做出决定。

第六款 政党章程规定的当选资格只可对年龄、国籍、居住地、民事能力和是否受过刑事处罚提出要求。（此款依据墨西哥国家最高法院判决，被宣布无效。2008年10月3日 联邦官方公告）

第二十三条

第一款 政党为了实现宪法所规定的目标，将调整其行为，以满足本法规定。

第二款 联邦选举委员会将监督政党依据法律开展的活动。

第二篇 政党的成立、注册、权利和义务

第一章 合法注册程序

第二十四条

第一款 公民组织须满足以下条件，方可注册成为全国性政党。

第一项 提出一份与规范其活动的行动纲领和党章一致的原则宣言。

第二项 至少在二十个州中拥有三千名成员，或至少在二百个联邦单名制选区中拥有三百名成员。这些成员应拥有与其所属州或所在选区相应的贴有照片的投票许可证。在任何情况下，某一政党的全国党员数均不得低于提交注册申请前最近一次联邦正常选举中所使用联邦选民统计结果的百分之零点二六。

第二十五条

第一款 原则宣言必须至少包含以下内容：

第一项　遵守宪法及相关法律和制度的义务。

第二项　政党所倡导的政治、经济和社会方面的思想原则。

第三项　不接受使其从属于任何国际组织或依靠外国机构或政党的协议的义务。不要求、不接受任何种类的来自外国人或任何宗教人士、宗教协会或组织以及教会的经济、政治或宣传方面的援助的义务。不接受本法所禁止的其他人的资助。

第四项　和平、民主地开展活动的义务。

第五项　促进公民参与政治、机会平等和男女平等的义务。

第二十六条

第一款　行动纲领应决定为以下事务而采取的措施：

第一项　遵循原则和实现原则宣言所提出的目标。

第二项　为解决全国性问题提出政策建议。

第三项　在思想上和政治上对其成员进行教育，使其尊重对手以及对手在政治斗争中所拥有的权利。

第四项　对党员进行培训，使其积极参与选举进程。

第二十七条　政党章程应规定以下内容：

第一项　政党的名称、标志和特有的并区别于其他政党的颜色。政党的名称和标志不得带有宗教或种族色彩。

第二项　个体自由、和平地加入政党的程序以及作为政党成员的权利和义务。权利包括以个人名义或通过代表的方式参加政党会议和党员大会以及成为领导机构成员。

第三项　政党领导机构的组成和换届的民主程序及其职能、权限和义务。政党机构须至少包括以下层级：

第一目　作为政党最高权力机构的全国代表大会或同类机构。

第二目　作为政党全国性代表机构的全国委员会或同类机构，委员会有权监督和批准其他级别机构做出的决定。

第三目　州级委员会或同类机构。

第四目　负责管理政党财产和资金的机构。此机构负责按本法规定提交政党年度收入和支出报告以及竞选和预选活动的报告。

第四项 民主推选党内候选人的规范。

第五项 在所参加的竞选中，提交以其原则宣言和行动纲领为根据的竞选纲领的义务。

第六项 政党候选人在参与的竞选活动中维护和传播本党竞选纲领的义务。

第七项 对违反党内规定的成员所实施的处罚以及相应的辩护手段和程序。党内常设的负责受理和解决争议的机构。为更加快速和顺畅地解决争议，党内争议的解决不经过两级以上的机构。

第二十八条

第一款 为成立一个全国性政党，相关组织在总统选举年下一年的1月将此意愿告知联邦选举委员会。从告知联邦选举委员会起，相关组织须每月向选举机构汇报其为获得合法注册资格而开展的活动的资金来源和用途，并开展以下先期活动，证明满足本法第二十四条所规定的要求。

第一项 在联邦选举委员会官员在场时，至少在二十个州或二百个选区举行代表大会。选举机构官员确认以下内容：

第一目 根据本法第二十四条第一款第二项的规定，出席和参与州或选区代表大会的党员人数分别不得少于三千人和三百人。参会者自由地出席会议，知晓并认可原则宣言、行动纲领和党章，签署正式入党文件。

第二目 在上述参会人员的参与下，形成党员名单，包括成员姓名、住址和投票许可证号码。

第三目 大会过程中，不存在行业组织或社会宗旨不同的组织的干涉，全国性政治团体除外。

第二项 在联邦选举委员会指派的官员在场时，举办全国性的政党成立代表大会。选举机构委派官员确认以下内容：

第一目 在州或选区代表大会上当选的代表或候补代表参加大会。

第二目 代表通过相应的会议记录证明大会按本条第一款第一项规定举行。

第三目　通过投票许可证或其他确凿的文件，确认参加全国代表大会代表的身份和住址。

第四目　政党原则宣言、行动纲领和章程得到通过。

第五目　为满足本法要求的党员数量最低比例要求，形成包含全国党员在内的政党成员名单。这些名单包括上一项第二目中要求的内容。

第二款　所需证明的费用将由联邦选举委员会的预算承担。被授权颁发证明的官员有责任按规定操作。

第三款　如相关组织未在本法第二十九条第一款所规定的时间内提交注册申请，则所颁发证明无效。

第二十九条

第一款　完成成立全国性政党的相关程序后，相关组织在选举年前一年的1月，向联邦选举委员会提交注册申请和以下文件：

第一项　由其成员根据上一条规定通过的原则宣言、行动纲领和党章。

第二项　以电子文档的方式提交上条第一款第一项第二目和第二项第五目中所提到的各州或各选区的成员名单信息。

第三项　在各州和各选区举行的代表大会及全国性的政党成立大会的会议记录。

第三十条

第一款　联邦选举委员会总委员会收到相关组织提交的成为全国性政党的注册申请后，成立一个由三名委员组成的委员会，审查上条所提到的文件，确认是否满足本法所规定的成立全国性政党的要求和程序。委员会提交注册评估意见草案。

第二款　联邦选举委员会总委员会借助上款所提到的委员会，通过全部审查或随机抽查的方法，确认新政党成员数量至少占提交申请时最新更新的选民统计数的百分之零点零二六以及其真实性，确定这些成员加入新成立的政党的时间不超过一年。

第三十一条

第一款　联邦选举委员会以委员会提交的注册评估意见草案为根据，

从收到注册申请起一百二十日内，对相关问题做出裁定。

第二款　如注册申请通过，由联邦选举委员会颁发相应注册证明。如未通过，将通知相关组织并解释缘由。裁定将公布于联邦官方公告，可就结果向选举法庭提起申诉。

第三款　政党的注册于选举年前一年的 8 月 10 日起生效。

第三十二条

第一款　在联邦众议员、参议员或墨西哥合众国总统选举中，所获选票数未超过百分之二的政党的注册将被取消，并失去本法所规定的所有权利和特权。

第二款　如注册被取消或失去注册资格，政党将不再具有法人资格。但其领导和推举的候选人在各自选举流程和财务清算结束之前，应尽审计方面的义务。

第三款　政党在联邦众议员、参议员或墨西哥合众国总统选举中所获选票数未超过所投总票数的百分之二，对其候选人在全国性选举中根据相对多数原则获得胜利没有影响。

第二章　全国性政治团体

第三十三条

第一款　全国性政治团体是协助民主生活和政治文化的发展、更好地了解公共舆论的公民团体。

第二款　全国性政治团体在任何情况下均不可使用带有"党"或"政党"字眼的名称。

第三十四条

第一款　全国性政治团体只可通过与政党或政党联盟达成参与选举协议的方式参与联邦选举进程。由协议产生的候选人将以政党候选人的身份注册，并以此政党的名称、标志和颜色参与投票。

第二款　上款所指的参与选举协议应在本法第九十九条第一款所规定

的期限内提交给联邦选举委员会总委员会主席。

第三款 在宣传和竞选过程中,可以提及参加的政治团体。

第四款 全国性政治团体应履行本法和相关条例规定的义务并对其财产进行审计。

第三十五条

第一款 为注册成为全国性政治团体,申请机构应向联邦选举委员会证明其满足以下要求:

第一项 在全国至少拥有五千名成员,拥有一个全国性领导机构,至少在七个州设有代表处。

第二项 拥有基本文件以及与其他政治团体或政党均不相同的名称。

第二款 相关团体在选举年前一年的1月份,提交其注册申请、证明其满足上述条款所提条件的文件以及联邦选举委员会总委员会所要求的文件。

第三款 联邦选举委员会总委员会在收到注册申请之日起的六十个自然日内,对相关问题做出裁定。

第四款 如通过注册申请,由联邦选举委员会颁发相应注册证明。如未通过,将通知相关团体并解释缘由。

第五款 如通过注册,政治团体的注册于选举年前一年的8月10日起生效。

第六款 通过注册的政治团体,将享有本法规定的政党的税制。

第七款 通过注册的政治团体,应每年向联邦选举委员会提交一份有关上一年所获得的所有种类资金的来源和用途的报告。

第八款 上款所提到的报告应在所涉及年份的12月最后一天起的九十日内提交。

第九款 如有以下情况,全国性政治团体将失去注册资格:

第一项 多数成员通过协议解散团体。

第二项 根据其基本文件有解散团体的缘由。

第三项 未能提交年度资金来源和用途报告。

第四项　未根据条例规定,证明在一自然年内开展任何活动。

第五项　严重违反本法规定。

第六项　不再满足获得注册的基本要求。

第七项　本法规定的其他情况。

第三章　政党权利

第三十六条

第一款　全国性政党有以下权利:

第一项　依据宪法和本法,参与选举程序的准备、开展和监督。

第二项　享有本法赋予的自由开展活动的保障。

第三项　根据宪法第四十一条的规定,享有特权,接受公共资助。

第四项　根据本法规定,通过内部程序,推选候选人参加联邦选举。

第五项　经党章规定的全国领导机构批准,组成政党联盟参与联邦或地方选举,组成与选举目标无关的阵线,或根据本法规定与其他政党合并。

第六项　根据宪法第四十一条第一款规定,参与州、市和联邦区选举。

第七项　依据宪法和本法,提名派驻联邦选举委员会各部门的代表。

第八项　是为直接完成其目标所不可或缺的不动产的所有者、持有者和管理者。

第九项　在保持自身政治、经济始终绝对独立,并不受限制地尊重墨西哥合众国主权和完整及政府机构的情况下,与外国组织和政党建立关系。

第十项　与全国性政治团体签署参与选举协议。

第十一项　本法赋予的其他权利。

第三十七条

担任以下职务的,不能成为全国性政党驻联邦选举委员会各部门的代表。

第一项　联邦司法机构法官、大法官或部长。

第二项　州司法机构法官或大法官。

第三项　选举法官或选举法庭秘书。

第四项　武装力量或警察机构服役人员。

第五项　联邦或地方公共部门职员。

第四章　政党的义务

第三十八条

第一款　全国性政党有以下义务：

第一项　依法开展活动，使自身和成员行为符合民主国家的原则，尊重其他政党参政的自由，尊重公民权利。

第二项　不使用暴力，不开展任何以扰乱公共秩序为目标或影响公共秩序的活动，不开展干扰享受保障的活动，不开展阻碍政府机构正常运作的活动。

第三项　保持政党成立和注册所需的各州和各选区的最少成员数量。

第四项　展示已注册的政党名称、标志和颜色，以上内容不得与已有全国性政党所使用的名称、标志和颜色相同或相似。

第五项　履行新成员加入政党的规定和党章所规定的推选候选人的程序。

第六项　保持依据党章程设立的机构的有效运作。

第七项　领导机构拥有办公地点。

第八项　至少发行一份宣传季刊和一份理论半年刊。

第九项　至少拥有一个政治教育培训中心。

第十项　在参加选举的选区内，在相应的时间通过电台和电视台刊登和发布竞选纲领。

第十一项　允许本法所授权的联邦选举委员会的组织机构对其进行审计和核验，向这些组织机构提交收入和支出文件。

第十二项　政党应在通过协议决定对其基本文件进行修改后的十日

内，知会联邦选举委员会。联邦选举委员会总委员会宣布其符合宪法和法律之前，修改不得生效。裁定应在提交相关文件后的三十个自然日内做出。

第十三项 在其领导机构成员或办公地点变更后十日之内，将相应变更知会联邦选举委员会。

第十四项 不依靠或附属外国政党、外国自然人或法人、国际机构或组织以及任何宗教的神职人员开展活动。

第十五项 通过本法所规定的形式使用经费，经费用于开展日常活动、支付竞选和预选活动费用以及开展本法第三十六条第一款第三项所列活动。

第十六项 在其政治宣传或竞选宣传中，不诋毁有关机构或其他政党，不诽谤个人。对于违反这一规定的举报将向联邦选举委员会执行秘书处提交，秘书处将依据本法第七编的规定迅速展开调查。在任何情况下，处理举报应遵守宪法第六十条第一款的规定。

第十七项 不在宣传中使用宗教标志和带有宗教色彩的用语、影射和论述。

第十八项 不组织公民集体加入政党。

第十九项 确保公平，力求领导机构和所推选的公职候选人男女比例相同。

第二十项 履行本法在透明和信息公开方面所规定的义务。

第二十一项 本法规定的其他义务。

第二款 选举程序开始后，无论何种情况，不得进行上款第十二项中所提到的修改。

第三十九条

第一款 如有不履行本法所规定的义务的情况，按本法第七编的规定进行处罚。

第二款 由联邦选举委员会总委员会实施的行政处罚与政党、政党领导人以及民选职务预候选人和候选人可能承担的民事或刑事责任相互独立。

第四十条　如有政党蓄意或系统地不履行政党义务，其他政党可在提交证据后要求联邦选举委员会总委员会开展调查。

第五章　政党在公开透明性方面的义务

第四十一条

第一款　任何人均有权依据本法和联邦选举委员会在此方面的条例规定获取政党信息。

第二款　申请者通过向联邦选举委员会提交专门的申请获取政党信息。

第三款　条例规定申请获取政党信息的方式、程序和期限。

第四款　如申请获取的信息为公共信息，或不在联邦选举委员会权限范围内，联邦选举委员会将通知相关政党在条例规定的期限内，将信息直接交与申请者。相关政党应告知联邦选举委员会已履行此义务。

第五款　如申请获取的信息可在联邦选举委员会或相关政党的网页上获得，则将通知申请者直接获取此信息，申请者要求纸质或数码格式信息的除外。

第六款　政党有义务至少在其网页上发布关于此章的专门信息。

第四十二条

第一款　根据本法规定，政党向联邦选举委员会提交或联邦选举委员会发布的关于政党的信息中被视为公共信息的，所有人都可通过联邦选举委员会的网站获得。

第二款　以下关于政党的信息为公共信息：

第一项　政党基本文件。

第二项　政党领导机构的权力。

第三项　由政党领导机构批准，规范政党内部生活、党员的权利和义务、党的领导人的选举和公职候选人的推选等问题的条例、协议和其他总纲性规定。

第四项 全国、州、市、联邦区组织机构地址名录和地区、代表处、选区组织机构地址名录（如有）。

第五项 上一项提到的组织机构成员和其他政党工作人员的工资表。

第六项 在联邦选举委员会注册的竞选纲领和施政纲领。

第七项 政党签署的加入阵线、组成联盟或与其他政党合并的协议，以及与全国性政治团体签署的参与选举的协议。

第八项 选举政党领导人或推选公职候选人的通知。

第九项 最近五年间（截止最近一月），每月以任何形式向其全国、州、市和联邦区机构提供的资金数目和所缴纳的处罚金数额。

第十项 在本法规定的审计程序结束后，公布年度或部分收入和支出记录、竞选和预选期的收入和支出记录、财产情况报告、政党为所有者的不动产清单以及上述文件的附录、捐款者名单和每名捐款者的捐款数额。政党可在本法规定的审计程序结束前公布本项中的各项信息，对审计程序不产生影响。

第十一项 政党任何级别的纪检机构发布的决议。

第十二项 政党派驻联邦选举委员会代表的姓名。

第十三项 长期接受政党经济支持的基金、研究中心或机构、培训中心或机构和其他机构名单。

第十四项 联邦选举委员会通过的关于本款第十项所提到的报告的意见和决议。

第十五项 本法或相关法律规定的其他信息。

第四十三条 政党应及时更新本章规定的公共信息和本法规定的类似性质的信息，并按本法在一般规定部分规定的形式和电子媒介向联邦选举委员会提交此信息。

第四十四条

第一款 与政党内部机构的商讨过程，政党的政治策略，竞选策略，政党内部机构开展的民意调查及党员、党的领导人、公职预候选人和候选人的私人、个人和家庭活动相关的信息为非公共信息。

第二款　党员、党的领导人、公职预候选人和候选人的个人信息为保密信息，本章所规定的地址名录中所含的个人信息及经相关个人授权公布的只含全名和其他个人信息的公职预候选人和候选人名单除外。

第三款　正在审理的牵涉政党的案件信息，直至审理结束，为保密信息。

第四十五条　不履行本章规定的义务，将按本法规定进行处罚。

第六章　政党内部事务

第四十六条

第一款　政党内部事务包括所有依据宪法、本法和政党领导机构通过的章程和条例开展的与其组织和运作相关的活动和程序。

第二款　选举、行政和司法机构只能根据宪法、本法和其他相关法律的规定介入政党内部事务。

第三款　政党内部事务如下：

第一项　政党基本文件的拟定和修改。

第二项　公民自由、自愿加入政党有关要求和程序的制定。

第三项　政党领导机构成员的选举。

第四项　推选公职预候选人和候选人的程序和要求。

第五项　为制定政治策略和竞选策略以及为领导机构做出决策而进行的商讨。

第四款　所有与政党内部事务有关的争议由党章规定的机构及时解决，以确保党员权利。只有当党内解决途径用尽时，党员方可诉诸选举法庭。

第四十七条

第一款　在宣布本法第三十八条第一款第十二项中提到的政党基本文件是否合宪、合法时，联邦选举委员会总委员会应考虑政党制定组织规范和程序以按照其目标运作的权利。

第二款 只有党员可在政党向联邦选举委员会总委员会提交党章后十四个自然日内对章程提出申诉。联邦选举委员会总委员会在做出相关裁定的同时，解决所收到的对党章的申诉。如裁定已做出且提出申诉时限已过，则党章不再进行改动。

第三款 在选举法庭对政党基本文件是否合宪、合法的申诉做出仲裁后，仅可对执行章程的行为的合法性提出申诉。

第四款 政党应在通过条例后十日内知会联邦选举委员会，联邦选举委员会确认条例是否符合法律和党章，并将其登记在册。

第五款 如需为政党领导机构的成员进行登记，联邦选举委员会应在收到通知后十日内确认政党一并上交已完成相关章程所规定程序的证明。

第六款 如联邦选举委员会认为政党未完成内部程序，将做出裁定并提出合理缘由，规定政党重新选举或任命其领导人的期限。

第七款 如联邦选举委员会在确认政党内部程序的过程中，发现存在差错或疏漏，将以书面形式通知政党驻选举委员会代表，责成其在五日内对相关问题做出解释。

第三篇 使用电台和电视台、募集资金及其他特权

第四十八条

第一款 以下为全国性政党的特权：

第一项 依据宪法和本法的规定使用电台和电视台。

第二项 依据本法的规定，接受与其开展的活动相对应的公共资助。

第三项 享有本法和其他相关法律规定的税制。

第四项 政党必需的运作，免付邮资和电报费用。

第一章 使用电台和电视台

第四十九条

第一款 政党有权长期使用社会传播媒介。

第二款 政党、公职预候选人和候选人可在宪法作为特权授予其的时间内，依据本法规定的形式和方式使用电台和电视台。

第三款 在任何情况下，所有政党、公职预候选人和候选人均不可亲自或通过第三方租用或购买任何形式的电台和电视台时段。政党领导人和党员或公民个体不得租用电台或电视台时段进行个人竞选宣传。违反本规定将依据本法第七编的规定进行处罚。

第四款 任何自然人或法人不得亲自或通过第三方租用或购买电台和电视台时段进行宣传，影响民众投票倾向，或对政党及公职预候选人和候选人进行有利或不利宣传。禁止在国内播出在国外租用或购买的宣传节目。违反本款规定将依据本法第七编的规定进行处罚。

第五款 联邦选举委员会是管理属于国家的电台或电视台时段的唯一机构，相应时段用于联邦选举委员会和其他选举机构各自的目标。联邦选举委员会同样是管理政党行使宪法和本法授予的特权的唯一机构。

第六款 联邦选举委员会确保政党行使宪法授予的电台和电视台方面的特权，制定规则分配政党在竞选期间和非竞选期间有权播放的广告和节目，受理关于违反规定的举报并实行处罚。

第七款 联邦选举委员会总委员会最晚在选举年前一年的9月20日与电台和电视台的所有人和运营人举行会议，就与政党在竞选和预选期间的活动报道和传播相关的新闻节目的大体计划提出建议。各方所达成的协议将正式确定并告知公众。

第五十条 联邦选举委员会和各州选举机构通过联邦选举委员会在电台和电视台的时段，播放各自的社会传播广告。

第五十一条 联邦选举委员会通过以下组织机构行使其在电台和电视台方面的职能：

第一项 联邦选举委员会总委员会。

第二项 总执行委员会。

第三项 特权和政党执行管理处。

第四项 广播和电视委员会。

第五项　投诉和检举委员会。

第六项　起辅助作用的分属机构、地方机构、选区机构的执行委员会和执行委员。

第五十二条　联邦选举委员会总委员会可根据广播和电视委员会的合理提议，责成立即暂停违反本法的任何在电台或电视台中进行的政治或竞选宣传，这并不影响对违反本法者的其他处罚。为此，联邦选举委员会总委员会须满足和遵守本法第七编第一篇第四章中的要求和程序。

第五十三条　总执行委员会向总委员会提交电台和电视台管理条例。其他相关联邦法律，在不与本法矛盾的情况下，可作为本法的补充。

第五十四条

第一款　各州级选举管理机构，应就履行其宗旨所需的电台和电视台时段向联邦选举委员会提出申请。联邦选举委员会就相关事宜做出裁定。

第二款　在联邦选举竞选和预选期间，联邦司法机构的选举法庭应执行上款的规定。在此期间外，选举法庭根据自身规定处理使用电台和电视台事宜。

第五十五条

第一款　联邦选举期间，从预选活动开始至投票日，联邦选举委员会在各家电台和电视频道拥有四十八分钟（每天）的时段。

第二款　在每家电台和电视频道播放的广告应分布在每天六点到二十四点的时间段内。如电台或电视频道的播出时间段短于六点至二十四点，则每小时播放三分钟。

第三款　在本条第一款中提到的每天四十八分钟，在各家电台和电视台将以每小时播放两至三分钟的方式分配。在六点和十二点之间以及十八点和二十四点之间，每小时播放三分钟。在十二点和十八点之间，每小时播放两分钟。

第五十六条

第一款　在联邦竞选和预选期间，电台和电视台中的时段转化为可在各政党中分配的广告条数，将按以下标准分配：百分之三十在政党中平均分配，剩余的百分之七十按各政党在最近一次联邦众议员选举中获得的选票数的百分比比例分配。政党联盟所获得的广告数量依据本编第四篇第二章中的规定分配。

第二款 在地方竞选和预选期间，分配给各政党时段的百分之七十按照各政党在各州的最近一次地方议员选举中获得的选票数百分比比例分配。

第三款 新注册的全国性和地方性政党，将只参与本条第一款规定的百分之三十时段的分配。

第四款 在政党中分配的广告分为三十秒一条、一分钟一条、两分钟一条、广告间无间隙，相应条例规定有关事宜。

第五款 各政党所分配到的时段只可用于播放广告，广告时长为本章所规定的长度。制订计划时，将考虑广告总数及广告条数在各党间的分配情况。

第五十七条

第一款 自依据本法和联邦选举委员会总委员会发布的决议开始联邦预选活动起，至预选活动结束，联邦选举委员会应在每家电台和电视台向全国性政党提供每天总共十八分钟的时段。

第二款 上款所提的预选活动最晚在政党根据政党章程举行内部选举或召开全国选举代表大会（同类大会或相应政党领导机构会议）决定相关事宜的前一日结束。

第三款 各政党的预选广告根据联邦选举委员会广播和电视委员会通过的计划播出。

第四款 各政党自行决定如何使用所分配到的预选广告时间，包括与联邦选举同时进行的各州的预选活动。为使联邦选举委员会就相关事宜做出规定，各政党应将其决定及时告知联邦选举委员会。

第五款 去除本条第一款中所指时段后的剩余时段，将用于联邦选举委员会或其他选举机构的目标。任何情况下，电台和电视台的所有人和运营人均不得将未被联邦选举委员会分配的时段用于商业目的。

第五十八条

第一款　在本法第五十五条第一款中所指的总时间中，在联邦选举期间，联邦选举委员会应在每家电台和电视频道向全国性政党提供每天四十一分钟的时段。

第二款　剩余的七分钟将用于联邦选举委员会或其他选举机构的目标。

第五十九条

第一款　上一条第一款中所提到的时段，将按照本法第五十六条第一款和第二款的规定，在政党中视情况分配。

第二款　各政党竞选期间的广告根据联邦选举委员会广播和电视委员会通过的计划播出。

第三款　在地方选举和联邦选举同日进行的州，联邦选举委员会考虑除去在州内分配给地方选举后所剩的时段，在上款规定的基础上做出必要调整。

第六十条　各政党自行决定如何使用在竞选期间所分配到的宣传广告时间，以下情况除外：如选举进程中进行墨西哥合众国行政权和国家议会两院换届选举，各政党应至少将百分之三十的广告用于其中一个的竞选宣传。

第六十一条　各政党决定在各州中如何分配在联邦参议员和众议员竞选期间所分配到的广告时间。

第六十二条

第一款　在地方选举和联邦选举同日进行的州，联邦选举委员会通过相应选举行政机构，在本法第五十八条第一款规定的总时间中，向政党的地方选举分配每天十五分钟的时间。

第二款　上款所提到的时间应根据联邦选举委员会广播和电视委员会制订的计划用于竞选广告的播出，联邦选举委员会广播和电视委员会根据负责该事务的地方选举机构的提议制订相应计划。

第三款 在政党中分配本条第一款所指的转化为广告数量的时段时,地方选举机构执行本法第五十六条的有关规定。

第四款 本章中提到的电台和电视台的覆盖范围可理解为所有能接收广播和电视信号的区域。

第五款 在相关联邦机构的协助下,联邦选举委员会广播和电视委员会制作所有电台和电视频道目录及其信号有效范围和覆盖范围图,同时还应加入关于每家电台或电视台覆盖范围内人口总数的信息。

第六款 联邦选举委员会总委员会应以此目录为根据公布本法第六十四条提到的参与地方选举报道的电台和电视台的信息。

第六十三条 在每次选举程序包含的竞选活动期间,各政党决定如何分配其所获得的电台和电视宣传广告时段。

第六十四条 在地方选举和联邦选举在不同月份或年份举行的州,联邦选举委员会应管理相应的电台和电视台时段,将其用于竞选目的。从地方预选活动开始至相应的投票日结束,联邦选举委员会将利用每天的四十八分钟。

第六十五条

第一款 在上条提到的地方选举预选活动期间,联邦选举委员会将提供十二分钟给各州选举行政机构,以供其在各政党中分配。

第二款 地方选举行政机关根据地方法律规定的程序并按照本法第五十六条的规定,在各政党中分配上款所提到的时间。

第三款 各政党的预选广告,应根据联邦选举委员会广播和电视委员会就负责该事务的地方选举机构的提议通过的计划播出。

第六十六条

第一款 在本法第六十四条所提到的各州的地方选举竞选活动中,联邦选举委员会通过相应选举机构在各州向各政党分配各家电台和电视频道每天长为十八分钟的时段。如时段不足,选举机构可用属于国家的时段补充。剩余时段应用于联邦选举委员会或其他选举机构的目标。任何情况下，电台和电视台的所有人和运营人均不得将未被联邦选举委员会分配的时段用于商业目的。

第二款　本法第六十二条第二款和第三款、第六十三条及其他相关规定，适用于上款提到的州和地方选举流程。

第六十七条

第一款　在地方注册且注册仍然有效的政党，在相关选举前参加各州地方选举竞选广告时段的分配。分配根据最近一次或政党所参加的最近一次地方议员选举中各政党所获得的票数百分比比例进行。

第二款　未能在所对应州最近一次地方议员选举中获得拥有特权所需的最少票数的全国性政党或地方政党，仅有权参加地方选举竞选中以平均方式分配的电台和电视台时段的分配。

第六十八条

第一款　为帮助本法第六十四条所提到的州履行联邦选举委员会和地方选举机构的宗旨，联邦选举委员会应视时段剩余情况分配电台和电视台时段。

第二款　联邦选举委员会向地方选举机构分配的电台和电视台时段，由总委员会根据地方选举机构向联邦选举委员会提交的申请决定。

第三款　本法第六十四条所提到的未分配的时段，至相应的地方选举竞选活动结束，属联邦选举委员会所有。任何情况下，电台和电视台的所有人和运营人均不得将未被联邦选举委员会分配的时段用于商业目的。

第六十九条

第一款　联邦选举委员会在任何情况下都不得违规向政党授权电台和电视台时段或广告时段。

第二款　政党在电台和电视台播放的广告的制作费用由其自行承担。

第七十条

第一款　墨西哥合众国总统选举竞选期间，联邦选举委员会根据总委员会的决定，在竞选此职务的已注册的候选人间组织两场辩论。

第二款　辩论在总委员会听取各政党意见后决定的日期和时间举行。在任何情况下，第一场辩论均于选举年5月第一周举行，第二场辩论最晚于选举年6月第二周举行，每场辩论的持续时间由总委员会决定。

第三款　辩论通过包括付费电台和电视频道在内的公共运营人电台和电视频道直播。联邦选举委员会应准备辩论技术制作和播放的必要条件。其他电台和电视台运营人和所有人可无偿使用联邦选举委员会制作的辩论信号。联邦选举委员会应做必要的协调，促使辩论在尽可能多的电台和电视台播出。

第四款　决定直播本条所提到的辩论的电台和电视台，将被授权在相应的时段内，暂停播出政党和选举机构的广告。

第五款　辩论规则由联邦选举委员会总委员会决定，决定之前应先听取各政党提议。

第六款　联邦选举委员会应在分配到的电台和电视台时段中通报本章所提到的辩论的情况。

第七十一条

第一款　在联邦选举竞选和预选期之外，在宪法第四十一条提到的时间，全国性政党有权：

第一项　在各家电台和电视频道开设一档每月一期的节目，每次节目时长五分钟。

第二项　剩余时段应用于在每家电台和电视台播放每条长为二十秒的广告。总时长应以平均的方式分配给诸全国性政党。

第二款　上文所指的每月一期的节目在六点到二十四点的时段内播出。

第三款　联邦选举委员会广播和电视委员会每季度通过相应的节目播出计划。

第四款　在特殊情况下，当事人亦提出合理申请的，联邦选举委员会可以决定将一个月中分配给同一政党的广告提前于原计划播出。条例将明确执行此规定的形式和条件。

第七十二条

第一款 联邦选举委员会和其他选举机构，应按照总委员会通过的规定和以下规定，使用其在电台和电视台中的时段。

第一项 在考虑地方选举日程的情况下，联邦选举委员会每季度决定用于其目标和其他选举机构目标的电台和电视台时段的分配。在任何情况下，属于政党的相应特权不计算在内。

第二项 联邦选举委员会应根据本条规定播放二十秒和三十秒的广告。

第三项 广告播放时段为六点到二十四点。

第四项 竞选期间，电台和电视台收听率和收视率最高的时段中，属于联邦选举委员会的，应优先向政党分配，供其播放广告。

第五项 联邦选举委员会通过相应行政职能部门拟定广告播出计划。地方选举机构向联邦选举委员会提交根据本章规定分配到的时段的播出计划提议。

第六项 州级选举机构向联邦选举委员会提交包含传播其在地方选举中所开展的活动的电台和电视台广告的素材。

第七十三条 根据宪法第四十一条的规定，如联邦选举委员会认为其在电台和电视台所分配到的时段不足以自身或其他选举机构充分履行职责时，应做出相关决定，补充时段。

第七十四条

第一款 播出计划决定的电台和电视台时段不可累加，亦不可在电台、电视频道或各州间转让。选举活动之间的时段分配应严格按照本章和相关法律的规定以及联邦选举委员会广播和电视委员会的决定进行。

第二款 广播和电视委员会决定的播出计划应决定每条广告的播放电台或电视频道以及播出日期和时间。条例应规定与广告递交期限、素材替换和素材技术特性相关的事宜。

第三款 电台和电视台的所有人和运营人不得更改播出计划，或对广告有广播和电视委员会批准的技术要求以外的要求。违反此规定将依照本法第七编的规定进行处罚。

第四款 特别选举期间，联邦选举委员会总委员会根据本章有关规定决定分配给各政党的电台和电视台时段和覆盖区域。

第七十五条

第一款 包含在付费电视服务内的信号，应包含本章提到的政党和选举机构广告，且不得有任何修改。

第二款 联邦和地方选举竞选期间，在上款所提到的付费电视服务的转播中，应去除政府的宣传广告。

第七十六条

第一款 为确保政党以应有的方式参与相关事务，按以下规定成立联邦选举委员会广播和电视委员会。

第一项 广播和电视委员会负责接收和批准由政党执行管理处提出的相应政党节目和广告播出计划，以及其他在此方面与政党直接相关的事务。如事务重要，可由联邦选举委员会总委员会处理。

第二项 正常情况下，广播和电视委员会每月召开一次会议。在委员会主席召集或至少有两个政党向委员会主席提交申请的情况下，召开特别会议。

第二款 广播和电视委员会由以下成员组成：

第一项 每个全国性政党指派的一名代表和候补代表。

第二项 三名选举委员，这三名委员将组成特权和政党执行管理处。

第三项 特权和政党执行管理处的执行主任担任委员会的技术秘书。此职位空缺时，应由执行主任指派的人选担任。

第三款 广播和电视委员会主席与上款第二项中提到的特权和政党执行管理处主席为同一人。

第四款 委员会所做出的决定以委员会成员达成共识为佳。当需要进行投票时，仅三位选举委员拥有投票权。

第五款　仅各政党驻联邦选举委员会总委员会的代表可对广播和电视委员会达成的协议提出申诉。

第六款　联邦选举委员会应拥有在广播和电视事务方面直接行使其职能所需的预算、技术、人力和物资资源。

第七款　联邦选举委员会应拥有直接确认其通过的播出计划及适用于由电台和电视台传播的竞选宣传的规定所需的手段。

第八款　联邦选举委员会总委员会应对新闻类电台和电视台中与竞选和预选活动有关的节目的播出进行监督。结果至少每十五日通过联邦选举委员会分配到的社会传播时段和总委员会决定的其他媒体公布一次。

第二章　政党资金的筹集

第七十七条

第一款　政党筹集资金的方式分为以下几种：

第一项　公共资助，此方式为政党资金的主要来源。

第二项　党员资助。

第三项　政党支持者资助。

第四项　自筹资金。

第五项　金融投资收入、基金和信托投资。

第二款　在任何情况下，以下个人和单位均不得以现金或实物的方式，通过本人或第三方，向政党、申请人、公职预候选人和候选人提供资助和捐赠。

第一项　联邦和各州的行政、立法和司法机构以及各市政府，法律规定的情况除外。

第二项　联邦、州和市政府下属的官方或半官方部门、机构或组织，以及联邦区政府机构。

第三项　外国政党、自然人或法人。

第四项　任何性质的国际机构。

第五项　宗教人士，任何宗教的组织、教会或团体。

第六项　生活或工作在国外的人士。

第七项　具有商业性质的墨西哥公司。

第三款　政党不得向发展银行申请贷款作为活动经费，亦不得接受不明身份人员的资助，通过集会募捐或公共方法获得的资助除外。

第四款　政党支持者向政党提供的现金资助，最多可有百分之二十五免交所得税。

第五款　各政党根据本法第二十七条第一款第三项第四目的规定，应在内部设有一个筹集和管理政党日常活动和竞选活动资金及提交本法第八十三条提到的报告的机构。此机构的组成方式、种类和特性由各政党自行决定。

第六款　由政党资金审计署负责对政党和政治团体提交的与其日常活动和竞选活动资金来源和用途、资金使用情况审计以及会计和财务情况有关的报告进行审查。

第七十八条

第一款　除本法规定的其他特权外，政党可根据以下规定获得对其活动的公共资助。

第一项　维持日常活动开支。

第一目　联邦选举委员会总委员会每年按以下规定决定拨给各政党的资金总额：至每年7月截止日期时，在联邦选民统计中注册的公民总数，乘以联邦区现行的每日最低工资的百分之六十五。

第二目　上一目中计算的结果为对各政党每年日常活动开支的资助金额，此资金按以下方式分配。

百分之三十以平均的方式分配给在国会两院拥有议席的政党。

剩余的百分之七十，根据最近一次联邦众议员选举中，在议会拥有议席的政党依据相对多数获得的选票数占全国范围内投出的选票数的比例分配。

第三目　各政党所分配到的资金，应根据每年通过的预算日程表，向政党按月拨发。

第四目 各政党应每年至少拨出所获公共资助的百分之二，用于开展本款第三项中提到的专门活动。

第五目 各政党应每年至少拨出所获公共资助的百分之二，用于女性党员的培训、晋升和发展政治领导意识。

第二项 用于竞选开支。

第一目 在联邦行政权力机构和议会两院进行换届的选举年，向各政党拨发相当于其当年获得的用于维持日常活动开支的公共资助百分之五十的经费用于竞选开支。

第二目 在只有联邦众议院进行换届的选举年，向各政党拨发相当于其当年获得的用于维持日常活动开支的公共资助百分之三十的经费用于竞选开支。

第三目 竞选开支作为其他特权的补充向政党拨发。

第三项 用于开展专门活动，以履行作为涉及公共利益组织的宗旨。

第一目 应支持全国性政党开展政治教育、政治培训、社会经济和政治调查研究和出版等工作，每年向其拨发相当于本款第一项中提到的用于维持各政党日常开支的公共资助数额百分之三的资助，并根据本款第一项第二目中的规定向各政党分配相应金额。

第二目 联邦选举委员会总委员会通过政党资金审计署监督各政党将专门资金用于上一目所提到活动的情况。

第三目 各政党所分配到的资金，应根据每年通过的预算日程表，按月向政党拨发。

第二款 在最近一次选举后注册的或已依法注册但未在国会两院获得议席的政党，有权根据以下规定获得公共资金。

第一项 各政党获得本条中所提到的拨给各政党用于日常活动开支的资金总额的百分之二，在相应的选举年，根据本条第一款第二项的规定，获得相应竞选开支资助。

第二项 各政党可获得公共财政资金对涉及公共利益的组织的资助，但仅可获得按平均方式分配的那部分资金。

第三款　上一款第一项中提到的资金，依据当年通过的预算日程表，按政党注册生效的天数占全年天数的比例分配。

第四款　非公共财政资金有以下形式：

第一项　政党资金通常来自党员交纳的普通党费、特殊党费，政党社会组织的贡献，以及志愿者和政党候选人按照以下规定以个人名义专门为竞选提供的资金。

第一目　各政党负责筹集和管理资金的内部机构应为所收到的党费和资金开具收据，每份收据保留一份复印件以证明收入金额。

第二目　各政党自行决定普通党费、特殊党费及下属组织资助资金的最低金额、最高金额和交纳周期。

第二项　政党内部负责管理政党资金的机构规定政党候选人以个人名义自愿专门为其竞选活动提供的资金的上限。同一政党所有候选人提供的资金总额包含在本条第一款规定的资金额度内。

第三项　筹集自政党支持者的资金由不包含在第七十七条第二款内的、地址或住址在墨西哥国内的墨西哥自然人和法人，以自由自愿的方式，以现金或实物形式提供的资助和捐赠组成，并遵守以下规定：

第一目　每个政党一年内接受的来自党员和政党支持者以现金或实物形式提供的资助，不得超过最近一次总统选举竞选开支上限的百分之十。

第二目　对以现金形式提供的资助应开具有编号的收据，收据中注明资助者的全名、住址和投票许可证号码或联邦纳税号。以实物形式提供的资助应根据相关法律通过签署生效的合同证明。如资金是由募捐所得，只需在相关报告中标明所募得金额总数。

第三目　每名自然人或法人在一年之内提供的现金资助不得超过最近一次总统选举竞选开支上限的百分之零点五。

第四目　自然人或法人提供的现金资助可在任何时间，以分期的方式进行。

第五目　以动产或不动产形式进行的资助只能用于完成因资助而受惠的政党的目标。

第四项 自筹资金由政党宣传活动的收入（讲座、演出、抽奖、文化活动和出版收入等）、财产和宣传物品收入以及其他为筹集资金而进行的类似活动的收入组成。上述活动应按相关法律进行。在本法所涉及的范围内，政党内部负责筹集资金的机构在相应的报告中汇报通过此类活动获得的收入。

第五项 政党可在墨西哥境内的银行机构开设账户、基金或信托，根据以下规定使用其流动资产进行投资，获得收益。

第一目 应在签署开设账户、基金或信托合同后五日内，知会政党资金审计署，并提交签署合同的银行机构出具的合同复印件。

第二目 所开设的账户、基金或信托的运作，通过各政党负责资金管理的机构认为恰当的银行交易和金融交易进行，交易只通过墨西哥政府发行的一年以内的全国货币债券产品进行。

第三目 在任何情况下，所开设的账户、基金或信托均不受银行保密制度和信用保密制度保护，因此联邦选举委员会可在任何时间要求获得其运作和交易的详细信息。

第四目 通过所开设的账户、基金或信托获得的收益应被用于完成政党的目标。

第五款 在任何情况下，政党每年通过本条第四款第一项、第二项和第四项所提到的渠道获得的资金加上在集会中募捐获得的资金，不得超过最近一次总统选举竞选开支上限的百分之十。

第三章 全国性政党的资金审计

第七十九条

第一款 在宪法第四十一条规定所涉及的范围内，政党资金审计署为隶属于联邦选举委员会总委员会的技术性机构，负责接收和全面审查各政党提交的关于所接受的所有形式资助的来源、金额、用途和使用情况的报告。

第二款 在履行其职责时，政党资金审计署应享有自主运作权，其级别与联邦选举委员会执行部门级别相同。

第三款 在履行其职责时，政党资金审计署不受其他法律规定的银行保密制度、税务保密制度和信用保密制度限制。相关职能机构应在三十个工作日内接收并解决政党资金审计署向其提出的获取相关信息的要求。

第四款 各州负责审计和监督政党资金的选举机构，在履行其职责时，如涉及银行保密制度、税务保密制度和信用保密制度限制，则申请联邦选举委员会政党资金审计署介入，与相关机构协调。

第八十条 政党资金审计署主任由联邦选举委员会总委员会根据本法第一百一十八条第一款第四项的规定指派，应满足与联邦选举委员会执行主任同样的要求，此外还应拥有担任审计工作领导五年以上的经历。

第八十一条

第一款 政党资金审计署具有以下职能：

第一项 根据本法的规定，向联邦选举委员会总委员会提交审批相关条例草案和其他协议，以规范全国性政党的收入支出记录、政党所提交的资金管理证明，规定政党向其提交的收入支出报告。

第二项 颁布适用于政党的财务和交易记录规定。

第三项 监督政党资金来源是否合法、是否严格使用、是否专门用于本法所提到的活动。

第四项 接收政党及其候选人提交的季度和年度收入和支出报告、竞选和预选活动支出报告以及本法规定的其他收入和支出报告。

第五项 审查上一项中所提到的报告。

第六项 获取与政党收入和支出报告相关章节或资金管理方面的证明文件有关的补充信息。

第七项 直接或通过第三方对政党财务进行审计。

第八项 对政党进行实地考察，证实政党履行其义务和其报告的真实性。

第九项 向联邦选举委员会总委员会提交对政党进行的审计和实地考察结果的报告和决议草案。报告应指出政党在管理资金时出现的违规行为和未能履行告知资金使用情况的义务的情况，并提出根据相关规定应进行的处罚。

第十项 向政党提供完成本章所规定的义务所需的指导、顾问和培训服务。

第十一项 根据本法规定，自公民组织向联邦选举委员会表达获取政党注册资格的意愿起，对其收入和支出进行监督和审计。

第十二项 根据联邦选举委员会总委员会通过的条例，审查全国性政治团体和选举观察员组织向其提交的收入和支出报告。

第十三项 根据本法第一百零三条的规定，负责失去注册资格的政党的财产清算。

第十四项 向联邦选举委员会总委员会提请批准关于处理与政党财务的监督和审计事务有关的投诉的行政程序的条例草案，上述投诉应向政党资金审计署提交。

第十五项 处理与上一项中所提到的投诉有关的行政程序以及向联邦选举委员会总委员会提出相应的处罚建议。投诉人可放弃投诉，在此情况下，行政程序将终止。

第十六项 经联邦选举委员会总委员会批准，与各州负责政党资金审计的职能机构签署合作协议。

第十七项 提供或接受上一项所提到的协议中所规定的帮助。

第十八项 根据条例的规定，进行协调，使上一项中所提到的地方选举机构不受银行保密制度、税务保密制度和信用保密制度的限制。

第十九项 向自然人、公法人或私法人，根据其与政党开展的业务，在尊重其权利的前提下，索取履行政党资金审计署职责所需的信息。无正当理由拒绝提供信息或不提供信息的自然人和法人，在相应的期限内，应根据本法接受处罚。

第二十项 本法或联邦选举委员会总委员会规定的其他职能。

第二款 在履行其职责时，政党资金审计署应确保政党和所有在本章提到的审计程序中向其索取信息的自然人和法人参加听证的权利。政党有权对政党资金审计署获得或制作的关于自身收入和支出、财务报表等证明文件的报告提出申诉并举证，澄清分歧。

第八十二条 政党资金审计署的行政结构依据其内部条例设置，其预算由联邦选举委员会总委员会通过。

第八十三条 政党应按以下规定，向政党资金审计署提交关于资助来源、金额、用途和使用情况的报告。

第一项 每一财政年度内，各季度的报告。

第一目 在各季度结算后三十日内提交。

第二目 在报告中标明各政党在相应季度日常收入与开支的结果。

第三目 在对报告进行审查的过程中，如发现异常情况、差错或疏漏，政党资金审计署应通知相关政党，以便其弥补过失或做出澄清。季度报告只具有向相关机构提供信息的性质。

第四目 联邦选举年，暂停履行本项所规定的义务。

第二项 年度报告。

第一目 在所报告的财政年度 12 月最后一天后的六十日内提交。

第二目 在报告中标明各政党的年度总收入与日常开支的结果。

第三目 与年度报告一并提交一份政党资产综合报告，其中注明资产、债务和固定资产，以及一份政党拥有所有权的不动产的详细报告。

第四目 本项中所提到的报告应由政党指派的负责此事务的外部审计员授权并签字。

第五目 全国性政治团体在本项第一目规定的期限内，根据相关条例规定，提交其年度收入和支出报告。

第三项 预选活动报告。

第一目 政党应为每位注册参加各类预选活动的公职候选人、预候选人提交预选活动报告，注明收入的来源和金额以及所产生的开支。

第二目 报告应在预选活动结束后三十日内提交。

第三目 组织政党内部程序和选举公职候选人的预选活动的开支，应在相应的年度报告中注明。

第四项　竞选活动报告。

第一目　政党应为每一次竞选活动提交报告，标明政党和候选人在相应区域的开支。

第二目　各政党在选举年6月的前十五日内，提交一份截止当年5月31日的初步报告。

第三目　最终版本的报告在投票日后六十日内提交。

第四目　在每份报告中应标明用于支付本法第二百二十九条中所提到的项目费用的来源和用途。

第八十四条　提交和审查政党报告的程序按以下规定进行。

第一项　政党资金审计署应在六十日内对政党年度报告和预选活动报告进行审查，在一百二十日内对政党竞选活动报告进行审查，并可在任何时间向各政党负责资金管理的机构索取所需信息，以确认报告内容的真实性。

第二项　如在审查报告时发现存在技术差错或疏漏，政党资金审计署应通知相关政党，责成其在收到通知起十日之内做出澄清或改正。

第三项　政党资金审计署应告知相关政党其所作的澄清或改正是否已解决问题，如问题仍未得到解决，责成其在五日之内解决问题。政党资金审计署在下一项提到的起草综合评估意见的期限之前，通知政党综合评估结果。

第四项　在本条第一项所提到的期限过后，或在政党改正差错或疏漏的期限过后，政党资金审计署将有二十日时间起草一份综合评估意见，并应在报告完成后三日之内向联邦选举委员会总委员会提交。

第五项　评估意见至少应包含以下内容：

第一目　对政党提交的报告进行审查的结果和结论。

第二目　在报告中发现的差错或违规行为。

第三目　政党对报告发现的差错或违规行为所作的解释或改正。

第六项　在联邦选举委员会总委员会发布的评估意见和决议草案中，在必要的情况下，应包括相应处罚。

第七项　政党可根据相关法律规定，针对联邦选举委员会总委员会下发的评估报告和决议向选举法庭提出申诉。

第八项　联邦选举委员会总委员会应：

第一目　当政党向选举法庭提起申诉时，提交由政党资金审计署起草的评估报告和政党提交的报告。

第二目　在申诉期过后，或选举法庭对申诉进行仲裁后，在联邦官方公告发布评估报告或选举法庭的仲裁。

第三目　在联邦选举委员会网站发布评估报告或选举法庭的仲裁。

第八十五条　在特殊情况下，经联邦选举委员会总委员会的事先许可，政党资金审计署可进行与上一条提到的期限不同的特别审计。所有特别审计的期限均不可超过六个月，总委员会因合理缘由批准延长审计期限的情况除外。可针对本条所提及的总委员会的许可向选举法庭提出申诉。

第八十六条

第一款　政党资金审计署的工作人员有义务对其参与或掌握信息的审查和审计进行保密。联邦选举委员会总审计署对保密情况进行监督并根据本法进行相应处罚。

第二款　政党资金审计署主任定期向委员会主席、选举委员和执行秘书汇报审计署开展的审查和审计的进展情况。

第四章　税　制

第八十七条　全国性政党无须缴纳以下税费：

第一项　与事先经过合法批准的抽奖、博览会、汇演以及其他为促进政党履行职责而募集资金的活动有关的税费。

第二项　转让为履行专门职责而购买的不动产所获收益、以现金或实物形式获得的捐赠收入的所得税。

第三项　与销售政党印制的宣传其原则、纲领、章程的印刷品以及在宣传中使用影音设备有关的税费。

第四项　相关法律规定的其他税费。

第八十八条 上一条的规定不适用于以下情况：

第一项 包括各州或联邦特区规定的附加税费在内的房产税，与房产所有权分割、合并、转移和修缮有关的分割税款和附加税款，以及以不动产价值的变化为基准的税费。

第二项 各州或联邦区、市规定的与使用公共服务有关的税费。

第八十九条

第一款 本法第八十七条的规定并不免除政党应承担的其他纳税义务。

第二款 政党根据相关法律，代扣向其领导、雇工或为其工作的个体职业人员支付的工薪、服务费和其他任何同类报酬的所得税并告知税务机关。政党资金审计署应告知相应的税务机关，免除政党已代扣的税费。

第五章 邮政资费、电报资费豁免权

第九十条 在全国范围内，政党享有开展活动必需的邮政资费、电报资费豁免权。

第九十一条 邮政费用豁免根据以下规定实行：

第一项 联邦选举委员会总委员会决定机构年度支出预算中用于支付邮政资费豁免的金额。在非选举年，此金额为用于资助各政党日常活动的公共资助总额的百分之二；在选举年，此金额为用于资助各政党日常活动的公共资助总额的百分之四。

第二项 邮政资费豁免的资金应在各政党间平均分配。

第三项 联邦选举委员会应告知墨西哥邮政总局每年每个政党依据此特权可以享受的邮政资费豁免预算金额，并且每月在规定范围内支付各政党的邮政资费。在任何情况下，联邦选举委员会都不得直接向政党拨发用于邮政资费豁免的资金。如一财政年度结束后仍有资金剩余，应作为预算资金交还国库。

第四项 仅各政党领导委员会可享有邮政资费豁免的待遇，各政党派驻联邦选举委员会总委员会的代表及时向联邦选举委员会汇报各政党邮政资费豁免特权的使用情况。

第五项 各政党向联邦选举委员会特权和政党执行管理处以及选区和地区执行委员会派驻两名由委员会授权的代表，对其日常信件、宣传材料和定期出版物的邮寄进行计费。特权和政党执行管理处将代表的姓名告知墨西哥邮政总局，并做必要的协调，协助其派驻工作。

第六项 政党全国委员会可在全国范围内邮寄其信件、宣传材料和定期出版物，政党州、选区和市委员会可在各自区域内以及向全国委员会邮寄其信件、宣传材料和定期出版物。

第七项 墨西哥邮政总局应向联邦选举委员会通告各政党存放信件的邮局，并确保邮局给信件管理提供必要保障。由各政党委员会授权并注册的代表应对邮寄进行计费并签署相关文件。

第八项 应在各政党书信中的显著位置标出寄信人信息。

第九项 联邦选举委员会与墨西哥邮政总局签署必要的协议和协定，以符合本条规定。墨西哥邮政总局在约定的期限内，以约定的形式，告知各政党使用其邮政资费豁免权的情况以及相应的违规情况。

第十项 各政党及时向特权和政党执行管理处汇报其授权代表的情况，特权和政党执行管理处将此情况反馈给墨西哥邮政总局。

第九十二条

第一款 电报资费豁免权仅限于国内范围并根据以下规定实行：

第一项 仅各政党全国委员会可享有电报资费豁免的待遇。

第二项 各政党全国委员会可在全国范围内享有通信资费豁免权。

第三项 由各政党全国委员会授权的两名代表行使通信资费豁免权。代表的姓名和签名将在特权和政党执行管理处进行登记，并由其将此信息告知相关公共机构。

第四项 仅在时间紧迫的情况下采用电报通信并根据相关规定书写电报文本。

第五项 电报资费豁免权不适用于政党宣传、个人事务或与在同一城市或同一汇款区内的收信人进行的通信。

第二款　联邦选举委员会在其年度预算中划拨相应资金,向有关公共机构支付其遵守以上规定所产生的开支。

第四篇　政治阵线、政党联盟与政党合并

第九十三条

第一款　全国性政党可通过特定和共同的行动和策略组成政治阵线,以达到共同的与选举无关的政治和社会目标。

第二款　在符合本法规定的前提下,政党可组成联盟,在联邦选举中推选相同候选人,以实现选举目标。

第三款　两个或两个以上政党可合并成新党,或合并入其中一个政党。

第四款　新注册的政党,在其注册后进行的第一次联邦选举结束前,不得与其他政党合并。

第一章　政治阵线

第九十四条

第一款　成立政治阵线,应签署一份协议,协议中写明以下内容:

第一项　政治阵线的持续时间。

第二项　组成政治阵线的缘由。

第三项　政治阵线的目标。

第四项　在本法规定的范围内,组成政治阵线的政党商议共同行使其特权的方式。

第二款　政党签署的组成政治阵线的协议应向联邦选举委员会提交。联邦选举委员会在十个工作日内做出协议是否符合法律要求的裁定。如协议符合要求,应在联邦公告中发布并生效。

第三款　组成政治阵线的全国性政党,将保留其法人资格、注册资格和政党属性。

第二章 政党联盟

第九十五条

第一款 全国性政党可组成政党联盟参加墨西哥合众国总统选举，参加根据相对多数制举行的联邦参议员选举和联邦众议员选举。

第二款 政党不可在已有其所在联盟候选人的选区推选自己的候选人。

第三款 任何政党均不可将已作为政党联盟候选人注册的人员注册成为自己的候选人。

第四款 任何政党联盟均不可将已经作为某一政党候选人注册的人员推选成为联盟候选人。

第五款 任何政党均不可为其他政党的候选人注册。此规定不适用于存在按本章规定成立的政党联盟的情况。

第六款 决定成立政党联盟参加选举的政党，应按本章规定签署相应的协议并进行注册。

第七款 成立政党联盟的协议可由两个或两个以上政党签署，一个或一个以上的全国性政治团体可以参与政党联盟。

第八款 公布联邦参议员和联邦众议员选举结果并宣布选举有效的流程结束后，在选举中推选候选人的联盟自动结束。当选联邦参议员或众议员的政党联盟候选人应归属于联盟协议中所明确的政党或议会党团。

第九款 无论选举类型、政党联盟协议的种类和方式，各政党均应以各自的标志出现在相应选举的选票中，在本法规定的范围之内，投给政党联盟候选人的选票以相加的方式统计，并分别统计各政党获得的选票数。

第十款 在任何情况下，组成政党联盟的各政党均应各自拟定一份参加按比例代表制举行的联邦参议员和联邦众议员选举的候选人名单。

第十一款 政党联盟应保持一致。任何政党不得加入超过一个政党联盟，组成政党联盟参加相应选举的政党也应保持一致。

第九十六条

第一款 两个或两个以上政党可组成政党联盟推举同一候选人参加墨西哥合众国总统选举或按相对多数制举行的联邦参议员和联邦众议员选举。政党联盟应涵盖三十二个州和三百个选区。

第二款 如两个或两个以上政党以全面联盟的方式参加联邦参议员和联邦众议员选举，则应组成联盟参加墨西哥合众国总统选举。

第三款 如政党组成全面联盟后，不在本条第一款和第六款规定的时间内，以规定的方式为总统候选人以及联邦参议员和联邦众议员候选人注册，政党联盟和墨西哥合众国总统候选人的注册将自动失效。

第四款 两个或两个以上政党可根据本条的规定，为推举同一候选人参加墨西哥合众国总统选举组成政党联盟。

第五款 两个或两个以上政党组成政党联盟时，联盟协议可规定在一个或超过一个政党获得的选票数达到全国范围内投出选票数的百分之一，但未能获得保留注册资格和参与根据比例代表制分配议席所要求的最少选票数的情况下，可从满足此要求的政党获得的选票数抽取必要比例的选票，使得票数不满足要求的政党保留注册资格。协议应指明实行此程序的多名制选区。在任何情况下，均不可规定，为未能获得保留注册资格所需的选票数的政党所抽取的选票数比例，与这些政党所获得的选票数比例相加，超过在全国范围内投出的选票数的百分之二。（依据墨西哥国家最高法院判决，此款被宣布无效。2008 年 10 月 3 日 联邦官方公告）

第六款 两个或两个以上政党可以根据以下规定，组成不完全政党联盟，推举候选人参加根据相对多数制举行的联邦参议员或联邦众议员选举。

第一项 不完全政党联盟可注册最多二十个候选人组合参加联邦参议员选举。注册应包含每州两个候选人组合的名单。

第二项 不完全政党联盟可注册最多二百个候选人组合参加联邦参议员选举。

第七款 在任何情况下，为注册政党联盟，有意联盟的政党应：

第一项　证明有意组成政党联盟的各个政党制定党章的全国性领导机构批准进行政党联盟，并明确通过政党联盟或联盟中某一政党的竞选纲领或施政纲领。

第二项　证明组成政党联盟的各政党的机构已通过相应的参加总统选举的候选人的推举和注册。

第三项　证明组成政党联盟的各政党的机构已通过相应的参加根据相对多数制举行的联邦参议员和联邦众议员选举的候选人的推举和注册。

第四项　组成政党联盟的各政党均应各自拟定一份参加按比例代表制举行的联邦参议员和联邦众议员选举的候选人名单。

第九十七条　在组成政党联盟的情况下，无论何种选举，各政党均应保留其派驻联邦选举委员会各部门以及投票点工作委员会的代表。

第九十八条

第一款　所有政党联盟协议均应包括以下内容：

第一项　组成政党联盟的全国性政党。

第二项　政党联盟所参加的选举。

第三项　各政党选举将被推选为政党联盟候选人人选的程序。

第四项　应附上竞选纲领或参加墨西哥合众国总统竞选的候选人的施政纲领，以及各政党相关机构已通过以上纲领的证明。

第五项　指出每个由政党联盟注册的候选人原来所属的政党以及如当选将归属的政党或议会党团。

第六项　如遇到需要通过相关法律规定的渠道提出申诉的情况，谁将代表政党联盟。

第二款　在政党联盟协议中，应指明组成联盟的政党将遵守所参加的相应的选举竞选费用上限的规定，政党联盟竞选费用上限与一政党竞选费用上限相同。同样应指明每个组成联盟的政党为开展相应的竞选活动，所交纳的费用的数额，以及在相关报告中汇报其所交纳费用的方法。

第三款　完全政党联盟将有权获得使用本法所规定的电台和电视台时段的特权。其中，百分之三十属于平均分配，此种情况下应将完全政党联盟视为一个政党；百分之七十根据选票分配。政党联盟协议应明确向联盟候选人分配媒体时段的方式。

第四款 只参加墨西哥合众国总统选举或联邦参议员选举或联邦众议员选举的政党联盟，其成员政党应分别行使各自使用电台和电视台时段的特权。政党联盟协议应规定如何向联盟推举的候选人和各政党候选人分配各媒体时段。

第五款 在任何情况下，所有由政党联盟推举的候选人的电台或电视台广告，均应对此情况进行说明并指明负责广告的政党。

第六款 联邦选举委员会总委员会应颁布关于各政党联盟和组成联盟的政党使用电台和电视台的条例。

第七款 在任何时间和任何情况下，宪法第四十一条的有关规定均适用于政党联盟，无论其在何区域和参加何种选举。

第九十九条

第一款 在任何情况下，政党联盟协议的注册申请均应向联邦选举委员会总委员会主席提交，并附相关文件，提交时间不得晚于相关选举预选活动开始之前三十日。在联邦选举委员会总委员会主席缺席的情况下，协议的注册申请可提交联邦选举委员会执行秘书。

第二款 联邦选举委员会总委员会主席对所提交文件进行汇总并向总委员会汇报。

第三款 联邦选举委员会总委员会在政党联盟注册申请提交后十日内做出裁定。

第四款 注册申请获得通过后，联邦选举委员会应在联邦官方公告中发布政党联盟协议。

第三章 政党合并

第一百条

第一款 决定进行合并的全国性政党应签署一项协议，规定合并后的新党的性质、参与合并的党是否保留法人属性、注册的有效期以及哪个或哪些将合并。合并协议应由参加合并的各政党的全国代表大会或相当机构通过。

第二款 在涉及的所有法律事务中，合并后的新党的注册有效期均为参与合并的政党中成立时间最长的政党的注册有效期。

第三款 合并后的新党应拥有相关权利与特权，权利和特权的分配应以被合并的政党在最近一次根据比例代表制举行的联邦参议员选举中获得的选票数比例之和为根据。

第四款 合并协议应向联邦选举委员会总委员会主席提交，在进行本法第九十四条第二款所提到的审查后，主席将申请提交总委员会讨论。

第五款 联邦选举委员会总委员会在提交合并申请后三十日内对注册有效期做出裁定，申请获得通过后，联邦选举委员会应在联邦官方公告中发布政党合并协议。

第六款 为选举而进行的政党合并，最晚应在相关选举举行前一年，将合并协议知会联邦选举委员会总委员会主席。

第四章 失去注册资格

第一百零一条 政党将因以下原因失去注册资格：

第一项 未参加一次正常联邦选举。

第二项 未能根据本法第三十二条第一款的规定，在最近一次联邦正常选举，暨联邦参议员选举、联邦众议员选举或墨西哥合众国总统选举中，至少获得在全国范围内投出的选票数的百分之二。

第三项 如作为政党联盟成员参加选举，未能根据所签署的政党联盟协议中的相关规定，在最近一次联邦正常选举，暨联邦参议员选举、联邦众议员选举或墨西哥合众国总统选举中，至少获得在全国范围内投出的选票数的百分之二。

第四项 不再满足获得注册资格所需的条件。

第五项 联邦选举委员会总委员会认为政党蓄意或严重违反本法的规定。

第六项　根据其成员依据党章达成的协议宣布解散的政党。

第七项　已根据上一条的规定与其他政党合并的政党。

第一百零二条

第一款　如遇上一条第一项至第三项中提到的失去注册资格的情况，联邦选举委员会执行总委员会应发布相应声明，声明应以联邦选举委员会各部门的计票结果和有效声明以及选举法庭的仲裁为根据，并应在联邦官方公告中发布相应声明。

第二款　如遇本法第三十五条第九款第三项至第七项以及上一条第五项至第七项中所提到的情况，联邦选举委员会总委员会做出的关于政党或政治团体失去注册资格的裁定，应在联邦官方公告中发布。如遇本法第三十五条第九款第五项和第六项以及本法第一百零一条第一项中所提到的情况，在未事先听取相关政党或政治团体所做的辩护时，不可对其是否失去注册资格做出裁定。

第三款　政党失去注册资格对其候选人在根据相对多数制举行的选举中获得的成果不产生影响。

第一百零三条　根据联邦宪法第四十一条第二部分最后一款的规定，联邦选举委员会将具备必需的条件，根据以下规定和联邦选举委员会总委员会做出的总规定，将失去合法注册资格的全国性政党的剩余资金和财产收归国有。

第一项　如根据联邦选举委员会各选区委员会的计票结果，一全国性政党未能获得本法第一百零一条第二项所规定的最低选票数比例，政党资金审计署应立即指派一名负责直接监督和检查相关政党资金和财产用途及去向的检查员。本规定同样适用于联邦选举委员会总委员会因本法规定的其他原因宣布失去注册资格的情况。

第二项　指派检查员的信息应立即通过相关政党派驻联邦选举委员会的代表向政党传达。如代表缺席，应在政党办公地点向政党通知；如仍无法通知，则将通过法院通知。

第三项　自指派之时起，检查员将在未能获得上述最低选票比例的政党的资金和财产的管理和支配中拥有最大权限，政党的所有开支均须经过检查员的明确批准。不可对政党财产中的动产和不动产进行转让、征税或捐赠。

第四项 联邦选举委员会执行总委员会发布本法第一百零二条第一款中所提到的失去合法注册资格的声明后，或联邦选举委员会根据本法规定的原因做出某全国性政党失去合法注册资格的裁定并在联邦官方公告发布该裁定后，政党资金审计署指派的检查员应：

第一目 发布相关政党的财务清算通知，此通知应发布在联邦官方公告中，用于法律用途。

第二目 负责决定财务清算中的政党对债权人的还款义务。

第三目 决定可用于履行上一目中所提到的义务的资金数额或财产价值。

第四项 作必要的指示，责成财务清算中的政党履行法律规定的保护政党工作人员的义务。如完成以上义务后仍有资金剩余，则根据相关法律规定，履行对债权人的还款义务。

第五项 就开展的工作撰写一份报告，汇报实行上文提到的规定后，相关政党的财务情况，报告应提交联邦选举委员会总委员会通过。报告以及政党财务情况报告通过后，检查员作必要的指示，责成政党根据上文提到的顺序履行各项义务。

第六项 如完成以上义务后仍有资金或财产剩余，则全数上缴国家。

第七项 在任何情况下，均须确保相关政党能够行使宪法和相关法律规定的政党在此类情况下所拥有的权利。可就联邦选举委员会总委员会做出的裁定向选举法庭提出申诉。

第三编 联邦选举委员会

第一篇 基本规定

第一百零四条 联邦选举委员会是负责行使组织国家选举职能的选举机构。

第一百零五条

第一款 联邦选举委员会的目标如下：

第一项 促进民主生活的发展。

第二项 维护并加强政党制度。

第三项 整合联邦选举注册。

第四项 确保公民能够行使政治权和选举权并监督公民履行其义务。

第五项 确保能够定期和平地举行选举，以实现合众国立法权力机构和行政权力机构成员的更新换届。

第六项 确保选举的真实性和有效性。

第七项 鼓励民众参与投票，协助公民教育和民主文化传播。

第八项 管理电台和电视台中用于联邦选举委员会以及其他选举机构目标的时段的唯一机构，确保政党能够行使宪法在相关方面赋予其的权利。

第二款 所有联邦选举委员会开展的活动均以准确、合法、独立、公正和客观为原则。

第三款 为开展活动，联邦选举委员会应配备一支纳入专业选举服务和行政部门的公务人员队伍，此公务人员队伍遵守联邦选举委员会总委员会通过的章程，章程规定相应的招募、培训、晋升和发展机制。

第一百零六条

第一款 联邦选举委员会为自治的常设公共机构，独立运作并进行决策，拥有法人资格和自有财产。

第二款 联邦选举委员会的财产由用于完成其目标的动产和不动产、每年联邦支出预算向其拨发的资金以及根据本法的规定所获得的任何形式的收入组成。

第三款 向政党拨发的公共财政预算资金不属于联邦选举委员会财产，联邦选举委员会不能改变此资金数额。

第四款 联邦选举委员会的组织、运作和管控按照宪法和本法的相关规定进行。

第一百零七条

第一款 联邦选举委员会的办公地点位于联邦区，在全国范围内按以下结构行使职能：

第一项 三十二个州每州一个代表处。

第二项 三百个单名制选区每个选区一个分代表处。

第二款 可在总委员会决定的地点设立市级办事处。

第二篇 中央机构

第一百零八条 联邦选举委员会的中央机构为：

第一项 总委员会。

第二项 总委员会主席。

第三项 执行总委员会。

第四项 执行秘书处。

第五项 政党资金审计署。

第一章 总委员会和总委员会主席

第一百零九条 联邦选举委员会总委员会为高级领导机构，负责监督与选举有关的宪法和其他法律规定的执行，确保所有联邦选举委员会开展的活动均以准确、合法、独立、公正和客观为原则。

第一百一十条

第一款 总委员会由一名主席、八名选举委员、立法权力机构委员、各政党派驻的代表和执行秘书组成。

第二款 联邦众议院对各议会党团在广泛征求社会意见后提名的人选进行投票，获得参加投票的众议员至少三分之二选票的人选当选为总委员会主席。

第三款 联邦选举委员会总委员会主席应满足与本法第一百一十二条规定的担任选举委员相同的要求，总委员会主席一届任期为六年，只可连任一届。

第四款 至少在国会两院的一院中占有议席的议会党团在联邦众议院提名立法权力机构委员人选。每一议会党团只可提名一名立法权力机构委员，此委员应在合众国国家议会两院得到承认。立法权力机构委员将参加联邦选举委员会总委员会会议并拥有发言权，但无投票权。提名每名立法权力机构委员时可同时提名最多两名候补委员。联邦众议院休会期间，任命立法权力机构委员人选的工作由合众国国会常务委员会进行。

第五款 联邦众议院对各议会党团在广泛征求社会意见后提名的人选进行投票，获得参加投票的众议员至少三分之二选票的人选当选为总委员会选举委员。

第六款 选举委员一届任期九年，不可连任，选举委员的换届以分批换届的方式进行。

第七款 总委员会主席和选举委员在其当选后二十四小时内在总委员会举行的会议上宣誓就职，在总委员会主席对自己宣誓后，选举委员对总委员会主席宣誓。

第八款 执行秘书的提名和撤换，由总委员会主席提出，须经总委员会至少三分之二委员同意。

第九款 各政党向总委员会派驻一名代表和一名候补代表，候补代表可在总委员会的会议中发表意见，但无投票权。

第十款 各政党可在以合理的方式知会总委员会主席的前提下，随时更换其派驻总委员会的代表。

第一百一十一条

第一款 如立法权力机构委员的席位出现空缺，总委员会主席提请联邦众议院或合众国国家议会常务委员会任命相应人选。

第二款 如出现总委员会主席或选举委员永久离职的情况，联邦众议院将在最短的时间内选举产生接替其职务者，接替者将履行完剩余任期。

第一百一十二条

第一款 选举委员应满足以下要求：

第一项 出生时为墨西哥国籍，无墨西哥国籍外的其他国籍，享有全部公民权利和政治权利。

第二项 在联邦选民登记处注册并拥有投票许可证。

第三项 接受任命时年满三十岁。

第四项 接受任命时获得本科学历五年以上，并拥有履行其职责所需的知识和经验。

第五项 拥有良好的声誉，未曾因犯罪受处罚，并非有意犯罪以及因鲁莽犯罪而受处罚的情况除外。

第六项 最近两年内居住在墨西哥国内，因为国家服务并且离开墨西哥的时间不超过六个月的情况除外。

第七项 接受任命前四年内未曾注册成为任何公职候选人。

第八项 接受任命前四年内未曾担任或正在担任任何政党的全国或州领导职务。

第九项 非国务秘书、合众国或联邦区总检察官、联邦公共行政机关的副国务秘书或高级官员、联邦区行政长官、州长或政府秘书，在接受任命时离职四年以上的情况除外。

第十项 在最近一次联邦正常选举流程中，不属于或不曾属于专业选举服务委员会。

第二款 联邦选举委员会总委员会执行秘书应满足与担任选举委员相同的要求，本条第一款第十项的规定除外。

第三款 总委员会主席和选举委员的薪酬与联邦最高法院大法官的薪酬相似。

第一百一十三条

第一款 联邦选举委员会总委员会主席、选举委员和执行秘书在担任其职务期间，不得担任其他任何职务，作为联邦选举委员会总委员会代表担任的职务以及在教育、科研、文化和慈善机构担任的并不收取报酬的职务除外。

第二款 联邦选举委员会总委员会主席、选举委员、执行秘书以及联邦选举委员会的其他公务人员应自主、廉洁地履行其职责。除履行其职责外，不得使用或通过任何媒介传播其工作中涉及的保密信息和机密信息。

第三款 联邦选举委员会总委员会主席、选举委员和执行秘书应遵守宪法第四篇关于公务人员的规定。联邦选举委员会总审计署为负责监督公务人员遵守以上规定并根据本法第七编的规定对违反规定者做出处罚的机构。

第一百一十四条

第一款 联邦选举委员会总委员会每三个月召开一次例会。总委员会主席认为必要，或多数选举委员或政党代表以联合或单独的方式向其提出要求时，可召集特别会议。

第二款 联邦选举委员会总委员会应在举行联邦正常选举的年份的前一年的10月的第一周召开会议，准备选举流程。从此日起，至选举流程结束，总委员会每月召开一次会议。

第一百一十五条

第一款 联邦选举委员会总委员会多数成员（其中应包括总委员会主席）在场时方可召开会议，主席暂时缺席时由其指定的委员主持会议。如出现主席永久缺席的情况，总委员会应指派一名在场的委员主持会议。

第二款 联邦选举委员会执行秘书将参加总委员会会议并可发表意见，但无投票权。执行秘书为总委员会秘书处负责人。如出现执行秘书缺席会议的情况，其职能应由总委员会指派的一名执行总委员会成员代替行使。

第三款 如出席会议的人数未能达到本条第一款中所提到的多数，则会议将在随后的二十四小时内由选举委员会委员和政党派驻委员会的代表协助举行。

第四款 总委员会的决议须获得多数选票方可通过，本法规定的需获得特殊多数的决议除外。

第五款 如总委员会主席永久缺席，则选举委员在其内部提名一位委员暂时行使总委员会主席职责，并立即将此决定告知联邦众议院。联邦众议院指派人选完成所剩任期，此人选可连任一届，时间为六年。

第一百一十六条

第一款 为履行其职责，联邦选举委员会总委员会应设立必要的临时委员会，所有委员主席均应由选举委员担任。

第二款 选举培训和公民教育委员会、选举组织委员会、特权和政党执行管理处、专业选举服务委员会、联邦选民登记处以及投诉和检举委员会为常设委员会，其成员均为总委员会指派的选举委员。每名选举委员最多可担任上述委员会中两个委员会的委员，任期三年，这些委员会的主席由委员轮流担任。

第三款 在每次选举中，选举培训和公民教育委员会和选举组织委员会将合并，组成培训和选举组织委员会，总委员会在选举年前一年的10月指派该委员会成员和主席。

第四款 所有委员会的成员不超过三名，立法机关委员和各政党代表可以参与委员会会议，但无投票权，专业选举服务委员会除外。

第五款 每个常设委员会将配一名由委员会主席在其办公室工作人员中指派的技术秘书。各委员会执行部门的负责人可出席会议并拥有发言权，但无投票权。

第六款 委员会应就所有其负责的事务，在本法规定的时间内或总委员会规定的时间内，提交一份报告、评估意见或决议草案。

第七款 总委员会秘书应与各委员会合作，协助其完成所负责的任务。

第八款 总委员会可根据联邦选举委员会预算的使用情况，在其认为恰当的，需要科学技术专家帮助或咨询的方面，针对专门的活动或方案，成立特别技术委员会。

第一百一十七条

第一款 联邦选举委员会总委员会在联邦官方公告中发布其做出的一般决定和决议、其他决定以及根据本法规定指派的地方和选区委员会的成员的姓名。

第一部分 墨西哥主要政党规章制度

第二款 执行秘书制定规定，确保上一款中所提到的内容及时发布。联邦官方公告为联邦选举委员会提供的服务不收取费用。

第二章 联邦选举委员会总委员会的职权

第一百一十八条

第一款 联邦选举委员会总委员会有以下职权：

第一项 通过和颁布行使联邦选举委员会职权所必需的内部条例。

第二项 监督联邦选举委员会各部门适时组建和合理运作，通过主席、执行秘书或委员会了解各部门开展的活动，审阅总委员会认为有必要要求各部门提交的专门报告。

第三项 根据总委员会主席的提议，在提名人选获得委员会成员至少三分之二选票的前提下，任命执行秘书。

第四项 在执行秘书缺席的情况下，在执行总委员会中指派一名成员，责成其在总委员会会议上履行执行秘书的职责。

第五项 根据总委员会主席的提议，任命联邦选举委员会的执行主任和政党资金审计署主任。

第六项 指派在选举流程中担任各地方和选区委员会主席的公务人员，此类公务人员在平时担任相应执行委员会的执行委员。

第七项 通过绝对多数的投票形式，在选举年前一年的10月30日之前，根据总委员会主席和总委员会选举委员的提议，任命本法第一百三十八条第三款提到的地方委员会的选举委员。

第八项 对全国性政党签署的合并、组成政治阵线、组成政党同盟的协议以及政党与政治团体签署的参与选举的协议进行裁定。

第九项 监督各全国性政党和政治团体根据本法规定开展活动并履行其义务。

第十项 监督各政党在与政党特权有关的方面开展活动时，遵守本法规定和联邦选举委员会总委员会颁布的相关条例。

第十一项 制定并通过与联邦选民登记有关的方针，责成执行总委员会就将全国分为三百个单名制选区、确定五个多名制选区的范围以及确定作为每个多名制选区中心的州政府所在地进行研究并拟定相应方案。

第十二项 根据本法规定，就向政党和政治团体授予注册资格以及本法第一百零一条第一款第四至第七项和第三十五条第九款第三项至第七项规定的失去注册资格的情况进行裁定，发布相应声明并申请将其发布于联邦官方公告。

第十三项 监督联邦选举委员会根据本法和其他相关法律的规定行使其作为管理电台和电视台中属于国家的分配给联邦选举委员会、其他联邦级选举机构、地方选举机构以及全国性政党的时段的唯一机构的职能。

第十四项 根据执行总委员会的提议，批准联邦选举的完整日程、带有照片的投票许可证样式、选票样式、投票日记录样式以及其他选举文件的样式。

第十五项 接收和通过由政党资金审计署提交的报告，决定墨西哥合众国总统选举、联邦参议员选举和联邦众议员选举预选活动和竞选活动的费用支出上限。

第十六项 根据本法规定，登记各政党在各选举中提出的竞选纲领。

第十七项 颁布联邦选举委员会地方委员会和选区委员会会议条例。

第十八项 对参加墨西哥合众国总统选举以及参加根据比例代表制举行的联邦参议员选举的候选人进行登记，登记各全国性政党提交的参加根据比例代表制举行的联邦众议员选举的候选人区域名单，并将此名单告知相应选区中心的地方委员会。

第十九项 对参加根据相对多数制举行的联邦参议员选举和联邦众议员选举的候选人组合进行登记备案。

第二十项 对根据比例代表制举行的联邦参议员选举和联邦众议员选举的票数进行总计票并宣布选举是否有效。根据本法规定，在选举年8月23日前，决定分配给各政党的联邦参议员和联邦众议员席位数并颁发相应证明。

第二十一项 知会联邦参议院和联邦众议院，已向各政党颁发上一项所提及的议席证明,并告知政党提出申诉的渠道。

第二十二项　审阅执行总委员会通过联邦选举委员会执行秘书提交的季度和年度报告以及总审计署提交的报告。

第二十三项　责成执行总委员会调查严重影响政党权利和联邦选举的事件。

第二十四项　对相关法律规定其职责之内的复查申诉做出裁定。

第二十五项　批准由总委员会主席提议的联邦选举委员会年度预算方案,方案一旦获得通过,将列入联邦支出预算。

第二十六项　接受违反规定的检举并根据本法规定做出相应处罚。

第二十七项　根据执行总委员会的提议,制定联邦选举委员会的一般政策和一般计划。

第二十八项　如总委员会主席永久缺席,在总委员会选举委员中提名一位委员暂时代替履行主席职责并向联邦众议院通报。

第二十九项　制定总委员会有效履行以上职责以及本法规定的其他职则所必需的规定。

第二款　联邦选举委员会总委员会在联邦选举中,可制定基础和标准,邀请和告知外国访问者了解选举任何阶段的开展形式。

第三款　根据宪法和相关选举法律的规定,应各州选举职能机构的申请,在宪法第四十一条第五部分最后一款规定的范围内,在总委员会批准的前提下,执行总委员会对联邦选举委员会组织地方选举的条件、费用和时限进行研究并拟定相应协议草案,此草案应至少在相应地方选举开始前六个月得到联邦选举委员会总委员会的批准。

第三章　总委员会主席和总委员会秘书的职责

第一百一十九条

第一款　联邦选举委员会总委员会主席有以下职责:

第一项　确保联邦选举委员会各部门所开展活动的统一性和连贯性。

第二项　使联邦选举委员会与联邦机构、州级机构以及市级机构建立联系，以便需要时获得各级机构权限范围内的帮助与合作，促进联邦选举委员会履行职责。

第三项　召集与主持总委员会会议。

第四项　监督总委员会制定的规则的执行。

第五项　向总委员会提名担任执行秘书、执行主任、政党资金审计署负责人以及联邦选举委员会其他技术部门负责人的人选。

第六项　在执行总委员会成员中指派专员，负责根据相关法律规定受理对执行秘书行为或决定提出的申诉。

第七项　接收审计长提交的验证联邦选举委员会资金和财产合理合法使用的审查和审计报告，并就相关事项向总委员会汇报。

第八项　每年向总委员会提交联邦选举委员会预算草案，以获得其审批通过。

第九项　根据相关法律规定，向国家行政权力机构负责人提交总委员会通过的联邦选举委员会预算草案。

第十项　接收全国性政党提交的参加合众国总统选举以及参加根据比例代表制举行的联邦参议员和联邦众议员选举的候选人的注册申请，并将申请递交总委员会进行注册。

第十一项　主持执行总委员会并向总委员会汇报其工作。

第十二项　经总委员会批准，根据投票点计票记录文件进行全国范围的调查，了解投票日投票结果的趋势。经总委员会批准，总委员会主席应在投票日结束后公布以上调查结果。

第十三项　选举流程结束后，公布各小选区、市、选区、州和多名制选区的投票统计结果。

第十四项　与相关职能机构商定联邦选民登记处应为地方选举所提供的信息和文件。

第十五项　为完善联邦选举委员会的运作，向总委员会提交成立新的管理和技术部门的提议。

第十六项　责成在联邦官方公告中发布总委员会做出的决定和决议。

第十七项 本法规定的其他职责。

第一百二十条 联邦选举委员会总委员会秘书有以下职责：

第一项 协助总委员会和总委员会主席履行职责。

第二项 准备总委员会会议日程，宣布是否达到投票的法定人数，证明会议过程，做相应的会议记录并将其提交参会的委员和代表通过。

第三项 汇报总委员会制定的规定的履行情况。

第四项 汇报各委员会的评估意见草案。

第五项 接收和受理对联邦选举委员会地方机构的行为或决定提出的复查申请并准备相应草案。

第六项 接收和根据相关法律规定受理对总委员会行为或决定提出的申诉，并在受理申诉后举行的第一次总委员会会议上对受理情况进行汇报。

第七项 向总委员会汇报选举法庭做出的与其职责相关的仲裁。

第八项 管理总委员会档案。

第九项 颁发证明委员和各政党代表身份的证件。

第十项 与总委员会主席一同签署总委员会做出的所有决议和决定。

第十一项 给发布总委员会做出的决议和决定以必要协助。

第十二项 汇总各州根据比例代表制举行的联邦参议员选举的计票记录文件并及时向总委员会提交。

第十三项 汇总多名制选区根据比例代表制举行的联邦众议员选举的计票记录文件并及时向总委员会提交。

第十四项 向总委员会汇报各地方委员会和选区委员会提交的与选举相关的报告。

第十五项 接收所有选举文件的复印件，用于通知和选举统计用途。

第十六项 完成总委员会主席的指示并协助其履行职责。

第十七项 本法规定的总委员会或总委员会主席的其他职责。

第四章　执行总委员会

第一百二十一条

第一款　联邦选举委员会执行总委员会由执行秘书以及联邦选民登记处、特权和政党执行管理处、选举组织委员会、专业选举服务委员会、选举培训和公民教育委员会和行政部门的执行主任组成，由联邦选举委员会总委员会主席主持工作。

第二款　总委员会主席可召集政党资金审计署负责人和总审计署负责人参加执行总委员会会议。

第一百二十二条　执行总委员会至少每月召开一次，有以下职责：

第一项　就联邦选举委员会的一般政策和计划向总委员会提出建议。

第二项　根据联邦选举委员会的一般政策和计划确定行政流程。

第三项　监督与联邦选民登记有关的项目的实施情况。

第四项　监督与全国性政党和政治团体有关的规定的执行情况及其特权的使用情况。

第五项　评估专业选举服务委员会的工作。

第六项　监督联邦选举委员会选举培训和公民教育项目的实施情况。

第七项　根据其进行的调查和联邦选举委员会的预算使用情况，向总委员会提议设立市级办事处。

第八项　进行必要的部署，确保全国、地方和选区监督委员会根据本法的规定组建、召开会议和运作。

第九项　在选举流程结束的下一月的最后一日前，向总委员会提交符合本法第一百零一条第四至第七项情况的政党失去注册资格的评估草案。

第十项　向总委员会提交符合本法第三十五条情况的政治团体失去注册资格的评估草案。

第十一项　根据相关法律规定，对其收到的对执行秘书和联邦选举委员会地方执行委员会的行为和决议提出的申诉做出裁定。

第十二项 汇总与选举方面的行政过失有关的文件，并根据本法规定做出相应处罚。

第十三项 接收审计长就与行政过失相关的文件以及对联邦选举委员会公务人员进行的处罚提交的报告。

第十四项 进行本法第一百一十八条第三款所提到的研究并提出协议草案。

第十五项 本法、总委员会和执行总委员会规定的其他职责。

第五章 联邦选举委员会执行秘书

第一百二十三条 联邦选举委员会执行秘书协调执行总委员会工作，处理行政事务，并监督联邦选举委员会行政部门和技术部门的合理运作。

第一百二十四条 联邦选举委员会执行秘书任期一届六年，只可连任一届。

第一百二十五条 联邦选举委员会执行秘书有以下职责：

第一项 合法代表联邦选举委员会。

第二项 作为联邦选举委员会总委员会的秘书，可发表意见，但无投票权。

第三项 执行总委员会的决定。

第四项 向总委员会汇报其权限范围内的事务并申请获得批准。

第五项 指导和协调联邦选举委员会各执行部门以及地方执行委员会和选区执行委员会的工作，并随时向总委员会主席汇报。

第六项 参与同职能机构签署的与联邦选民登记处应为地方选举提供的信息和文件有关的协议。

第七项 与总委员会主席一同签署联邦选举委员会与各州职能选举机构就承担地方选举组织工作签订的协议。

第八项 协助审计长监督联邦选举委员会资金和财产使用情况，决定违规公务人员的责任，对其进行处罚。

第九项 视需要和得到批准的预算情况，批准各执行机构、委员会以及联邦选举委员会其他部门的组织结构。

第十项　根据相关规定，在专业选举服务委员会的成员中，提名地方执行委员会和选区执行委员会成员。

第十一项　对联邦选举委员会各部门履行职责提供必要帮助。

第十一项　建立一套在总委员会发布联邦参议员、联邦众议员和墨西哥合众国总统选举初步结果的机制。为此，将建立一个收集初步结果的信息系统。初步结果可以在本法第二百九十一条第一项和第二项中提到的程序前发布。总委员会委员和各政党派驻总委员会的代表可在任何时间获得系统提供的信息。

第十二项　担任执行总委员会秘书，准备其会议日程。

第十三项　接收并向总委员会主席汇报地方执行委员会和选区执行委员会执行委员提交的报告。

第十四项　根据相关法律规定，受理应由执行总委员会做出裁定的申诉，或处理对执行总委员会行为和决议提出的申诉。

第十五项　根据总委员会主席的指示，协助进行相关研究和开展相关程序，了解投票日投票结果的趋势。

第十六项　根据相关法律，每年制作并向总委员会主席提交联邦选举委员会预算草案。

第十七项　使用经批准的预算中的款项。

第十八项　以联邦选举委员会的名义向行政或司法机构以及个人授权开展支配和管理性行为。如果支配性行为涉及总委员会的固定资产，执行秘书应事先获得总委员会的授权。

第十九项　准备各正常选举程序和特别选举程序的完整日程草案，提请总委员会通过。

第二十项　颁发所需要的证明文件。

第二十一项　本法及总委员会、总委员会主席和执行总委员会规定的其他职责。

第六章 执行部门

第一百二十六条

第一款 执行总委员会各执行部门的负责人为执行主任,执行主任由总委员会任命。

第二款 总委员会根据本法第一百一十八条第一款第四项的规定,任命各执行部门的执行主任。

第一百二十七条

第一款 执行主任须满足本法第一百一十二条第一款规定的与担任总委员会选举委员相同的要求,第一百一十二条第一款第十项的规定除外。

第二款 根据预算使用情况,执行秘书向总委员会主席提出成立新的执行部门或技术部门以完善联邦选举委员会运作的提议。

第一百二十八条

第一款 联邦选民登记处执行领导有以下职责:

第一项 制作选民信息总目录。

第二项 根据本法第一百七十七条的规定,在全国范围内进行全面人口普查,以制作选民总目录。

第三项 在执行总委员会决定的区域进行部分人口普查。

第四项 制作选民花名册。

第五项 根据本法第四编第一篇的规定,颁发投票许可证。

第六项 根据本法第四编第一篇第三章规定的程序,每年对选民花名册进行修订和更新。

第七项 与联邦、州、市级机构建立必要的协调合作关系,以了解公民的死亡情况以及公民身份的失去、暂停和获取情况。

第八项 根据本法规定,向联邦选举委员会各职能部门以及全国性政党提供选民名单。

第九项 根据所进行的调查研究,提出将全国分为三百个单名制选区和五个多名制选区的建议草案。

第十项　定期更新全国的选区测绘，选区分为联邦、州、市和小选区。

第十一项　确保全国、州和选区级监督委员会根据本法规定组建、召开会议和运作。

第十二项　管理各政党代表在各监督委员会的登记和参会记录。

第十三项　责成各监督委员会就其职权范围内的事务进行调查研究并解答相关咨询。

第十四项　就其职权范围内的事务与联邦选举委员会执行秘书进行磋商。

第十五项　参加联邦选民登记处委员会举行的会议，可发表意见，但无投票权。

第十六项　本法规定的其他职责。

第二款　为协助与制作选民花名册有关的工作，将成立全国监督委员会，其负责人为联邦选民登记处执行主任，各全国性政党将参与其开展的活动。

第一百二十九条　特权和政党执行管理处执行领导有以下职责：

第一项　接收有意成为全国性政党或政治团体并开展活动的组织提交的申请。

第二项　接收已经满足本法规定的成立政党或政治团体要求的公民组织提出的注册申请，汇总相关文件以便执行秘书提交总委员会审议。

第三项　将政党、政治团体的注册及合并协议、成立政治阵线协议、成立政党联盟协议和参与选举协议登记入册。

第四项　向根据本法规定有权获得公共资助的全国性政党和政治团体提供资助。

第五项　开展必要的工作，确保政党可以获得相应的邮政资费和电报资费豁免。

第六项　支持政党和政治团体为有效享有税务方面的特权而开展的工作。

第七项 开展必要的工作，确保政党根据宪法第四十一条和本法规定，享有获得电台和电视台时段的特权。

第八项 根据本法的规定和总委员会通过的相关条例，拟定并向广播和电视委员会提交各政党在电台和电视台时段的分配计划。

第九项 管理各政党领导机构成员和各政党派驻联邦选举委员会国家、地方和选区机构的代表以及各政治团体领导的登记名录。

第十项 管理各公职候选人登记名录。

第十一项 就其职权范围内的事务与联邦选举委员会执行秘书进行商议。

第十二项 参加特权和政党执行管理处举行的会议，可发表意见，但无投票权，担任广播和电视委员会的技术秘书。

第十三项 本法规定的其他职责。

第一百三十条 选举组织委员会执行领导有以下职责：

第一项 帮助组建和运作地方执行委员会和选区执行委员会。

第二项 拟定选举文件样式，并通过执行秘书提请总委员会通过。

第三项 为经过批准的选举文件的印制和发放提供必要帮助。

第四项 收集地方委员会和选区委员会的会议记录复印件及其他与选举有关的文件。

第五项 为总委员会根据本法规定应进行的计算收集必要的文件并进行汇总。

第六项 管理联邦选举的数据统计。

第七项 参加选举组织委员会举行的会议，可发表意见，但无投票权，在选举期间参加培训和选举组织委员会的会议。

第八项 就其职权范围内的事务与联邦选举委员会执行秘书进行商议。

第九项 本法规定的其他职责。

第一百三十一条

第一款 专业选举服务委员会执行领导有以下职责：

第一项　拟定管理专业选举服务委员会成员的章程草案。

第二项　遵守并执行专业选举服务委员会的规定和程序。

第三项　汇总和更新专业选举服务委员会的职务和岗位目录并提请执行总委员会通过。

第四项　开展专业人员的招募、选拔、培训和发展计划。

第五项　就其职权范围内的事务与联邦选举委员会执行秘书进行商议。

第六项　参加专业选举服务委员会举行的会议，可发表意见，但无投票权。

第七项　本法规定的其他职责。

第一百三十二条　选举培训和公民教育委员会执行领导有以下职责：

第一项　制定并提出地方执行委员会和选区执行委员会开展的公民教育和选举培训项目。

第二项　协调并监督上一项中所提到的项目的执行。

第三项　准备教学材料和选举说明。

第四项　指导公民行使权利并履行其在政治和选举方面的义务。

第五项　开展必要的工作，规劝未能履行本法规定义务的公民，尤其是与在联邦选民登记中注册以及投票有关的义务。

第六项　加选举培训和公民教育委员会举行的会议，有发言权，但无投票权。

第七项　就其职权范围内的事务与联邦选举委员会执行秘书进行商议。

第八项　本法规定的其他职责。

第一百三十三条　管理委员会执行领导有以下职责：

第一项　执行与管理联邦选举委员会财务和物资有关的政策、规定和程序。

第二项　组织、领导和控制对联邦选举委员会财务和物资的管理以及联邦选举委员会所提供的一般服务。

第三项　拟定联邦选举委员会的年度预算草案。

第四项　建立和运作用于使用和控制预算的行政系统。

第五项 制作组织手册草案和联邦选举委员会行政职务和岗位目录草案，并提请执行总委员会通过。

第六项 向为联邦选举委员会提供服务的行政部门的合理运作提供必要帮助，并向执行总委员会提交常设或特殊培训项目以及行政人员晋升和鼓励程序的提议。

第七项 在事先与专业选举服务委员会执行主任达成一致的前提下，向执行总委员会提交行政部门人员加入专业选举服务委员会的选拔、培训和晋升程序方案。

第八项 解决联邦选举委员会各部门行政方面的需求。

第九项 通过执行秘书向总委员会提交一份关于联邦选举委员会预算使用情况的年度报告。

第十项 就其职权范围内的事务与联邦选举委员会执行秘书进行商议。

第十一项 本法规定的其他职责。

第三篇 代表处所含组织机构

第一百三十四条

第一款 联邦选举委员会在每个州设立一个代表处，代表处由以下机构组成：

第一项 地方执行委员会。

第二项 执行委员。

第三项 地方委员会。

第二款 上一款提到的机构所在地为联邦区和各州首府。

第一章 地方执行委员会

第一百三十五条

第一款 地方执行委员会为常设机构，由执行委员、选举组织委员、联邦选民登记委员、选举培训和公民教育委员以及委员秘书组成。

第二款 执行委员为地方执行委员会负责人，负责与各州的选举机构根据本法规定，就各政党在地方选举中使用电台和电视台的事宜进行协调。

第三款 委员秘书协助执行委员处理行政事务以及受理应由地方执行委员会裁定的复查申诉。

第四款 地方执行委员会的成员均应为来自专业选举服务委员会的公务人员。

第一百三十六条 地方执行委员会至少每月召开一次，在所在地方区域范围之内有以下职责：

第一项 监督和评估委员会和选区组织机构的项目和活动的执行与开展情况。

第二项 监督和评估与联邦选民登记、选举组织、专业选举服务以及选举培训和公民教育有关的项目的执行情况。

第三项 在其职责所包含的区域内，与地方选举机构进行协调，确保在地方选举预选活动和竞选活动期间，各政党和各州选举机构对电台和电视台的使用。

第四项 每月向执行秘书汇报活动开展情况。

第五项 在各类选举期间，根据相关法律规定，接收、处理和裁定对选区组织机构行为和决议提出的申诉。

第六项 本法规定的其他职责。

第二章 地方执行委员会的执行委员

第一百三十七条

第一款 地方执行委员会执行委员有以下职责：

第一项 主持地方执行委员会工作，在选举期间主持地方委员会工作。

第二项 协调地方执行委员会各委员的工作，并分配其职责范围内的事务。

第三项　提请地方委员会通过其职责范围内的事务。

第四项　执行与联邦选民登记有关的项目。

第五项　责成委员秘书给各政党颁发其申请的证明。

第六项　向选区执行委员会和选区委员会提供必要帮助，帮助其履行职责。

第七项　管理联邦选举的统计数据。

第八项　执行选举培训和公民教育项目。

第九项　本法规定的其他职责。

第二款　每个州成立一个地方监督委员会，协助与制作选民花名册有关的工作。

第三章　地方委员会

第一百三十八条

第一款　地方委员会的运作时间为联邦选举期间，由一名总委员会根据本法第一百一十八条第一款第五项规定指派的委员会主席、六名选举委员以及各政党派驻的代表组成，委员会主席在联邦选举期间和非联邦选举期间还担任地方执行委员会执行委员。地方执行委员会的选举组织委员、联邦选民登记委员及选举培训和公民教育委员参加地方委员会会议，可发表意见，但无投票权。

第二款　地方执行委员会的委员秘书在联邦选举期间为地方委员会秘书，出席地方委员会会议并有发言权，但无投票权。

第三款　选举委员的任命根据本法第一百一十八条第一款第六项的规定进行。任命每名选举委员的同时任命一名候补选举委员。如选举委员永久缺席或连续两次无正当理由缺席地方委员会会议，候补选举委员将在下一次会议中宣誓就任选举委员。如选举委员提名人选未满足下一条中提到的要求中的某一项，可向选举法庭的对应法庭就选举委员的任命提出申诉。

第四款　各全国性政党派驻地方委员会的代表可在地方委员会会议中

发言，但无投票权，代表的派驻根据本法第一百一十条第九款的规定进行。

第一百三十九条

第一款 地方委员会的选举委员应满足以下要求：

第一项 出生时为墨西哥国籍，无墨西哥国籍外的其他国籍，享有全部公民权利和政治权利，在联邦选民登记中注册并拥有带有照片的投票许可证。

第二项 在相应的州居住超过两年。

第三项 拥有合理履行其职责所需的知识。

第四项 接受任命前三年内未曾注册成为任何公职候选人。

第五项 接受任命前三年内未曾担任或正在担任任何政党的全国、州或市级领导职务。

第六项 拥有良好声誉，未曾因犯罪受处罚，并非有意犯罪以及因鲁莽犯罪而受处罚的情况除外。

第二款 地方委员会选举委员的任期为两次正常选举，可连任一次正常选举。

第三款 为履行职责，可在日常工作中享受必要的便利。

第四款 选举委员将在每次参与的选举中领取津贴并必须履行本法第七编中规定的行政责任，如出现违反宪法规定的选举原则的行为，将由总委员会对其进行处罚。

第一百四十条

第一款 地方委员会最晚在正常选举年前一年的 10 月 31 日开始运作。

第二款 从其成立到选举结束，地方委员会应至少每月召开一次会议。

第三款 由包括委员会主席在内的地方委员会多数成员参加的会议方为有效会议，委员会主席缺席时，由其指定的选举委员暂时代理主持会议。

第四款 如地方委员会秘书缺席会议，一名由地方委员会指派的专业选举服务委员会成员将代替行使其职责。

第五款 如出席会议的人数未达到本条第三款所提到的多数，则会议将在随后的二十四小时内由委员和政党代表参与举行，委员会主席和委员会秘书应出席会议。

第六款 地方委员会的决议须获得多数选票方可通过。

第一百四十一条 地方委员会有以下职责：

第一项 监督执行本法和选举机构决议的情况。

第二项 监督根据本法规定在各州成立选区委员会。

第三项 根据地方委员会主席和选举委员的提议，在选举年前一年的12月，根据绝对多数制原则，投票任命本法第一百四十九条第三款所提到的选区委员会的选举委员。

第四项 根据相关法律规定，处理有关指责。

第五项 根据本法第五条第四款第三项的规定，给向地方委员会主席提交成为选举观察员申请的墨西哥公民或其所属的组织颁发许可证。

第六项 至少在选区委员会所在地发行量最大的一家报纸上公布选区委员会成立的消息。

第七项 在本法第二百五十条第三款提及的情况下，对派驻各投票点工作委员会的总代表或代表提名人选进行登记备案。

第八项 登记参加根据相对多数制举行的联邦参议员选举的候选人组合。

第九项 根据通过选区计票记录获得的结果，对根据相对多数制举行的联邦参议员选举进行总计票，宣布选举是否有效并公布计票结果，根据本法第五编第四篇第四章的规定，递交计票文件的原件和公证复印件。

第十项 根据通过选区计票记录获得的结果，对各州根据比例代表制举行的联邦参议员选举进行总计票，公布计票结果并根据本法第五编第四篇第四章的规定，递交计票文件的原件和公证复印件。

第十一项 在地方委员会秘书缺席的情况下，在专业选举服务委员会的成员中指派人员在地方委员会会议中代替行使地方委员会秘书的职责。

第十二项　监督各地方执行委员会在选举中开展的活动。

第十三项　提议成立必要的委员会对地方委员会履行其职责进行监督和组织，委员数量由地方委员会决定。

第十四项　本法规定的其他职责。

第一百四十二条　位于被定为多名制选区中心的州政府所在地的地方委员会，除上一条中提到的职责外，还有以下职责：

第一项　从包含在以其为中心的多名制选区内的选区委员会收集根据比例代表制举行的联邦众议员选举的投票计票记录。

第二项　对多名制选区的投票进行计票。

第三项　根据本法第五编第四篇第五章的规定，递交多名制选区根据比例代表制举行的联邦众议员选举的计票文件的原件和公证复印件。

第四章　地方委员会主席的职责

第一百四十三条

第一款　地方委员会主席有以下职责：

第一项　召集和主持地方委员会会议。

第二项　亲自或通过委员会秘书接收全国性政党提交的参加根据相对多数制举行的联邦参议员选举的候选人注册申请。

第三项　接收墨西哥公民或其所属的组织提交的，在选举期间作为观察员参加选举流程的申请。

第四项　向联邦选举委员会执行秘书汇报根据相对多数制和比例代表制举行的联邦参议院选举的计票情况，宣布根据相对多数制举行的联邦参议员选举是否有效，以及汇报会议举行后五日之内所收到的申诉。

第五项　监督向选区委员交付上级机构所批准的文件、工具和履行职责所必需的材料。

第六项　根据地方委员会计票结果和有效声明，向获得多数选票的联邦参议员候选人组合颁发多数和选举有效证明，向得票最多的少数联邦参议员候选人组合颁发议席分配证明并向总委员会汇报。

第七项 监督各地方委员会所作决议的履行情况。

第八项 根据相关法律规定，接收和递交对地方委员会的行为和决议提出的申诉。

第九项 本法规定的其他职责。

第二款 地方委员会秘书协助地方委员会主席履行其职责。地方委员会秘书负责受理地方委员会应做出裁定的申诉。

第三款 地方委员会主席认为必要时，或多数全国性政党派驻地方委员会的代表提出申请时，地方委员会主席召开会议。以书面形式通知会议的召开。

第四篇 联邦选举委员会设在单名制选区的组织机构

第一百四十四条

第一款 联邦选举委员会在三百个选区中均设立以下机构：

第一项 选区执行委员会。

第二项 执行委员。

第三项 选区委员会。

第二款 选区级机构的所在地为各选区的中心。

第一章 选区执行委员会

第一百四十五条

第一款 选区执行委员会为常设机构，由执行委员、选举组织委员、联邦选民登记委员、选举培训和公民教育委员以及一名委员秘书组成。

第二款 执行委员为选区执行委员会负责人。

第三款 委员秘书协助执行委员处理行政事务。

第四款 选区执行委员会的成员均应为来自专业选举服务委员会的公务人员。

第一百四十六条 选区执行委员会至少每月召开一次会议，在所在地区域范围内有以下职责：

第一项 监督和评估与联邦选民登记、选举组织、专业选举服务以及选举培训和公民教育有关的项目的执行情况。

第二项 根据本法第二百四十二条的规定，向选区委员会提议在选区所包含的各小选区内设置的投票点工作委员会的数量和位置分布。

第三项 根据本编第五篇的规定，对组成投票点工作委员会的公民进行培训。

第四项 提请选区委员会通过投票日当天担任选举助理的人选提议。

第五项 本法规定的其他职责。

第二章 选区执行委员会的执行委员

第一百四十七条

第一款 选区执行委员会的执行委员，在各自的权限范围内，有以下职责：

第一项 主持选区执行委员会工作和在选举期间主持选区委员会工作。

第二项 协调选区执行委员会各委员的工作，向其分配其职责范围内的事务。

第三项 提请选区委员会通过其职责范围内的事务。

第四项 执行与联邦选民登记有关的项目。

第五项 颁发各政党向其申请的证明。

第六项 向选区执行委员会各委员和各市级办事处提供必要帮助，助其履行职责。

第七项 执行选举培训和公民教育项目。

第八项 根据本法规定，为发布组成投票点工作委员会的人员名单和投票点工作委员会位置分布情况提供必要帮助。

第九项 向相应的地方执行委员会的执行委员汇报其所开展的工作。

第十项 本法规定的其他职责。

第二款 为帮助每个选区开展与选举花名册有关的工作，组建选区监督委员会。

第一百四十八条 联邦选举委员会能信赖市级办事机构。在创建这些办事机构的协议中，执行总委员会决定其架构、职责和权限范围。

第三章 选区委员会

第一百四十九条

第一款 选区委员会的运作时间为联邦选举期间。由一名总委员会根据本法第一百一十八条第一款第五项的规定指派的委员会主席、六名选举委员以及各全国性政党派驻的代表组成，委员会主席在联邦选举期间和非联邦选举期间还担任选区执行委员会执行委员。选区执行委员会的选举组织委员、联邦选民登记委员、选举培训和公民教育委员参加选区委员会会议，可发表意见，但无投票权。

第二款 选区执行委员会的委员秘书在联邦选举期间为选区委员会秘书，出席选区委员会会议，可发表意见，但无投票权。

第三款 选区委员会六名选举委员的任命根据本法第一百一十八条第一款第六项的规定进行。任命每名选举委员的同时任命一名候补选举委员。如选举委员永久缺席或连续两次无正当理由缺席选区委员会会议，候补选举委员将在下一次会议中宣誓就任选举委员。如选举委员提名人选未满足下一条中提及的要求中的某一项，可向选举法庭的对应法庭就选举委员的任命提出申诉。

第四款 各全国性政党派驻选区委员会的代表可在选区委员会会议中发言，但无投票权，代表的派驻根据本法第一百一十条第九款的规定进行。

第一百五十条

第一款 选区委员会的选举委员应满足与本法第一百三十九条规定的担任地方委员会选举委员相同的条件。

第二款 选区委员会选举委员的任期为两次正常选举，可连任一次正常选举。

第三款 在履行其职责期间,可在其日常的工作中享受必要的便利。

第四款 选举委员在每次参与的选举流程中将领取津贴并必须履行本法第七编中规定的行政责任,如出现违反宪法规定的选举活动原则的行为,将由总委员会对其进行处罚。

第一百五十一条

第一款 选区委员会最晚在正常选举年前一年的12月31日开始运作。

第二款 从成立选区委员会到选举程序结束,选区委员会至少每月召开一次会议。

第三款 由包括委员会主席在内的选区委员会多数成员参加的会议为有效会议,委员会主席缺席时,由其指定的选举委员暂时代理主持会议。

第四款 如选区委员会秘书缺席会议,一名由选区委员会指派的专业选举服务委员会成员将代替行使其职责。

第五款 如出席会议的人数未能达到本条第三款中所提到的多数,则会议将在随后的二十四小时内由委员和政党代表举行,委员会主席和委员会秘书必须出席会议。

第六款 选区委员会的决议应获得多数选票方可通过。

第一百五十二条

第一款 选区委员会,在其权限范围之内,有以下职责:

第一项 监督执行本法规定和选举机构决议的情况。

第二项 如选区委员会秘书缺席会议,指派专业选举服务委员会成员代替行使其职责。

第三项 按照本法第二百四十二条和二百四十四条规定的程序,决定投票点工作委员会的数量和位置分布。

第四项 按照本法第二百四十条规定的程序,对组成投票点工作委员会的公务人员进行抽签分配,并监督按照本法规定组建的投票点工作委员会。

第五项 登记参加根据相对多数制举行的联邦众议员选举的候选人

组合。

第六项 对各政党派驻各投票点工作委员会的代表提名人选进行登记备案。

第七项 根据本法第五条第五款第三项的规定，给已向选区委员会主席提交作为观察员参加选举流程申请的墨西哥公民或其所属的组织颁发许可证。

第八项 最晚投票日前十日，在各政党代表注册后四十八小时之内，向其颁发相关证件。

第九项 对各选区根据相对多数制举行的联邦众议员选举的投票进行计票并宣布选举是否有效，以及各选区根据比例代表制举行的联邦众议员选举的投票进行计票。

第十项 对各选区根据相对多数制和比例代表制举行的联邦参议员选举的投票进行计票。

第十一项 对各选区墨西哥合众国总统选举的投票进行计票。

第十二项 监督各选区执行委员会在选举期间开展的活动。

第十三项 本法规定的其他职责。

第四章 选区委员会主席的职责

第一百五十三条

第一款 选区委员会主席有以下职责：

第一项 召集和主持选区委员会会议。

第二项 接收参加根据相对多数制举行的联邦众议员选举的候选人注册申请。

第三项 计票会议举行后六日之内，向联邦选举委员会执行秘书汇报相应的计票情况、选举开展情况和所收到的申诉。

第四项 向各投票点工作委员会主席交付必要的文件和工具，并帮助其履行职责。

第五项 根据选区委员会计票结果和有效声明，向获得多数选票的联邦众议员候选人组合颁发多数和选举有效证明。

第六项 在其办公室外张贴通知，公布选区计票结果。

第七项 根据本法第五编第四篇第三章的规定，递交各选区与联邦众议员选举、联邦参议员选举和墨西哥合众国总统选举有关的计票文件原件和复印件。

第八项 在相应选举程序结束前看管根据相对多数制和比例代表制举行的联邦参议员和联邦众议员选举以及墨西哥合众国总统选举的选举文件。

第九项 根据相关法律规定，接收和递交对选区委员会的行为和决议提出的申诉。

第十项 监督选区委员会和其他职能选举机构做出的决议的履行情况。

第十一项 接收墨西哥公民或其所属的组织提交的在选举期间作为观察员参加选举程序的申请。

第十二项 本法规定的其他职责。

第二款 选区委员会秘书协助选区委员会主席履行其职责。

第三款 选区委员会主席认为必要时，或多数全国性政党派驻选区委员会的代表提出申请时，选区委员会主席召开会议。以书面形式发出召开会议的通知。

第五篇 投票点工作委员会

第一百五十四条

第一款 投票点工作委员会系根据宪法要求，由公民组成的，履行接收选票、开票和计票职责的选举机构。

第二款 投票点工作委员会作为选举机构负责遵守和监督自由、有效地投票，确保投票的保密性以及开票和计票的真实性。

第三款 在每个小选区设立一个投票点工作委员会，在投票日当天接收选票，本法第二百三十九条第三款、第四款和第五款规定的情况除外。

第一百五十五条

第一款　投票点工作委员会由一名主席、一名秘书、两名计票员和三名候补成员组成。

第二款　选区执行委员会长期开展面向选区内公民的公民教育和选举培训课程。

第三款　选区执行委员会根据本法第二百四十条规定的程序成立投票点工作委员会。

第一百五十六条　成为投票点工作委员会成员的要求如下：

第一项　出生时为墨西哥国籍，无墨西哥国籍外的其他国籍，是投票点工作委员会所对应的小选区的居民。

第二项　在联邦选民登记中注册。

第三项　拥有投票许可证。

第四项　享有政治权利。

第五项　生活作风正派。

第六项　参加过由相应选区执行委员会开设的选举培训课程。

第七项　非高级公职人员，未在任何级别的政党机构担任领导职务。

第八项　能够读写，在投票日当天未满七十岁。

第一章　投票点工作委员会的职责

第一百五十七条　组成投票点工作委员会的成员有以下职责：

第一项　根据本法规定建立和关闭投票点工作委员会。

第二项　接收选票。

第三项　进行开票和计票。

第四项　从投票点工作委员会成立至关闭，不离开。

第五项　本法和相关法律规定的其他职责。

第一百五十八条　投票点工作委员会主席有以下职责：

第一项　在投票日当天，作为选举官员，主持投票点工作委员会工作，并监督本法规定的执行情况。

第二项　从选区委员会接收投票点工作委员会运作所必需的文件、工具和其他必要材料，并保管至投票点工作委员会成立。

第三项　根据本法第二百六十四条第三款的规定，对选民进行身份验证。

第四项　维持投票点工作委员会及其附近的秩序，必要时可向警察寻求协助。

第五项　投票点工作委员及其附近的秩序受到扰乱时，或存在妨碍选民自由、秘密投票、危害选民、政党代表或投票点工作委员会成员人身安全的情况时，临时或永久停止投票。

第六项　将任何严重扰乱投票点工作委员会及其附近秩序，妨碍选民自由、秘密投票，影响开票和计票真实性，威胁或对选民、政党代表和投票点工作委员会成员实施暴力的人员带离投票点工作委员会。

第七项　在秘书和计票人的协助下，在在场的政党代表面前，进行开票和计票。

第八项　投票点工作委员会的工作结束后，及时向选区委员会递交本法第二百八十五条规定的文件。

第九项　在投票点工作委员会外显著位置张贴通知，公布各选举的计票结果。

第一百五十九条　投票点工作委员会秘书有以下职责：

第一项　在投票日当天根据本法规定进行投票记录，并分发记录。

第二项　投票开始前，在在场的政党代表面前，清点选票数并将清点结果记录在投票点工作委员会成立记录中。

第三项　确认在相应的选民花名册中有投票人的姓名。

第四项　接收各政党代表通过书面形式提交的申诉。

第五项　根据本法第二百七十六条第一款第一项的规定，废弃多余的选票。

第六项 本法规定的其他职责。

第一百六十条 投票点工作委员会计票员有以下职责：

第一项 清点投入各票箱中的选票数，根据选民花名册中划名投票的选民数，验证两者数字是否相符，如不相符则进行记录。

第二项 清点投给各候选人、候选人组合或区域名单的选票数。

第三项 协助投票点工作委员会主席或秘书履行职责。

第四项 本法规定的其他职责。

第六篇　共同规定

第一百六十一条 联邦选举委员会总委员会、地方委员会和选区委员会的成员以及组成投票点工作委员会的公民，应进行宣誓，遵守和执行宪法及其他相关法律，遵守本法的规定，以忠诚和爱国的方式履行自己的职责。

第一百六十二条

第一款 全国性政党应在地方委员会和选区委员会成立会议举行后三十日内向其派驻代表。

第二款 此期限过后没有派驻代表的政党在选举期间不构成相应委员会的一部分。

第三款 政党在任何时间均可对其派驻联邦选举委员会各级组织机构的代表进行更换。

第一百六十三条

第一款 如某一政党的代表或候补代表连续三次无正当理由缺席所驻委员会会议，则此政党在选举期间不为相应委员会成员。代表第一次缺席会议时，应责成其参加会议，并通知相应政党，令其强制其代表参加会议。

第二款 选区委员会将每次缺席的情况以书面的形式知会地方委员会，地方委员会知会联邦选举委员会总委员会，总委员会将此情况告知各政党代表。

第三款　各级委员会做出的决议将通知相应政党。

第一百六十四条

第一款　在全国性政党代表提出申请后，联邦选举委员会各组织机构出具会议记录的公证复印件。

第二款　各组织机构的秘书根据本条规定，索要其所出具的会议记录公证复印件的回执。

第一百六十五条

第一款　联邦选举委员会各级委员会的会议以公开的方式进行。

第二款　参会人员在会场内应遵守秩序。

第三款　各级委员会主席可采取以下方式维持秩序：

第一项　规劝遵守秩序。

第二项　提出离开会场警告。

第三项　请警察协助恢复会场秩序，逐出扰乱会场秩序的人员。

第一百六十六条　在各级委员会举行会议时，在会议桌就座并参与讨论的仅为委员和政党派驻的代表。

第一百六十七条　在联邦选举委员会各组织机构负责人提出申请后，联邦、州和市级政府机构应向其提供其正常运作和做出决议所需的报告、证明和警方协助。

第一百六十八条　选举公务人员和全国性政党依法派驻联邦选举委员会各组织机构的代表，享有联邦选举委员会执行秘书决定的邮政资费和电报资费豁免权以及授予各公共部门的交通费用折扣。

第一百六十九条

第一款　地方委员会和选区委员会在成立后二十四小时内，向联邦选举委员会执行秘书提交成立会议记录的复印件，以便其向总委员会汇报。

第二款　除上款所提到的会议记录复印件以外，选区委员会另向相应州地方委员会主席提交一份成立会议记录。

第三款　地方委员会和选区委员会成立之后举行的会议的记录以同样

的方式提交。

第四款 在派驻总委员会、地方委员会和选区委员会的各政党代表提出申请后五日之内，出具各级委员会会议记录的公证复印件。如未按规定执行，各级委员会秘书为责任人。

第一百七十条

第一款 联邦选举期间，所有日期和小时均为工作日和工作小时。

第二款 地方委员会和选区委员会在考虑上一款规定的情况下，决定其工作时间。决定工作时间后告知联邦选举委员会执行秘书，以便其向联邦选举委员会总委员会汇报，同时告知相应地方委员会主席以及全国性政党派驻委员会的代表。

第四编　各执行部门的专门程序

第一篇　联邦选民登记程序

基本规定

第一百七十一条

第一款 联邦选举委员会通过其职能执行部门及其在地方执行委员会和选区执行委员会中的委员提供联邦选民登记服务。

第二款 联邦选民登记服务具有长期性和公益性。其目标为履行宪法第四十一条关于选民总名单的规定。

第三款 在履行宪法和本法规定的义务时，公民向联邦选民登记服务处提供的文件、材料和报告为机密信息，不可传播和公布，联邦选举委员会为履行本法规定的义务，为履行人口法在全国公民登记方面规定的义务，或因职能法官做出的指令而涉及其中的审批、申诉和程序除外。

第四款 联邦选举委员会总委员会、地方委员会、选区委员会和监督委员会成员，仅在履行其职责时能获得与选民总名单有关的信息，并不可以将此信息用于修订选民总名单和选民花名册以外的其他目的。

第一百七十二条 联邦选民登记由以下部分构成：

第一项 选民信息总目录。

第二项 选民总名单。

第一百七十三条

第一款 在选民信息总目录中登记通过全面人口普查获得的年满十八岁的墨西哥公民的基本信息。

第二款 在选民总名单中登记选民信息总目录中的公民和提出本法第一百七十九条所提及的申请的申请人姓名。

第一百七十四条 通过以下方式制作联邦选民登记所包含的两部分：

第一项 全面人口普查或部分人口普查。

第二项 公民个人直接登记。

第三项 与人口死亡以及政治权利的获得、剥夺和重新获得相关的职能机构提供的信息。

第一百七十五条

第一款 公民有义务在联邦选民登记服务处登记，在住址发生变化后三十日内将此情况告知联邦选民登记服务处。

第二款 公民根据相关条例规定，参与制作和更新选民信息总目录和选民总名单。

第一百七十六条

第一款 联邦选举委员会应将选民包含在联邦选民登记中对应的小选区内并向其发放投票许可证。

第二款 投票许可证是选民行使投票权必不可少的文件。

第一章 选民信息总目录

第一百七十七条

第一款 联邦选举委员会在根据最近一次的全国人口普查的数据对三百个单名制选区进行重新划分之后，如有需要，可以根据宪法第五十三条的规定，责成联邦选民登记处根据全国监督委员会和执行部门的标准，采用包括全国范围的人口普查在内的可以使用的技术，制作一份选民信息总目录并以此为基础制作一份真实、可信的选民总名单。

第二款　普查技术是以获得年满十八岁的墨西哥公民的基本信息为目的而开展的，对每户居民进行上门访问，基本信息包括如下内容：

第一项　父姓、母姓和全名。

第二项　出生日期和地点。

第三项　年龄和性别。

第四项　当前住址和居住时间。

第五项　职业。

第六项　入籍证明的号码和日期。

第三款　基本信息还包括住址所属的小选区、单名制选区、区、市和州，进行上门访问的日期和访问者的姓名和签字。在任何情况下，均应争取为找到住所的位置而记录尽可能多的信息。

第四款　采用普查技术后，联邦选民登记处确认在选民信息总目录中不存在重复的情况，以确保每名选民只出现在选民信息总目录中一次。

第五款　选民信息总目录制作完成后，根据下一章的规定进行操作。

第二章　选民总名单的制作

第一百七十八条　联邦选民登记处以选民信息总目录为基础，制作选民总名单并颁发投票许可证。

第一百七十九条

第一款　在选民总名单中注册，应根据本法第一百八十四条的规定，由个人提交申请，申请包含签名、指纹和照片。

第二款　以上一款提到的申请为基础，联邦选民登记处颁发相应的投票许可证。

第一百八十条

第一款　公民有前往联邦选举委员会决定的办事处或代办点申请和获得带有照片的投票许可证的义务。

第二款　申请带有照片的投票许可证时，公民以使用官方颁发的身份证明文件，或通过联邦选民登记系统所设的全国监督委员会决定的渠道和程序为宜。联邦选民登记处应保留选民提交文件的数码版。

第三款　在任何情况下，提交申请时，选民均应在相应文件上签字并按指纹。

第四款　在领取投票许可证时，公民以根据全国监督委员会规定的程序，使用官方颁发的身份证明文件，或颁发投票许可证的选举官员认可的文件为宜。联邦选民登记处应保留一份数码版的投票许可证已提交的证明。

第五项　如选民在规定的期限内，未能前往领取其投票许可证，联邦选举委员会应通过其掌握的最快捷的渠道，向其发出至多三次领取通知。如公民仍不领取投票许可证，将按照本法第一百九十九条的规定操作。

第六项　联邦选民登记处根据联邦选举委员会总委员会规定的相关程序，检查、保管或销毁未使用的投票许可证。

第七项　联邦选民登记办事处确认未领取投票许可的公民的姓名未出现在选民花名册中。

第一百八十一条

第一款　上一条中提到的程序结束之后，以已经领取投票许可证的选民姓名为基础，制作选民总名单中的选民花名册。

第二款　选民花名册以选区和小选区为单位。

第三款　各政党对上文提到的选民花名册进行修订并提出建议。

第四款　联邦选民登记处为各选区的公民知晓选民花名册提供必要帮助。

第三章　选民信息总目录和选民总名单的更新

第一百八十二条

第一款　联邦选举委员会以更新选民信息总目录和选民总名单为目的，每年10月10日至次年1月15日，通过联邦选民登记处开展密集的宣传活动，组织和指导公民履行以下两款所涉义务。

第二款 符合以下情况的公民，应在选民信息总目录和选民总名单更新期间，前往由联邦选民登记系统决定的执行部门的办公地点，在选民信息总目录中注册。

第一项 在全国范围的人口普查期间未在选民信息总目录中注册。

第二项 在全国范围的人口普查进行后获得墨西哥国籍。

第三款 符合以下情况的已在选民信息总目和选民总名单中注册的公民，同样应前往由联邦选民登记系统决定的执行部门的办公地点。

第一项 未告知其住址变更的。

第二项 已在选民信息总目录中注册但未在选民花名册中注册的。

第三项 丢失投票许可证的。

第四项 重新获得政治权利的。

第四款 公民在自愿在选民信息总目录和选民总名单中注册时，或告知住址变更时，或在全国范围的人口普查期间回答联邦选举委员会工作人员问题时，有义务告知曾登记过的住址并在更新信息的文件上签字和按指纹。

第五款 全国性政党和媒体可以协助联邦选举委员会对公民进行指导。

第一百八十三条

第一款 公民可以在上条所提到的选民信息总目录和选民总名单更新期间外，从投票日后一日起，至联邦正常选举年的1月15日，申请在选民信息总目录或选民花名册中注册。

第二款 在选举年的1月16日至投票日年满十八岁的墨西哥公民，应在选举年的1月15日前申请加入选民信息总目录或选民总名单。

第一百八十四条

第一款 在选民信息总目录中注册的申请可用于申请在选民总名单中注册，申请由个人提交，包含以下信息：

第一项 父姓、母姓和全名。

第二项　出生日期和地点。

第三项　年龄和性别。

第四项　当前住址和居住时间。

第五项　职业。

第六项　入籍证明的号码和日期。

第七项　签名、指纹和申请者照片。

第二款　负责注册的工作人员在上一款提到的申请中填写以下内容：

第一项　公民进行注册的州、市和区。

第二项　住址所对应的联邦选区和小选区。

第三项　提交注册申请的日期。

第三款　向提交注册申请的公民开具带有申请号码的申请回执，公民在领取投票许可证时将此回执交还。

第一百八十五条　在墨西哥国内居住，因身体残疾不能前往与其住址相对应的联邦选民登记处办事处注册的墨西哥公民，应通过书面方式进行注册，同时提交证明其残疾状况的文件。联邦选民登记处采取相关措施，向身体残疾的选民发放投票许可证。

第一百八十六条

第一款　在选民总名单中注册的公民变更住址后三十日之内，应将此变更告知离其新住址最近的联邦选举委员会办事处。

第二款　如公民因住址变更申请重新在选民总名单中注册，应出示与变更前住址相对应的投票许可证，在与变更后住址相对应的选民花名册中注册并领取新的投票许可证，如投票许可证丢失，则提供与投票许可证相关的信息，以便进行注销。与原住址相对应的投票许可证应立即销毁。

第一百八十七条

第一款　符合以下情况的公民，可申请领取带照片的投票许可证或向负责其注册的联邦选民登记系统相应办事处申请对投票许可证的内容进行更正：

第一项 满足相关要求并已办理相关手续，而未及时得到带照片的投票许可证。

第二项 已及时领取带照片的投票许可证，而未出现在与其住址相对应的小选区的选民花名册中。

第三项 以不正当的方式被排除在与其住址相对应的小选区的选民花名册外。

第二款 如遇上款所提到的情况，可在选举程序前两年内的任何时间提交领取带照片的投票许可证或更正投票许可证内容的申请。

第三款 符合本条第一款第一项情况的公民，可在选举年2月最后一日前，向相关部门提出领取带照片的投票许可证的申请。符合第二项和第三项情况的公民，可在选举年4月14日前，向相关部门提出更正投票许可证内容的申请。

第四款 联邦选民登记处办事处应提供公民提交申请所需的表格。

第五款 收到领取带照片的投票许可证或更正投票许可证内容申请的办事处在二十个自然日内就是否向申请者颁发投票许可证或进行内容更正进行裁定。

第六款 可针对联邦选民登记处办事处做出的不向申请者颁发投票许可证或不对投票许可证内容进行更正的裁定，或长时间不做出裁定的情况，向选举法庭提出申诉。联邦选民登记处办事处应提供公民提出申诉所需的表格。

第七款 选举法庭对领取带照片的投票许可证或更正投票许可证内容做出的仲裁，如当事人亲自前往负责其注册的联邦选民登记处办事处，则当面向其通知，其他情况用电报或挂号信的方式通知。

第一百八十八条

第一款 联邦选民登记处可根据执行总委员会的决定，对选区或小选区或其中部分区域进行部分人口普查，以更新选民信息总目录和选民总名单。

第二款 部分人口普查的目的为通过对各户居民进行上门访问的方式

收集未包含在选民信息总目录和选民总名单中的公民的基本信息。

第一百八十九条 各监督委员会可向联邦选民登记处或相应的地方和选区执行委员会提出申请，向执行总委员会提议在选区和小选区内进行部分人口普查。

第一百九十条 根据本章的规定颁发的带照片的投票许可证，应在联邦选举委员会决定的办事处或代办点保留至选举年的3月31日，供相关人员领取。

第四章 选民花名册及其修订

第一百九十一条

第一款 选民花名册是联邦选民登记处以选区和小选区为单位制作的，包含已在选民总名单中注册并已领取投票许可证的公民的姓名的名单。

第二款 小选区是为公民在选民总名单和选民花名册中注册而对单名制选区进行分割的结果。

第三款 每个小选区至少包含五十名选民，至多包含一千五百名选民。

第四款 根据宪法第五十三条的规定，依照对国土分割为选区的方式进行的修订，将选区分割成小选区。

第一百九十二条

第一款 根据联邦选民登记处规定的程序，公民可在联邦选举委员会各选区执行委员会用电脑查询其在选民总名单和选民花名册中的注册情况，此服务为长期服务。

第二款 各政党可长期获取选民总名单和选民花名册数据库中的信息，仅将其用于对选民总名单和选民花名册的修订，不得将此信息用于其他目的。

第一百九十三条 公民对选民花名册提出的相关建议由各选区执行委员会向联邦选民登记处汇报。

第一百九十四条

第一款 各政党可根据本法第一百九十二条第二款的规定,在选举年前两年的任何一年的3月25日后二十天内,向联邦选民登记处就公民以不正当的方式在选民花名册中注册或被排除在选民花名册外的情况提出意见。

第二款 联邦选民登记处对各政党提出的意见进行审查,如有需要,则对名单进行相应修改。

第三款 联邦选民登记处在5月15日向全国监督委员会和联邦选举委员会总委员会汇报对选民花名册进行的修改。

第四款 政党可就上款所提到的报告向选举法庭提出申诉。在申诉中政党须证明本条第一款中提到的意见已被采纳,并举出具体的个例,以上个例须包含在最初向联邦选民登记处提出的意见中。如不满足此要求,无论其他相关法律如何规定,申诉将被视为无理而驳回。申诉报告在联邦选民登记处向联邦选举委员会总委员会提交的报告公布后三日内向总委员会提交。

第一百九十五条

第一款 举行正常选举年度的3月15日,联邦选民登记处将含有选民花名册的光盘交给各政党,名单分为两部分,按字母和属于各选区的小选区排列顺序排列。名单的第一部分包含在1月15日之前已经领取其带照片的投票许可证的公民的姓名,第二部分包含在1月15日之前已在选民总名单中注册但未领取带照片的投票许可证的公民的姓名。

第二款 在4月14日前,包括4月14日,各政党可就选民花名册提出意见,同时举出个例。

第三款 根据各政党提出的意见,对选民花名册做出必要的修改,并在5月15日前向联邦选举委员会总委员会和全国监督委员会汇报。

第四款 各政党可就上款所提到的报告向选举法庭提出申诉。申诉按照本法第一百九十四条第四款和相关法律的规定进行。

第五款 如无申诉,或选举法庭已对申诉做出仲裁,联邦选举委员会总委员会应举行会议宣布选民总名单和选民花名册有效并为最终版本。

第一百九十六条

第一款 各政党在联邦选举委员会拥有电脑终端，可使用选民总名单和选民花名册中包含的信息。视技术条件，各政党可长期使用数据库、图片库、源文件和选民总名单变动的内容，并仅将此内容用于修订和验证目的。

第二款 以同样的方式，联邦选民登记处应设立州级选民总名单信息查询中心，供政党派驻各地方监督委员会的代表使用。此外还应在各选区办事处建立联邦选民登记信息的查询机制，供所有公民使用，以确认其是否已在选民总名单中注册以及是否已经以合理的方式被包含在相应的选民花名册中。

第一百九十七条

第一款 在上条所提到的程序结束后，联邦选民登记处将印制包含在3月31日前，包括3月31日，已经领取带照片的投票许可证的公民姓名的最终版的带照片的选民花名册。选民花名册以选区和小选区为单位，按字母顺序排列，最晚在投票日前三十日向各地方委员会分发，以便根据本法规定依次向各选区委员会和各投票点工作委员会分发。

第二款 最晚在投票日前三十天向各政党发放一份带照片的选民花名册。

第一百九十八条

第一款 为保持选民信息总目录和选民总名单处于更新状态，联邦选民登记处将向联邦和州公共行政机构要求必要的信息，以记录所有影响选民信息总目录和选民总名单的变更。

第二款 民事登记的公务人员应在公民死亡登记后十日内向联邦选举委员会报告。

第三款 做出暂停、剥夺、恢复政治权利，宣布失踪或推定死亡仲裁的法官应在仲裁后十日内告知联邦选举委员会。

第四款 外交部秘书处应在以下情况发生后十日内，通知联邦选举委员会：

第一项 颁发或注销入籍文件。

第二项 颁发国籍证明书。

第三项 收到放弃国籍通知。

第五款 上文提到的机构应在规定的期限内，通过联邦选举委员会确定的程序和文件，给联邦选举委员会相应通知。

第六款 联邦选举委员会总委员会主席可签署相应合作协议，确保本条中提到的信息得到及时传达。

第一百九十九条

第一款 提交获得带照片的投票许可证申请的公民，如在提交申请的年份后第二年的 3 月最后一日前未履行前往联邦选举委员会办事处或代办点领取带照片的投票许可证的义务，则申请将被取消。

第二款 如遇到上一款所提到的情况，联邦选民登记处应制作一份包含申请已被取消的公民姓名的名单，名单根据小选区和字母顺序排列，在每年的 4 月三十日前提交给各政党派驻选区、地方和全国监督委员会的代表。

第三款 上一款中所提到的名单，从 5 月 10 日至 5 月 31 日，在联邦选举委员会的办事处公示，以便相关公民有机会在本法第一百八十二条第一款提到的密集的宣传活动中重新申请在选民总名单中注册或根据本法第一百八十七条第六款规定提出申诉。

第四款 根据上文规定被取消申请的公民的投票许可证，将根据条例规定，在相关监督委员会成员在场的情况下销毁。

第五款 在任何情况下，申请因未领取带照片的投票许可证而被取消的公民，可在本法第一百七十九条、第一百八十二条和第一百八十三条规定的时间内，重新申请在选民总名单注册。

第六款 在选举年前两年内提交在选民花名册中注册申请的，或提交信息更新申请的公民，如未在依法规定的期限内领取投票许可证，其投票许可证将根据本法第一百八十条第六款的规定保管。

第七款 联邦选民登记处在选民花名册中注销已通过包含签名、指纹和照片的申请向其通知住址变更的公民的注册。在此情况下，只注销对应变更前住址的注册。

第八款　如遇公民因法院仲裁被暂停行使政治权利的情况，在被暂停行使政治权利期间，公民将被排除在选民总名单和选民花名册之外。联邦选民登记处在接到职能部门的通知后，或公民通过相关文件证明其暂停行使政治权利的时间已结束或已恢复行使政治权利后，重新将以上公民在选总名单中注册。

第九款　已死亡的公民，如相关机构的文件，或通过全国监督委员会规定的程序确认其死亡，则其在选民总名单中的注册将被注销。

第十款　与选民总名单变动有关的文件由联邦选民登记处和各联邦选民登记委员负责保管十年。十年期限过后，全国监督委员会决定其销毁程序。

第十一款　上款所提到的文件将由联邦选民登记处和各联邦选民登记委员通过数字媒介保管。

第五章　投票许可证

第二百条

第一款　投票许可证应至少包含以下信息：

第一项　与住址对应的州、市和区。

第二项　公民前往投票的小选区。

第三项　父姓、母姓和全名。

第四项　住址。

第五项　性别。

第六项　年龄和注册年份。

第七项　选民签名、指纹和照片。

第八项　注册号码。

第九项　唯一的人口登记号码。

第二款　此外，投票许可证还包含以下内容：

第一项　标注相应年份和选举的区域。

第二项　联邦选举委员会执行秘书的机打签名。

第三项　颁发年份。

第四项　有效期截止年份。

第三款　在选举年2月的最后一日之前，带照片的投票许可证丢失、被盗或严重损坏的公民，应向离其住址最近的联邦选民登记处办事处申请重新制作投票许可证。

第四款　从颁发年份算起，投票许可证有效期十年，有效期过后公民应申领新的投票许可证。

第六章　监督委员会

第二百零一条

第一款　监督委员会由以下成员组成：

第一项　联邦选民登记处执行主任或各地方执行委员会和选区执行委员会中的联邦选民登记委员担任各级监督委员会的主席。各地方执行委员会或选区执行委员会中的联邦选民登记委员暂时缺席时，地方执行委员会或选区执行委员会的执行委员代替行使职责。全国监督委员会主席暂时缺席时，全国监督委员会秘书代替行使职责。

第二项　全国性政党指派的一名代表和一名候补代表。

第三项　一名由各级委员会主席从专业选举服务委员会成员中指派并行使登记职责的秘书。

第二款　全国监督委员会的成员除上文提到的成员之外，还包括一名来自国家统计、地理和信息总局的代表。

第三款　各政党应及时向各级监督委员会派驻代表，并可在任何时间对其进行替换。

第二百零二条

第一款　各级监督委员会有以下职责：

第一项　监督公民根据本法规定在选民总名单和选民花名册中的注册和更新。

第二项 监督及时向公民发放投票许可证。

第三项 接收各政党就选民花名册提出的意见报告。

第四项 协助开展每年一次的选民总名单更新宣传活动。

第五项 本法规定的其他职责。

第二款 全国监督委员知晓联邦选民登记处开展的工作。

第三款 全国监督委员会至少每月召开一次会议。在非选举期间，地方和选区监督委员会至少每三个月召开一次会议；在选举期间，地方和选区监督委员会至少每月召开一次会议。

第四款 各级监督委员会的会议记录应由全体参会者签名，对会议记录的异议应记录在内，每名参会者将得到一份会议记录复印件。

第五款 联邦选举委员会总委员会在收到执行总委员会的提议后，审批关于本条中提到的各级监督委员会会议和运作的条例。

第二篇 专业选举服务委员会的组织依据

基本规定

第二百零三条

第一款 以宪法第四十一条为根据，为确保联邦选举委员会活动的专业开展，通过职能执行部门组织专业选举服务并开展活动。

第二款 宪法规定的指导国家行使组织选举职能的客观和公平原则也是培训专业选举服务成员的原则。

第三款 专业选举服务组织由本法和联邦选举委员会总委员会通过的章程规范。

第四款 执行总委员会拟定章程草案并通过执行秘书提请联邦选举委员会总委员会通过。

第五款 章程的执行和规范根据本篇的规定进行。

第一部分　墨西哥主要政党规章制度

第一章　专业选举服务委员会

第二百零四条

第一款　专业选举服务委员会由领导部门和技术部门组成。

第二款　领导部门提供人员担任领导、指挥和监管职务。

第三款　技术部门提供人员开展专业活动。

第四款　领导部门和技术部门的组织结构拥有各自的级别，不同于联邦选举委员会组织结构中的职务和岗位。级别的设置使得各部门的成员可以实现晋升。在专业选举服务的固定成员中，实行岗位轮换，以使其可以在联邦选举委员会各部门开展的活动中提供帮助。

第五款　有意加入专业选举服务的人员，证明满足章程规定的担任各职位或岗位对个人、学术和工作经验的要求，可加入专业选举服务。加入专业选举服务的渠道有公开竞聘、担任临时成员的考试以及章程规定的课程和实践。课程和实践为在联邦选举委员会担任行政职务的人员加入专业选举服务的专门渠道。

第六款　公务人员在联邦选举委员会的任期与培训项目考核成绩、专业选举培训考核成绩和根据章程规定对其进行的年度评估的结果挂钩。

第七款　专业选举服务的领导部门根据以下规定，指派其成员担任各执行部门和执行委员会的职务：

第一项　在总执行委员会担任仅次于执行主任及章程规定的其他职务。

第二项　在地方执行委员会和选区执行委员会担任执行委员、委员以及章程规定的其他职务。

第三项　章程规定的其他职务。

第八款　专业选举服务的成员根据本法第七编的规定，履行宪法第四篇规定的公务人员的行政责任。

第二章 专业选举服务委员会章程

第二百零五条

第一款 章程应规范：

第一项 确定各部门成员的级别以及级别对应的职务或岗位。

第二项 制定联邦选举委员会职务和岗位总目录。

第三项 对有意加入专业选举服务人员的招募和选拔主要通过公开竞聘。

第四项 授予级别。

第五项 专业培训和评估手段。

第六项 晋升机制、职务和岗位调动，行政处罚和撤职。晋升以成绩和表现为基础。

第七项 为专门或临时的项目雇佣专业人员。

第八项 联邦选举委员会正常组织和运作必需的其他规定。

第二款 章程还应规范：

第一项 工作时间。

第二项 休息日天数。

第三项 假期时间以及假期补贴的种类和数额。

第四项 批准和许可。

第五项 为选举服务的人员的合同制度。

第六项 丧葬费用补贴。

第七项 纪律规范。

第八项 撤职缘由。

第三款 联邦选举委员会执行秘书可与学术机构和高等教育机构签署合作协议，面向有意加入专业选举服务的人员和专业选举服务在职人员以及联邦选举委员会工作人员开设培训、研修和提高课程。

第三章 补充规定

第二百零六条

第一款 专业选举服务委员会章程除了包括关于专业选举服务的组织的规定,还包括关于专业选举服务的行政人员和助理人员的规定。

第二款 章程对其组成、晋升、调动、处罚程序、一般辩护手段和其他条件进行规定。

第二百零七条

第一款 由于联邦选举委员会履行国家职责的性质,其工作人员应把遵守宪法和法律以及对联邦选举委员会忠诚置于个人利益之上。

第二款 联邦选举委员会在必要时,可根据本法和章程的规定,决定其工作人员的工作安排和工作时间事宜。

第三款 因为在选举年所有日期和小时均为工作日和工作小时,考虑到其工作量,专业选举服务成员有权根据完成的额外工作量,通过获得批准的预算获得相应补偿。

第二百零八条

第一款 所有联邦选举委员会的工作人员均被视为可信人员并应遵守宪法第一百二十三条的规定。

第二款 联邦选举委员会的工作人员应纳入国家公职人员保障和社会服务局的编制。

第三款 联邦选举委员会和其工作人员间的争端和冲突,应通过选举法庭根据相关法律规定的程序做出的仲裁解决。

第五编 选举程序

第一篇 基本规定

第二百零九条

第一款 选举程序是选举机构、全国性政党以及公民根据宪法和本法的指令进行的，以定期对合众国立法权力机构和行政权力机构的成员进行换届为目的的行为的总称。

第二款 联邦选举委员会总委员会在选举程序开始之前决定五个多名制选区的区域范围以及宪法第五十三条提到的区域划分。

第二百一十条

第一款 定期选举的程序从选举年前一年的10月开始，至墨西哥合众国总统选举有效性评估和有效声明发布结束。在任何情况下，选举在选举法庭对最后一例申诉做出仲裁或确认未收到任何申诉后结束。

第二款 在本法涉及的范围内，定期选举的程序分为以下阶段。

第一项 选举准备阶段。

第二项 投票日。

第三项 投票结果和选举有效声明阶段。

第四项 选举有效性和当选总统评估与声明阶段。

第三款 选举准备阶段从联邦选举委员会总委员会在正常联邦选举年前一年10月的第一周召开的第一次会议开始，至投票日结束。

第四款 投票日从选举年7月第一个周日的早上八点开始，至投票点工作委员会关闭结束。

第五款 投票结果和选举有效声明阶段从选举文件寄往各选区委员会开始，至联邦选举各级委员会进行计票和做出声明或选举法庭做出相关终审判决后结束。

第六款 选举有效性和当选总统评估与声明阶段从就选举提出的最后一例申诉得到仲裁或确认未收到任何申诉开始，至选举法庭高等法庭通过包含最终计票结果、选举有效声明和当选总统评估意见结束。

第七款 在上述选举程序任何一阶段结束后，或各级选举机构开展的重要活动结束后，联邦选举机构执行秘书或各地方或选区执行委员会的执行委员，可通过媒体发布活动举行和结束的消息。

第二篇　选举准备工作

第一章　民选公职候选人推选程序和预选活动

第二百一十一条

第一款　为选定民选公职候选人而进行的内部程序为各政党和民选职务预候选人根据本法和各政党领导机构通过的章程、条例、决定及其他一般规定开展的活动的总称。

第二款　最晚在上款提到的程序正式开始前的三十天,各政党根据自身章程决定推选民选公职候选人的程序。在决定通过后七十二小时内,根据以下规定知会联邦选举委员会总委员会,同时明确内部程序开始日期、采用的方法、发布相应通知的日期、内部程序各阶段的期限、负责组织和监督内部程序的政党领导机构、举行全国、州和选区选举代表大会的日期或内部选举的投票日期。

第一项　在联邦行政权力机构负责人和合众国国家议会两院进行换届的联邦选举期间,预选活动从选举年前一年的12月的第三周开始。预选活动时间不得超过六十天。

第二项　在只进行联邦参议员换届的联邦选举期间,预选活动从选举年1月的第四周开始。预选活动时间不得超过四十天。

第三项　预选活动从各政党内部预候选人注册获得通过后开始。所有政党的预选活动均应在同一时间段内举行。当有政党计划举行投票时,投票日当天对所有预候选人进行投票。

第三款　参加各政党内部选举的民选公职预候选人不得在预选活动开始前拉票和进行任何形式的宣传,违反此规定的预候选人的注册将被拒绝。

第四款　各政党根据联邦选举委员会制定的播出计划和规定,使用根据本法规定向其分配的电台和电视台时段,传播举行内部程序推选民选公职候选人的消息。已按规定注册的各政党预候选人只可使用向其所属政党分配的电台和电视台时段。

第五款　民选公职预候选人不得购买电台和电视台时段进行宣传或在电台和电视台中进行任何形式的个人推广。违反此规定的预候选人将被禁止注册或取消注册资格。如预候选人在获得政党推选后被发现违反此规定，其注册将被拒绝。

第二百一十二条

第一款　预选活动阶段为政党、党员和各政党已按规定注册的民选公职预候选人所开展活动的总称。

第二款　公共集会、代表大会、游行以及其他预候选人参加的以争取党员、政党同情者和选民支持为目的的活动称为预选活动。

第三款　预选活动宣传为民选公职预候选人以介绍其主张为目的，在本法和相应通知规定的时间内传播的文字、出版物、图片、录音、影像和讲话的总称。

第四款　预候选人为有意根据本法和政党章程的规定，通过政党内部选举被推选成为民选公职候选人的公民。

第五款　任何公民不得同时参加不同政党举行的推选民选公职候选人的内部选举，签署政党联盟协议的政党除外。

第二百一十三条

第一款　各政党应根据其章程设立一个负责组织候选人推选程序或组织预选活动的内部机构。

第二款　预候选人可就规章制度、举行政党候选人推选活动的通知、负责政党内部程序机构的组成及其做出的决定和决议以及其他政党领导机构和领导机构成员的行为违反推选政党民选公职候选人规定的情况，向政党内部职能机构提出异议。各政党应颁布规定解决此类争议及其期限的内部条例。

第三款　应在直接投票或对民选公职候选人人选问题做出决定的代表大会举行后十四日内，对就政党内部民选公职候选人选举结果提出的申诉做出最终裁定。

第四款 已按规定注册的预候选人就政党内部选举或对民选公职候选人人选问题做出决定的代表大会的结果提出的申诉,应在直接投票或对民选公职候选人人选问题做出决定的代表大会举行后四日内,向政党内部职能机构提出。

第五款 仅按规定注册的预候选人可对其参加的政党内部候选人选举程序的结果提出申诉。

第六款 根据政党章程、条例和内部推选程序通知的规定,通过相应的内部机构拒绝或注销违反本法和内部程序规定的预候选人的注册、确认和更改内部程序结果、宣布内部推选程序无效为政党的直接职能。在用尽政党内部司法程序后,申请人或预候选人可就各政党职能机构做出的决定向选举法庭提出申诉。

第二百一十四条

第一款 联邦选举委员会总委员会在选举年前一年的11月之前,决定各类选举预候选人预选活动的开支上限。预选活动的开支上限为最近一次选举竞选活动开支上限的百分之二十。

第二款 联邦选举委员会总委员会根据政党资金审计署的提议,决定每个预候选人在提交其预选活动收入和支出报告时应满足的要求。报告均应在相应内部选举或代表大会举行后七日内提交给政党内部职能机构。

第三款 在政党内部选举或代表大会中获得多数选票的预候选人,如未能履行在规定的期限内提交其预选活动收入和支出报告的义务,将不能合法地注册为候选人。未提交上述报告并且未能获得候选人资格的预候选人,将根据本法第七编的规定受到处罚。

第四款 预选活动开支超过规定上限的预候选人,将受到注销注册或剥夺获得的候选人资格的处罚。如遇候选人资格被剥夺的情况,政党保留进行替换的权利。

第二百一十五条 本法第二百二十九条第二款第一项至第四项中所提到的项目,应包含在预选活动开支上限内。

第二百一十六条

第一款　各政党向政党资金审计署提交参加其预选活动的预候选人的预选活动收入和开支报告。同时提供未履行提交报告义务的预候选人的姓名和地址信息，以便开展相关法律程序。

第二款　在每年提交的年度报告中，政党应报告举行内部选举和开展预选活动的开支和用于开展以上活动的收入。

第三款　本条第一款中提到的报告在各政党举行的推选民选公职候选人的内部程序结束后三十天内向政党资金审计署提交。

第四款　政党资金审计署对各政党提交的报告进行审查并起草一份综合评估意见，如发现有违规行为，则对违规行为进行说明并就应进行的处罚提出建议。

第五款　在上一款所涉及的范围内，联邦选举委员会总委员会根据政党资金审计署的提议，制定提交和审查预候选人预选活动收入和支出报告的简化规定和快速程序。

第二百一十七条

第一款　本法对竞选活动和竞选宣传的规定，适用于预选活动和预候选人。

第二款　联邦选举委员会总委员会根据本法规定制定其他必要的条例和规定，对政党推选民选公职候选人的内部程序和预选活动进行规范。

第二章　候选人注册程序

第二百一十八条

第一款　仅全国性政党有权申请注册民选公职候选人。

第二款　参加根据相对多数制和比例代表制举行的联邦参议员和联邦众议员选举的候选人以候选人组合的形式注册，每对组合由一名候选人和一名候补候选人组成。候选人组合除投票外，分别作为组合和候选人单独看待。

第三款　根据本法规定，各政党通过推选合众国国家议会民选公职候选人，提倡和确保机会平等，在国家政治生活中力争男女平等。

第四款 如遇同一政党为同一民选职务注册了不同候选人组合的情况，联邦选举委员会总委员会秘书在发现情况后，责成相关政党在四十八小时内确定一个参加选举的候选人或一对候选人组合。如政党在四十八小时内不做出决定，则将视为选择最后注册的候选人或候选人组合，其余的注册视为无效。

第二百一十九条

第一款 在各政党或政党联盟向联邦选举委员会提交的联邦参议员和联邦众议员候选人注册申请中，应有至少百分之四十的候选人为同一性别，并力争男女性别比例一致。

第二款 根据各政党章程规定，通过政党内部民主选举产生的参加根据相对多数制举行的选举的候选人，不受此规定影响。

第二百二十条 比例代表制选举候选人名单上五个候选人组合为一个小组，每个小组中应有两个候选人组合为不同性别。

第二百二十一条

第一款 候选人注册期限过后，如有政党或政党联盟未执行本法第二百一十九条和二百二十条的规定，联邦选举委员会总委员会应责成其在收到通知后四十八小时内，对其候选人注册申请进行更正，并提醒如不更正，将对其进行公开警告。

第二款 如上一款提到的四十八小时期限过后，政党或政党联盟未对候选人进行更换，将受到公开警告的处罚。联邦选举委员会总委员会再次责成其在二十四小时内对注册申请进行更正。如二十四小时期限过后，政党或政党联盟仍未对候选人进行更换，则将对其进行处罚，拒绝相应候选人的注册申请。

第二百二十二条

第一款 政党为其民选公职候选人注册时，应提交并注册候选人在竞选期间的竞选纲领。

第二款 竞选纲领应在选举年2月的前十五天内向联邦选举委员会总委员会提交并注册。注册后将出具注册证明。

第二百二十三条

第一款 在选举年负责候选人注册的职能机构和注册时间如下：

第一项 在联邦行政权力机构负责人以及合众国国家议会两院进行换届的选举年，所有候选人在3月15日至3月22日在以下机构注册：

第一目 参加根据相对多数制举行的联邦众议员选举的候选人在各选区委员会注册。

第二目 参加根据比例代表制举行的联邦众议员选举的候选人在联邦选举委员会总委员会注册。

第三目 参加根据相对多数制举行的联邦参议员选举的候选人在各地区委员会注册。

第四目 参加根据比例代表制举行的联邦参议员选举的候选人在联邦选举委员会总委员会注册。

第五目 参加墨西哥合众国总统选举的候选人，在联邦选举委员会总委员会注册。

第二项 在只进行联邦众议院换届的选举年，所有候选人在2月22日至2月29日，在上一项第一目和第二目提到的机构注册。

第二款 联邦选举委员会总委员会可以调整本条规定的注册时间，以保证注册时间足够并且竞选活动的时间符合本法第二百三十七条的规定。

第三款 联邦选举委员会对本章提到的候选人注册开放时间和注册期限进行广泛传播。

第二百二十四条

第一款 候选人登记申请书应指明提名候选人的政党或政党联盟和以下候选人资料：

第一项 父姓、母姓和全名。

第二项 出生日期和地点。

第三项 住址和居住时间。

第四项 职业。

第五项 投票许可证号码。

第六项　竞选职位。

第二款　申请书应附上同意参选的声明、出生证复印件和选民证正反面复印件。

第三款　政党同样应书面证明根据本党章程选出申请登记的候选人。

第四款　每个政党为登记参加五个多名制选区比例代表制选举的所有众议员候选人名单的申请书，应附前文提及的文件和至少二百名能通过相应政党获得登记或代表不完全政党联盟参加相对多数选举的众议员候选人的登记证明。

第五款　每个政党为登记参加多名制选区比例代表制选举的参议员候选人名单的申请书，应附前文提及的文件和至少二十一份能通过相应政党获得登记或代表不完全政党联盟参加相对多数选举的参议员候选人名单的登记证明。

第六款　登记前应证明政党联盟候选人符合本法第九十五条到第九十九条中对其竞选种类的规定。

第二百二十五条

第一款　相应选举委员会主席或秘书收到候选人登记申请书后，在之后的三天内审查其是否满足上一条的所有要求。

第二款　如果审查发现申请书遗漏了某条或某几条要求，应立即通知相关政党。该政党应在随后的四十八小时内查补遗漏条件或更换候选人，在本法第二百二十三条规定的期限内完成即可。

第三款　如果政党提名的候选人人数超过本法第八条第二款、第三款的规定，一经发现，联邦选举委员会总委员会秘书应要求该政党在四十八小时内向联邦选举机构报告应该从其名单中删去的候选人或提案；否则联邦选举委员会将倒序从名单中删去多余提名，直到人数合乎规定。

第四款　拒绝任何于本法第二百二十三条所定日期以外提交的申请书或文件，不符要求的候选人不予登记。

第五款　本法第二百二十三条所定日期结束后三天内，联邦选举委员会总委员会、地方委员会和选区委员会应专为登记符合规定的候选人召开会议。

第六款 在上款所提的会议对候选人进行登记后，地方委员会和选区委员会应立即将相关协定报告总委员会。

第七款 联邦选举委员会总委员会应立即将其关于登记比例代表制原则下的候选人名单的决定通知地方委员会和选区委员会。

第八款 本条第五款所提的会议结束后，联邦选举委员会执行秘书及地方和选区的执行委员应各自采取必要措施，宣告候选人登记结束，并公布登记的提案和候选人姓名，以及不符要求的候选人姓名。

第二百二十六条

第一款 联邦选举委员会总委员会应适时要求在联邦官方公告上公布候选人及其提名政党或政党联盟的名单。

第二款 以同样的方式公布、传播取消登记或被替换的候选人。

第二百二十七条 为替换候选人，政党和政党联盟应遵照以下规定向联邦选举委员会总委员会提交书面申请：

第一项 在候选人登记期限内可以自由替换。

第二项 一旦上述期限结束，除死亡、伤残、无法胜任或弃权的原因外，不得替换候选人。因候选人弃权而替换的，若在选举前三十天内提出放弃，则不予成立。选票的修改或替换依照本法第二百五十三条的有关规定。

第三项 如果候选人弃权，由本人通知联邦选举委员会总委员会，总委员会应告知登记该候选人的政党以便其替换候选人。

第三章 竞选活动

第二百二十八条

第一款 本法中的竞选活动是指全国性政党、政党联盟和已登记候选人为获得选票而开展的全部活动。

第二款 公共会议、集会、游行和通常意义上候选人或政党发言人面向选民宣传候选人的行为属于竞选活动。

第三款　政党、已登记候选人及其支持者在竞选期间，为了向公民介绍已登记候选人，制作和传播的文章、出版物、图像、录音录像、电影等属于竞选宣传。

第四款　本条所涉及的竞选活动和宣传都必须向选民展示各政党在其基础文件特别是竞选纲领中确立的计划和行动，以及这些计划和行动的发展和讨论。

第五款　根据宪法第一百三十四条第九款的规定，公务人员年度工作报告，以及在大众传媒上播出的对其进行宣传的信息，若只在该公务人员责属地区的地方电视台和频道每年播放一次，并且播出时间在呈交报告前七天和后五天之间，则不被认为是竞选宣传。此类报告决不能带有竞选目的，也不能在竞选活动期间进行。

第二百二十九条

第一款　政党、政党联盟及其候选人在竞选宣传和活动中的花费不能超过联邦选举委员会总委员会决定的最高金额。

第二款　本条中的最高金额包含下述名目：

第一项　宣传费用：包括墙头物、挂毯、传单、标语牌、音响设备、在租用地举办的政治活动、实用宣传品等。

第二项　运营费用：包括临时工的工资薪酬、动产与不动产的临时租用费、物资和人员运输费、旅途津贴等。

第三项　在报纸、杂志及其他印刷媒体上的宣传费用：包括为获取选票在此类媒体上的花费，譬如付费登载、广告等。在任何情况下，政党、候选人以及印刷媒体都必须清楚地确认宣传或付费登载的性质。

第四项　广播和电视信息制作费用：包括专业服务费、运用技术设备、租借和学习音像作品以及其他必要花费。

第三款　政党日常运作和维持领导及组织机构的费用不算入竞选活动花费。

第四款　联邦选举委员会总委员会决定竞选活动花费的最高金额时运用以下原则。

第一项　最迟于选举前一年的 11 月 30 日决定墨西哥合众国总统选举的花费，办法如下：

最高金额为总统选举年所有政党的竞选公共资助的百分之二十。

第二项　最迟于选举当年的 1 月 31 日决定众议员和参议员选举的花费，办法如下：

第一目　相对多数原则下的众议员选举，其竞选活动花费的最高金额为所定的总统竞选活动的最高金额除以三百。只进行众议院选举的年份，本目所涉金额应结合联邦区最低日工资的增长指数进行调整。

第二目　每一个相对多数原则下的参议员竞选方案，其花费的最高金额为众议员竞选活动最高金额乘以该机构所包含的区数目。区数目决不可超过二十。

第二百三十条

第一款　政党和已登记候选人召开公共会议受宪法第九十条规范，只需尊重第三方权利，特别是其他政党和候选人的权利，同时遵守行政主管部门为保障集会安全和维持公共秩序而颁布的法规条例。

第二款　当局让政党或候选人免费使用公有封闭场所时，遵照以下规定：

第一项　在公共场所的使用上，联邦、州、市当局应平等对待所有参选政党。

第二项　政党应提前申请使用场地，指明活动性质、预计到会人数、活动需要的准备和举办时间、照明和音响要求以及由该政党或候选人授权负责妥善使用场地和设备公民的姓名。

第三款　联邦选举委员会总委员会主席有权向各主管当局申请，给有此要求的候选人以个人安保措施，墨西哥合众国总统候选人自依照党内机制获得该身份的一刻起，同样享有此待遇。主管当局采取的安保措施应知会委员会主席。

第二百三十一条　如果政党或候选人决定在竞选活动内进行的游行或集会将暂时中断道路，则应向主管当局通报路线，以便当局做必要准备改变交通路线，保障游行或集会通畅进行。

第二百三十二条

第一款 在任何情况下，候选人在竞选活动期间所用的印刷宣传品必须包含登记该候选人的政党或政党联盟的准确标志。

第二款 依照宪法第七十条规定，政党、政党联盟和候选人在竞选过程中通过图像媒体传播的宣传品须尊重候选人、领导人、第三方的私生活，尊重民主制度和民主价值。

第二百三十三条

第一款 政党在预选活动和竞选活动过程中传播的宣传品和信息应符合宪法第六十条第一款的规定。

第二款 政党、政党联盟和候选人进行的政治或竞选宣传，不得对体制和相应政党进行诋毁，不得对个人进行诽谤。一旦完成本法所定程序，联邦选举委员会总委员会有权下令立即中断违反本法规的信息在广播电视上播放，同时撤销任何其他宣传。

第三款 如果政党、预备候选人和候选人认为大众媒体上的信息歪曲了与其活动相关的事实或情况，可以行使宪法第六十条第一款规定的反驳权。如果信息触犯出版物管理法、民法或刑法，负有责任或损害道德，政党和候选人所享有的相关权利与反驳权并行不悖。

第四款 上述反驳权应按照相关法律规定的方式方法行使。

第二百三十四条 政党、政党联盟和候选人通过在公路上播放音视频和任何其他途径进行的宣传，应遵守上一条的规定，同时遵守环境保护和防噪音污染方面的法规和管理条例。

第二百三十五条 政府和公共权力机构所在的办公室和大楼不能张贴和散发任何形式的竞选宣传品。如要使用，仅限本法第二百三十条第二款提及的场所，使用时间仅限当次竞选活动。

第二百三十六条

第一款 政党和候选人放置竞选宣传品应遵照以下规则。

第一项 不能置于市政设施底部，也不能以任何形式阻挡市中心的引路标志。选举主管当局应下令撤除违反此规定的竞选宣传品。

第二项 一经业主书面许可,可以悬挂或张贴在私人所有的房屋上。

第三项 可悬挂或张贴在联邦选举机构地方执行委员会和选区执行委员会事先与相关部门达成协议后限定的公用支架和屏幕上。

第四项 不能张贴或粉刷在市政、公路、铁路设施上。

第五项 不能悬挂、张贴或粉刷在纪念物和公共建筑上。

第二款 政党、政党联盟和候选人应在其印刷品及其他宣传品中运用环保物质,最好是可回收物和易自然降解物。只可在印刷的竞选宣传品中使用可回收塑料。

第三款 公用的支架和屏幕,按照在选举年1月召开的相关委员会会议上决定的程序,在各登记政党中平等抽签分配。

第四款 地方委员会和选区委员会在其职权范围内敦促遵守这些规定,并采取措施确保政党和候选人充分行使权利和履行相关义务。

第五款 对政党和候选人的印刷宣传品不满的,应向当地选区总委员会秘书提出投诉。该秘书下令核查事实,书写报告并将判决书提交给选区委员会通过。对选区委员会判决不满的,可上诉至相应的地方委员会复查。

第二百三十七条

第一款 墨西哥合众国总统、参议员、众议员选举年,竞选活动持续九十天。

第二款 只进行众议院选举时,竞选活动持续六十天。

第三款 各政党的竞选活动于候选人登记会议后一天开始,选举日前三天结束。

第四款 选举日当天及前三天,不允许举办或播出与竞选活动、竞选宣传或拉取选票有关的公共会议和活动。

第五款 在选举过程开始到投票日投票站关闭期间,任何人请求或下令发布有关选举的问卷调查或民意测验,只要该问卷调查或民意测验在某种媒体上传播,则必须向联邦选举委员会执行秘书提交一份完整研究的复本。在任何情况下，问卷调查或民意测验结果的传播遵照下一款规定。

第六款 自选举前三日至国家版图上最西时区的地区内投票点正式关闭，禁止通过任何渠道公布或传播以获知选民倾向为目的的问卷调查或民意测试，违反者依照类似先例和联邦刑法第四百零三条加以惩处。

第七款 试图通过采样调查获知选民倾向或预测票选结果的自然人或法人，应采用科学的普遍标准。该标准由联邦选举委员会总委员会咨询该领域的专家或专业机构后发布。

第二百三十八条 任何违反本章规定的行为将依照本法加以惩处。

第四章 投票点工作委员会的组成和选址程序

第二百三十九条

第一款 依照本法第一百九十一条，单名制选区下划分的每个小选区最多有一千五百名选民。

第二款 每个小选区中，每七百五十名选民设立一个投票站以接受当地居民投票；投票站超过一个时，应相邻摆放并按字母表顺序划分选民花名册。

第三款 当小选区人口增长，需要多个投票站时，遵照以下规定：

第一项 如果一个小选区内选民花名册的注册人数超过一千五百名，应在同一个地点或场所设立多个投票站，投票站数目由名单注册人数除以七百五十得到，并按字母表顺序划分。

第二项 如果无法在同一地点设立所有的投票站，则参照该小选区选民的集中和分布将投票站设置在相邻地点。

第四款 如果小选区的基础设施或社会文化条件导致居住在其中的选民很难到同一个地点投票，可以在方便选民到达的地方设立额外投票站。如果技术上可行，应制作只包含了居住在额外投票站所在区域的选民花名册。

第五款 可在相应选区总委员会批准的小选区设立本法第二百四十四条提及的特殊投票站。

第六款 确保在每个投票站安装屏幕以使选民了解其投票的意义。屏幕的设计和安放应保证投票完全保密。

第二百四十条 组成投票点工作委员会的程序如下：

第一项 联邦选举委员会总委员会于选举年1月抽签决定一个月份。在该月与其后一个月，投票产生投票点工作委员会成员。

第二项 根据上一目抽签所得结果，选区总执行委员会于选举年的3月10日到20日开始投票工作，从在册选民和当年1月15日得到带照片的投票许可证的选民中，为每个小选区选出百分之十的公民，但所选人数都不得少于五十人；选区总执行委员会可以向联邦选举委员会计算中心寻求支持。地方委员会成员和所涉机构的联邦选民登记处的地方监督委员会成员可根据前期安排，出席投票。

第三项 被选中的公民将参加于选举年3月21日至4月30日举办的培训。

第四项 选区总执行委员会将以公民在培训中提供的材料为基础，做出公正、客观的评估，以确保机会平等，倾向于受过高等教育的公民，在全体会议上以书面形式知会选区委员会成员。

第五项 联邦选举委员会总委员会在选举年的3月份从二十九个字母中抽签确定起始字母，以父姓为基础选择组成投票点工作委员会的公民。

第六项 根据上一项的抽签结果，选区总委员会于4月16日至5月12日形成一份关于参与相应培训、不担任公职的公民的报告。选区委员会于5月14日前将组成投票点工作委员会的公民名单列进报告。

第七项 选区总委员会于5月15日前根据上文规定的程序组建投票点工作委员会，并根据其课程表现确定每个获选公民在投票点所承担的职责。投票点工作委员会组建完毕后，选区总委员会于选举年的5月16日前安排公布投票点工作委员会成员名单，并通知相应选区委员会。

第八项 选区委员会通知每个投票点工作委员会成员其相应任命，及接受本法第一百六十一条提及的宣誓。

第二款 政党在选区委员会的代表能监督本条规定的进程。

第三款　出现替代的情况下，选区总委员会应及时详尽地通知同一政党的代表。

第二百四十一条

第一款　投票点应设于符合下述条件的地方：

第一项　便于选民轻松自由到达。

第二项　安装隔断和确保转播时投票的秘密性的调制工具。

第三项　不是联邦、州、市公务人员或已登记的参选候选人的居家所在地。

第四项　不是生产场所、教堂、当地礼拜场所或政党活动场所。

第五项　不是酒店、不良场所等。

第二款　综合考虑满足上款第一、第二项的要求，投票点选址优先考虑学校及公共办公场所。

第二百四十二条

第一款　确定投票站地点的程序如下：

第一项　选举年的 2 月 15 日到 3 月 15 日，选区总执行委员会走遍各区的小选区以找到符合上一条要求的地点。

第二项　3 月 10 日至 20 日，选区总执行委员会向当地选区委员会提交投票站地点名单。

第三项　委员会收到名单后，检查所列地点是否符合上一条的相关要求并作必要修改。

第四项　选区委员会最迟在 5 月的第二周召开会议，通过投票站地点名单。

第五项　选区委员会主席最晚于选举年的 5 月 15 日下令公布已通过的投票点名单。

第六项　如有必要，选区委员会主席下令在选举年的 6 月 15 日至 25 日再次公布修订后的名单。

第二百四十三条

第一款　投票点工作委员会成员及投票站地点名单应在该区人口密集

的公共建筑和公共场所张贴，并通过联邦选举委员会下属的网络媒体公布。

第二款　选区委员会秘书向每名政党代表提交一份花名册复印件和一张花名册光盘，并记录在案。

第二百四十四条

第一款　选区委员会参照选区总执行委员会的提议，决定设立特殊投票站以方便暂时在其住址所属的小选区以外的选民投票。

第二款　特殊投票点的选址和其投票点工作委员会的组成应遵照本章规定。

第三款　每个选区最多设立五个特殊投票点。选区委员会根据该区的市镇数量、人口密度及地理和人口特点决定特殊投票点的数目和位置。

第五章　代表登记

第二百四十五条

第一款　政党一旦完成其候选人、竞选方案和名单的登记，直到选举前十三天，有权向每个投票点工作委员会选派两名正式代表和一名候补代表，同时任命正式总代表。

第二款　每个单名制选区内，政党可在每十个城市投票站或每五个乡村投票站任命一位总代表。

第三款　政党在投票点工作委员会的代表和总代表可以在到投票站就任前签署任命书；在选举日全天，必须在可见处佩戴边长2.5厘米、带有所属或所代表政党标志及"代表"字样的徽章。

第四款　政党代表应接收本法第二百四十七条第一款第二项所涉及的任命书的清晰复本。若投票点工作委员会没有代表，复本应交于提出申请的总代表。

第二百四十六条

第一款　政党总代表应遵循以下规定：

第一项　只在其被任命的选区内的投票点工作委员会行使职权。

第二项 应单独行事，在任何情况下同一政党不能有多个总代表同时出现在同一投票点。

第三项 不应代替投票点工作委员会的政党代表行使职责，但是能协助他们在投票点工作委员会行使职责和享有权利。

第四项 绝不能行使或承担投票点工作委员会成员的职责。

第五项 不能阻碍投票点投票活动的正常进行。

第六项 可随时提交选举日发生的意外事件报告，但当本党投票点工作委员会代表不在场时，只能在计票结束后提交异议报告。

第七项 可检验本党投票点工作委员会代表是否到场并收取其述职报告。

第二百四十七条

第一款 政党合法任命的投票点工作委员会代表享有如下权利：

第一项 参与投票站的设立，协助投票活动的进行直到投票站关闭。有权观察监督选举进程。

第二项 接收投票站设立、结束投票及在投票站计票的官方证明的清晰复本。

第三项 提交投票期间发生的意外事件的书面报告。

第四项 在计票结束后提交表示抗议的书面报告。

第五项 陪同投票点工作委员会主席向相应选区委员会提交选举文件及公文。

第六项 本法规定的其他权利。

第二款 代表应监督本法规定的执行，签署所有书面记录，提出异议并指出其原由。

第二百四十八条 向相应选区委员会登记任命的投票点工作委员会代表和总代表，应遵照以下规定：

第一项 自投票站名单公布后第二天至选举前十三天，政党应在本党文件上明确其总代表和投票点代表，并在相应选区委员会登记。上述文件应满足联邦选举委员会总委员会所定要求。

第二项　选区委员会主席和秘书按规定签字盖章后，选区委员会向政党交还任命书原件，并保留一份副件。

第三项　政党可以在选举日前十天更换代表，应递交新的任命书，并归还之前的任命书原件。

第二百四十九条　上一条第二项提及的交还任命书原件将按以下规定进行。

第一项　由负责任命的政党领导人或代表书面签字。

第二项　附上一张名单，按投票点序号顺序依次列出正式代表、候补代表的姓名及投票许可证号码。

第三项　如果政党交至投票点工作委员会的登记申请遗漏了政党代表的某项或多项信息，申请将被退回，政党应在三日内补齐有关信息。

第四项　如果在上一项规定的时间内未能补齐遗漏信息，则不接受任命政党代表的申请。

第二百五十条

第一款　向投票点工作委员会递交的政党代表任命申请需包括以下资料：

第一项　政党名称。

第二项　代表姓名。

第三项　关于代表是正式代表还是候补代表的说明书。

第四项　代表被派往的选区、小选区及投票点的序号。

第五项　投票许可证号码。

第六项　申请地点和日期。

第七项　代表本人签字或任命代表的政党领导人的签字。

第二款　为保证政党代表能在投票点工作委员会行使本法赋予的权利，应将本法相关条款印在任命书的背面。

第三款　如果选区委员会主席在收到申请四十八小时内未给予答复，政党可以向地方委员会主席再次提交任命申请，以防万一。

第四款　选区委员会主席应向各投票点工作委员会主席发送一份有权

在该投票点开展相关工作的政党代表的名单，以保证政党代表行使其权利。

第二百五十一条

第一款　除代表被派往的投票点的序号外，政党总代表任命申请书的内容应与派往各投票点工作委员会政党代表的任命申请书一样。

第二款　这些任命书将汇成一份列表，并交与各投票点工作委员会主席。

第三款　为保证政党总代表能在投票点工作委员会行使本法赋予的权利，应将本法相关条款印在任命书的背面。

第六章　选举证件和选举材料

第二百五十二条

第一款　发行选票之前，联邦选举委员会总委员会应根据自己认为适合的尺寸，确定大选期间将要使用的选票式样。

第二款　选举墨西哥合众国总统、参议员和众议员的选票应包括以下内容：

第一项　州、选区、多名制选区号码、市或大区。

第二项　提名候选人担任的职务。

第三项　每一个独立或联合参选的全国性政党的彩色标志。

第四项　选票附一分页，分页不能和选票分开。分页上应包括与州、选区和选举相关的信息。纸的排号是递进的。

第五项　候选人的父姓、母姓和全名。

第六项　相对多数制和比例代表制众议员选举的选票上只给每个政党留出一个空格，包括候选人组合和地区名单。

第七项　相对多数制和比例代表制参议员选举的选票上只给每个政党留出一个空格，包括政党和全国名单上提名的候选人组合和候补候选人组合。

第八项　墨西哥合众国总统选举的选票，只为每一个政党及候选人留出一个空格。

第九项　联邦选举委员会总委员会主席和联邦选举委员会执行秘书的打印签名。

第十项　为未登记的候选人或组合留空。

第三款　众议员选票上印有政党提名的正式和候补候选人的地区名单。

第四款　参议员选票上印有政党提名的正式和候补候选人的全国名单。

第五款　政党标志的排列顺序以政党注册日期的先后顺序为准。如果有两个或两个以上政党的注册日期相同，政党标志的排列顺序以最近一次众议员选举中获得的票数百分比的多少为准，由多到少降序排列。

第六款　如果出现政党联合选举的情况，联合政党的标志和候选人姓名大小以及留空大小应该与独立参选的政党相同。不允许在同一个方框中同时出现联合参选政党各自的标志，也不允许联合参选的政党因联合参选而使用特殊标志。

第二百五十三条　选票印制完成后，即使政党取消注册或者更换一个或多位候选人，也将不再对选票进行修改。无论如何，最后只统计在联邦选举委员会总委员会、地方或选区委员会合法注册过的政党和候选人的票数。

第二百五十四条

第一款　选票应在选区委员会的监控下在大选前十五天印制完毕。

第二款　选票监控应遵守以下规定：

第一项　得到联邦选举委员会授权的人员在事先规定的日期、时间和地点将选票交与选区委员会主席，该选区委员会的其他成员也同时在场。

第二项　选区委员会秘书应详细记录选票的交接情况，记下与选票张数、选票外包装情况、在场官员姓名及职位有关的信息。

第三项　接下来，所有在场的选区委员会成员和主席一起将接到的选票保存在委员会事先指定的地方。为保障选票的完整，应在封条上盖章，同时由所有在场人员签字。这些详细情况均应记录在案。

第四项 同一天，最晚第二天，委员会主席、秘书和选举委员依次数票以确定收到的选票张数，标明页码的数目，在选票背面盖章，并根据将要设置的投票点的选民人数分好选票，其中包括根据总委员会协调后的人数将特殊投票点的选票分好。秘书应记录选票分配的情况。

第五项 愿意参与的政党代表也可以出席选票交接的全过程。

第三款 政党代表出于自愿可以在选票上签名。自行记录所签选票的张数，以及停止签名后余下的未签名选票的张数。未签名选票的张数应立即告知有关负责人。

第四款 未经政党代表签名的选票仍然可以正常分配。

第二百五十五条

第一款 选区委员会主席在选举前五天内将选票交给各投票点委员会主席，同时移交以下物品：

第一项 按照本法第一百九十一条及一百九十七条规定准备的带照片的各选区选民花名册。

第二项 在地区选举委员会注册的各投票点政党代表名单。

第三项 各政党在投票点所在区指定的总代表名单。

第四项 每次选举所需选票，数额与选区各投票点带照片的选民花名册上的选民人数一致。

第五项 投票箱，每次选举使用一个。

第六项 不掉色墨水。

第七项 文件、规定表格、办公用品和其他必需品。

第八项 说明投票点工作人员职权和责任的文件。

第九项 保证选民选票填写保密性的空间隔断或搭建隔断所需用品。

第二款 交给特殊投票点工作委员会主席的上款提到的文件和物品，不包括带照片的选民花名册。特殊投票点将收到必要的电子工具以确认前往投票的选民是否在选举证上住宅所在地的选民花名册中。特殊投票点接收的选票数不应超过一千五百张。

第三款 应选用质量可靠的不掉色墨水。墨水瓶外包装上应有相关产品标志。

第四款　交接第一款及第二款提及的物品时，决定参加的选区委员会成员应在场。

第二百五十六条

第一款　投票选举开始后选民们投放选票的票箱应采用透明、可拆卸的材料制成。

第二款　票箱外部显要位置上应印有或贴有所进行的投票选举的名称字样，且字样颜色应与对应选票颜色保持一致。

第二百五十七条　每个投票点的主席和秘书应保证现场条件利于投票的进行，保障投票的自由性、秘密性及良好的现场秩序。投票点的内部及外部均不允许张贴任何政党的宣传材料。一经发现应立即摘除。

第二百五十八条　选区委员会应向选民公布各投票点所在地及指示图。

第三篇　选举日

第一章　投票点的设立及开放

第二百五十九条

第一款　选举当天应做选举日工作记录，其中包括所有选举的基本情况以及每场选举的计票记录。

第二款　选举年7月第一个星期天的早八点，投票点工作委员会成员，其中包括主席、秘书及计票员，应在各政党代表的监督下进行投票点设立工作。

第三款　在场的各政党代表中将有一人首先提议由一名政党代表在选票上签字或盖章。这名负责在投票点当场在选票上签字或盖章的人将抽签产生。签字或盖章可以分次进行，以免影响投票工作的进行。如果抽签产生的代表拒绝承担此项工作，最初提议此项工作的代表有权替代。未经签字或盖章的选票仍然有效，不影响选举结果。随即开始进行选举日工作记录，填写与投票点设立相关的内容，并签字。

第四款 选举日工作记录包含以下内容：

第一项 投票点的设立。

第二项 投票的结束。

第五款 关于投票点的设立的记录应当包括以下内容：

第一项 开始的地点、日期、时间。

第二项 相关工作人员的全名及亲笔签名。

第三项 每次选举收集的选票数，在记录中标明序号数。

第四项 票箱在投入使用前是否在工作人员及政党代表的见证下首次安装或打开以确保票箱为空；票箱是否安放在桌上或者其他适合地点，确保票箱在选民及政党代表们的视线范围内。

第五项 如发生意外事件，应如实记载。

第六项 如投票点因故改变地址，应如实记载更改地址的原因。

第六款 绝对不允许在早上八点之前设立投票点。

第七款 投票点工作委员会成员在投票点关闭之前不得提前离开。

第二百六十条

第一款 如果在早上八点十五分时仍未按上一条要求完成投票点的设立工作，应分别参照以下情况处理：

第一项 如果主席在场，则由主席指派必要工作人员搭建投票点。如有工作人员缺席，则安排其他工作人员顶替，同时安排候补人员开展工作。如果事先安排好的工作人员全部缺席，则从已抵达投票点的选民中挑选合适人选。

第二项 如果主席不在场但是秘书在场，则由秘书承担主席的全部职责，按照上一项内容的要求搭建投票点。

第三项 如果主席和秘书均缺席但是有计票员在场，则由计票员承担主席的全部职责，按照第一项内容的要求搭建投票点。

第四项 如果只有候补工作人员在场，他们中的一人将担任主席，其余人员分别担任秘书和第一计票员。担任主席的工作人员可以从在场选民中挑选出合适人选进行投票点的搭建工作，但要保证所选出的选民确在该投票点的选民花名册上且持有投票许可证。

第五项　如果事先指定好的工作人员无一人到场，选区委员会应采取必要措施，重新指派有关人员搭建投票点。

第六项　如果因为距离或交通原因导致联邦选举委员会任命的人员无法及时进行干预，上午十时，派驻投票点工作委员会的政党代表可以依据多数制原则从在场选民中挑选出合适人选进行投票点的搭建工作，但要保证所选出的选民在该投票点的选民花名册上且持有投票许可证。

第七项　在上述情况中，投票点工作委员会一旦成立则可马上开始工作，可以有效地接收选民投票，直至投票点关闭。

第二款　如出现上款第六项中提及的情况，则要求：

第一项　有一名法官或公证员到场，证明当时所发生的一切。

第二项　如无法官或公证员到场，则要求在场所有的政党代表对工作委员会成员的任命表示一致赞同。

第三款　本条第一款提及的各种情况，如需将非事先指派的人员安排为工作人员，只能在现场从准备进行投票的选民中选取；绝对不能任命政党代表为工作人员。

第二百六十一条　在投票点活动的所有工作人员及政党代表都必须在工作记录上签字，不得有任何例外。

第二百六十二条

第一款　以下情况可被视为更改投票点原址的合理原因：

第一项　公布的投票点原址不存在。

第二项　投票点原址被封闭，不能进行投票点搭建。

第三项　搭建投票点时被告知法律禁止在该址搭建。

第四项　投票点原址的条件无法保证投票的自由性或秘密性或选民进出的自由便利性，也就是说，无法保证选举活动的正常进行。在这种情况下，须在场的所有工作人员及政党代表一致同意方可更改地址。

第五项　选区委员会因不可抗力或意外因素做出更改决定，并通知投票点工作委员会主席。

第二款 如出现上一款条文中提及的情况，投票点应改建在同一区域内离原址最近的地方，并在不符合搭建条件的原址外围张贴关于新址的通告。

第二章 投　票

第二百六十三条

第一款 选举日工作记录有关投票点设立部分的内容填写完毕并签字后，工作委员会主席随即宣布投票开始。

第二款 除非有不可抗力，投票一旦开始则不能中断。如发生中止，主席应立即通过最便捷的方式知会选区委员会投票中止原因、发生时间以及对已经行使投票权的投票人的指引。这一切必须记入工作记录。

第三款 对选区委员会的知会必须有两名证人见证。这两名证人最好是委员会成员或政党代表。

第四款 选区委员会接到汇报后将决定投票是否重新开始，及将要采取的必要措施。

第二百六十四条

第一款 选民依照抵达投票点的先后顺序完成投票。投票时须出示带有本人照片的投票许可证，或者选举法庭授予的允许其投票时不出现在投票名单或不用出示证件的决断书。

第二款 如果选民的投票许可证出现选民分区错误，只要选民的姓名及照片出现在家庭住址所在地的选民花名册上，投票点工作委员会主席可以允许其投票。

第三款 如出现上一款条文中提及的情况，投票点工作委员会主席除了验明选民身份，还应通过最便捷的方式确认他在该选区的家庭住址。

第四款 如果选民出示的选民证有涂改痕迹或不属于选民本人，投票点工作委员会主席应当将持有问题选民证的选民送交有关机构处理。

第五款 工作委员会秘书应将意外事件记录在案，并写明事件嫌疑人的姓名。

第二百六十五条

第一款 选民出示了带本人照片的投票许可证后，一经确认自己在选民花名册上，可在投票点工作委员会主席处领取选票。拿到选票后，选民可以自由并秘密地在选票上选择自己支持的政党，并在对应的小方框中标记。如果选民支持的候选人未出现在选票上，选民可以在选票上写出候选人的姓名。

第二款 如果选民不识字或者因身体障碍不能填写选票，可以由其信任的人陪同填写。

第三款 选民填写完选票后应将选票对折，然后投入票箱。

第四款 投票点工作委员会秘书须在一名计票员的全程协助下，在选民花名册的相应位置盖上刻有"已投票"字样的专用章。该章应事先交给秘书，仅作证明选民已投票之用。同时进行：

第一项 在已投票选民的选民证上做上标记。

第二项 在选民的右手拇指上涂上不掉色墨水。

第三项 将投票许可证还给选民。

第五款 被派往投票点的各政党代表可以在本人所在投票点进行投票，投票过程按照本条及上一条规定进行。投票结束后应在选民花名册的末尾处登记已投票的政党代表的全名及投票许可证号码。

第二百六十六条

第一款 投票点工作委员会主席是所在投票点的第一负责人，负责维持现场秩序，保障选民的自由出入和投票的秘密性，保证严格遵循本法进行投票。

第二款 投票点工作委员会成员在投票过程中不得离开投票点，但绝不能干涉选民投票的自由性及秘密性。

第三款 有权进入投票点的人员有：

第一项 依照本法第二百六十五条被主席允许进入的选民。

第二项 依照本法第二百五十条和二百五十一条事先被派往投票点的

政党代表。

第三项　为与投票点工作委员会的组成、投票点建立、投票过程有关的行为进行公证的公证员和法官应该得到投票点工作委员会主席的认可，需有足够的工作能力，但不能妨碍投票的秘密性。

第四项　选区或地区委员会派遣或应投票点工作委员会主席要求前往的联邦选举委员会工作人员。

第四款　为履行本法第二百四十六条提到的职责，政党总代表可以在必要的时候在投票点内停留。总代表不得妨碍投票的正常进行，也不得试图承担工作委员会成员的职责。投票点工作委员会主席可以要求总代表履行自己的职责。如果总代表不履行自己的职责，逼迫选民或者对投票的正常进行采取任何形式的干扰，主席可以要求其离开投票点。

第五款　绝不允许精神功能失常者、吸毒者、意志消沉者、戴口罩者或携带武器者进入投票点。

第六款　除了行使自己的投票权，公安系统成员、政党领导人、候选人或民意代表不得进入投票点。

第二百六十七条

第一款　为了维持投票点的秩序及投票的顺利进行，投票点工作委员会主席可以随时申请警力援助，要求警察将无故干扰或扰乱秩序的有关人员带走。

第二款　如发生上述情况，投票点秘书应将秩序被破坏的原因以及主席采取的相应措施做特殊记录。记录应由投票点所有工作人员及政党代表签字。如果有工作人员或政党代表拒绝在记录上签字，秘书也应将拒绝签字的情况如实记载。

第二百六十八条

第一款　如果政党代表认为某事件违反了本法，可以记录下来并交给投票点工作委员会秘书。

第二款　秘书应无条件接收政党代表交来的记录并归入投票点的选举文档之中。

第二百六十九条 任何机构不得在选举日当天逮捕投票点工作委员会成员或政党代表，除非是当场作案被抓。

第二百七十条

第一款 接受非本票区选民投票的特殊投票点应遵循上述条款及以下规定。

第一项 选民除了出示投票许可证，还应在投票点工作委员会主席的要求下，伸出右手大拇指以证实自己并未在其他投票点投过票。

第二项 投票点工作委员会秘书应在跨区投票选民花名册上登记选民的投票许可证信息。

第二款 投票许可证信息登记完毕后，应注意观察以下几项内容。

第一项 如果选民不在自己原属小选区，但仍在自己原属选区，则可参加依据相对多数原则和比例代表制原则进行的众议员选举投票，可以参加依据相对多数原则和比例代表制原则进行的参议员选举投票，可以正常地参加总统选举投票。投票点工作委员会主席将发给选民众议员投票专用选票，并在选票上标注"比例代表制"，或西文字母缩写"R.P."。同时还将发给选民参议员及总统选举选票。

第二项 如果选民不在自己原属选区，但在自己原属州，则可以参加依据比例代表制原则进行的众议员选举投票，可以参加依据相对多数原则和比例代表制原则进行的参议员选举投票，可以正常地参加总统选举投票。投票点工作委员会主席将发给选民众议员投票专用选票，并在选票上标注"比例代表制"，或西文字母缩写"R.P."。同时还将发给选民参议员及总统选举选票。

第三项 如果选民不在自己原属州，但仍在原属大区，可以参加依据比例代表制原则进行的众议员选举投票，可以参加依据比例代表制原则进行的参议员选举投票，可以正常地参加总统选举投票。投票点工作委员会主席将发给选民众议员及参议员投票专用选票，并在选票上标注"比例代表制"，或西文字母缩写"R.P."。同时还将发给选民总统选举选票。

第四项 如果选民不在自己原属选区、州及大区，但是仍在国内，只能参加依据比例代表制进行的参议员选举投票，可以正常地参加总统选举投票。投票点工作委员会主席将发给选民参议员投票专用选票，并在选票上标注"比例代表制"，或西文字母缩写"R.P."。同时还将发给选民总统选举选票。

第三款　在确认完选民身份并将信息记录在案后，投票点工作委员会主席应交予选民其有权进行投票的相应选票。

第四款　投票点工作委员会秘书应登记选民投票所选公民的姓名。

第二百七十一条

第一款　投票于下午六点整结束。

第二款　只有在投票点工作委员会主席和秘书同时确认选民花名册上所有选民均已投票后，投票方可早于上款时间结束。

第三款　如果下午六点时仍有选民在排队等候投票，投票可以延时。当6点时排队等候的选民投票完毕后，投票将立即结束。

第二百七十二条

第一款　投票点工作委员会主席应依据上一条规定宣布投票结束。

第二款　接下来投票点工作委员会秘书应在选举日工作记录中填写有关投票结束的内容，应由所有工作人员及政党代表签字。

第三款　有关投票结束的记录应包括以下内容：

第一项　投票结束的时间。

第二项　投票早于或晚于下午六点结束的原因。

第三章　投票点计票

第二百七十三条　投票结束且选举日工作记录的相关内容填写并签字完毕后，投票点工作委员会成员应开始进行投票点的开票和计票工作。

第二百七十四条

第一款　开票和计票工作指由投票点工作委员会成员确认以下项目：

第一项　在本投票点进行投票的选民人数。

第二项　每一个政党或候选人在本投票点分别获得的票数。

第三项　无效票数。

第四项　每一个选举的剩余选票数。

第二款　以下选票无效。

第一项　投入票箱的选票上，选民未在任何政党标志所在方框做标记。

第二项　选民标记了两个或两个以上的政党标志所在方框，但标记的政党并非政党联盟。

第三款　如果选民标记的两个或两个以上的政党为政党联盟，选票将记入政党联盟候选人名下，同时应将此情况在开票和计票工作记录一栏中做专门记录。

第四款　剩余选票指的是投票点工作委员会事先拿到的选票中未被选民使用的选票。

第二百七十五条　开票和计票工作依照以下顺序进行：

第一项　墨西哥合众国总统选举。

第二项　参议员选举。

第三项　众议员选举。

第二百七十六条

第一款　每个选举的开票和计票工作依照以下规定进行：

第一项　投票点工作委员会秘书先统计剩余选票的数目，然后用墨水在选票上画两道斜线以示选票作废，最后将剩余选票装入一个特定信封。信封封口后应在信封外写上内装剩余选票的数目。

第二项　第一计票员将本投票点选民花名册上已投票的选民人数清点两遍，如有不在选民花名册上的选民持选举法庭公文在投票点进行了投票，应加上此类选民的人数。

第三项　投票点工作委员会主席将打开票箱，取出所有选票，然后向所有在场人员展示票箱已空。

第四项　第二计票员将清点从票箱中取出的所有选票。

第五项　第一及第二计票员在主席的监督下将选票分类，以确定：

第一目 投给各个政党或候选人的票数。

第二目 无效选票的票数。

第六项 投票点工作委员会秘书应在事先准备好的白纸上记录上一项的计票结果。数额一经工作委员会其他成员确认，即登入每个选举相应的开票和计票工作记录表中。

第二款 如果政党联盟中有超过一个政党的标志被标记出，则将选票计入政党联盟候选人名下，并在相应的开票和计票工作记录中做相应记录。

第二百七十七条

第一款 依据以下规定确定选票是否有效。

第一项 只在一个政党标志所在的方框做标记的选票有效。上一条第二款所涉及的选票也视作有效选票。

第二项 除此之外其他选票均视为无效。

第三项 如果选票另选了未出现在选票上的其他候选人，应在工作记录上做专门记录。

第二百七十八条 如果在票箱中发现了用于其他选举的选票，应将选票分出，计入相应的选举中。

第二百七十九条

第一款 每个选举都要做开票和计票工作记录。开票和计票工作记录至少应该包括以下内容：

第一项 投给每个政党或候选人的选票数。

第二项 被废弃的剩余选票总数。

第三项 无效选票数。

第四项 未出现在选民花名册上但在本投票点投票的政党代表人数。

第五项 如发生意外事件，应列出。

第六项 政党代表关于开票和计票工作的书面抗议书清单。

第二款 上款信息应登记在联邦选举委员会总委员会下发的表格里。

第三款 绝不允许将作废的剩余选票计入无效选票之中。

第四款 投票点工作委员会的工作人员应在政党代表的协助下确认开票和计票工作记录中所有信息的准确性。

第二百八十条

第一款 所有选举的开票和计票工作结束后应完成各个选举的工作记录。在投票点活动的全体工作人员及政党代表均应在工作记录上签字。

第二款 政党代表在签字时有权发表自己的不满，并注明造成不满的原因。如果有人拒绝签字，应将此情况记录在工作记录上。

第二百八十一条

第一款 各选举的开票和计票工作结束后，应整理出一套投票点文档，包括以下文件：

第一项 一份选举日工作记录。

第二项 一份开票和计票工作最终记录。

第三项 收到的书面抗议书。

第二款 同时应上交各选举中作废的剩余选票、有效选票和无效选票。三类选票应分别装入不同的信封内。

第三款 选民花名册应单独装入信封后上交。

第四款 为保证上述材料不被损坏，各选举的文档和信封均应装入一个文件袋。如有投票点工作委员会成员及政党代表愿意签字，可以在文件袋封面上签字。

第五款 投票点文档，即本条第一款中所提材料和书面抗议书，文档名称应与内容一致。

第二百八十二条

第一款 填写在联邦选举委员会总委员会制定的表格上的投票点工作记录应复印一份清晰的复印件交给各政党代表，并拿回各代表的接收回执。各开票和计票工作记录的第一份复印件应用于初选结果报告。

第二款 上条第四款提到的文件袋的外部应粘贴一个信封，内装一份写有各选举计票结果的记录表。文件袋应上交相应地区选举委员会主席。

第二百八十三条 完成上条所涉内容后，各投票点工作委员会主席应在投票点外部显要位置张贴各选举结果告示。如主席及政党代表愿意，可在告示上签字。

第四章 投票点的关闭和文档上交

第二百八十四条 投票点工作委员会工作人员完成上述条款规定的操作后，秘书应记录投票点关闭时间及负责上交装有投票文档文件袋的工作人员和代表姓名。如投票点工作人员和政党代表愿意，可以在记录上签字。

第二百八十五条

第一款　投票点关闭后，应由投票点工作委员会主席负责将装有投票点文档的文件袋送至选区委员会。送达时间从投票点关闭时开始计算，时长视具体情况决定。

第一项　如果投票点位于地区首府，应立即送达。

第二项　如果投票点不在地区首府，但位于其他城市，应在十二小时内送达。

第三项　如果投票点位于乡村，应在二十四小时内送达。

第二款　因正当理由要求延期送达的投票点，选区委员会可以在选举日之前决定其是否可以延期。

第三款　选区委员会可以在选举日之前采取必要措施保证装有选举文档的文件袋在规定时间内送达同时被接收。

第四款　选区委员会可以在必要的时候协商建立一套收集投票点文件的机制。政党代表可自愿监督。

第五款　如果因意外因素或不可抗力因素导致装有投票点文档的文件袋延迟送达选区委员会，可被视作因正当理由延误。

第六款　选区委员会应详细记录文件袋交接情况，具体细节见本法第二百九十条。如文件袋延迟送达，应记录延迟原因。

第五章　补充规定

第二百八十六条

第一款　为维持选举日当天的秩序，保证投票工作顺利进行，在联邦选举机构和各投票点工作委员会主席的要求下，依据本法规定，联邦、州府和市政公安人员及武装人员应及时在自己的管辖范围内提供援助。

第二款　选举当天及前一天有关部门可以根据各州及联邦区的规定采取一定措施限制供应酒精饮料的营业场所的营业时间。

第三款　投票日当天只允许维持秩序的警察佩带武器。

第二百八十七条

第一款　联邦、州府及市政当局在有关选举机构的要求下，应当：

第一项　提供其职权范围内与选举日有关的信息。

第二项　提供其职权范围内与选举程序有关的档案中包含的文件或记载的事件的证明。

第三项　及时批复与选举有关的申请。

第四项　提供可能影响或改变选举结果的事情的信息。

第二款　地区、州、市级法庭在选举日当天应当开放。公共部门办事处和办公室选举日当天也有义务开放。

第二百八十八条

第一款　公证人的办事处应该在选举日当天正常营业，并随时接待投票点工作人员、公民及政党代表，为他们提供的与选举有关的陈述或文件进行公证。

第二款　州及联邦区的公证员协会应在选举前五天公布协会成员姓名及办公所在地。

第二百八十九条

第一款　选区委员会应在政党代表的监督下在选举年的5月份安排好足够数量的选举助理。选举助理应面向所有公民公开招募，并从中选择符合本条第三款要求的人员。

第二款 选举助理应协助执行委员会及选区委员会完成以下工作：

第一项 在选举之前接收及分发选举材料和文件。

第二项 确认投票点工作委员会设立和关闭投票点。

第三项 记录选举日当天发生的意外事件。

第四项 协助投票点工作人员运送选举文件袋。

第五项 选区委员会指派的其他工作，尤其是本法第二百八十五条第三、第四款所涉内容。

第三款 选举助理应符合以下条件：

第一项 享有完整的民事权利和政治权利，且有带照片的投票许可证的墨西哥公民。

第二项 有良好的声誉，没有违法行为，因不慎导致的违法行为除外。

第三项 受过中级以上教育。

第四项 有履行选举助理职责所需的经验和能力。

第五项 是将要提供服务的选区的居民。

第六项 至选举日当天年龄未满六十周岁。

第七项 未参加任何政党。

第八项 按照招募要求递交了申请及规定材料。

第四篇　选举后的记录和选举结果

第一章　序　则

第二百九十条

第一款 选区委员会对装有投票点文档的文件袋的接收、存放和保管应按照以下步骤进行：

第一项 按照负责运送材料的有关人员交来的先后顺序接收文件袋。

第二项 选区委员会主席或者负责人开具收条，写明文件袋交接的时间。

第三项　选区委员会主席负责将文件袋按照投票点编号顺序排好，特殊投票点的文件袋单放，然后一并存放在委员会内部的安全地点，从文件袋接收之时起一直存放到进行地区计票的当天。

第四项　选区委员会主席负责文件袋的保管，应在政党代表的见证下在文件袋存放地的大门上贴上封条。

第二款　接收内装投票点文档的文件袋时应详细记录是否存在不符合本法规定的文件。

第二章　选举结果初步信息

第二百九十一条

第一款　选区委员会从开始接收投票点选举文件袋到法定最后期限止，遵照以下规定统计交来的各投票点计票记录中的票数。

第一项　选区委员会指派必要的人员不间断且同时接收各投票点的选举文件袋。各政党可以指派其候补代表监督文件袋的交接。

第二项　被指派的选举工作人员收到计票记录后应立刻大声读出记录上的票数，并开始进行统计，随后立即将统计结果报告给联邦选举委员会执行办公室。

第三项　秘书或负责的工作人员应按照投票点编号顺序将统计结果记录在相应表格上。

第四项　在选区委员会的政党代表有相应的表格记录投票点的票数。

第二百九十二条　本法第二百八十五条所涉期限到期后，选区委员会主席应在委员会所在地外部张贴本地区选举初步结果，以告知广大公民。

第三章　地区计票和宣布依据相对多数制的众议员选举有效

第二百九十三条　一次选举的地区计票是指选区选举委员会将选举地区所有投票点的开票和计票工作记录上登记的票数相加。

第二百九十四条

第一款　选区选举委员会应在选举日之后第一个星期三的早上8点开

始按以下顺序进行各选举的开票和计票工作：

第一项 墨西哥合众国总统选举计票。

第二项 参议员选举计票。

第三项 众议员选举计票。

第二款 上一款涉及的每项开票和计票工作须依次不间断进行，直至全部结束。

第三款 选区委员会在选举日之前的大会上可以事先商定，会议期间专业选举服务委员会成员可以内部互相替换或者由为相应地区执行机构服务的专业选举服务委员会成员替换。选举委员及政党代表不在场时可以由候补人员接替，以保证会议持续进行。

第四款 选区委员会应该常备进行开票和计票工作的人员、物资、技术和财力支持。

第二百九十五条

第一款 众议员选举的地区开票和计票工作应按照以下步骤进行。

第一项 打开装有选举文档的文件袋，要求文档没有任何涂改痕迹且已经按照投票点编号顺序放好。然后核对投票点文档中开票和计票工作记录上的结果与选区委员会主席提供的同一投票点计票结果是否一致。如果两份记录的计票结果一致，应将该情况记录在案。

第二项 如果两份记录结果不一致，或者记录上有明显的改动并导致对该投票点的选举结果产生疑问，或者没有在投票点文档中找到开票和计票工作记录也没有找到选区委员会主席组织计票的工作记录，应该重新对该投票点的票数进行统计，并做相应记录。进行重新计票应由选区委员会秘书打开出现问题的文件袋，并确认内部所装内容，大声清点没有使用的选票、无效选票和有效选票的票数，并在相应的记录上写下清点后的票数。清点完无效选票和有效选票后，一名选举委员和自愿参与的政党代表应根据本法第二百七十七条的规定确认选票的有效性或无效性是否正确。统计结果应登入专门的表格中，并在相应的详细工作记录中注明该结果已登入专用表格。同时还应在记录中注明是否有政党代表发表了反对意见，并保留了在选举法庭上反对本次计票的权力。绝不允许打断或干涉开票和计票工作的进行。

第三项 投票点开票和计票工作记录上如有单独记载的投给两个或两个以上联合起来的政党的选票，也应进行计票。选区委员会应将这些选票的票数平均后分别计入组成联盟的各政党。平分后剩余的票数计入联盟中得票数最高的政党。

第四项 当出现以下情况时，选区委员会应该重新计票：

第一目 工作记录各部分内容中存在明显错误或漏洞，除非可以结合记录中的其他内容做出让发现纰漏者满意的更正或解释。

第二目 无效票数超过了得票数第一名和第二名之间的票数差。

第三目 所有的选票都投给了同一个政党。

第五项 接下来打开的是有修改痕迹的文件袋，并根据具体情况进行前几项所涉内容，同时应将所进行的内容登记在相应的详细工作记录上。

第六项 进行完前几项内容后，计票结果的总和被视为依据相对多数制的众议员选举的选区计票，将登记在相关记录上。

第七项 接下来应打开装有特殊投票点文档的文件袋，取出众议员选举的文档，开始进行本条第一项至第五项的内容。

第八项 根据上一项规定打开选举文件袋时，选区委员会主席或秘书应取出：书面抗议书（如有）、选民花名册、未出现在选民花名册但进行了投票的选民信息记录、意外事件记录以及联邦选举委员会总委员会在选举日之前要求准备的其他材料。取出的文件应一一向选区委员会报告，并根据投票点编号顺序放好。装有上述材料的文件夹应由选区委员会主席保管，随时按要求呈交给选举法庭或联邦选举委员会其他部门。

第九项 根据比例代表制进行的众议员选举的选区计票结果是指将前两项得出的数字相加后的票数，应登记在比例代表制选举的有关记录上。

第十项 选区委员会应核实选举是否符合形式上的要求，同时核实获得多数票的候选人是否符合本法第七条规定的当选要求。

第十一项　应在本轮计票的详细记录中登记计票结果、是否出现意外事件、选举有效性声明及获得多数票的候选人的当选有效性声明。

第二款　如果有迹象表明，选区计票中预计将胜出的候选人与得票数排在第二位的候选人之间的票数差小于或等于百分之一，且在计票开始时有政党代表明确提名得票数排在第二位的候选人，则选区委员会应该重新统计各投票点的票数。政党向委员会提交根据全区所有投票点开票和计票工作记录复印件上的数据统计出来的结果即可视作充分迹象。

第三款　如果计票结束后确实得票数排名第一和第二的候选人之间的票数小于或等于百分之一，同时也提出了上一款中提及的要求，选区委员会应该组织重新统计各投票点的票数。已经重新统计过票数的投票点选票不需要再次统计。

第四款　根据上两款的内容，要进行某一次选举的重新计票，选区委员会应保证重新计票不会影响到其他选举的开票和计票工作，且重新开票和计票工作应在选举日后的第一个星期日之前结束。因此，选区委员会主席应立即通知选举委员会执行秘书，下令由选举委员、政党代表和选区委员会成员成立专门工作小组，由委员会成员负责。工作小组应将重新计票的任务平摊后同时开始工作，每组负责统计各自的文件袋内的票数。各政党有权在各组内将自己的候补代表任命为代表。

第五款　如果在重新计票中发现了属于其他选举的选票，应将该选票计入原属选举。

第六款　负责各工作小组的委员应在详细工作记录中记载每个投票点重新计票后的结果以及每个政党和每个候选人得票的最终票数。

第七款　选区委员会主席将各工作小组的工作记录上登记的结果全部相加后将最终结果记入本选举开票和计票工作最终记录。

第八款　投票点开票和计票工作原始记录中的错误在选区委员会根据本条规定的程序更改后，不得在选举法庭上作为选举无效的原因。

第九款　经过选区委员会重新计票的选票，任何人不得再次向选举法庭申请重新计票。

第二百九十六条 众议员选举开票和计票工作结束并宣布选举有效性后，选区委员会主席发表获胜者的多数性和有效性证明，除非获胜者没有当选资格。

第二百九十七条 参议员选举的地区开票和计票工作应按照以下步骤进行：

第一项 进行本法第二百九十五条第一款第一项至第五项以及第八项规定的操作。

第二项 接下来取出特殊投票点有关参议员选举的文件，然后重复进行上一项提及的有关操作。

第三项 根据相对多数原则进行的参议员选举的计票是将上两项得票数相加后的结果，应将此结果登记在参议员选举的相应工作记录中。

第四项 本法第二百九十五条第二至第九款的规定同样适用于根据相对多数原则进行的参议员选举的地区计票。

第五项 根据比例代表制原则进行的参议员选举的计票是第一项和第二项得到票数相加后的结果，应将此结果登记在比例代表制选举的相关工作记录中。

第六项 本环节的详细工作记录中应登记计票结果和本环节中发生的意外事件。

第二百九十八条 墨西哥合众国总统选举的地区开票和计票工作应按照以下步骤进行：

第一项 进行本法第二百九十五条第一款第一项至第五项以及第八项规定的操作。

第二项 接下来取出特殊投票点有关总统选举的文件，然后重复进行上一项提及的有关操作。

第三项 将上两项得票结果相加。

第四项 墨西哥合众国总统选举的地区计票是上一项中得出的票数和地区开票和计票工作记录中记载的本法第三百三十四条和三百三十五条所涉海外投票票数之和。计票结果应登记在本选举相应的工作记录中。

第五项　本法第二百九十五条第二至第九款的规定同样适用于墨西哥合众国总统选举的地区计票。

第六项　本环节的详细工作记录应登记计票结果和本环节发生的意外事件。

第二百九十九条　地区计票结束后，选区委员会主席应在委员会所在地外部公布每个选举的结果。

第三百条　选区委员会主席应：

第一项　在相对多数制众议员选举的地区计票文档中放入地区开票和计票工作记录原件、计票环节详细工作记录、主席本人关于选举过程的报告。

第二项　在比例代表制众议员选举的地区计票文档中放入投票点工作记录的公证复印件、比例代表制选举地区开票和计票工作记录原件、计票环节详细工作记录公证复印件、主席本人关于选举过程报告的公证复印件。

第三项　在相对多数制参议员选举的地区计票文档中放入各投票点的相应记录、地区计票记录原件、计票环节详细工作记录公证复印件、主席本人关于选举过程报告的公证复印件。

第四项　在比例代表制参议员选举的地区计票文档中放入各投票点工作记录的公证复印件、地区开票和计票工作记录原件、计票环节详细工作记录公证复印件、主席本人关于选举过程报告的复印件。

第五项　在墨西哥合众国总统选举的地区计票文档中放入各投票点的相应记录、地区计票记录原件、计票环节详细工作记录公证复印件、主席本人关于选举过程报告的复印件。

第三百零一条　选区委员会主席在装好文档后应：

第一项　如果有人提出有违法行为，应向选举法庭的有关法庭提交相应违法行为的辩词、书面抗议书和相应报告，以及地区计票文档的公证复印件、相对多数制众议员选举的有效性声明。

第二项　提出违法行为的期限到了之后，应向选举法庭提交地区计票文档，其中包括所有的工作记录原件以及任何与墨西哥合众国总统选举有关的文件。同时向联邦选举委员会执行秘书提交文档中所有文件的公证复印件。如果有违法行为辩词，也应一并附上。

第三项 提出违法行为的期限到了之后，应向众议院主任办公室提交一份关于依据相对多数原则当选的众议员候选人名单的多数性及有效性证明的公证复印件，同时提交一份关于所有违法行为的报告。地区计票文档中的所有文件都应提交一份公证复印件给联邦选举委员会执行秘书。如果有违法行为辩词，应将辩词复印件发送至各相关司法部门。

第四项 向所在地的地方委员会提交装有相对多数制和比例代表制参议员选举所有文件和原始工作记录的文档。同时将文档内所有文件和工作记录的公证复印件寄送联邦选举委员会执行秘书。

第五项 向位于首府的地方委员会提交装有比例代表制众议员选举的所有工作记录原件、公证复印件及其他有关文件。同时将文档内所有文件和工作记录的公证复印件寄送联邦选举委员会执行秘书。

第三百零二条

第一款 选区委员会主席可保留各小选区计票文档内所有工作记录和文件的公证复印件。

第二款 选区委员会主席应采取必要措施在专用地点保管装有本法第二百八十一条所涉文件的信封，直至整个选举过程结束。选举一旦结束则将这些信封全部销毁。

第四章 参议员选举的联邦计票和相对多数制参议员选举的有效性声明

第三百零三条

第一款 地方委员会将在选举日后第一个星期日进行相对多数制参议员选举联邦计票以及该选举的有效性声明。

第二款 同时也将进行比例代表制参议员选举联邦计票，并将结果登记在相应的工作记录上。

第三百零四条

第一款 联邦计票是每个地方委员会将相对多数制参议员选举各选区开票和计票工作记录上的票数相加,得出该选举在联邦范围内的总票数。联邦开票和计票工作将依据以下规定:

第一项 登记每一个选区开票和计票工作记录上的票数。

第二项 上述所有票数相加后的结果即是参议员选举联邦计票结果。

第三项 地方委员会应确认选举是否符合形式上的要求,同时应确认根据相对多数制原则获胜的参议员候选人组合和票数排名第二的政党注册的第一候选人组合是否符合本法第七条规定的当选要求。

第四项 应在详细工作记录上记载计票结果、意外事件、选举有效性声明、根据相对多数制原则获胜的参议员候选人组合和票数排名第二的政党注册的第一候选人组合符合当选要求。

第二款 比例代表制参议员选举的联邦计票通过该选举地区开票和计票工作记录上的票数相加后得出,具体规则参照上一款第一、第二和第四项。

第三百零五条

第一款 地方委员会主席应:

第一项 在联邦计票结束和宣布相对多数参议员选举有效性之后,为获胜的参议员候选人组合颁发多数性和有效性证明,为票数排名第二的政党注册的第一候选人组合颁发任命书。如果获胜参议员候选人组合中有组合不具备可选资格,则不向不具备可选资格的组合颁发有效性证明,但仍将证明颁发给获胜政党登记名单中的另一个候选人组合。如果票数排名第二的政党注册的第一候选人组合不具备可选资格,则将任命书颁发给该政党注册表上排名第二的候选人组合。

第二项 在地方委员会所在地的外部张贴参议员选举的联邦计票结果。

第三项 向参议院主任办公室寄送一份颁发给当选的相对多数制参议员候选人组合的多数性及有效性证明的公证复印件、颁发给票数排名第二的政党注册的第一候选人组合的任命书的公证复印件，同时还应寄送一份有关违法行为举报书的报告。

第四项　如有违法行为举报书，应随举报书一并向选举法庭寄送举报材料和相关报告，以及被举报其结果违法的文件和地区计票文件的公证复印件。

第五项　违法举报期限结束后应向联邦选举委员会执行秘书寄送两类不同选举方式地区计票文件的公证复印件、举报材料复印件、工作详细记录复印件和地方委员会主席关于选举进程的报告。

第五章　比例代表制选举计票

第三百零六条　多名制选区计票是位于区域首府的地方委员会将地区开票和计票工作记录中记录的结果相加，确定本区域比例代表制众议员选举的票数。

第三百零七条　位于多名制选区首府的地方委员会在选举日后第一个星期日进行完本法第三百零三条的开票和计票工作后，开始统计地区名单上根据比例代表制选出的众议员的票数。

第三百零八条　多名制选区计票按照以下步骤进行：

第一项　登记本区域各选区开票和计票工作记录中的票数结果。

第二项　将上述票数相加得出本多名制选区计票结果。

第三项　在本环节详细工作记录上记下计票结果和发生的意外事件。

第三百零九条

第一款　多名制选区首府地方委员会主席应：

第一项　在办公所在地外部公布计票结果。

第二项　在多名制选区计票文档中放入包括工作记录原件和公证复印件的地区计票文档、多名制选区开票和计票工作记录原件、多名制选区开票和计票工作详细记录及主席本人关于选举过程的报告。

第三项　向联邦选举委员会执行秘书提交一份多名制选区开票和计票工作记录及本环节详细记录的公证复印件。秘书将上述文件与各选区开票和计票工作记录及详细记录的公证复印件一起上交联邦选举委员会总委员会。

第三百一十条 选举日后第一个星期日，联邦选举委员会总委员会执行秘书将根据墨西哥合众国总统选举地区开票和计票工作记录公证复印件的内容，公开向委员会宣布各地区计票结果相加之后各政党和候选人所得的总票数。这个结果不应违反选举法庭的宪法和司法功能。

第六章 比例代表制议员的任命

第三百一十一条

第一款 根据墨西哥合众国宪法第五十四条和第五十六条，联邦选举委员会总委员会可根据本法第十二到第十八条任命根据比例代表制选出的众议员和参议员。

第二款 选举法庭最迟在每个选举年8月23日之前审结本法在上文提及的违法行为。选举法庭审判结束后，联邦选举委员会总委员会可以完成上一款中涉及的任命。

第三百一十二条 联邦选举委员会总委员会主席将向各政党宣布比例代表制议员任命通知，同时将任命内容分别告知众议院和参议院主任办公室。

第六编 居住在国外的墨西哥公民的投票

单 篇

第三百一十三条 居住在国外的墨西哥公民只能在合众国总统选举中行使投票权。

第三百一十四条 国外墨西哥公民在投票时，除了遵循宪法第三十四条和本法第六条第一款，还应满足以下要求：

第一项 按照联邦选举委员会总委员会的格式要求向联邦选民登记处执行领导提交书面申请，申请上应有选民的亲笔签名或指纹，在国外选民花名册上登记。

第二项 真实地提供自己的国外住址,保证选票能顺利寄到。

第三项 本编其他条款。

第三百一十五条

第一款 符合上述要求的墨西哥公民应在总统选举年前一年的10月1日至总统选举年当年的1月15日期间提交上条第一项提到的申请。

第二款 申请应该通过挂号信寄给联邦选民登记处执行领导,同时附上以下文件:

第一项 带照片的投票许可证正反面的清晰复印件,选民应在复印件上签字或印上指纹。

第二项 国外住址证明。

第三款 确定申请是否在本条第一款所涉日期范围内寄出时,应以邮寄信封上的寄送邮戳日期为准。

第四款 公民于选举年当年的1月15日之后寄出的申请或联邦选举委员会在选举年当年的2月15日之后收到的申请将不予受理。联邦选民登记处执行领导应通过挂号信告知申请人因其申请逾期而未被接受。

第五款 公民可以通过电话或电子邮件向联邦选举委员会查询登记情况。

第三百一十六条 公民申请在选民花名册上登记即告知联邦选举委员会在国外进行墨西哥合众国总统选举投票的决定,具有法律效力。

申请表上应有以下内容:

"我保证以下内容属实。我声明,因居住国外而:

第一,决定在居住国而非墨西哥本土进行投票。

第二,申请通过邮件方式在即将进行的墨西哥合众国总统选举中投票。

第三,授权联邦选举委员会在确认我符合法律要求后将我登记在海外选民花名册上,暂时把我从我的投票许可证所示选区的选民花名册上去除。

第四，申请将选票寄至我在国外的住址。

第五，授权联邦选举委员会在选举结束后重新将我登记在我的投票许可证所示选区的选民花名册上。"

第三百一十七条

第一款　国外选民花名册由联邦选民登记处制作，内有在国外居住且申请登记在国外选民花名册上的拥有投票许可证且在选民总名单内的公民姓名。

第二款　国外选民花名册具有临时性，仅用于本编所涉内容。

第三款　国外选民花名册上不印出公民本人照片。

第四款　为保证国外选民花名册的真实性，联邦选举委员会总委员会可以在本编提到的确认方式之外采取其他措施。

第五款　本法第四编第一篇所涉规定同样适用。

第三百一十八条

第一款　从总统选举年前一年10月1日起至选举年当年1月15日，联邦选民登记处应在执行总委员会规定的国内外地点以及通过联邦选举委员会官方网站向国外公民提供国外选民花名册登记申请表。

第二款　墨西哥驻外大使馆也将向墨西哥公民提供上一款所涉表格。联邦选举委员会应与外交部达成有关协议。

第三百一十九条

第一款　国外选民花名册登记申请将按照收到申请的时间先后顺序进行受理，同时记录申请受理日期。

第二款　一旦确认申请符合规定要求，联邦选民登记处将申请者的姓名登记在国外选民花名册上，同时暂时将申请者从其投票许可证所示住址所在选区的选民花名册上去除。

第三款　联邦选民登记处将寄来的材料和装有材料的信封保存至选举结束。

第四款　选举结束后，国外选民花名册将失效。联邦选民登记处将国外选民花名册上的选民重新登记在选民投票许可证所示墨西哥住址所在选区的选民花名册上。

第五款　联邦选举委员会将以电子版形式保存国外选民花名册七年，以做统计及存档之用。

第三百二十条

第一款　接收登记申请的期限结束后，联邦选民登记处将制作国外选民花名册。

第二款　名单将以两种模式制成。

第一项　根据公民国外住址的字母顺序制成。这类名单仅用于向登记选民寄送选票。

第二项　根据公民在墨西哥的住址，按联邦行政区划和选举地区分类后根据字母顺序制成。这类名单将被联邦选举委员会用于开票和计票工作。

第三款　联邦选举委员会工作人员和各政党有义务保护国外选民花名册上个人信息的隐私性。执行总委员会应对此制定协议并采取必要措施。

第四款　执行总委员会应向联邦选举委员会总委员会递交一份国外选民人数报告，将选民按照国家及城市分类。

第三百二十一条

第一款　政党有权通过在国家监督委员会的代表经联邦选民登记处的电子邮件渠道对上条第二款所涉国外选民花名册进行核实。

第二款　国外选民花名册不在墨西哥国土范围外公布。

第三百二十二条

第一款　联邦选民登记处最晚在总统选举年当年的 3 月 15 日向各政党公布国外选民花名册。

第二款　政党可以在 3 月 31 日之前（含 3 月 31 日），指出名单的具体错误和问题，对名单提出意见和批评。

第三款　根据政党提出的意见和批评将对名单进行必要修改，最晚在 5 月 15 日告知联邦选举委员会总委员会和国家监督委员会。

第四款　政党可以就上一款所涉报告向选举法庭提起上诉。上诉应该遵守本法第一百九十四条第四款和相关法律。

第五款　如果没有就上述报告提起上诉，或者上诉已经得到法庭裁决，联邦选举委员会总委员会应声明国外选民花名册有效。

第三百二十三条

第一款　执行总委员会应当下令印制选票、用于寄往联邦选举委员会的信封、选民指导材料、装有上文提及的选举材料并将通过挂号信或特快专递寄给国外公民的信封。

第二款　为完成上一款所涉内容，最晚在选举年当年的1月31日，联邦选举委员会总委员会应批准通过国外选民使用的墨西哥合众国总统选举选票形式、选民指导材料格式、开票和计票工作记录格式及其他文件材料。

第三款　本法第二百五十二条适用于选票形式。用于国外投票的选票应印有"居住在国外的墨西哥公民"字样。

第四款　用于国外投票的选票张数应与国外选民花名册上的选民人数一致。联邦选举委员会总委员会将决定附加选票的数目。在选举日之前未被使用的附加选票应在政党代表的见证下销毁。

第三百二十四条

第一款　上条所涉选举材料和文件应最晚在选举年当年4月15日之前送至执行总委员会。

第二款　联邦选民登记处将国外选民花名册上每一位公民的姓名和国外地址分别印制在一个信封上，将这些信封根据本法第三百二十条第二款第一项所涉方式排列后寄送执行委员会。

第三款　执行委员会将负责把选票和投票所需材料及文件通过有回执的挂号信寄送至每一位公民。

第四款　应最晚在选举年当年5月20日完成上述挂号信的寄送。

第三百二十五条

第一款　公民收到选票后应当根据本法第二百六十五条自由、无记名、直接地行使投票权，在自己想选的候选人方框上做出标记。

第二款 第三百二十三条第一款所涉指导材料应至少包括本法第四条全文。

第三百二十六条

第一款 公民完成投票后应立即将选票对折并放入选票寄来所用信封。公民应将信封封口以保证选票的秘密性。

第二款 公民应在最短的时间内将装有选票的信封通过挂号信寄回联邦选举委员会。

第三款 寄回联邦选举委员会的信封上应印有寄信公民的投票许可证号以及执行总委员会给出的联邦选举机构地址。

第三百二十七条 执行总委员会应：

第一项 接收并登记装有选票的信封，标明收到日期，并将信封根据用于开票和计票工作的选民花名册分类。

第二项 在选民花名册上相应的选民姓名旁标注"已投票"字样，可以通过电子方式完成。

第三项 保管好收到的信封，保护投票的秘密性。

第三百二十八条

第一款 联邦选举委员会在选举日开始前二十四小时收到的从国外寄来的选票均列入计票范围。

第二款 在上述期限之后收到的带选票的信封将不被拆开，应记下寄件人信息，然后立即在政党代表的见证下直接销毁。

第三款 选举日当日，执行秘书应向联邦选举委员会总委员会提交一份关于国外公民寄来的选票数目的报告。应根据国外公民住址所在国归类。报告应同时记录上一款条文所涉信封数。

第三百二十九条

第一款 根据国外选民花名册和选民在国内的地址，联邦选举委员会总委员会将：

第一项 决定每个单名制选区的计票组数目。每组最多计票一千五百张。

第二项　根据本法第二百四十条批准通过筛选和培训计票组工作人员的方式和时长。

第二款　国外选民投票计票组由一名主席、一名秘书和两名计票员组成。每个计票组还有两名候补工作人员。

第三款　上述计票组只在联邦区设唯一工作地点，地址由执行总委员会决定。

第四款　各政党可以在每个计票组派驻两名代表，每二十个计票组设一名总代表，还可设一名国外选民投票地区计票总代表。

第五款　如果工作组正式及候补工作人员缺席，执行总委员会可以从联邦选举委员会工作人员中指派人员替换缺席人员。

第六款　执行总委员会可以采取必要措施保证计票组的运作。

第三百三十条

第一款　计票组将在投票日下午五点设立，下午六点开始国外选民投票的开票和计票工作。

第二款　联邦选举委员会总委员会可以决定在国外选民投票开票和计票工作及建立国外选民投票相应工作记录及报告时使用电子途径。如采用此方式，所有的文档最终须有签名。

第三百三十一条　墨西哥合众国总统选举国外选票的开票和计票工作将按照以下步骤进行：

第一项　工作组主席确认存在相应的国外选民花名册，并统计名册上标注"已投票"的选民人数。

第二项　计票员清点装有选票的信封数，确认信封数与上一项中标注"已投票"的选民人数一致。

第三项　确认上一项内容后，工作组主席将打开信封取出选票，将选票投入票箱。如果打开的信封内没有选票或者选票数超过一张，则认定投票无效，并将此情况记录在工作记录中。

第四项　曾用来装选票的所有信封应单独存放以便随后销毁。

第五项　完成上一项内容后，开始根据本法第二百七十六条第一款第三至第六项和第二百八十条计票。

第六项　根据本法第二百七十七条和本条第三项确定投票的有效性。

第三百三十二条

第一款　各计票组的开票和计票工作记录应根据相应选区分开放置。

第二款　执行总委员会事先安排好的联邦选举委员会工作人员应在各政党总代表的见证下开始统计各计票组开票和计票工作记录上的票数，以得出各单名制选区墨西哥合众国总统选举国外投票的总票数，并将此票数记在各选区相应的开票和计票工作记录上。

第三款　地区开票和计票工作记录应由相应负责计票的工作人员和各政党总代表签字。

第四款　本条前几款所涉内容均应在各政党负责国外投票计票总代表的见证下进行。

第三百三十三条

第一款　国外投票开票和计票工作结束后，在联邦选举委员会总委员会主席公布本法第一百一十九条第一款第一项所涉研究结果后，执行秘书应向联邦选举委员会总委员会报告各政党获得的墨西哥合众国总统选举国外投票票数。

第二款　执行秘书还应向联邦选举委员会总委员会成员提交一份内含各单名制选区国外投票票数的报告，同时下令将以选区与开票和计票工作组为单位，将计票结果计入选举初步结果体系之中。

第三百三十四条

第一款　执行总委员会将通过有效途径在选举日后第一个星期三之前向各选区委员会提交一份本法第三百三十二条所涉地区开票和计票工作记录的复印件。

第二款　各政党将收到所有工作记录的清晰复印件。

第三款　选票、各计票组国外投票开票和计票工作记录原件和单名制选区投票开票和计票工作记录原件、执行总委员会制作的墨西哥合众国总统选举国外投票详细报告均将放入一个选举文件袋，并在选举日后第一个星期日之前送至选举法庭高级法庭。

第三百三十五条

第一款 完成本法第二百九十八条内容后，每个选区委员会主席应通知委员会成员墨西哥合众国总统选举国外投票开票和计票工作记录复印件上的计票结果，以便将此结果计入该地区所设投票点的计票结果之中。

第二款 上一款所涉票数结果将计入本法第二百九十八条第一款第四项所涉工作记录中。

第三款 墨西哥合众国总统选举国外投票在相应所属选区的地区开票和计票工作记录的公证复印件应放入本法第三百条第一款第五项所涉文档。

第三百三十六条

第一款 全国性政党和参与公职选举的政党候选人不得在国外进行拉票宣传，禁止在任何时候在国外进行本法第二百二十八条所涉选举活动及宣传。

第二款 在选举过程中，在任何情况下，各政党都不得使用公共或私人资助的资源以任何形式资助其在国外的日常或宣传活动。

第三百三十七条 为履行本编赋予联邦选举委员会的责任和义务，执行总委员会将在总统选举年前一年向联邦选举委员会总委员会提议成立必要的行政机构，并提供必要的资源完成整个选举过程中的工作。

第三百三十八条 联邦选举委员会向国外公民邮寄材料所需邮政服务资费应包含在其财政预算中。

第三百三十九条

第一款 联邦选举委员会总委员会应提供必要资源以正确实施本编规定。

第二款 本法其他相应条款、《选举事务异议处理系统一般法》和其他相关法律中不与本编规定相冲突的条款均适用。

第七编 选举处罚及内部纪律制度

第一篇 选举违例及处罚

第一章 该受处罚的人和行为以及应受的处罚

第三百四十条 在处罚审理过程中，如出现了本法未预见的情况，则执行选举《选举事务异议处理系统一般法》。

第三百四十一条 违反本法选举条款内容的责任人包括：

第一项 政党。

第二项 国内政治团体。

第三项 公职候选人、预候选人和申请参选者。

第四项 公民或任何自然人或法人。

第五项 选举观察员或选举观察员组织。

第六项 任何国家权力机关、地区权力机关、市政府机构、联邦区政府机构、自治机构和其他任何公共机构。

第七项 公证员。

第八项 外国人。

第九项 电台或电视的所有者或运营者。

第十项 试图组建政党的公民组织。

第十一项 工会、劳工或雇主组织，或任何目的与成立政党的社会目的不同的组织，以及这些组织的成员或领导者。

第十二项 任何宗教组织的神职人员。

第十三项 本法条文中提及的其他人员。

第三百四十二条 政党如有以下行为则视作违反本法：

第一项 不履行本法第三十八条及其他条款所涉义务。

第二项 不执行联邦选举委员会的决议或协议。

第三项 不履行本法规定的资助和检举义务或者违反相关要求。

第四项　不提交预选活动或竞选活动的季度、年度报告，或不在本法及其规定所涉期限内按照政党资金审计署的要求提供有关信息。

第五项　提前进行本政党的预选活动或竞选活动。

第六项　选举经费超过最高限额。

第七项　有证据表明政党在国外进行预选活动或竞选活动，同时还应追究当事人责任。

第八项　违反本法有关预选活动和竞选活动的其他规定。

第九项　直接或者间接与电台或电视台达成任何形式的节目播放协议。

第十项　政治或选举宣传中含有攻击政府和其他政党或诽谤他人的内容。

第十一项　违反本法有关信息透明度和信息获取的规定。

第十二项　违反资源使用和核实的有关规定，或违反上交有关资金来源、总额及用途报告的有关规定。

第十三项　未在规定时间按要求提供联邦选举委员会各部门要求其提供的信息。

第十四项　本法提及的任何违法行为。

第三百四十三条　国内政治团体如有以下行为则视作违反本法：

第一项　未履行本法第三十五条所涉义务。

第二项　未执行本法规定。

第三百四十四条　公职申请者、预候选人和候选人如有以下行为则视作违反本法。

第一项　提前进行了预选或竞选活动。

第二项　申请者或预候选人向本法未准许的人员索要或接收财物。

第三项　用于预选活动或竞选活动的财物清单未列出所接收的全部财物。

第四项　未提交本法规定的预选活动或竞选活动支出报告。

第五项　预选活动或竞选活动的支出超过了联邦选举委员会总委员会

规定的最高限额。

第六项 违反本法所含任何条款的规定。

第三百四十五条 公民、政党领导人和党员、任何自然人或法人如有以下行为则视作违反本法：

第一项 拒绝向联邦选举委员会提供有关贸易操作、合同签署、捐赠资助或任何与政党、领导人、公职预候选人或候选人相关联的活动信息，提交的信息不完整或含有虚假内容，或逾期提交。

第二项 通过境内外电台和电视播放带有政治或选举目的的个人宣传、影响选民选举倾向或表示支持或反对某政党或候选人的节目。

第三项 向联邦选民登记处提供虚假材料或信息。

第四项 违反本法所含任何条款的规定。

第三百四十六条 选举观察员或观察组织如有以下行为则视作违反本法：

第一项 违反本法第五条第三项和第四项所涉内容。

第二项 违反本法所含任何条款的规定。

第三百四十七条 任何国家权力机关、地方权力机关、市政府机构、联邦区政府机构、自治机构和其他任何公共机构如有以下行为则视作违反本法：

第一项 未履行协助义务或履行义务时有疏漏，或未按时按要求提供联邦选举委员会各部门需要的信息。

第二项 从竞选活动开始到选举日当天，以任何方式进行政府宣传活动，教育卫生相关宣传或在紧急情况下进行必要的民众保护宣传除外。

第三项 违反宪法第一百三十四条所涉公平性原则，且该行为影响选举过程中政党之间、领导人之间、预候选人之间和候选人之间的竞选公平。

第四项 选举过程中以任何社会传媒形式进行违反宪法第一百三十四条第七款内容的宣传。

第五项 在联邦、州、市或联邦区范围内利用社会项目或其资源引诱或强迫公民给某政党或候选人投票或不投票。

第六项 违反本法所含任何条款的规定。

第三百四十八条 公证员如果在选举日当天不开放自己的办公室，不为投票点工作人员、公民和政党代表办委任公证或选举相关文件的公证，则视作违反本法。

第三百四十九条 外国人的行为如果违反了宪法第三十三条及其他相关法律内容，则视作违反本法。

第三百五十条 电台和电视所有人或运营者如有以下行为则视作违反本法：

第一项 以任何节目形式向政党、领导人、公职预候选人和候选人销售播放时间。

第二项 在非联邦选举委员会工作人员的要求下收费或免费进行政治或选举宣传。

第三项 在无正当理由的前提下未播出符合联邦选举委员会要求的有关政党或选举机构的消息和节目。

第四项 操控或篡改选举宣传或政党竞选纲领，以改变其原始观点或诋毁相关机构、政党或候选人。

第五项 违反本法所含任何条款的规定。

第三百五十一条 试图组建政党的公民组织如有以下行为则视作违反本法：

第一项 未按月向联邦选举委员会报告注册政党所办活动的资源的来源和用处。

第二项 在组建政党的过程中允许工会组织或有不同于组建政党的社会目标的组织参与进来，但全国性政治团体除外。

第三项 鼓动公民集体加入组织或加入组织试图组建的政党。

第三百五十二条 工会、劳工或雇主组织、任何在成立和注册时目标与成立政党的社会目的不同的组织，或这些组织的成员、领导人、起领导作用的人或组织的承袭者，如有以下行为，则视为违反本法：

第一项 干涉政党的组建和注册，或集体加入某政党。

第二项 违反本法所含任何条款的规定。

第三百五十三条 任何宗教组织的神职人员如有以下行为则视为违反本法：

第一项 在宗教场所、公共场所或媒体中诱使公民弃权、为某候选人或政党投票、不为某候选人或政党投票。

第二项 向某政党或候选人提供或呼吁提供经济资助。

第三项 违反本法所含任何条款的规定。

第三百五十四条 上述条款中的违法行为将根据以下规定进行处罚。

第一项 关于政党违法：

第一目 公开批评。

第二目 根据违法行为的严重性，最高处以等同于一万天联邦区现行基本日工资金额的罚款。如果违法行为是政党用于竞选活动的开支金额超过了最高额限制，或者是政党支持者的募捐金额或候选人为自己的竞选活动投入的金额超过了最高额限制，处以与该金额相同数额的罚款。如果为再犯，最高处以上次罚款的双倍金额罚款。

第三目 根据违法行为的严重性，最高可没收在处罚决议指定期限内政党所获公共资助的一半。

第四目 如果违反本法条例，则在联邦选举委员会规定的时间段内中止播出相关政治宣传或选举宣传。

第五目 如违反本法第三十八条第一款第十六项，应处以罚款。在预选活动和竞选活动期间如果再犯，则将取消本法第五十六条和第七十一条中的部分特权。

第六目 在严重及多次违反宪法及本法的情况下，尤其是在资金来源及用途的相关义务上违法，可将政党注销。

第二项 关于国内政治团体违法：

第一目 公开批评。

第二目 根据违法行为的严重性，最高处以等同于一万天联邦区现行基本日工资金额的罚款。

第三目 中止或取消注册，中止时间不得少于六个月。

第三项 关于公职申请者、预候选人和候选人违法：

第一目 公开批评。

第二目 最高处以等同于五千天联邦特区现行基本日工资金额的罚款。

第三目 取消违法预候选人注册为候选人的权力，如其已经注册成功，应予以注销。如果所犯罪行全部归罪于申请者或预候选人本人，则不追究其所在政党的责任。如果预候选人已经在政党内部当选为候选人，政党不得将其注册为候选人。

第四项 关于公民、政党领导人与党员、任何自然人或法人违法：

第一目 公开批评。

第二目 如果违法人员为公民或政党领导人及党员，最高处以等同于五百天联邦区现行基本日工资金额的罚款；如果涉及违法捐赠，或在电台和电视购买播放时间进行政治或选举宣传，［处以播放时间商业价格的双倍罚款］。（"处以播放时间商业价格的双倍罚款"部分在墨西哥国家最高法院2008年3月10日公布在联邦官方公告上关于违反宪法诉讼的判决中被宣告无效。）

第三目 如果违法人员为法人，最高处以等同于十万天联邦区现行基本日工资金额的罚款；如果涉及违法捐赠，或在电台和电视购买播放时间进行政治或选举宣传，［处以播放时间商业价格的双倍罚款］。（"处以播放时间商业价格的双倍罚款"部分在墨西哥国家最高法院2008年3月10日公布在联邦官方公告上关于违反宪法诉讼的判决中被宣告无效。）

第五项 关于选举观察员或选举观察员组织违法：

第一目 公开批评。

第二目 立即取消其选举观察员身份，至少两届联邦选举之内不得担任观察员。

第三目 向观察员所属组织最高处以等同于两百天联邦区现行基本日工资金额的罚款。

第六项 关于电台和电视所有人或运营人违法：

第一目 公开批评。

第二目 最高处以等同于十万天联邦区现行基本日工资金额的罚款；如果是电台所有人或运营人最高处以等同于五万天联邦区现行基本日工资金额的罚款；如果为再犯，最高处以前文提及金额的双倍罚款。

第三目 如果电台和电视未按照联邦选举委员会要求播放本章提及的节目内容，除了根据具体情况进行罚款，还应让电台和电视立即将商业播放时间用于播放本章提及的节目内容，或用于法律允许的用途。

第四目 如果违法情节严重，如第三百五十条第一款第一项和第二项所涉内容，且为再犯，则应由联邦选举委员会总委员会与有关部门协商后中止其商业播放时间一小时，最高停播三十六小时。被停播的节目时间将被用于播出有关部门向公众发出的停播通知。如果违法人员为电台电视运营人，将停播留给赞助商的播放时间。

第五目 如果进行了上述处罚后违法人员仍继续重复同样的违法行为，联邦选举委员会总委员会将通知有关部门根据相关法律规定进行处罚，并将处罚结果告知联邦选举委员会总委员会。

第七项 关于试图组建政党的公民组织违法：

第一目 公开批评。

第二目 根据违法情节的严重性，最高处以等同于五千天联邦区现行基本日工资金额的罚款。

第三目 终止其注册为全国性政党的手续。

第八项 关于工会、劳工或雇主组织、任何在成立和注册时目标与成立政党的社会目的不同的组织，以及这些组织的成员或领导者违法：

第一目 公开批评。

第二目 根据违法情节的严重性，最高处以等同于五千天联邦区现行基本日工资金额的罚款。

第三百五十五条

第一款 如果联邦、州或市级部门不遵守选举机构的规定，未能按时按要求向联邦选举委员会各部门提供所需信息或给予所需帮助，将受到以下处罚：

第一项 执行委员发现违法情况后应向违法机构的上级部门发文通知，以便上级部门依法行事。

第二项 上一项提及的上级部门应将所采取的有关措施告知联邦选举委员会。

第三项 如果违法机构没有上级部门，则将通知联邦高级审计署或违法机构所在地的相似部门依法行事。

第二款 如果联邦选举委员会发现公证人未履行本法规定的相关义务，执行委员将发文通知有关部门依法行事。有关部门应在一个月内将采取的措施和实施的处罚告知联邦选举委员会。无论如何，有关部门应颁布禁止令以立即中止违法行为。

第三款 如果联邦选举委员会发现有外国人试图以任何形式参与或已经参与了政治事件，应立即采取相关措施并通知内政部依法行事。如果违法人员身处境外，联邦选举委员会应该通知外交部依法行事。

第四款 如果联邦选举委员会发现任何宗教组织的神职人员有违法行为，应通知内政部采取相应法律措施。

第五款 为了本编所涉处罚的具体实施，一旦确定了违法行为的存在，选举权力机关应考虑到违反管理规定的具体情况及以下内容：

第一项 以任何形式触犯本法所含条款或以本法为基础颁布的条款的行为的严重性和制止该违法行为的难易度。

第二项 违法行为发生的方式、时间和地点。

第三项 违法人员的社会经济情况。

第四项 外部条件和行事手段。

第五项 是否为再犯。

第六项 违法行为造成的利益、收益破坏或损失的金额。

第六款 如果违法人员被宣布为未履行本法某项义务的责任人后再次进行同样的违法行为，则被视为再犯。

第七款 罚金应在联邦选举委员会行政执行处缴纳。如果违法人员不缴纳罚款，联邦选举委员会将通知财政部门依法扣罚。如果是政党违法，罚金将根据处罚决议从日常开支经费中扣除。

第二章 处罚程序

一般规定

第三百五十六条

第一款 有资格决定和执行处罚程序的机关为：

第一项 联邦选举委员会总委员会。

第二项 投诉与检举委员会。

第三项 联邦选举委员会总委员会秘书处。

第二款 地方委员会及执行委员会与选区委员会及执行委员会，将在其各自职权范围内作为执行处罚程序的辅助机构，本法第三百七十一条所规定的内容除外。

第三款 本条第一款第二项中提到的投诉与检举委员会由三名选举委员会成员组成。此三名成员将由联邦选举委员会总委员会委任，任期三年。经联邦选举委员会总委员会批准生效的规章条例将规定投诉与检举委员会的会议及执行程序。

第三百五十七条

第一款 决议通知最迟应在决议通过当日之后的三个工作日内发出，通知内容自执行之日起生效。

第二款 当决议涉及一次传讯或涉及一段审理执行期，应在进行传讯或审理程序前至少提前三个工作日对当事人发出通知。其他决议则由经联邦选举委员会审判庭签署或公布此决议机构签署的委托书进行通知。在任何情况下，针对政府或政党组织的决议应进行书面通知。

第三款 对个人的通知应于工作日及工作时间直接下达至当事人或通过当事人授权的代理人传达，以保证通知及时有效。

第四款 对个人的通知应对个人下达，但在任何情况下，对当事各方中的某方进行通知时，此通知也应以个人方式下达。

第五款 需要下达对个人的通知时，通知下达人应以任何方式确保被通知人的居住地址为指定地址。在下达通知的同时，向被通知人出示相应决议的授权副本，以示判决依据。

第六款 如在其住址未找到当事人，可将传票交与居于此处的任何人，该传票包括如下内容：

第一项 下达决议机构的名称。

第二项 决议的依据。

第三项 通知决议的梗概。

第四项 下发传票的日期及时间，以及传票送达人的姓名。

第五项 标出次日等待通知的时间。

第七款 次日，通知下达人应于传票上标明的时间，重新将通知送至当事人的居住地址。如仍旧未找到当事人，法院将下达该通知。记录中应包括相应原因。

第八款 如当事人拒绝签收通知，或当事人居处的其他人员拒绝签收传票，或当事人住处无人，应将传票贴于大门入口处、着手准备法院通知并在法庭上记录缘由。

第九款 对个人的通知也可以由当事人、其代理人或其经相应机构授权的授权人出面下达。

第十款 终止调查程序的决议通知为对个人通知。此通知最晚应在其发布后的三个工作日内下达，交给原告并由原告核证决议、保留副本。

第十一款 对时段进行实时计数。如以天数计，则此计数为二十四小时制。选举进行过程中的每一天即为工作日、每小时即为工作时间。如遇选举过程开始前提出的诉讼情况，则此时段以工作日计数；选举过程开始后提出的诉讼情况，则此时段以自然天计数。

第三百五十八条

第一款 调查对象为存在争议的事实,而非正确的、已知的、不可能的或已受公认的事件。秘书处和联邦选举委员会皆可援引已知情况,即使此情况是由被告或诉讼方引证的。在任何情况下,一旦被告亲自出现在调查过程中,在充分调查时即遵从矛盾原则。这并不意味着有可能拖延调查过程,或有可能隐藏或销毁证明材料。

第二款 初稿中应提交各方在调查过程中所出示的证据,以清楚地表明能够证实上述证据的事实情况,并清楚说明判断声明所示内容的理由。

第三款 只有如下证据方有效:

第一项 公共文件。

第二项 私人文件。

第三项 技术证据。

第四项 会计专家证据。

第五项 法律推断及人工推断。

第六项 诉讼手段。

第四款 在公证人员面前提出的宗教派别证据及证明性证据可以在提出时即被考虑在内,申请人直接接受上述证据。应对申请人做严格区分并记录其证词。

第五款 受理此程序的机关可以责令减少司法调查或检查,也可减少专家提供的证据。违反上述应遵守的规定时,允许缩短时段并将此时段视为决定性因素以澄清指控。

第六款 诉讼人或被告可在审理结束前提交后续发生的事实证据。

第七款 允许将后续提交证据提供给诉讼人或被告查阅,以便酌情让双方在为期五日的期限内提出维权证据。

第八款 秘书处或委员会接受那些已在诉讼书中提过的证据,以开庭审理。还可以接受相应申请书中请求提供的证据。在决议草案通过之前无须提供这些证据,在有关诉讼开庭受理二十四小时前提交。当权力机构未按规定的时间以规定方式提交符合要求的证据,委员会应对其进行提醒。

第九款 委员会接受那些联邦选举委员会在相关调查过程中要求提交的证据。在有关诉讼开庭受理二十四小时内方接受此类证据。在此情况下，委员会要求将文件交还至秘书处，以满足本法第三百六十六条第一款所提要求。

第十款 为保证决议的执行，审理执行机构可采用强制方法。

第三百五十九条

第一款 应对已接受的大量证据进行整体分析，同时结合逻辑规则、经验、正确判断以及选举活动的指导原则，以对所指控的事实进行定罪。

第二款 公共文件是具有极大价值的充分证据，除非有与其真实性或所涉及事实的真实性相反的证据。

第三款 私人文件、技术证据、专家证据、诉讼手段以及那些经由公证人确定的包含某一证人证词的证据只有在适当机构为裁定而进行审理时方为充分证据。综合考虑记录中记载的其他因素、诉讼各方确定的因素、已知事实及各要素间相互关系的直接推理，指控真实确凿时即可定罪。

第四款 如没有材料证明记录中的简单副本的内容，这些副本只可用作参考。

第三百六十条 为顺利解决诉讼或检举以及确定一种用来解决两项或更多诉讼的方法，应准备对未决诉讼进行审理。这些未决诉讼由诉讼搁置期、案件关联而造成，或由于两份或两份以上文件间存在关联（由于就同一被告的同一行为，出于同一原因存在不同的诉讼或检举）。

第三章 一般处罚程序

第三百六十一条

第一款 当联邦选举委员会任何机构处理违法行为时，过失处理程序及相关行政处罚程序可以由一方提请进行，或以正式文件提请进行。

第二款 为确定行政违法行为的责任，将选举权的权限规定为五年。

第三百六十二条

第一款 任何人都可以就涉嫌违反选举法律规范的行为向联邦选举委员会总委员会或联邦选举委员会分支机构提出诉讼或进行检举。在适用法律规定下，法人可以通过合法代表提出诉讼或检举，自然人本人可提出诉讼或检举以维护自身权利。

第二款 诉讼或检举可以书面形式、口头形式或通过电气电子通信提出，应满足下列要求：

第一项 原告或检举人的姓名，应手写签名或按手印。

第二项 可接收通知的住址。

第三项 委任代理人所需的必要文件。

第四项 关于情况的简明、清晰的叙述。诉讼或检举即基于此事实情况。可能的话，应说明被告涉嫌违反的法律。

第五项 提供已掌握的证据，或在申诉人向主管机构提出书面申请时，说明在本案中应掌握哪些证据，否则不予提供。原告应将证据与事实一一对应。

第六项 政党应以书面形式提出诉讼或检举。当政党代表不委派代理人时，其诉讼或检举将被视为无效。

第三款 如前述各项要求不能全部满足，秘书处应为原告提供为期三日的宽限期以作补充，此期限不得延长。如原告诉讼陈述不准确、不清晰或过于普通，秘书处同样提供此期限以便原告做出修改。如果原告未按照要求补齐所有手续，其诉讼或检举将被视为无效。

第四款 受理口头或以电子通信方式提出的诉讼或检举的权力机关应在原告同意下将受理情况记录在案。自传讯通知下达后三日内，凡未签字确认的检举或诉讼请求，均将被视为无效。

第五款 诉讼或检举可向联邦选举委员会任何机构提出，并应在四十八小时内提交至秘书处以履行手续，按照规定需由原告方履行的确认手续除外。一旦诉讼或检举请求得到批准，或最后期限完成操作，此请求将被提交。

第六款 联邦选举委员会分支机构受理有关任何事项的诉讼或检举后,一经起诉,应将呈文在上款规定的时间内送至秘书处,以防止隐藏、修改或毁坏证据。此外还可为调查工作收集更多证据。但调查提前开始时,不适用上述措施。

第七款 受理检举请求的联邦选举委员会机构应将此请求立即送至秘书处,以便秘书处综合相关证据对此请求进行调查。

第八款 秘书处接到诉讼或检举请求时,应进行下列工作:

第一项 做记录,并报告联邦选举委员会总委员会。

第二项 进行讨论,确定是否需对原告进行预审。

第三项 进行分析,确定是否受理此请求。

第四项 确定并执行必要措施,以方便后续调查工作。

第九款 自接到诉讼或检举请求之日起,秘书处可在五天的期限内,公布处理意见(同意或不同意立案)。如需对原告进行预审,则此期限自预审开始起算,或自预审结束日期开始起算。

第三百六十三条

第一款 以下情况不适于提出诉讼或检举请求:

第一项 针对涉嫌违反政党内部规章的诉讼或检举请求,原告或检举人未表明其党派或法律权益的。

第二项 针对涉嫌违反政党内部规章的诉讼或检举请求,原告或检举人未先履行党内检举程序的。

第三项 被检举行为或事件涉及的被告与其他诉讼或检举有牵连,且委员会已就其本质对这些诉讼或检举提出决议,联邦法院选举法庭未驳回此决议或法庭对受质疑决议已进行确认的。

第四项 检举内容联邦选举委员会无权审理的;或被检举的行为、事实、补充情况不属本法规定的职权范围内的。

第二款 出现下列情况时,不得继续提出诉讼或检举请求。

第一项 对于已受理的诉讼,突然出现不宜受理的理由的。

第二项 被检举的为某一政党,且该政党在诉讼或检举请求被受理后解散的。

第三项　在秘书处通过决议草案之前检举人主动提出撤诉，且秘书处认为既有利于调查，同时不涉及严重情节、不触犯选举指导原则。

第三款　如诉讼或检举原因不当，对其进行的调查意见应由官方出具。撤销诉讼或检举的意见也应由官方出具。如遇此类情况，秘书处将酌情制定决议草案，以驳回或撤销诉讼或检举请求。

第四款　在调查审理过程中，如秘书处发现存在其他可能造成违反选举法的行为，或违法行为应归咎于其他人员，秘书处可以官方形式要求重新进行调查。

第五款　秘书处应有被驳回诉讼记录并将此记录知会委员会。

第三百六十四条

第一款　受理诉讼或检举请求后，秘书处将传唤被告，而不会影响正常的调查审理工作。首次通知被告时，应同时向其交付诉讼或检举副本，并出示原告已在本案中提供的证据或权力机关早先已掌握的相关证据。被告有五天时间就其违法行为提出申诉。如被告未提出申诉，则视为主动放弃其举证权利，且承认已有证据的真实性。

第二款　申诉呈文应满足以下要求：

第一项　被告姓名或代表姓名，应手写签名或按手印。

第二项　应提及原告所指控的事实，承认或否认这些事实，也可以说明本人不知道这些情况。

第三项　可接收通知的住址。

第四项　委任代理人需要的必要文件。

第五项　积极提供可能与案件事实相关的一切证据，或说明希望权力机关可以提供本人无法提供的何种证据。在后一种情况中，应严格确定提供证据一方的身份。

第三百六十五条

第一款　为对已知事实进行审理，应由联邦选举委员会进行严肃公正、及时有效、全面彻底的调查工作。

第二款　秘书处一旦接到检举，应立即采用必要措施进行调查取证，以防证据消失、被毁或线索中断，即避免调查工作遇到困难。

第三款　秘书处受理诉讼或检举请求后，应收集证据，对这些证据进行适当的综合分析，可以帮助定罪。为此，应通过官方向联邦选举委员会总委员会或分支机构提出申请，要求进行彻底的调查工作、取得必要证据。调查工作的期限不得超过四十天（自秘书处收到诉讼或检举呈文之日或自秘书处官方受理程序开始之日算起）。此期限可通过秘书处发布的协议额外延长一次，延长期最多为四十日。

第四款　在对诉讼或检举进行审理的固定期限内，投诉与检举委员会建议秘书处考虑并采取预防措施，以在二十四小时内确定有力证据，制止违法行为，避免发生不必要的损失、违反选举程序的原则或违反受本法规定所保护的合法权益。

第五款　委员会秘书可以酌情要求联邦政府、州政府和市政府提交报告、证明或提供进行审理所需的必要支持，以便对检举人提供的线索进行调查取证、核实情况。为达到同一目的，可要求自然人或法人提供信息或其他必要证据。

第六款　调查过程中进行的诉讼应通过秘书处进行，由公职人员执行；或由秘书处书面委派的、上文中提及的任一合法代理人执行；也可由联邦选举委员会分支机构的执行人员执行。在特殊情况下，上述执行人员可以委派委员会中的其他执行人员来执行该程序。在任何情况下，这些执行人员均负有调查取证的责任。

第三百六十六条

第一款　调查结束并掌握充分证据后，秘书处应将文件出示给原告或检举人，原告或检举人应亲自过目，以便在五日期限内给出意见，维护其合法权益。上述五日期限到期后，秘书处将在十日期限内制定相应的决议草案。此十日期限自原告或检举人最后一次过目调查报告之日算起。上述十日期限到期后，秘书处可以根据相应协议延长此期限，延长期不可超过十日。

第二款　秘书处公布的决议草案应在五日期限内提交至投诉与检举委员会，以进行审理和调查。

第三款　收到上述意见后，上述委员会的负责人最迟应在第二日召开会议，组织委员会其他成员讨论。开会时间须在进行传唤之前二十四小时内，以便上述机关分析及评估决议草案。应注意以下几点：

第一项　如果秘书处的第一版草案建议拒绝或终止调查，或建议强制执行调查，且委员会持相同意见，该草案将移交至联邦选举委员会总委员会进行投票和表决。

第二项　如果委员会不同意拒绝或终止调查，或不同意强制执行调查，应将草案驳回秘书处并解释驳回缘由。委员会同时还应适当给出处理意见和建议，以进一步进行调查。

第三项　秘书处应在草案被驳回并接到相关处理意见后的十五天内重新提交决议草案，该草案应将委员会给出的意见和建议考虑在内。

第四款　委员会主席一旦收到相应草案，应尽快召开会议进行商讨。会议召开前，应至少提前三天将草案副本发给委员会成员。

第五款　在讨论决议草案的会议中，委员会应决定以下内容：

第一项　是否在提交期限内审议通过该草案。

第二项　是否通过该草案，但同时要求委员会秘书就决议的观点陈述、意见及理由做进一步补充。

第三项　是否同意在会议准备通过该草案前，对草案中需要修改且不违背处理意见的内容进行修改。

第四项　是否拒绝该草案并要求秘书处就观点陈述、意见及理由制定新草案。

第五项　决议草案被拒绝后是否通过并达成驳回协议。

第六款　如果因选举委员会委员缺席导致会议未达成共识，应举行第二轮投票；第二轮投票后，如意见仍未统一，委员会主席应决定是否在没有选举委员会委员缺席的情况下再召开新一轮会议。

第七款　多数委员持反对意见时，持反对意见的委员可以进行特别表决。草案通过后两天之内，将其递交至委员会秘书时应在其中添加特别表决的内容。

第八款 委员会应确定对诉讼或检举提出的决议草案。草案公布日程中的内容应一次性分类并进行表决。部分委员认为需要单独讨论的内容除外。

第四章 特别处罚程序

第三百六十七条

第一款 在选举过程中，当出现检举情况时，总委员会秘书处将指导特别处罚程序的执行。检举情况包括：

第一项 违反第三基本法第四十一条，或违反宪法第一百三十四条第七款。

第二项 违反本法规定的适用于政党政治或选举宣传的规则。

第三项 提前开展预选活动或竞选活动。

第三百六十八条

第一款 在联邦选举过程中，如候选人通过广播和电视进行政治或选举宣传时出现违规行为，选举主管部门应向联邦选举委员会提交检举申诉。

第二款 检举申诉可由在政治或选举宣传活动中受到诋毁和中伤的一方首先提交。

第三款 检举申诉应满足下列要求：

第一项 原告或检举人的姓名，应手写签名或按手印。

第二项 可接收通知的住址。

第三项 委任代理人所需的必要文件。

第四项 对于事实情况的简明、清晰的叙述。诉讼或检举即基于此事实情况。

第五项 提供或出示已掌握的证据，或向主管机构提出书面申请时，说明申诉人没有能力掌握但在本案中必需的证据。

第六项　本诉讼中需要采取的预防措施。

第四款　受理检举请求的联邦选举委员会机构应将此请求立即送至秘书处，以便秘书处综合相关证据对此请求进行调查。

第五款　以下情况的申诉要求应被彻底驳回：

第一项　未满足本条第三款所规定的所有要求。

第二项　申诉检举的事实明显不构成政治或选举宣传违规。

第三项　原告或检举人未对其检举的事实提供证据。

第四项　所投诉的事实已无法挽回。

第六款　出现上述情况，秘书处应在十二小时内以最便捷的方式将决议通知检举人。此决议应有手写签名。

第七款　如检举被受理，需传唤检举人和被检举人参加听证会并出庭辩护。此听证会应在受理检举申诉后四十八小时内举行。在相应呈文中，应将其涉及的违法行为告知被检举者，检举通知应以附件形式下达。

第八款　如秘书处认为需要采取预防措施，应在上文提到的期限内向投诉与检举委员会提出建议。具体方式遵照本法第三百六十四条的规定。

第三百六十九条

第一款　听证会及辩护不得中断。秘书处负责召开以口头形式举行的听证会及辩护，并保证听证会顺利进行。

第二款　在执行特别处罚程序期间，秘书处不再接受证据，文件资料和技术证据除外。在听证会期间，只要提供证据的人能够提供上述证据，此证据即被接受。

第三款　即使原告或被告有一方缺席或双方均缺席，听证会仍应在规定的时间及日期举行。举行听证会的方式如下：

第一项　听证会召开后，检举人将做陈述，陈述时间不得超过十五分钟。检举人应简要陈述所检举的事实并出示检举人本人认为相关的证据进行佐证。如听证会为公诉听证会，则检举人为秘书处。

第二项　检举人结束陈述后，被检举人做陈述，陈述时间不得超过三十分钟。陈述中应就检举人提出的问题做出答复，提供对自身有利的证据，以推翻指控。

第三项 秘书处决定是否接受证据并在此基础上继续进行听证。

第四项 在已有证据的基础上，秘书处先后听取检举者或其代表和被检举者或其代表的证词。陈述可以为一次性书面陈述或口头陈述。各方陈述时间均不超过十五分钟。

第三百七十条

第一款 听证会结束后，秘书处应在二十四小时内制定决议草案，并提交委员会主席。主席接到草案后，最晚应在二十四小时之内组织委员会成员召开会议。

第二款 在上述会议中，委员会将处理和讨论决议草案。如果检举申诉中涉嫌违法的情节属实，委员会应命令立即停止此通过广播和电视进行的政治或选举宣传。实质上或即时停止本法规定的违法宣传活动，不论其采取何种形式的传播途径，并对其进行相应处罚。

第三百七十一条

第一款 如检举人因本章提到的原因提出检举申诉且检举内容涉及物理位置、政治或选举宣传印刷品的内容、宣传画内容或其他任何以广播及电视传播方式进行宣传的宣传内容。检举内容中提及的预选或竞选活动中的违法行为与上述行为有关，应执行下列程序：

第一项 检举呈文将被递交至负责该地区的联邦选举委员会相应选区执行委员会执行委员。

第二项 执行委员应根据程序规定，在本条提到的期限内，对联邦选举委员会总委员会秘书长适当行使上一条中提到的权力。

第三项 在适当情况下，决议草案将被提交至相应选区委员会，以进行审议和投票。

第四项 在联邦选举程序之外，决议草案还应提交至相应选区的执行委员会。

第五项 由联邦选举委员会选区委员会和执行委员会通过的决议，可被当地相应的地区委员会或执行委员会驳回，并为最终判决。

第二款　本条第一款假设的情况下，如果被检举内容情节普遍或情节严重，联邦选举委员会总委员会秘书处可介入。

第五章　政党经费及开销问题的诉讼审理程序

第三百七十二条

第一款　下列机关负责处理和解决与政党经费及开销问题有关的诉讼。在某些情况下，此类诉讼涉及全国性政治团体。

第一项　总委员会。

第二项　政党资金审计署。

第三项　总委员会秘书处。

第二款　政党资金审计署负责受理、审理上款提到的诉讼，并就相关结果给出决议草案。政党资金审计署可以要求秘书处进行配合，或通过秘书处要求联邦选举委员会分支机构进行配合。

第三款　通知下达当天即有效。下达通知方式有以下几种：

第一项　通知可以对个人的方式下达。被通知人可在总委员会亲自接收通知或在其住址接收通知。

第二项　以通知单形式下发。可将通知单交给被通知人住址处居住的任何人。

第三项　通过法庭通知。

第四款　在本章中未作明文规定的情况下，可用本篇第二章与第三章中关于预审批程序中的相关审理及决议规则作为补充，并可参考《选举事务异议处理系统一般法》。

第三百七十三条

第一款　总委员会秘书处接受本章提到的诉讼请求，应立即将其送交政党资金审计署。

第二款　诉讼请求可提交至联邦选举委员会分支机构。收到请求的分支机构应在二十四小时内将其送交执行秘书，以满足上款要求。

第三款 当诉讼请求由某政党代表提交给联邦选举委员会分支机构时，秘书处应将提起申诉的政党提出的诉讼请求提交联邦选举委员会总委员会，并将申诉呈文副本提交联邦选举委员会总委员会。

第三百七十四条 申诉呈文应全部为书面形式，附有检举人的手写签名，标明可以接收通知的住址。如果申诉是由政党或全国性政治团体提出，应委派代理人。

第三百七十五条

第一款 申诉呈文应包括对所检举事实的陈述、检举人已掌握的相关证据或线索。

第二款 检举人应在联邦官方公报发表关于年度报告的综合意见之后三年内进行申诉，所申诉的事件发生在所报告的同年。

第三百七十六条

第一款 政党资金审计署负责人一旦收到申诉呈文，应将此记录在案并通知委员会秘书。

第二款 出现以下情况，政党资金审计署负责人可以立即拒绝申诉：

第一项 所陈述的事实明显繁琐或与事实不符，或即使情况属实也无法进行法律制裁。

第二项 申诉不符合本法第三百七十四条和第三百七十五条规定的要求。

第三项 申诉中未包括证据，或者可以支持所陈述事实的有价值线索。

第四项 因任何其他原因导致申诉明显无效。

第三款 在上款规定的基础上，拒绝某项申诉并不意味着已决定其性质，也不成为政党资金审计署行使其法律权力的障碍。

第四款 如申诉符合所有要求，且没有任何理由拒绝此申诉，政党资金审计署负责人将在开始执行相应程序前通知被检举政党，将申诉呈文副本及检举人提供的相关证据副本递交被检举人查看。

第五款　为收集相关证据用以定罪，政党资金审计署负责人可以请求执行秘书通知联邦选举委员会中央或地方执行机构开展必要的调查取证工作。

第六款　为达到相同目的，政党资金审计署负责人可请执行秘书要求主管部门在其职权范围内提供证据，或要求主管部门允许政党资金审计署获取在财务、银行或信托秘密保护下的信息。后一种情况下，应采取必要措施保护所掌握的信息。相关主管部门应在十五个自然天内满足上述要求。在某些情况下，此期限可适当延长五天。

第七款　为进行调查，也可以要求普通人（自然人或法人）为其提供信息及必要文件。此要求应在上款规定的期限内得到答复。

第八款　在年度报告或全国性政党活动审查过程中，政党资金审计署负责人可以责令进行审核。审核内容为申诉内容所对应的相应年份的相关内容。政党资金审计署负责人可以要求被检举政党提供详细信息，并要求被检举政党上交负责人认为必要的信息与文件。

第三百七十七条

第一款　一旦执行上条中所述程序，政党资金审计署负责人将传讯被检举政党，对其下发有关文件的副本。自通知生效之日起算，在为期五日的期限内，收到通知的被检举政党应做出书面答复。

第二款　被检举政党答复传讯时，应就被投诉或检举的问题，做出己方陈词并出示相关证据（证明和观点除外）。被检举政党所提供的证据应与问题相关。被检举政党还应做出合乎情理的辩护。

第三款　传讯结束后，政党资金审计署负责人将制定相应决议草案。该决议将在下次召开会议时送交联邦选举委员会总委员会进行审议。

第四款　决议草案应在为期不超过六十个自然天的期限内送交总委员会。此期限自政党资金审计署受理此诉讼或检举之日起算。由于已掌握证据的性质或已开展调查的性质，可延长上述期限，应通知执行秘书。

第五款　政党资金审计署应将办理手续的程序知会总委员会。

第三百七十八条

第一款 总委员会一旦知晓决议草案,应着手考虑实施何种处罚。

第二款 为确定处罚,应考虑违法行为的情况及其严重性。

第一项 违法行为情况指违法行为发生的时间、方式、地点。

第二项 为了确定违法行为情节的严重性,应分析被其违反的规则的重要性、对此行为的承受者造成的影响及保护其合法权益的规章制度。

第三项 再犯者可施以更为严厉的处罚。

第三款 在对某申诉进行审理的过程中,如发现存在违反政党资金审计署管辖范围以外法律法规的情况时,审计署应向委员会秘书提出申请,要求主管部门参加审理。

第二篇 联邦选举委员会公职人员的责任

第一章 行政责任

第三百七十九条

第一款 本章所涉联邦选举委员会公职人员包括总委员会、地方和选区委员会主席及选举委员、执行秘书、审计长、执行主任、政党资金审计署主任、行政部门负责人、分支机构执行委员、官员和一般工作人员。一般来说,无论在联邦选举委员会从事何种工作或担任何种职位,都应为履行职责时的违法失职行为承担法律后果。

第二款 联邦选举委员会总审计处的正式及增补员工,不论工作级别,均不允许以任何形式干涉或干扰联邦选举委员会的工作人员行使宪法和本法赋予的与选举相关的职权。

第三百八十条 联邦选举委员会公职人员如有以下行为,将构成行政责任案件。

第一项 破坏选举独立性的行为,受第三方指使的行为或有相应嫌疑。

第二项　无端干涉属于联邦选举委员会其他机构职权范围的事情。

第三项　在履行本人职责或开展本人工作时有明显的疏忽、失职或过失。

第四项　知道了无权了解的事情或参与了无权进行的活动。

第五项　违反规定进行任命、提拔或批准。

第六项　未向联邦选举委员会总委员会报告任何可能破坏选举独立性的行为。

第七项　未在本人工作中维护联邦选举委员会运行原则。

第八项　公开对其知情的事件做出过早评定。

第九项　工作不尽职或不完成应做工作。

第十项　《联邦公职人员行政责任法》第八条所涉内容。

第十一项　本法或其他适用法律规定的其他行为。

第二章　行政责任的确定程序

第三百八十一条

第一款　对本篇所涉联邦选举委员会公职人员行政责任的确定程序可由官方或个人通过普通民众或知情公职人员或联邦检察院提交的投诉信或举报信发起。匿名举报将不予受理。本款所涉行政责任三年后作废。

第二款　本章未提及的内容将参照本编第一篇所涉处罚程序中的审理裁决规定、《联邦公职人员行政责任法》和联邦高级检察法。

第三百八十二条

第一款　由官方或个人提交的投诉信或举报信中对被举报公职人员违法行为和应负法律责任的控诉应建立在证据充分的基础之上。

第二款　以下投诉或举报不当：

第一项　被投诉或举报人员是向总审计处提交另一起投诉或举报的当事人，且案件已经得到了最终裁决。

第二项　总审计处最终无法核查所投诉或举报的活动或失职。

第三项　所投诉或举报的活动或失职不构成本法所涉行政责任案件。

第三款　出现下列情况，停止处罚审理。

第一项　接到投诉信或举报信后，随即出现不合法事件。

第二项　投诉人或举报人在案件做出裁决之前提交撤诉书。如果违法情节严重，任何情况下均不得停止审理。

第四款　对不公平案件的调查、对投诉或举报的停止审理均为官方行为。

第三百八十三条

第一款　确认本章所涉责任应遵循以下程序。

第一项　收到投诉或举报后，如未发生任何不合法或遭非议的事件，应向被投诉人或被举报人寄送一份投诉信或举报信（包括附件）复印件。被投诉人或被举报人应在五个工作日内提交一份报告，提供相关证据，进行辩护陈述。报告应涉及投诉或举报的所有问题，给出肯定或否定意见，同时解释投诉人或举报人不知情或凭主观意愿猜测得出的内容。除非出现反证，投诉信或举报信中被投诉人或被举报人未发表意见的内容将被默认为事实。承认投诉或举报内容不意味着承担相应行政责任。

第二项　提交报告且明确证据后，应在三十个工作日内裁定是不存在行政责任还是相关违法人员应接受相应行政处罚。如果确认是本法第三百八十条第二项、第四项、第六项、第八项和第十一项所涉行政责任案件，应在七十二小时内将裁决内容告知涉案公职人员和投诉人或举报人。

第三项　如果确认是本法第三百八十条第一项、第三项和第七项所涉案件，审计长将传讯责任嫌疑人进行开庭审理，告知责任嫌疑人被指控的事项，开庭的地点、日期、时间，提供证据及进行自我辩护或通过辩护律师进行辩护的权利。传讯日期和开庭日期之间应不少于五个工作日，不超过十五个工作日。

第四项　如果从报告或庭审结果中得不出裁决的充分依据，或发现责任嫌疑人或其他人员涉嫌新的行政责任，可以展开调查，必要时可商定再进行一次或多次庭审。

第五项　只要有益于调查的进行或继续，总审计处可以决定临时停止责任嫌疑人的职权、工作或任务，但委员会主席、选举委员和总委员会秘书除外。复职时间仍由总审计处决定。临时停职并非对公职人员涉嫌违法做出的最后审判，这一点应在停职裁决书中做出明确说明。

第六项　如果被临时停职的公职人员并非所受指控的责任人，应恢复原职，停职期间的应得收入也应重新发放。

第七项　如果指控内容被证实存在，总审计处审计员将对责任人执行相应处罚，并宣布要求更改审判结果或立即上诉的办法。

第三百八十四条

第一款　本章所列违法行为及违反《联邦公职人员行政责任法》第八条的行为应接受以下处罚：

第一项　私下或公开警告。

第二项　私下或公开批评。

第三项　经济处罚。

第四项　停职。

第五项　免职。

第六项　五年内不能从事与公共事务相关的工作或事务、不能担任与公共事务相关的职务。

第二款　如果是委员会主席和总委员会委员违法，违法行为情节严重且为持续作案，审计长应告知众议院总委员会主席，并附上介绍整个案件作案动机及作案事实证据的公文，以便众议院以三分之二以上议员表决通过的方式确定行政责任。

第三款　如果是联邦选举委员会执行秘书和执行主任违法，为执行上述处罚，审计长应向选举总委员会提交相应公文，以便总委员会决定相应处罚。

第三百八十五条

第一款 违法行为的定性和处罚应根据《联邦公职人员行政责任法》第十三条、第十四条、第十五条和第十六条进行。

第二款 违反《联邦公职人员行政责任法》第八条第十款至第十四款、第二十款、第二十二款和第二十三款的行为，有本法第三百八十条第一款至第五款和第七款所涉行为，均应被认定为严重违法行为。

第三百八十六条 不论审查的最终结果如何，审计员应针对审查投诉过程中发现的行政管理上的不规范问题公布适当措施予以改正。如果通过投诉信的内容发现了可能导致承担行政责任的违法行为，则应按本章条款依法处理。

第三百八十七条 行政处罚的决定可以通过章程和其他规章制度规定的辩护方式上诉。上诉者可以根据有关法律规定选择在联邦财政及行政法庭直接提出上诉。

第三章 总审计处

第三百八十八条

第一款 总审计处是联邦选举委员会的内设监管机构，负责监管委员会的所有收入和支出。在行使职权时，总审计处有技术及管理自主权，可以自行决定其运作和决议。

第二款 审计长的行政级别相当于执行主任。

第三款 审计长由众议院根据总委员会组织法规定的程序，在规定期限内任命。被任命的审计长应由高等教育公立机构提名，并获得与会众议员三分之二以上的投票。

第四款 被任命的审计长应向联邦选举委员会总委员会宣誓。

第五款 审计长任期六年，可连任一次，可担任总委员会主席一职，与宪法第七十九条所涉高级财务职员保持必要合作。

第六款 总审计处的组织结构和人力资源应由审计长提出建议，再由总委员会根据本章规定审核通过。

第七款 总审计处的工作应遵守公平、合法、客观、准确原则，工作应认真、细致、透明。

第三百八十九条 审计长应符合本法对联邦选举委员会执行主任所设要求，同时应符合以下要求：

第一项 不是联邦选举委员会选举委员，或截止任命为审计长当日已经离职三年。

第二项 声誉良好，未因故意犯罪被判处一年以上徒刑。如果是因为盗窃罪、营私舞弊、伪造罪、欺骗或其他公认影响声誉的原因获刑，不论判处结果如何，均不得担任审计长一职。

第三项 在任命时已在资源监控、使用或审查方面有至少五年相关经验。

第四项 截止任命之日，获得由权威部门或合法机构颁发的审计或与审查有直接关联的其他专业的学士学位超过五年。

第五项 不在或最近四年内不曾在为联邦选举委员会或政党服务的审计机构工作。

第三百九十条

第一款 审计长如犯有以下严重失职，可以根据本法第三百八十一条至第三百八十五条进行处罚。

第一项 将本法和相关法令规定提及的保密材料和信息用于私人或第三方用途。

第二项 在无正当理由的情况下，对通过相关调查已认定的责任和责任人停止追究责任或停止罚款。

第三项 利用职权窃取、毁灭、掩藏或不正当使用因工作原因由其保管或存在于总审计处的材料和信息。

第四项 在依法监察和处罚时有不公正行为。

第五项 有《联邦公职人员行政责任法》第八条所涉违纪行为。

第二款 众议院将在联邦选举委员会总委员会的要求下进行对审计长的处罚,包括因严重的行政失职撤换其职务,但应保障受调查审计长接受审讯的权利。撤职决定应获得出席审讯会议人员三分之二及以上选票。

第三百九十一条 总审计处有以下职责:

第一项 确定审计标准以及审计联邦选举委员会机构资源所需的程序、方法和制度。

第二项 建立会计、归档、账本、收支证明以及其他审计监督所需材料的管理规章、程序、方法和制度。

第三项 评估所有项目的财务管理进度报告和结项报告。

第四项 评估联邦选举委员会财政预算报告内行政管理性质项目是否完成预设目标。

第五项 检查联邦选举委员会各行政部门是否按规章制度、按批准的项目和金额接收、管理、使用资源,检查各部门的开支是否符合预算项目,是否遵守相应的法律条文和规章制度。

第六项 检查联邦选举委员会制定的预算是否符合相关法律和规章规定。

第七项 检查购买或租赁的物品、财产及服务,以核实投入和开支是否合法、是否符合相关被批准项目的预设目标。

第八项 向为联邦选举委员会提供财产或服务的第三方机构索要相关证明和材料以核实委员会有关开支。

第九项 索取和获得为履行其职责所需的必要信息,包括信贷机构提供的与任意形式交易有关的信息,总审计处内部公职人员和外聘审计专家都应遵守关于公共信息透明和获取的相关规定。

第十项 出现针对联邦选举委员会公职人员的投诉举报时,应对相关行政程序予以描述、处理和裁定,并将受处分的公职人员登记备案。

第十一项 在职权范围内调查联邦选举委员会资金和资源在收支、运作、管理和使用过程中出现的非正常或非法的失职行为。

第十二项　接受与联邦选举委员会公职人员滥用委员会资源直接相关的举报或投诉，并采取必要措施。

第十三项　前往联邦选举委员会各部门和组织机构所在地进行调查，可要求检查必需的账本和文件，检查应严肃有礼节性地进行。

第十四项　建立培训机制，开设必要的培训课程，帮助联邦选举委员会公职人员正确履行自己的行政职责。

第十五项　建立管理监督文档。

第十六项　确定联邦选举委员会资产损失数额，直接对当事人进行相应金额的罚款处罚。

第十七项　确定当事人责任，并根据具体情况进行不同程度的处罚。

第十八项　向总委员会递交年度工作计划并请求批准。

第十九项　向总委员会递交管理预期报告和管理年度报告；如总委员会主席需要，应随时前往总委员会与之会面。

第二十项　当总委员会主席在行使职权的过程中需要总审计处参加执行总委员会的会议，总审计处应派审计长参加，参会时有发言权，没有表决权。

第二十一项　按照总审计处规定的形式和程序，接收并保管联邦选举委员会部门主任及以上级别公职人员财产申报。必要时应援用相关法律规定。

第二十二项　参与公职人员接管资产和结束管理资产的全过程。

第二十三项　本法或其他相关法律赋予的其他职责。

第三百九十二条　在总审计处登记的公职人员和审计过程中雇用的专业人员应按照规定，对在行使职权及工作活动中可能接触到的信息和文件内容严格保密。

第三百九十三条　联邦选举委员会各组织机构、执行部门和公职人员应服从总审计处的要求和安排，提供相应信息，允许其进行相应审查。如审查干涉或阻碍相应机构、执行部门和公职人员行使本法或其他相关法律赋予的职权，可予以拒绝。

第三百九十四条

第一款 如果被审查的机构或部门未能在总审计处规定的期限内上交总审计处需要的报告或材料，且无正当理由，总审计处将依法追究其责任。

第二款 追究责任和处罚并不能免除违法者履行义务或改正引起处罚的不良情况的责任。

第三款 总审计处除了对违法者予以相应处罚，还应要求违法者在规定期限内弥补过失，重新履行未履行的义务。规定期限不应超过四十五天。违法者如再次逾期，将再次受到惩罚。

第四款 在追究责任的过程中，公职人员将受到宪法保护。

（依据2008年公布的墨西哥选举制度与选举程序法译出，来源：www.diputados.gob.mx/leyesBiblto/index.htm）

（刘柳、靳呈伟 译　靳呈伟 校）

革命制度党章程

第一篇 党的性质、宗旨和构成

第一章 党的性质

第一条 革命制度党是人民的、民主的、进步的和包容的全国性政党,以推进社会事业、维护国家最高利益为己任,秉承墨西哥革命原则精神并遵循其蕴含在宪法中的思想内容,是当代社会民主党阵营的一分子。

第二条 革命制度党根据宪法、联邦各州(联邦区)政治规章及法律的有关规定建立和组织。

第三条 革命制度党致力于推动广大城乡劳动阶层、体力和脑力劳动者和由青年人、男人、妇女、老年人、残疾人、土著组成的团体组织以主导和积极的姿态参与到墨西哥的各项社会事务中。政治社会行动的常态化,有助于强化国家社会基础。

党由社会联盟组织和公民个体组成。自党创立以来,多种民主社会组织构成了党的农民部、工人部和人民部;公民或单独或聚集在全国组织和附属组织。这些组织是维护与墨西哥革命诸要求相一致的行动纲领与原则的平台。

党致力于推动居住在国外的墨西哥人作为国家的一员参政,并强调他们在国家政治、经济、社会和文化生活中的重要性。

第四条 革命制度党是一个内部不断变化、面向全民的政党。通过整合有远见的建议和长期战略,将继续预测和调整其计划、纲领和行动,使之适应当代世界的快速变化,成为21世纪的先锋党派。

第五条 象征和辨别党的党徽及颜色如下：

一个圆圈垂直分为三部分，从左至右分别为醒目的绿色、白色和红色，最左部分和最右部分位于灰色背景中，中间部分位于白色背景中。绿色部分印有白色字母"P"，白色部分印有黑色字母"R"，红色部分印有白色字母"I"。字母"R"的水平位置应该比另外两个字母的水平位置高。

革命制度党的口号是"民主与社会正义"。

党的组织机构和公职候选人须使用党徽、颜色和口号。部门、组织和党员想将党徽、颜色和口号用于特定用途，只有经全国执行委员会或者州（联邦区）、市或区领导委员会的明确许可，方可将其用于非营利用途。

全国执行委员会将通过汇集的有关申请终止未获得上述许可的不当使用。

唯有全国代表大会有权批准改动党徽、颜色或口号。

第六条 在始终保持自身绝对独立性的同时，革命制度党乐于在宪法、选举法和本章程有关规定的范围内，同先进的单位、组织和国外政党签署合作协议，开展政治交流。

第七条 依据宪法、联邦各州政治规章、联邦区基本法及相关法律，党可与其他政党组成统一阵线、联盟，或推举共同候选人，也可与全国性政治团体和其他组织签署参与选举协议。为符合各联邦机关规定，相应的州（联邦区）领导委员会主席应申请全国执行委员会批准。

执行上述操作时，应严格遵照本章程第一百六十七条和第一百六十八条的规定，保障两性平等。

第八条 在同其他政党或政治团体达成联盟、参选协议或任何须经全国政治委员会批准的联合组织时，应遵照以下程序。

第一项 当涉及选举总统、以相对多数原则选举联邦参议员和众议员时，全国执行委员会主席应根据关于联盟登记的法律所规定的时间，将结盟情况报请全国政治委员会批准。

第二项 当涉及以比例代表制原则选举参议员和众议员时，全国执行委员会应向全国政治委员会提交结盟申请并获得其同意。

第九条 在与其他政党或政治团体结成联盟、推举共同候选人、达成参选协议或任何根据本章程规定须经州（联邦区）政治委员会批准的联合组织时，应遵守以下规定：

第一项 当涉及选举州长或州政府领导、以相对多数原则选举地方议员、选举市政府领导、以相对多数原则选举联邦区立法会代表及区领导时，事先经全国执行委员会的许可，州（联邦区）领导委员会应向相应政治委员会提交关于结盟或提名共同候选人的申请，由相应政治委员会讨论并在适当情况下批准。

第二项 当选举需要时，各州（联邦区）政治委员会应听从市或区政治委员会的意见。

第三项 当涉及为比例代表制选举而结盟时，不论是地方众议员选举还是联邦区立法大会选举，事先经全国执行委员会的许可，州（联邦区）领导委员会应直接向相应政治委员会提交申请，以获得同意和批准。

第四项 当涉及所有关于州民选职位的结盟或推举共同候选人时，每个州（联邦区）领导委员会都应根据相应选举法规定的期限和程序进行操作。

第二章 党的宗旨

第十条 党通过民主实践，推进墨西哥政治体制的完善；通过自由、直接、无记名、个人和不可转让的普选，使公权真实表达多数民众的意愿。在选举中，拒绝任何篡改、隐瞒或取消公民表达意愿的行动、实践或许可。

第十一条 除宪法规定的之外，革命制度党还具有以下宗旨：
第一项 以民主方式获取公共权力。
第二项 为落实有关基本文件，以民主方式争取、运用和保持权力。
第三项 监督、督促联邦或地方公权部门成员履行民主责任，在宪法和法律规定的范围内运用权力造福墨西哥人民。
第四项 倾听、汇集民众理由、言论、观点和愿望，使其诉求在公共政策中得到体现。

第五项 制定培养党员及党的同情者政治、思想和选举能力的长期方案。

第六项 作为以上补充的其他宗旨。

第三章 内部规范

第十二条 革命制度党遵守党的原则宣言、行动纲领、章程及全国代表大会和全国政治委员会决议中所包括的原则和规范。

第十三条 所有党员、党的组织和部门均应遵守上一条所提及的原则和规范。

第十四条 在获得与会代表多数票的情况下，全国代表大会有权修正或补充党的基本文件。

在必要合理情况下，经其在场成员的三分之二投票通过以及经大多数州（联邦区）政治委员会的同意，全国政治委员会可修正或补充党章（党章第一篇除外）、党的行动纲领和道德行为准则。

因法律改革或选举机构的决议而需修改党的规章时，全国政治委员会常委会可遵照规定，通过简单多数进行相应调整。相关修正或补充须通报全国政治委员会。

第十五条 上条所提及的补充和修正应根据法律规定通知选举机关。

第十六条 为使党员更好地行使权利、履行义务，由全国政治委员会常委会发布以下规章：

第一项 全国政治委员会条例。

第二项 党的全国、州（联邦区）司法委员会条例。

第三项 激励和表扬条例。

第四项 惩处条例。

第五项 全国内部程序委员会内部条例。

第六项 领导人选举和候选人推选条例。

第七项 申诉条例。

第八项　全国党费结构条例。

第九项　附属组织条例。

第十项　筹资总决议。

第十一项　其他必要规章。

制定道德行为准则是全国政治委员会的权能。

第十七条　全国政治委员会决定关于制定和批准以及修正和补充这些规章的程序。

经全国政治委员会三分之二委员出席并以绝对多数票通过，同时得到大多数州（联邦区）政治委员会同意，对这些规章的修正或补充方能生效。

投票均实行记名投票制，当票数持平时，政治委员会主席有决定票。

第十八条　全国政治委员会主席和其他委员、州（联邦区）政治委员会主席和其他委员有权提出修正和补充党的内部规章的建议。

所做的修正或补充会发表在党刊《共和国》及其网站上。

第十九条　任何修正或补充倡议均须获得全国政治委员会的批准。

第二十条　在党的诸规章的基础上，全国政治委员会批准用于规范党及党员活动的选举计划、方案和纲领。

第二十一条　符合相关法律法规的规定，党的基本文件及对其的修正或补充方能生效，并应发表在党刊上。

第四章　党的组成

第二十二条　革命制度党由墨西哥男女公民组成，认同党的基本文件的公民个体可自由入党。党员个体能自由加入党的各部门、全国组织机构和附属组织。

第一节　党员

第二十三条　根据其所开展的活动和职责，党员分为以下几类：

第一款　普通党员，即享有充分政治权利并入党的男女公民。

第二款　骨干党员,即系统、规范地履行其义务的党员。

第三款　干部,具有特定身份、政治影响的党员。

第一项　曾在党、党内部门、全国机构和附属组织中担任领导职务。

第二项　曾是党的公职候选人或候补候选人。

第三项　是或曾是党的代表,或党派驻联邦、州、市和区选举机构和投票站的代表。

第四项　毕业于党的政治能力培训机构或党的各部门、全国机构和附属组织的专业中心,并曾任党委员。

第五项　在党的不同领导部门或各级组织内担任或曾担任职务并承担政治责任。

第六项　正式、有规律地参与所在选区的党的候选人的选举活动。

第七项　曾参与党的代表大会和会议。

第八项　基金会、专业机构的现任及前任领导人。

第四款　领导人。

第一项　本章程第六十四条第一、二、六、七项涉及的审议领导机构成员。

第二项　本章程第六十四条第三、十项涉及的执行领导机构成员。

第三项　本章程第六十四条第四、五、九项涉及的司法机构成员。

第四项　本章程第六十四条第十一项和第五十三条第二项涉及的各地代表机构成员。

党应向有关当局注册登记各执行领导机构的成员。

在遵照法律关于行使政治权利的特殊规定与限制以及本章程的例外规定的同时,确保党员权利义务平等。

党员之间的关系受相应权利义务平等原则规范。

第二十四条　上条所列的各类党员之外,关注党的纲领、参与党的活动的非党员公民,党视其为同情者。

党的同情者享有以下权利:

第一项　申请入党。

第二项　享有党的各种计划方案中的社会、文化和休闲福利。

第三项　在相关通知许可的情况下，在推选党的候选人或领导时行使投票权。

第二节　党的各部门

第二十五条　党的部门架构由党的农民部、工人部和人民部的组织构成。

在实现自身目标方面，这些组织保持其内部自主性、领导权和纪律。其成员同时也是党的成员，应在党的组织框架内、遵循党的规章采取政治行动。

第二十六条　农民部、工人部和人民部是党社会整合的基础，展现其组织的阶级特色，维护个体成员利益和目标的充分一致，促进成员在社会上团结一致，为其经济和社会利益而奋斗，高效完成政治任务，提高思想修养，以加强其对适应社会转型需要历史职责的认识。

党的各部门应以构成其组织基础的经济和社会单位为中心，深化和拓展党的行动，并与通过党的组织开展的行动协调一致。

第二十七条　各部门和组织可在不违反党的现行规章规定的情况下结盟和实施共同战略。

第二十八条　农民部由曾在历史上拥护党以及未来会入党的农民组织构成，维持积极持续的政策，优先关注社会民生事业。

第二十九条　工人部由曾在历史上拥护党以及未来会入党的工人组织构成，维持积极持续的政策，优先关注社会民生事业。

第三十条　人民部由曾在历史上拥护党以及未来会入党的、涉及人民共同利益的公民组织构成，维持积极持续的政策，优先关注社会民生事业。

第三节　全国组织机构和附属组织机构

第三十一条　不论是由个人还是偶尔由其他组织构成的组织，履行有效规范，拥护和宣布遵守党的基本文件，符合以下要求，方可成为党的组成部分。

第一项 拥有不少于三千人的成员（包括党员、支持者在内）和全国性领导机构，至少在七个州有代表处，除非是章程另有规定的情况。

第二项 拥有与党的基本文件一致的基本文件和有别于任何其他组织或政党的名称。

注册申请应提交全国执行委员会组织秘书，并提供符合第五十四条规定的党员名单以及用于规范其组织、活动和目标的文件，以证明同党的基本文件和规范中的路线与规定保持一致。

不再满足注册要求的附属组织，丧失注册资格。

第三十二条 根据与其有关的公民和阶级的主要特性，附属组织归入党的不同部门。

第三十三条 党通过下列行动支持附属组织：

第一项 促进共同目标的实现。

第二项 应其申请支持其维权斗争。

第三项 协调其参加支持党执掌的公职机构的活动。

党协调附属组织参加支持党执掌的公职机构的活动，通过民主程序提拔其成员担任领导、出任公职，评估他们的信念、党内身份和党内工作。

第三十四条 党的组织机构享有以下权利：

第一项 根据其个体党员数量，在代表大会、政治委员会和会议按比例占有席位。

第二项 根据党的规章，在党内程序中提名领导干部和民众代表的候选人。

第三项 参与领导干部和候选人选举。

第三十五条 党的组织机构履行以下义务：

第一项 发展注册党员。

第二项 推荐党员代表和积极分子参与选举程序。

第三项 促进其成员独立、自愿入党，准时、及时清点本机构党员。

第四项 在培训和政治发展学院与科洛西奥基金会的帮助下长期培训

其成员。

第五项 服从和宣传包含在党的基本文件和本章程第十六条所涉规章中的原则。

第六项 支付党费。

第四节 妇 女

第三十六条 党内妇女应加入一个名为革命制度党妇女全国组织的全国唯一组织机构。该机构由其基本文件规范，由党的各部门、组织机构和公民团体中的女性组成，遵循自由、自愿、独立加入的原则。

革命制度党妇女全国组织应在基本文件中规定它同党之间的联系。其内部规定不能违背党的原则。在自主权不受损的前提下，革命制度党妇女全国组织的领导机制和方式的革新须经党审查。

通过全国、州（联邦区）、市和区级民主选举产生的革命制度党妇女全国组织的领导是相应委员会的成员，与党的各部门享有同等代表权。

第三十七条 全国、州（联邦区）、市和区各级委员会的领导职位，同一性别成员人数的最大比例为百分之五十。

第三十八条 不论在什么情况下，在根据比例代表原则产生并报联邦选举登记的党的全国和地区公职候选人名单中，同一性别人数的最大比例为百分之五十。这一规定同样适用于遵照相关适用规章、根据比例代表原则产生的州公职候选人名单。

第三十九条 由十个候选人组成的每个小组，均须遵守上条所述原则，并确保按一比一的比例分配两性名额。

第四十条 党为市政选举登记的候选人名单，不论是正式候选人或候补候选人，同一性别人数的最大比例为百分之五十。依据风俗习惯管理的市及由全体党员协商的除外。每三个职位中某一性别最少占一席。

第四十一条 各部门、全国组织机构和附属组织递交提案时应遵守以上几条所涉原则。

第四十二条 在按照相对多数原则举行的联邦和州选举中，根据平等原则，党将推动同一性别正式候选人提名最大比例为百分之五十的工作，由全体党员协商的情况除外。

党将保障候补候选人中两性数量相同。

第五节 青 年

第四十三条 革命青年阵线是一个全国性组织，是青年人参与党的政治行动的媒介。革命青年阵线的基本文件规范其行动和发展，规定其与党的联系；其内部规定不能违背党的原则。革命青年阵线由其在联邦各州（联邦区）的分支、各部门青年组织（青年工人组织联合会、农民青年先锋、革命人民青年、地方青年）、革命青年阵线全国附属组织、未来加入该机构的组织机构以及自由、自愿、独立加入该机构的青年人组成。

根据本条规定，革命青年阵线在联邦各州（联邦区）、市和区建立组织。

第四十四条 革命青年阵线具有如下宗旨：

第一项 有强烈责任感、有目的性地投入墨西哥人民为推动民主与社会正义不断发展的奋斗中。

第二项 推动制定满足墨西哥青年人需求的公共政策。

第三项 晋升领导职务和公职。

第四项 推动党的政治和选举工作。

第五项 支持党的政治选举活动。

第六项 鼓励青年人入党、参与党的政治活动。

第七项 推动青年人参加党务工作。

第八项 鼓励青年人参与向群众提供支持的社会服务。

第四十五条 党将根据比例原则吸收青年人担任领导职务和公职候选人。

在全国、州（联邦区）、市、区各级机构的领导职务中，青年所占比例不少于三分之一。

在根据相对多数原则举行的联邦、州（联邦区）、市和区的选举中，党应推动青年人成为正式候选人，青年候选人的比例不少于所有候选人的百分之三十；同时，党应保证吸收青年人成为候补候选人，所占比例不少于百分之三十。

党在联邦、州（联邦区）选举中注册的根据比例代表制产生的全国、州（联邦区）公职候选人的多名制名单，须有比例不少于百分之三十的青年人作为正式候选人和候补候选人。

党注册的市政府选举成员名单，须有比例不少于百分之三十的青年人作为正式候选人和候补候选人。

第四十六条 党向青年人承诺：

第一项 鼓励他们发表社会、政治和文化见解。

第二项 支持他们通过社会服务联系群众。

第三项 培养青年政治家并推动其接受教育。

第四项 引导加入党组织的青年人在培训和政治发展学院及科洛西奥基金会接受政治和思想培训。

第五项 促进其进步，使其能晋升到领导岗位或担任公职。

第四十七条 在现行规章允许的范围内，革命青年阵线拥有充分自主权，可自由、民主地决定其领导机构的组成与内部运作。在自主权不受损的情况下，其领导机制和方式的革新须经革命制度党审查。

关于革命青年阵线领导的年龄，阵线的基本文件应该做出相应规定，年龄应不超过二十九岁。

担任党的领导职务和公职的青年人，年龄应不超过三十五岁。

第六节 全国革命团结联合会

第四十八条 全国革命团结联合会像一个委员会，由党的各级领导、联合会成员和联合会尊重的成员组成，他们将保证维护党的原则，尤其是墨西哥革命原则。

联合会的口号是："革命团结，革命在当下。"

第四十九条 联合会具有以下职责：

第一项 维护、学习和传播墨西哥革命原则。

第二项 编辑关于墨西哥革命的书籍，成立相关图书馆，倡议建立墨西哥革命学习和传播中心。

第三项 与各部门、全国组织机构和附属组织以及党的专门机构合作，推动举办关于墨西哥革命原则的周期性会议、周期性学习、论坛和其他文化活动。

第七节　企业家政治学院

第五十条 企业家政治学院由民族企业家组成，认同党的思想理念，党认可其入党申请。

第八节　地方机构

第五十一条 地方机构由聚集个体党员的分区委员会组成，每个分区根据单名制选区划分。

分区委员会是党的基本单位，组织和领导党员的政治行为和选举活动。

分区委员会是政治文化生活、选举活动、引导人民成长、创立并扩大党员与同情者圈子的创新、活跃中心。它推动、领导和协调党的基本活动及支持各部门组织机构的行动。

每个部门将根据其注册的个体党员比例，设有前文所述机构。

第五十二条 普通党员、骨干党员、同情者和党的干部应支持其住所所在地分区委员会的行动，增进委员会的向心力，向相应市或区委员会汇报其关系和活动。

第九节　地方运动

第五十三条 地方运动是一种全国自治的、具有自己章程的机构，其活动重点是了解居住在城市地区的人群的需求，目标是推动和引导社区参与提升其生活质量。

地方运动创立自基层委员会，包括至少五名成员及支持者；其主要功能是支持当地党的领导和政治活动。

作为具有共同利益和新社会事业主体（可包括各类部门）的地方共同体行动，通过对应级别的领导层与党的执行机构进行联系和协调。

地方运动的行动应同街道、区、市、州（联邦区）和全国的机构相协调，以使其各个分支组织完成现行规章要求其应完成的政治社会活动。

第五章　入党机制

第五十四条　根据宪法、现行选举法和本章程，自由独立地表达其入党的意愿、声明拥护党的思想、赞同党的基本文件的墨西哥男女公民均可加入革命制度党。

第五十五条　申请人可通过住所所属街道、相应的区、市、州（联邦区）或全国委员会、特设的流动或临时站点以及因特网入党，上述机构应报告党的上级机构登记，告知加入者其所属街道委员会及开展政治和选举活动的领域。

一旦入党，党将向其颁发证明党员身份的党员资格证和文件。

在曾自愿退党或来自其他政党的新进党员结束思想培训后，相应的司法委员会出一份相关告示。

党的各级领导应坚持吸纳党员和授予党员资格的长期方案。

第五十六条　新进党员应同党建立积极的、思想和纲领性联系，遵守党的基本文件。

新进个体党员可根据其利益和需求申请加入党的部门或组织。

党员参与党的政治管理活动不是建立在劳动关系上。

第二篇 保障、权利和义务

第一章 党员的保障和权利

第五十七条 革命制度党党员享有以下保障：

第一项 在尊重其他党员和团结的范围内，党内口头和书面表达的自由。

第二项 对修正或补充党的基本文件和规章提出批评和建议的自由。

第三项 保障可出席党的组织或部门领导审理会听审。

第四项 党内平等，即可在平等环境中享有平等机会运用法律、党的基本文件和本章程第十六条所列规章所规定的权利和履行所规定的义务。

第五项 可加入符合其利益和社会事业的部门、地方运动或组织。

第六项 被登记在党员名册及培训记录、全国和州的档案、党费交纳记录中。

第五十八条 革命制度党党员拥有以下权利：

第一项 通过参与党的业务取得政治成就。

第二项 以符合法律和章程规定为前提，竞选公职。

第三项 以符合法律和章程规定为前提，成为党的领导干部。

第四项 运用法律和章程，对法律和章程中的许可、规定和决定提出异议。

第五项 根据相应范围和本章程及相关公告规定的程序，参与党内选举领导干部和推选公职候选人的进程并投票。

第六项 接受政治能力培训和思想培训。

第七项 提交关于党的宗旨和活动的倡议、项目、方案和建议，参与相应负责组织机构的商议。

第八项 向有关组织机构提交反驳惩处的上诉。

第九项 申请司法委员会调查涉嫌违反党的基本文件的行为。

第十项 本章程赋予的其他权利。

第二章 党员的义务

第一节 普通党员

第五十九条 党的普通党员有以下义务：

第一项 认同、遵守和推动党的基本文件。

第二项 依照《全国党费结构条例》按时交纳党费。

第三项 支持党在其住所所属街道选区开展的政治和选举工作。

第四项 接受党的指定，担任驻投票站代表。

第五项 根据本章程、相关条例和公告的规范和程序，参与党内选举领导干部和推选公职候选人的进程并投票。

第二节 干 部

第六十条 除上一条所述义务外，党的干部还有以下义务：

第一项 同党组织保持积极、长期的关系，支持发展和实现党组织的任务和目标，贡献自身的经验知识，当党需要时协助党开展活动。

第二项 确保在履行自身职责时符合《行动纲领》和竞选纲领。

第三项 根据《行动纲领》和竞选纲领，规范其管理工作。

第四项 公开声明其党员身份和党员职责，在其管理工作中维护社区的一般利益。

第五项 在其参与的选举活动中促进维护党的利益。

第六项 在其社区推动和宣传党的基本文件，加强党员团结。

第七项 保持行为正直和公务员素质，为提升党的形象做贡献。

第八项 中高层公共行政和民选职务人员，除上述义务外，还有以下义务。

第一目 将月工资的百分之五作为党费上交给党，形式如下：主席、理事、市议员和公务员或选区领导和公务员，上交给相应市和选区委员会；政府官员或领袖、地方众议员和州（联邦区）政府公务员，上交给相应州（联邦区）领导委员会；共和国总统、参议员、联邦众议员和联邦公务员，上交给全国执行委员会。

连续三次违反本规定者，依照本章程第二百二十五条第三项，将直接受到纪律处分。

第二目　根据情况向党的领导机关及其代表处递交关于公共事务的汇报材料。

第九项　各委员会主席、财务秘书、民选公职预候选人和候选人是因资源管理不善和面向选举机构的不良支出导致的债务和罚单的连带责任人。

第三节　领导人

第六十一条　除上述义务外，党的领导人还有以下义务：

第一项　推动和监督严格执行党的基本文件和本章程第十六条所述规章。

第二项　处理相应政治委员会和司法委员会的申请。

第三项　按照相关规章和手续，根据党员申请，听取和处理党员的要求。

第四项　以法律和政治方式维护党的选举成果。

第五项　指定社区访问方案。

第六项　回避担任革命制度党之外的其他政党执掌的政府的职务、职位或委托，工会成员、竞选和民选公务员以及学术性质工作除外。

第七项　由其职务和党的基本文件衍生的其他义务。

第六十二条　政治委员会和司法委员会应监督本章所述党员义务的完成情况。

第六十三条　出现以下情况将丧失党员资格：

第一项　加入其他政党。

第二项　接受被其他政党提名为候选人，本章程规定的联盟情况除外。

第三项　退出党在其所属立法机关或市政机关的议会团体。

第四项　公开支持其他政党候选人或为其拉票，本章程规定的联盟情况除外。

由相应司法委员会发布相关告示。

第三篇　党的组织和领导

第一章　全国和地方组织机构

第六十四条　党的领导机关为：

第一项　全国代表大会。

第二项　全国政治委员会。

第三项　全国执行委员会。

第四项　全国司法委员会。

第五项　全国党员权利保护委员会。

第六项　州（联邦区）、市、区和分区代表大会。

第七项　州（联邦区）、市和区政治委员会。

第八项　州（联邦区）司法委员会。

第九项　州（联邦区）党员权利保护委员会。

第十项　州（联邦区）、市或区领导委员会。

第十一项　分区委员会。

第一节　全国代表大会

第六十五条　全国代表大会是党的最高权力机构，其构成如下：

第一项　全国政治委员会全体成员。

第二项　全国执行委员会全体成员。

第三项　各州和联邦区领导委员会全体成员。

第四项　市和区委员会主席，人数应少于分区委员会主席。

第五项　分区委员会主席，人数依照公告规定。

第六项　党的联邦国会议员。

第七项　每个州（联邦区）两名地方众议员代表。

第八项　市主席，人数和比例由相关公告规定。

第九项　市公务员和其他党派政府的市政会议成员，人数和比例由相关公告规定。

第十项　党的专业机构和全国组织的代表，人数由相应公告规定，根据个体党员数量按比例配到以下组织部门：

第一目　农民部。

第二目　工人部。

第三目　人民部。

第四目　地方运动。

第五目　革命制度党妇女全国组织。

第六目　革命青年阵线。

第七目　科洛西奥基金会。

第八目　培训和政治发展学院。

第九目　经过全国登记的附属组织。

第十目　全国革命团结联合会。

第十一项　市或区代表大会民主选举出的代表，应至少占全国代表大会代表总数的三分之一。

选举代表的过程中应保证两性平等和纳入青年（确保其占总数的三分之一）。党应促进残疾人、老人和移民的参与。

第六十六条　由一个领导委员会协调全国代表大会的工作，其构成如下：

第一项　一名主席，由全国执行委员会主席担任。

第二项　一名秘书，由全国执行委员会秘书长担任。

第三项　若干副主席、副秘书和成员，由公告和代表大会全体选举决定。

第六十七条　全国代表大会依照全国政治委员会发布的意见和全国执

行委员会的相关公告每三年举办一次。因不可抗力或选举相关事宜，全国政治委员会常委会可批准延缓全国代表大会的召开时间，最长不得超过十八个月。

"选举相关事宜指全国执行委员会或全国政治委员会正处于内部变革或国家三权中任一权力变革的大选正在进行的情况。"

任何情况下，全国代表大会应自市和区代表大会自下而上召开，层层商议和选举代表。

全国代表大会可根据全国政治委员会的要求召开非常规会议，处理相关公告明示的事务。

第六十八条 全国代表大会的权限包括以下内容：

第一项 发布和修正本章程第十四条所涉及的党的基本文件。

第二项 了解政治和选举形势，制定党的行动政策和路线。

第三项 必要时推选全国执行委员会主席和秘书长。

第四项 分析全国形势、公共权力机构党员的表现以及革命制度党议员和公务员履行《原则宣言》《行动纲领》、党章和《道德行为准则》规定职责的情况。

第五项 提出政治、经济和社会领域的路线方针，以更好地执行党的原则和纲领，推动国家发展和革命事业，为迈向民主和社会正义的社会而奋斗。

第六项 审阅和批准全国政治委员会的活动汇报材料。

第七项 根据相关公告规定的由其负责的与党的一般利益相关的事务，以及经多数投票通过的待商议事务。

第二节 全国政治委员会

第六十九条 全国政治委员会是由多人组成的常设领导商议机关，受全国代表大会领导，是党最关键的力量，根据本章程负责进行政治规划、决策和评估。

全国政治委员会是靠拢和联系党的领导人、干部和党员的领导机关，促进党的行动团结，不涉及团体和个人利益。

全国政治委员会不具备执行权。

第七十条 全国政治委员会的组成如下：

第一项 全国执行委员会主席和秘书长。

第二项 全国执行委员会前主席。

第三项 州（联邦区）领导委员会主席。

第四项 每个州（联邦区）一名市委员会主席和一名区委员会主席。

第五项 联邦参议员和众议员的三分之一，抽签或选举产生，任期一年，两院议员轮值，这些议员须包括相关协调员。

第六项 每州两名地方众议员，同级选举产生。

第七项 担任州长的革命制度党党员。

第八项 每州（联邦区）一名市主席和区领导，同级选举产生。

第九项 十名科洛西奥基金会委员。

第十项 十名培训和政治发展学院委员。

第十一项 三名残疾人组织代表和三名老年组织代表，由相应专门委员会提名。

第十二项 各部门和组织民主选举出的代表包括：

第一目 五十名农民部委员。

第二目 五十名工人部委员。

第三目 五十名人民部委员。

第四目 五十名地方运动委员。

第五目 五十名革命制度党妇女全国组织委员。

第六目 五十名革命青年阵线委员。

第七目 五名全国革命团结联合会委员。

第八目 五名全国"格拉尔·莱安德罗·巴列"革命联合会委员。

第九目 每个经全国注册的附属组织的三名委员。

第十三项 每个州（联邦区）通过直接和无记名投票民主选举出十五名委员，共计四百八十名委员，十五人中应包含至少一名分区委员会主席。

在选举委员的过程中须兼顾两性平等,且青年至少占三分之一。

第七十一条 全国政治委员会有一个领导委员会,组成如下:

第一项 一名主席,为全国执行委员会主席。

第二项 一名秘书,为全国执行委员会秘书长,当主席缺席时代理主席。

第三项 十名副主席。

第一目 得到全国执行委员会认可的由联邦众议员、参议员和地方议员担任的立法行动协调人。

第二目 得到全国执行委员会认可的农民部、工人部和人民部协调人。

第三目 得到全国执行委员会认可的地方运动、革命制度党妇女全国组织和革命青年阵线的协调人。

第四目 墨西哥全国市政联合会领导人。

第四项 理事会技术秘书,当秘书缺席时代理。

第七十二条 全国政治委员会依据其规章,选举一名成员为技术秘书,任期三年,其职权依照有关规章的规定。

第七十三条 全国政治委员会成员任期三年。州长任期至其卸任为止。

每名委员均被指派一名候补。

议员任期依据第七十条第五项规定。

第七十四条 地方众议员和联邦区议会众议员须得到议会团体协调人的认可;党的全国性组织的代表须根据各自章程民主选举产生。州、联邦区、市和区政治委员会的组成遵照同样的程序。

第七十五条 全国政治委员会根据相关公告召开公开或内部会议,分为全体会议和委员会议。根据有关章程,全体会议每年召开常规会议,根据需要召开次数不定的非常规会议,委员会议每月召开。

第七十六条 全体会议须有大部分成员和主席出席,其决议由出席委员多数票表决通过。委员会议实行同样操作。

当主席因偶然因素或不可抗力缺席，由秘书长代理；当主席和秘书长均缺席，由具有优先权的副主席和技术秘书共同主持会议。

第七十七条 全国政治委员会委员组建以下委员会：

第一项 政治常务委员会。

第二项 财务委员会。

第三项 预算监督委员会。

第四项 强力支持和动员委员会。

第五项 公开透明委员会。

第六项 选举委员会。

第七项 技术支持委员会及问题和意见委员会。

本条所涉及委员会的管理遵照本章程和全国政治委员会条例的规定。

第七十八条 上条各委员会的组成依据：

第一项 政治常务委员会由全国政治委员会主席、秘书长和技术秘书主持，由全国政治委员会全体选出百分之十五委员组成，其中至少包括三分之一的州（和联邦区）领导委员会主席，尽力遵守全国政治委员会组成比例和条件，由同级提名产生。

政治常务委员会每季度召开一次会议，必要时召开非常规会议处理专门事务。该委员会包括内务、经济政策、行动纲领和财务委员会。

第二项 预算监督委员会由一名主席、一名秘书和全国政治委员会全体推选的委员组成。

第三项 财政委员会由一名主席、一名秘书和全国政治委员会全体推选的委员组成。

第四项 问题和意见委员会由全国政治委员会内部条例规定的一定数量的委员组成，由他们推选出任期一年的主席和秘书各一名。

第七十九条 上述全国政治委员会委员组建的委员会具有以下职权：

第一项 政治常务委员会在两个常规会议期间行使全国政治委员会全部职权，并向全国政治委员会全体汇报批准的事项和理由，审查州或联邦区政治委员会通过的候选人推选程序，根据本章程第十四条第三段规定修改党的章程。

第二项 财务委员会负责批准和审核党的活动筹资方案。

第三项 预算监督委员会制定须由全体会议批准的党的年度预算方案，监督和控制党的资金来源和使用。

第一目 年度预算应指定将联邦选举委员会交给党的公共资助的至少百分之二用于《联邦选举制度和程序法》第七十八条第一款第四项第一目所述的活动，指定将用于日常活动的公共资助的百分之二用于妇女政治领导的培训、提升和发展，并按照以下标准将剩余公共资金的百分之五十分配给各州和联邦区的领导委员会：

1. 选举优势。
2. 选举组成、选区数和选民情况。
3. 地理情况，例如选民分布情况和交通概况。
4. 地方选举法允许的特别收入额。
5. 根据适用法律的规定，州或联邦区秘密筹资方案所应筹得的资金比例。
6. 在上一次全国或地方选举中获得的平均票数。
7. 应考虑为常规实施方案和特殊实施方案做必要准备。
8. 研究、教育、政治培训、传播和出版的方案以及社会选举和公共舆论的研究。

第二目 协调全国政治委员会选出的审计长履行职责，其职责如下：

1. 监督公共和秘密筹资所得资金依据适用规定有效率、有效果、如实地管理和运用，以达到指定目标和在改善管理的过程中起领头作用。
2. 依据适用规定，建立和运行审核党的资金来源和用途的系统。
3. 监督合理执行联邦选举委员会发布的筹资规定。
4. 监督使预选活动和竞选活动资金的筹集和使用符合现有规定，且不超过每次选举的最高限额。
5. 根据全国政治委员会和预算监督委员会批准的方案听审和修正，发布建议并对建议进行跟进，发布相关预防和改正措施。

6. 监督使党的行政管理单位计划和执行的工作方案符合现行路线和相关目标。

7. 监督和促进经济、有效率和有效果地管理和使用财务、人力和物质资源，并符合有效规范性框架。

8. 协助行政管理和财务秘书处发布关于行政管理的操作手册和程序，尤其是关于行政事项的规范和指导。

9. 依照其业务，为党的行政管理职责领域提供支持和咨询，以创建内部控制系统。

10. 干预党的行政管理职责领域的交收和关于工程和服务合同的招标。

11. 审核民选职务代表履行资产方面的义务的情况。

12. 向全国政治委员会提交审计结果和整改报告。

第四项　问题和意见委员会具有全国政治委员会条例赋予的职权。

第八十条　委员任职时向全国政治委员会全体宣誓遵守章程。

第八十一条　全国政治委员会具有以下职权：

第一项　决定党的行动，维持墨西哥革命历史计划的有效性。

第二项　发布关于实现党的基本文件规定的宗旨、目标和目的的决议。

第三项　监督全国代表大会决议的执行，发布总意见和总方针。

第四项　批准有关政治斗争、稳固党的政治权力地位、保证内部团结和规范工作组织的计划和方案。

第五项　审批通过党参与的联邦选举的竞选纲领，竞选纲领应呈交给联邦选举委员会。

第六项　确定党的立场，提出针对重大全国问题应采取的战略和策略。

第七项　了解和批准关于同友好党派签署组建联合会、阵线、联盟和其他形式合作协议的建议。

第八项　分析党的各组织和部门的安排和要求，发布相关批复。

第九项　围绕选举战略，把部门组织的工作同地方工作联系起来。

第十项　根据相应规章，以成员多数投票通过的形式召开全国代表大会，确定全国代表大会的组成方式。

第十一项　根据相应决议，授权全国执行委员会发布全国代表大会召开公告。

第十二项　选择第一百八十一条所述程序提名联邦民选公职候选人，授权全国执行委员会签发相应公告。

第十三项　监督其成员根据第七十、七十三、七十四条和其他相关条款开展选举进程，在适当情况下根据本章程批准撤销职务。

第十四项　接收全国执行委员会主席、秘书长或两者的辞呈，并在适当情况下予以批准。

第十五项　在全国执行委员会主席、秘书长或两者缺席的情况下，根据第一百六十四条挑选其缺席期间的替代人选。

第十六项　通过全国政治委员会和全国执行委员会的内部条例。

第十七项　于第一季度批准预算监督委员会请示的预算计划和全国执行委员会主席请示的年度工作方案。

第十八项　于第一季度了解并在适当情况下批准全国执行委员会的年度业务报告，报告中应有一章关于党的财政来源和使用。

第十九项　根据各个事项的适合条件和合理理由，授权党的不动产的转让或纳税。

第二十项　在宪法和相关法律允许的范围内，根据全国政治委员会的决定，召集担任公务员或议员的委员报告管理情况。

第二十一项　在合理情况下，经出席委员三分之一票数通过，经多数州和联邦区政治委员会委员的同意，修正或补充《行动纲领》、本章程（第一篇除外）和《道德行为准则》。

第二十二项　批准培训和政治发展学院的全国培训计划和年度工作方案。

第二十三项　要求州和联邦区政治委员会制定行动策略，发布指导方针，注意其行动策略应同《行动纲领》保持一致。

第二十四项　了解和根据情况批准年度政治、经济和社会调研方案，关注本章程规定的由科洛西奥基金会负责的教学、研究和传播任务。

第二十五项　从全国执行委员会主席建议的三人中选任审计长。

第二十六项　依照本章程第七十九条第三项第一目的规定，监督将公共资助的百分之五十分配给各州和联邦区领导委员会。

第二十七项　了解、分析和根据情况对党的两院议会分支协调人定期适时呈交的关于立法日程的优先专题和特别协议提出建议。

第二十八项　根据本章程第一百五十七条的规定，参考全国执行委员会主席的建议，选任全国内部程序委员会成员。

第二十九项　参考全国执行委员会主席和秘书长的建议，批准对全国司法委员会成员的任命。

第三十项　参考全国执行委员会主席的建议，选任全国政治形象和传播委员会成员。

第三十一项　从全国执行委员会主席建议的三个人选中选任全国党员权利保护委员会主席。

第三十二项　了解和批准党的全国形象和传播计划。

第三十三项　了解和根据情况批准党全国出版和传播委员会呈交的年度出版方案。

第三十四项　本章程规定的其他职权。

本条第十、十一、十二、十五、十六、十七、十八、十九、二十八、二十九和三十一项规定的职权为全国政治委员会全体会议独有。

第八十二条　全国政治委员会主席具有以下职权：

第一项　主持全国政治委员会会议。

第二项　召开全国政治委员会常规和非常规会议。

第三项　向全国政治委员会委员组成的各委员会通报其职权内事务。

第四项　主持政治常务委员会。

第五项　向全体委员作季度报告。

第六项　本章程规定的其他职权。

第三节 全国执行委员会

第八十三条 全国执行委员会是党在全国的政治代表和领导,开展由全国政治委员会批准的全国政治运作方案的协调和联络工作。

第八十四条 全国执行委员会的组成如下:

第一项 一名主席。

第二项 一名秘书长。

第三项 一名组织秘书。

第四项 一名选举行动秘书。

第五项 一名社会管理秘书。

第六项 一名财务秘书。

第七项 一名行政秘书。

第八项 第九十四条(乙)提到的秘书。

第九项 一名土著行动秘书。

第十项 三名立法协调员,其中一名协调联邦众议员,一名协调参议员,一名协调地方立法机关议员;此外,还有一名市长协调员。

第十一项 每个部门、地方运动、革命制度党妇女全国组织、革命青年阵线均应在全国执行委员会中拥有一名协调员。协调员拥有足够的职权及代表性以全面展开工作。

第八十五条 全国执行委员会拥有以下职权:

第一项 确保党与人民保持长期关系,将人民的要求与愿望转化为党的政策措施和党员的政治行动。

第二项 作为党的全国性代表,拥有监督职能,并依照法律规定为党的其他领导机构的决议作授权。

第三项 分析、决定党的重大政治及组织问题。

第四项 制定政治、经济、社会及文化研究的标准。

第五项 提出对党的基本文件的修正案。

第六项 对相关部门给予关注及干预,与其共同行动,以满足其成员需求，使其团结一致维护社会正义。

第七项 确保专门机构行使职责，能够完成党章授予的教育、研究、培训、宣传等任务。

第八项 审批通过有关组织机构递交的在领导人选举及候选人提名过程中发出的通知。

第九项 监督党是否正确使用联邦及地方选举机构赋予的特权。

第十项 暂停州领导委员会一个或多个领导成员行使职权，并任命一名代表临时行使领导权。当出现以下情况时，全国执行委员会可以依照党章选举新领导人：

第一目 玩忽职守，行为违反了相关法规条例中所规定的职权与责任，或不履行其职权与责任。

第二目 被当场发现犯有严重欺诈罪，或判决调解结果对其不利。

第三目 以党的财产为自身或他人牟取利益。

第四目 叛党并且证据确凿。

根据相应条例规定，保证享有听审权利。

第十一项 应全国政治委员会或多数州（联邦区）领导委员会要求，召开全国代表大会。

第十二项 在获得全国政治委员会预先批准的前提下，召集会议提名总统、州长、联邦区行政长官、参议员和联邦众议员候选人。

第十三项 监督党的候选人严格按照党章第一百九十九条规定开展竞选活动。

第十四项 党章所赋予的其他职权。

第八十六条 全国执行委员会主席拥有以下职权：

第一项 召集全国执行委员会，主持会议并执行其决议。

第二项 分析及决定党的重大政治和组织问题。

第三项 与立法机构的协调员保持长期联系，保证其行动符合党的基本文件的规范和原则。

第四项 任命全国执行委员会秘书，成立秘书处、办公室、综合与专门办事处以及必要行政机构和部门，以更好地行使职权，接待社会代表群体及弱势群体，并向全国政治委员会报告。

第五项　同秘书长一同签发由全国执行委员会协商同意的任命，以及行政机构人员的任命。

第六项　向全国政治委员会递交全国执行委员会的年度工作计划。

第七项　向全国政治委员会递交季度工作报告。报告中应有一章关于党的资金来源与用途。

第八项　任命党在相应政治选举机构的代理人和代表，并在必要时向联邦区委员会及州委员会授权。

第九项　根据相关法律的规定，在获得全国政治委员会的预先批准后，同其他党派签署协议，组成统一阵线、联盟及推举共同候选人。

第十项　在法律规定的期限内，向相应选举机构申请登记党的候选人，并在适当的时候授权州领导委员会、联邦区领导委员会及市委员会申请登记候选人。

第十一项　建议预算控制委员会形成相应书面报告、党的年度预算，并撰写法律与科技文书，以稳固财务状况。

第十二项　在紧急情况下，行使全国执行委员会的职权，并及时向委员会报告具体情况。

第十三项　在自然人、法人、各级法院、当局和机关前代表党，作为总代理人，兼有一切职权，负责一切诉讼和收费，负责行政管理及支配权。根据法律规定，主席拥有部分特殊职权。对特殊职权的唯一限制为，须经全国政治委员会协商同意才可让渡党的不动产或对其征税。全国执行委员会主席可以部分或全部更改法令，发布特别命令，撤销已发布的命令，决定替代的新法令。根据《证券及信贷交易法》第九条，拥有签订协议、签署信贷及债券的职权。

第十四项　按照其章程规定，向科洛西奥基金会全国代表大会提名基金会领导委员会主席。

第十五项　为私人文件、档案、证书、协议、决议、声明及其他与选举之外的日常党务相关的活动出具证明。

第十六项　当有人尝试提出普遍标准与宪法之间可能存在矛盾时，代表党负责宪法第一百零五条第二款第六项提到的宪法修正工作。

第十七项　在其认为适当的情况下，为全国执行委员会其他成员授权。

第十八项　按照其章程规定，向培训和政治发展学院全国代表大会提名其领导委员会主席。

第十九项　处理总审计长的年度报告。

第二十项　安排党的机关发布的规章在官方传播机构的出版工作。

第二十一项　为完成法律所规定的公共信息透明度及信息获取更加规范提供有利条件。

第二十二项　依据州领导委员会所产生的信息及相应时间分配标准，决定在广播及电视方面如何更有效地行使职权。

第二十三项　按照本党章第一百九十二条的规定，宣布或授权宣布竞选公职的候选人提名。

第二十四项　党章赋予的其他职权。

第八十七条　全国执行委员会主席为处理其所负责的事务，可任命：

第一项　一名新闻协调员。

第二项　一名国际事务协调员。

第三项　一名司法事务协调员。

第四项　一名全国编辑和传播委员会协调员。

第五项　一名出行访问协调员。

第六项　一名私人秘书。

第八十八条　依本党章及相关条例规定，全国执行委员会秘书处的职权重点主要在于政治指导，标准化，操作、监测及评估协调与联结工作。

第八十九条　全国执行委员会秘书长拥有以下职权：

第一项　在全国执行委员会主席暂时缺席时代其行使职权。

第二项　协助主席协调、计划、评估全国执行委员会下属单位的活动。

第三项　同州领导委员会和联邦区领导委员会合作，制定年度政治工作计划，并由全国执行委员会主席递交至全国政治委员会会议。

第四项　监测并定期评估州领导委员会及联邦区领导委员会所实施计划的进展情况。

第五项　协调全国执行委员会驻各州及联邦区领导机构代表的行动。

第六项　制定战略以加强党的全国性组织的工作同地区政治领导组织的联系。

第七项　与相关人员就全国执行委员会及主席的协议进行沟通。

第八项　监督相关事务是否已送达相应的负责秘书，并监督事务的完成情况。

第九项　同主席一起签署全国执行委员会成员的任命。

第十项　制定工作模式，以便全国执行委员会各机构实施一般和特别方案。

第十一项　协助主席更有效地完成全国执行委员会的计划。

第十二项　完成总秘书处负责的事务并向主席汇报。

第十三项　党章赋予的其他职权，以及全国执行委员会特别赋予的职权。

第九十条　组织秘书处具有以下职权：

第一项　以州、选区、市及分区现状为基础，提出在地理及人口分布方面加强党的政治影响力的战略方案，通过与党的部门及组织建立相应联系，扩大其在这些方案中的参与。

第二项　推进、监督及协调党的组织机构的一体化及运行。

第三项　同州领导委员会和联邦区领导委员会合作制定应纳入党的年度工作方案中的政治行动方案。

第四项　同政治培训和发展学院协调并制定更新党的各级领导机构成员信息和政治政策的方案。

第五项　与选举行动秘书处合作，形成关于党的组织和工作情况的详细报告，及选举启动后所实施的战略性方案影响的报告。

第六项　管理及控制党员注册登记。

第七项　提出及推行个人入党的全国性方案。

第八项　同全国执行委员会主席和秘书长协商满足全国政治委员会所通过的条例要求的附属组织的登记注册问题，并整理登记记录。

第九项　推进在其职权范围内的法令的实施。

第十项　向全国政治委员会委员提供其所要求的在自身职权范围内的支持与帮助。

第十一项　在秘书长临时缺席时代其行使职权。

第十二项　党章所赋予的其他职权，及全国执行委员会主席明确赋予的职权。

第九十一条　选举行动秘书处具有以下职权：

第一项　同州领导委员会和联邦区领导委员会协作，制定国家选举计划，并由全国执行委员会主席递交全国政治委员会全体会议。

第二项　在其职权范围内，向全国执行委员会主席提名党在选举机构的代表和联邦监察员，监督州领导委员会和联邦区领导委员会的建议的实施情况。

第三项　监督由全国执行委员会直接任命的或由相关机构任命的驻各级选举机构的委员和代表是否严格遵守相关法律并完成所收到的指令。

第四项　同政治培训和发展学院协作，施行关于党员主要是民选公职候选人和驻选举机构代表的长期选举培训计划。

第五项　按照相关法律规定，参加全国人口登记活动的规划、组织、监督及评估工作。

第六项　在联邦层面和各州，提出新的选举方面的法律或改革现行法律方案的草案。

第七项　同州领导委员会和联邦区领导委员会一起设计、推广、签署选举协调的标准文书，以完善党的组织结构，便于施行全国政治委员会通过的国家选举计划。

第八项　提出同其他政党和政治团体建立同盟、阵线和其他形式的联盟的方案，由全国执行委员会主席将结盟对象提交全国政治委员会全体会议审议。

第九项　从竞选登记开始，到相关机构对选举认定后为止，核实候选人的选举条件，并完善他们的个人卷宗记录。

第十项　在法律规定的时间和期限内，在相关竞选机构完成党的民选公职候选人的登记工作。

第十一项　就选举事宜充当党的候选人、领导和驻选举机构代表的顾问。

第十二项　向党和党的民选公职候选人提出建议并评估其选举战略、方针和竞选行动。

第十三项　与组织秘书处合作，在宪法规定的各类选举中提出并推动党的动员方案。

第十四项　筹备能够长期支持党、党的候选人和全体党员的选举法律构架。

第十五项　协助与秘书处相关的全国政治委员会的各委员会做好本职工作。

第十六项　在党的宣传部门公布选举机构发布的协议和决议。

第十七项　本章程规定的其他职责和全国执行委员会主席授予的其他职责。

第九十二条　社会管理秘书处的职责如下：

第一项　为完成《行动纲领》提出战略规划。

第二项　根据全国和地区需要，提出并完善全国社会管理计划，以便将其纳入全国执行委员会年度计划之中。

第三项　与州领导委员会和联邦区领导委员会一道协调全国社会管理计划的发展，评估发展效果。

第四项　执行与党的各部门、全国性组织、附属组织和地方组织之间的协商机制，以回应全体党员的社会需求。为此，可建立全国公民需求推动、管理和关注体系。

第五项　在政府机关中谋得对民众需求所应给予的关注，推动并巩固公民对解决群体问题的参与度，重点关注残障人士、老年人、受救助人士、退休人士、土著和移民等群体以及青年和妇女事业。

第六项　与负责社会项目计划、地区和城镇发展的机构建立密切联系，与关注社会和人权的非政府组织建立密切联系。

第七项　建立社会法律支持长效机制。

第八项　在相关部门中支持党的代表处理各群体及其所代表的民众的需求。

第九项　与致力于加强民众团体教育、医疗卫生行动和计划的组织机构一道，为全体党员参与其中，推动必要的协调工作。

第十项　与全国执行委员会的相关领域合作，提出并推动有特色的公民、社会、文化和体育等方面的长期规划，党的组织将在全国实践这些规划，以密切党员间的团结、帮助提升社区和家庭的和睦程度。

第十一项　为党员开展社会服务提出方针。

第十二项　确认并吸引民间社会组织参与到关注亟待解决的社会问题和制定相关的战略和规划之中。

第十三项　制定以核心家庭为目标的信息战略和公民政治导向。

第十四项　制定推动和加强党员和党的领导干部家庭团结、参与及实现党的政治目标和社会目标的项目计划。

第十五项　配合全国执行委员会各秘书处，推动党旨在保护儿童、老人和残疾人权利的全国性政策的项目计划。

第十六项　参与实施党以社区工作、自建住房和家庭经济保护为目标的项目计划。

第十七项　制定旨在提高社会边缘群体生活质量的项目计划。

第十八项　本章程规定的其他职责和全国执行委员会主席授予的其他职责。

第九十三条 财务秘书处的职责如下：

第一项 管理、控制和保护党的资产。

第二项 开展为党募集资金的活动。

第三项 向全国政治委员会提交各项活动及其相关财务情况的年度报告。

第四项 完善会计、管理和财务规范，参与并支持州领导委员会和联邦区领导委员会开展的会计、管理和财务活动。

第五项 深化党的法制形象，以便党开展职责范围内的相关活动。

第六项 完成党的财务资源的管理。

第七项 编制会计和财务信息，并负责向有关部门提交。

第八项 编制全国执行委员会预算草案，并提交主席审议。

第九项 根据联邦选举法和党章规定，提交季度、年度收支报告，提交预选和选举活动收支报告。

第十项 与州领导委员会和联邦区领导委员会一起，制定必要的规则和协议，以保护财产和规范管理。

第十一项 与专门机构一起，为作为公共利益实体的党资助专门活动设立最低标准。

第十二项 向全国执行委员会主席提名审计长，以便主席任命，审计长必须完全符合个人履历要求。

第十三项 在职权范围内，与全国执行委员会相关领域协调一致，代表党维护同联邦选举委员会的关系。

第十四项 财务秘书处将协助预算控制委员会履行本章程第七十九条第三项之规定。

第十五项 本章程、相关条例规定的其他职责和全国执行委员会主席授予的其他职责。

第九十三条（乙） 行政秘书处的职责如下：

第一项 管理、控制和保护党的财产。

第二项 建立、完善、管理和控制财产登记。

第三项 向全国政治委员会提交年度相关活动报告。

第四项 制定关于管理、监督和优化全国执行委员会物质资源的内部规范。

第五项 与州领导委员会和联邦区领导委员会一起，制定必要的规责和协议，以保护固定和非固定资产，并与财务秘书处配合，进行资产登记和清点。

第六项 与财务秘书处配合，制定关于接收财产的管理规范。

第七项 管理全国执行委员会的人力资源和物质资源。

第八项 在与人力资源管理有关的劳务方面为法律事务协调处提供支持。

第九项 联系财务秘书处，与全国执行委员会正常履行职责所必需的供应方和服务方签订合同。

第十项 发布任命，实施全国执行委员会各领域和秘书处领导班子高级别和低级别的人事调动。

第十一项 本章程、相关条例规定的其他职责和全国执行委员会主席授予的其他职责。

第九十四条 土著行动秘书处的职责如下：

第一项 以全体人民和土著群体参与的方式，以让土著群体表达他们最迫切的诉求和进行必要的行动为目的，制定全国土著行动规划，关注全国性和地区性需求和环境，以便将该规划纳入全国执行委员会工作的总规划之中。

第二项 为完成《行动纲领》的路线，提出关于土著事业的战略规划。

第三项 与州领导委员会和联邦区领导委员会一起，协调并评估全国土著行动规划的发展。

第四项 制定并实践与土著聚居的市级、州级相关职能部门的协商机制。

第五项 推动对原住民和原住民社区诉求的制度支持，促进并巩固原住民对解决其诉求问题的参与程度。

第六项 在有关部门支持对原住民和原住民社区代表的管理。

第七项 推动并确保出身于土著的党员在党的队伍中的参与程度，并督促密切党与原住民和原住民社区的关系，尊重土著自治。

第八项 面对土著机构，应使出身土著的党员参与进来，推动旨在促进双语教育和医疗卫生的计划的落实。

第九项 提出公民、社会、文化、教育的长期规划，以便党的组织机构优先在原住民聚居地区开展行动，密切原住民和原住民社区的家庭和社区的牢固联系。

第十项 与全国主要原住民和原住民社区代表一起建立土著咨询委员会，全国执行委员会土著行动秘书处秘书是该委员会的执行委员。

第十一项 本章程规定的其他职责和全国执行委员会主席授予的其他职责。

第九十四条（乙） 在任何情况下，各秘书处都不得违反本章程第八十九至第九十四条明确的职责。

第九十五条 立法行动协调是联邦国会两院、联邦区立法会和州议院本党议员工作规划和评估的一个阶段，其作用是为全国执行委员会研究政治方针，鼓励并推动符合党要遵守并已写入党的基本文件的要求、价值观和原则的立法研究、动议和方案。

党的议会党团成员决定立法协调的结构和组织，并任命相关负责人。

立法行动协调包括联邦众议员的立法行动协调、参议员的立法行动协调和地方议员的立法行动协调。

第九十六条 立法行动协调的职权如下：

第一项 确保党的立法行动包含了党的政治路线和竞选计划、方案和纲领的目标。

第二项 按照本章程之规定，根据实际情况，向全国或州政治委员会提出立法议程的优先事项和特别协议，以便委员会知晓、修正和通过。

第三项 在整合和执行立法议程的过程中，遵守党的领导机构的规定与决议。

第四项 监督议会中的党员按照党的原则与纲领开展工作。

第五项 指导立法咨询服务。

第六项 编制相应法律规定。

第七项 本章程所授予的其他职权。

第九十七条 党的各部门、地方运动、革命制度党妇女全国组织和革命青年阵线的代表拥有以下职权：

第一项 向全国政治委员会提交相应部门或组织的工作计划。

第二项 与全国执行委员会协商其地区分支机构将开展的活动。

第三项 制定并持续更新部门或组织领导人和党员机制。

第四项 当全国政治委员会需要了解其所开展的活动时，向全国政治委员会报告。

第五项 协助相应政治委员会处理内部相关事宜。

第六项 推动组织成员参加党的政治选举活动，并向全国执行委员会通报情况。

第七项 本章程所授予的其他职权。

第二章 全国协调机构

第九十八条 革命制度党有以下全国层级的协调机构，其负责人由全国执行委员会主席提名，经全国政治委员会选举产生，任期三年。

第一项 内部程序全国委员会。

第二项 政治形象与传播委员会。

第九十九条 内部程序全国委员会负责协调和管理全国范围内领导人选举及候选人提名事宜，协助各州、联邦区、市或选区相关机构实施内部选举。

第一百条 内部程序全国委员会拥有以下职权：

第一项 遵守党章规定，按照准确、合法、独立、公正、平等及透明的原则组织、引导和监督领导人选举和候选人提名过程。

第二项　将领导人选举及候选人提名条例草案报请全国政治委员会批准。

第三项　将领导人选举及候选人提名通知和特别条例报请全国执行委员会批准。

第四项　[已废除]。

第五项　围绕希望竞选领导职务和民选公职人员的登记注册收集、分析并提出意见，审查其资格。

第六项　核实作为选民参与相应选举的政治委员的关系。

第七项　保证讨论领导人选举及候选人提名的大会及会议的圆满完成。

第八项　制定组织手册、表格、文件及选举材料，保证依照合法、平等、透明、准确、客观及公正的原则开展领导人选举及候选人提名内部过程。

第九项　评价选举结果，宣布在相应选举中获得多数选票的候选人当选，提交候选人获得多数选票的证据。

第十项　及时向全国执行委员会主席汇报内部程序情况。

第十一项　向全国政治委员会汇报管理结果。

第十二项　本章程或全国政治委员会所授予的其他职权。

第一百零一条　[已废除]。

第一百零二条　[已废除]。

第一百零三条　政治形象与传播全国委员会是协调、引导及监管全国党务宣传及沟通的部门，负责与各州及联邦区相关机构合作，收集各部门与组织提交的建议。

第一百零四条　政治形象与传播全国委员会拥有以下职权：

第一项　依照全国、各州、联邦区及联邦各选区执行委员会的决定，开展社会选情预测及民意调查。

第二项　制定全国政治形象与传播计划，经全国政治委员会批准后实施。

第三项 本章程或全国政治委员会所授予的其他职权。

第三章 州（联邦区）组织机构

第一节 州（联邦区）大会

第一百零五条 州大会或联邦区大会是审议机构，是党在相应联邦单位的领导和权威，由以下机构构成：

第一项 选举出来的州政治委员会、联邦区政治委员会全体委员。

第二项 州领导委员会、联邦区领导委员会全体委员。

第三项 市委员会、选区委员会主席和秘书长。

第四项 选举产生的人民代表。

第五项 党的各部门、全国组织机构和附属组织代表，其数量根据上述部门、组织机构的个体党员人数按比例分配，由上述部门、组织机构各自选举产生。

地方大会选举产生的代表人数与党的各部门、全国组织机构和附属组织的代表人数相等。

第六项 地方大会民主选举的代表数目依照相关会议及分配比例产生。

选举代表时应保证性别平等，代表人数三分之一应为青年代表。党积极推动残疾人、老年人和移民参与。

在任何情况下，本条第一、二、三、四项中所提及的代表人数都不能超过全体大会代表人数的三分之一。

第一百零六条 州（联邦区）大会应每三年召开一次。应相应政治委员会或其管辖范围多数市委员会或选区委员会要求，可召开特别大会。

按照相应政治委员会的决定，州（联邦区）领导委员会宣布召开大会。大会决议由代表直接无记名投票决定，应公开计票。

第一百零七条 州（联邦区）大会拥有以下职权：

第一项 依照《原则宣言》和《行动纲领》评估相应联邦单位的政

治、经济和社会情况，建立加快实施党的行动所需的战略模型。

第二项　了解并通过州（联邦区）领导委员会报告中提到的活动。

第三项　通过相应联邦单位的行动战略。

第四项　选举州（联邦区）领导委员会主席和秘书长，并发表声明。

第五项　解决会议中所提到的或多数代表按照章程提请审议的具体问题。

第六项　本章程授予的其他职权。

第二节　州（联邦区）政治委员会

第一百零八条　根据党章和相关条例，州（联邦区）政治委员会是由数人组成的常设性民主审议和领导机构，是共同负责相应联邦单位政治方针、决议和评估的最重要力量，从属于相应的大会。

第一百零九条　州（联邦区）政治委员会成员数量由相应条例决定，依照性别平等和至少三分之一代表为青年的原则民主选举产生。

第一百一十条　州（联邦区）政治委员会组成如下：

第一项　州（联邦区）领导委员会主席和秘书长应为相应政治委员会主席和秘书长。

第二项　州（联邦区）行政长官。

第三项　前州（联邦区）行政长官。

第四项　州（联邦区）领导委员会前主席。

第五项　市、区委员会主席。

第六项　联邦区市长和区领导，数量和比例由相应条例决定。

第七项　选区委员会主席，数量由相应条例决定。

第八项　联邦两院议员和地方议员。

第九项　科洛西奥基金会主席和秘书长。

第十项　培训和政治发展学院主席和秘书长。

第十一项　党的各部门和组织机构的代表，按比例在农民部、工人部、人民部、地方运动、革命制度党妇女全国组织、革命青年阵线、全国革命团结联合会和其他附属组织中分配。

第十二项 通过直接无记名投票选出的委员至少占委员会半数。

选举委员时要保证性别平等，委员人数三分之一应为青年委员。

第一百一十一条 州（联邦区）政治委员会委员任期三年，除非其代表资格在加入委员会前已终止。候补委员与正式委员人数相同。

第一百一十二条 在通告指定的会期与日程内，州（联邦区）政治委员会全体委员或各委员会召开公开会议或内部会议。全体会议每半年举行一次，当领导层召集时可召开特别会议。

第一百一十三条 全体会议需要多数机构及组织包括其主席在内的委员参会，会议决议须经出席委员多数票通过，各专门委员会的会议也遵循以上原则。

第一百一十四条 州（联邦区）政治委员会下设常委会、预算监督委员会、财务委员会、按照相应条例设立的问题和意见委员会。

第一百一十五条 州（联邦区）政治委员会下设的委员会构成如下：

第一项 常委会由州（联邦区）政治委员会主席和秘书长兼任的主席和秘书长以及全体会议选举产生的委员组成。

第二项 预算监督委员会由一名主席、一名秘书长和由州（联邦区）政治委员会全体会议选举产生的委员组成。

第三项 财务委员会由一名主席、一名秘书长和由州（联邦区）政治委员会全体会议选举产生的委员组成。

第四项 问题和意见委员会由根据相应条例确定的数名委员组成，委员们选举出一名协调人，协调人任期一年，不得连任。

第一百一十六条 州（联邦区）政治委员会的下设委员会拥有以下职权：

第一项 在情况紧急和两届会期之间，常设委员会代为行使州（联邦区）政治委员会职权，跟进政治委员会全体会议协商确定要开展的活动。

第二项 预算监督委员会制定州（联邦区）年度预算，并提交全体成员审议通过，其中百分之五十应按照本章程第七十九条第三项第一目所规定的原则分配到市或区委员会。

第三项 财务委员会制定并实施筹集党开展活动所需资源的项目计划。

第四项 问题和意见委员会拥有相应条例赋予的职权。

第一百一十七条 根据全国政治委员会或州（联邦区）政治委员会条例的规定，上述州（联邦区）政治委员会下设的委员会选举一名技术秘书，任期三年。

第一百一十八条 上述委员会成员须在全体会议宣誓，每一次委员变动均须如此。

第一百一十九条 州（联邦区）政治委员会的职权如下：

第一项 审议并通过相应领导委员会的年度工作报告，该报告应包括一份说明党的资金来源及使用情况的表。

第二项 至少每年召集区域负责人分析区域公共管理实施情况一次，目的在于提出必要的行动来重新引导或做出评价。

第三项 根据本章程第一百六十四条，在大多数委员缺席时，选出州（联邦区）政治委员会主席和秘书长。

第四项 审议并通过下设委员会的相关职责报告。

第五项 分析党的部门与组织的地方方案与需求，并做出相应决定。

第六项 审议并通过州（联邦区）政治委员会工作计划和方案。

第七项 审议并通过关于自身的条例，其条例应与全国政治委员会条例保持一致。

第八项 由多数成员决定召开州（联邦区）大会，根据相应规章决定组织形式。

第九项 选择程序推荐州长或联邦区行政长官候选人，相应推荐应得到全国政治委员会常设委员会批准。

第十项 咨询各级相应负责选举的政治委员会，选择程序推荐市、区和选区候选人。

第十一项 为实现党的基本文件中的目标，颁布决议。

第十二项　监察州（联邦区）大会决议的实施情况，发布通告与总方针。

第十三项　批准政治斗争计划与方案，巩固党的政治地位，保证党内团结，做好党的组织工作。

第十四项　批准党向相应选举机构提交的竞选纲领。

第十五项　明确党的立场，提出在面对各州或联邦区重要问题时应采取的方针策略。

第十六项　分析党的各部门和组织的方案与需求，发布相应协议。

第十七项　结合选举策略，将党内机构与地方组织的工作结合起来。

第十八项　在联邦区，其政治委员会批准市或区政治委员会条例。

第十九项　批准州（联邦区）领导委员会条例，保证其与全国执行委员会条例保持一致。

第二十项　在每一年的第一个月批准相应预算监督委员会提交的预算草案。预算将把党从地方获取的公共资助的百分之五十分配到市或区委员会。

第二十一项　在每一年的第一个月批准州（联邦区）领导委员会主席提交的年度工作计划。

第二十二项　召集隶属本党的公务员，在遵守当地适用法律的情况下，通报其开展公共管理的情况。

第二十三项　要求市政治委员会提供其行动策略，通过相关措施，保证其与党的《行动纲领》一致，阶段性评价其进展。

第二十四项　从州（联邦区）领导委员会主席提议的三名候选人中任命一位审计长。

第二十五项　审议并视情况同意关于建立联合阵线、联盟、共同候选人以及相关法律规定的其他联盟形式的建议，通过相应领导委员会主席提交全国执行委员会审议。

第二十六项　通过党在州（联邦区）议会的议会党团协调人了解、审查与批准每一期立法议程中的优先事项和特别协议。

第二十七项　根据本章程第一百一十六条第二项的规定，在市和区委员会分配资源。

第二十八项　批准培训和政治发展培训学院的州政治能力培训计划和年度工作计划。

第二十九项　审议并通过相应州（联邦区）科洛西奥基金会提交的年度政治、经济、社会研究计划，审查党章规定的相应基金会在教学、研究和传播方面的表现。

第三十项　根据相应领导委员会主席和秘书长的建议，选择任命州司法委员会成员。

第三十一项　根据上文第一百五十七条的规定，根据相应领导委员会主席建议，选择任命州内部程序委员会成员。

第三十二项　从相应领导委员会主席建议的三位候选人中选择一位任命为州党员权利保护委员会负责人。

第三十三项　本章程授予的其他职权。

第三节　州（联邦区）领导委员会

第一百二十条　州（联邦区）领导委员会在相应联邦单位代表党的政治方向，协调、联系实施州（联邦区）政治委员会批准的政治计划，开展全国执行委员会批准的行动。

第一百二十一条　州（联邦区）领导委员会由一名主席，一名秘书长，一名组织秘书，一名选举行动秘书，一名社会管理秘书，一名财务秘书，一名管理秘书，一名负责原住民聚居地土著工作的秘书，一名立法行动协调员、联系全国执行委员会的秘书和每个部门、地方运动、革命制度党妇女全国组织、革命青年阵线在州（联邦区）领导委员会的一名协调员（作为上述部门和组织的全权代表）组成。

在原住民聚居的联邦单位，相应政治委员会还下设土著事务秘书处。

第一百二十二条　州（联邦区）领导委员会拥有以下职权：

第一项　促进相应联邦单位党的民主生活生机勃勃，制定必要方案以期党的组织机构永远与人民斗争联系在一起。

第二项 将相应领导委员会年度工作计划提交相应政治委员会审议批准。

第三项 向相应联邦单位政治委员会提交年度报告，其中应包括党的资金来源与使用情况。

第四项 严格遵守党务工作中申请入党及证明申请人真实身份的规章，在辖区进行党员登记。

第五项 与科洛西奥基金会分支机构、培训和政治发展培训学院保持密切联系，推动政治、经济、社会问题的研究、分析和调查以及意识形态的传播工作。

第六项 协调市或区委员会的活动，制定相应联邦单位具体行动规划草案并提交相应政治委员会审议批准。

第七项 根据全国执行委员会的方针，经州政治委员会批准，提出辖区的党务行动策略草案。

第八项 应州（联邦区）政治委员会或大多数市、区委员会要求，召开各地大会。

第九项 每月向全国执行委员会汇报活动，并在各自职权范围内更新全国政党登记信息。

第十项 与社区成员一同推进问题的解决，与辖区内党的组织和部门团结一致努力奋斗。

第十一项 在全国执行委员会的监察下，在州或联邦区、市、选区的选举组织中任命代表，以开展选举法和特定法律所规定的活动。

第十二项 根据其条件、特点和需要，在秘书处不超过三个且不干涉既有秘书处职权范围的情况下，可以设立必要的新处，新设秘书处须服从相应政治委员会的监管。

第十三项 为更好地履行职责，设立分秘书处、协调处、代表处、行政下属部门和委员会，并在必要时任命长期或临时协调员和代表，关注他们的特有职权，使其服从相应政治委员会的监管。

第十四项　按照相关条例规定，在其职权范围内，征收党费，接收党员贡献的财物，开具收据，向全国执行委员会各领域汇报党费交纳、财物贡献方式和资金财富的用途。

第十五项　本章程第八十五条第十项授予全国执行委员会的职权，在涉及市、区委员会领导人时，全国执行委员会达成协议前，应视为获得州（联邦区）领导委员会认可。

第十六项　本章程和全国执行委员会颁布的条例涉及的其他职权。

第一百二十三条　州（联邦区）领导委员会主席可以指定前文第一百二十一条第三、四、五和六项涉及的秘书，并根据其肩负职责的性质分配待开展的工作活动。领导委员会诸秘书处将就政治生活的引导、安排和监控等基本方面提出一些措施办法，可适用于与全国执行委员会成员的有关规定。

第一百二十四条　在同全国层级协调机构领导人协商的前提下，州（联邦区）政治委员会可商定第九十八条涉及的州（联邦区）级协调机构的构成。

在相应联邦单位，州（联邦区）协调机构拥有相当于全国机构的能力和职权。其成员将由相应政治委员会依据本章程规定选举产生。

第四章　市、区组织机构

第一节　市和区代表大会

第一百二十五条　市和区代表大会是党在相应范围内的商讨性、代表性领导机构。成员包括：

第一项　市或区政治委员会全体成员。

第二项　市或区委员会全体成员。

第三项　市长或区行政长官。

第四项　曾任市长的党员。

第五项　市、区或选区委员会前主席。

第六项　居住在或代表选区的联邦和地方议员。

第七项　党的市政议会成员和理事。

第八项　分区委员会主席，数额由通知确定。

第九项　地方运动的代表，数额根据在市、区和选区有成员的基础委员会的数量按比例选出。

第十项　在市或区注册过的党的各部门、组织，科洛西奥基金会及政治发展和培训学院的代表，数额由相应通知确定。

第十一项　由市或区党员直接无记名投票选出的代表，占代表大会代表的百分之五十。

在这些代表的选举中，要遵循性别平衡和青年代表至少占三分之一的原则。党鼓励残疾人、老年人和移民的参与。

第一百二十六条　市、区代表大会有以下职权：

第一项　评估与《原则宣言》和《行动纲领》有关的相应市、区或选区的政治、经济和社会形势。

第二项　了解并在适当情况下批准相应委员会提交的工作报告。

第三项　批准相应委员会的工作安排。

第四项　根据本章程的规定，在相应通知明确的条款内，通过直接无记名投票的方式选出州（联邦区）代表大会代表。

第五项　选举市或区委员会主席和秘书长，并且可以根据章程向他们提出异议。

第六项　解决处理任何出现在市或区、关系到党的整体利益的问题。

第七项　了解并在适当情况下批准旨在制定相应政府发展计划和方案的提议。

第一百二十七条　市或区代表大会每年至少举行一次，由相应委员会召集。也可在相应政治委员会认为必要或大多数分区委员会主席决定时举行。

第二节　市和区政治委员会

第一百二十八条　市或区政治委员会是民主协商构成、集体领导的常设组织，隶属于相应代表大会。是党在相应区域的最重要力量，根据本章程的条款和全国政治委员会、州（联邦区）政治委员会的决定，负责本区域的政治计划、决策和评估。

第一百二十九条 市或区政治委员会成员包括：

第一项 市或区委员会主席和秘书长，二者分别担任政治委员会主席和秘书长。

第二项 市长或区行政长官。

第三项 曾任市长或区行政长官的党员。

第四项 市委员会前主席。

第五项 五十位分区委员会主席。

第六项 居住在市或区的联邦和地方议员。

第七项 党的市政议会成员和理事。

第八项 科洛西奥基金会主席和秘书长。

第九项 培训和政治发展学院主席和秘书长。

第十项 通知中规定的党组织代表，在以下组织的成员中按比例分配。

第一目 农业部的组织。

第二目 工人部的组织。

第三目 人民部的组织。

第四目 地方运动。

第五目 革命制度党妇女全国组织。

第六目 革命青年阵线。

第七目 全国革命团结联合会。

第八目 登记的附属组织。

第十一项 由市或区成员通过个人直接无记名投票选出的委员，占政治委员会委员的百分之五十。在这些委员的选举中，要遵照性别平等和青年至少占三分之一的原则。

第一百三十条 市或区政治委员拥有以下职权：

第一项　在其职权范围内，评估市或区委员会关于政党经费来源和应用的年度报告。

第二项　每年由其领导人召集，在其职权范围内评估革命制度党政府公共行政管理的实现情况，旨在促进必要行动的落实从而有利于对这些行动进行再指导和再认识。

第三项　在正式委员多数缺席的情况下，依据本章程第一百六十四条规定，选举市或区委员会主席和秘书长。

第四项　了解并在适当情况下批准通过委员会就各自职权问题发表的意见。

第五项　分析党的部门和组织有当地特点的计划和需求，并提出相应解决方案。

第六项　提出关于发展计划及市或区政府计划的建议。

第七项　批准市或区的行动计划。

第八项　在适当情况下，在其职责范围内，对选举和候选人产生方式发表意见。

第九项　组建常务政治委员会、财务委员会、问题和建议委员会（相应条例加以说明）。

第十项　从本章程、相应条例以及州（联邦区）政治委员会提出的方针路线引申出的其他职权。

第三节　市和区委员会

第一百三十一条　市或区委员会是相应区域内领导党的活动的常设组织机构。

第一百三十二条　市或区委员会由一名主席，一名秘书长，一名组织秘书，一名选举活动秘书，一名社会管理秘书，一名行政和财务秘书，一名土著行动秘书（在有原住民及其社区的市或区），与每个市或区有关并与全国执行委员会对应的其他秘书以及党的各部门、地方运动、革命制度党妇女全国组织和革命青年阵线在市委员的一名代表组成。

在联邦区，政治委员会根据领导委员会的提议决定区委员会的组成。

第一百三十三条 市或区委员会每月至少召开一次会议。为保证决策的有效性，委员会多数领导应出席会议。这些决策应获得多数与会人投票赞成，在均票情况下主席拥有决定性的一票。委员会主席应至少提前三天发布会议通知。

第一百三十四条 市或区委员会拥有以下职权：

第一项 在其职权范围内，促进党的民主生活，采取必要行动以密切党组织与民众奋斗的联系。

第二项 向相应代表大会提交年度活动安排和年度工作报告。

第三项 向相应政治委员会提交关于财政资源来源和使用情况的年度报告。

第四项 在全国执行委员会的监督下，向相应选举机构委派党的委员和代表。

第五项 严格遵守入党和党务工作登记规章，更新权限范围内的政党登记。

第六项 在培训和政治发展学院的配合下，通过选举行动秘书处组织该领域的能力培训班。

第七项 领导其辖区分区委员会的活动，全面遵守《原则宣言》《行动纲领》和党的其他规章。

第八项 在本章程规定的期限内，或在分区委员会多数成员空缺的情况下，发布召开选举所涉及委员会委员的分区代表大会的通知，事先须得到相应政治委员的授权，选举不应与公职选举和推选候选人的内部进程冲突。

第九项 认真遵守党的相应职能机构确立的政治方针。

第十项 推动社区发展的活动，不断关注社会成员的需求。

第十一项 在职权范围内，协调政治能力的培养和意识形态的引导，旨在严格遵守相应代表大会通过的工作方案。

第十二项 每月向州（联邦区）领导委员会汇报开展的活动，并更新相应州（联邦区）的政党登记记录。

第十三项　在相应政治委员会或其辖区多数分区委员会的请求下，召开代表大会。

第十四项　遵照相应条例要求，接收党员交纳的党费和捐赠。

第十五项　在适当情况下，在必要的选举会议中，指定一名协调员。协调员拥有以下职责：

第一目　形成巩固其辖区内政党选举活动有效性的策略和任务。

第二目　推动和组织居住在辖区的党员开展民众导向和选举能力的活动。

第三目　协调公职选举过程中推动投票的活动。

第四目　根据选举行动秘书处规定，在相应投票点代表党。

第十六项　本章程和全国执行委员会颁发的条例明确的其他职责。

第一百三十五条　为更好地履行职责，本部分所涉委员会可以设立必要的常设或临时性行政下属部门和委员会，并明确其具体职权，须事先得到相应州（联邦区）政治委员会的批准。

市、区委员会主席指派本章程第一百三十二条涉及的组织秘书、选举活动秘书、社会管理秘书及行政和财务秘书，并考虑岗位的性质在委员会领导之间分配有待开展的活动。委员会秘书处的职责本质上具有操作性的特点，遵循上级组织的规范性和计划性路线。

在市、区范围内，除各自内部程序委员会外，相应政治委员会可组建政治形象和传播委员会，该委员会拥有全国委员会赋予的有关职权。

第五章　分区组织机构

第一节　分区代表大会

第一百三十六条　分区代表大会是党在分区的协商、领导和代表机关，是全党政治和选举活动的基本单位，由单名制选区划分形成的每个管辖区组成。

第一百三十七条 分区代表大会应符合居住在区内所有党员的利益。

大会应每年至少召开一次，由相应分区委员会提前发布会议通知。当大会主题涉及选举时，应获得市或区委员会的许可，并在通知中注明大会适用程序。

第一百三十八条 分区代表大会具有以下职权：

第一项 直接投票选举产生分区委员会成员。

第二项 审批分区委员会的活动计划。

第三项 审批分区委员会提交的年度报告。

第四项 在相应公告指定的范围内，通过直接投票的方式选举市或区代表大会代表。

第五项 在特殊情况下，应多数成员提出请求且理由正当，可直接选举新的分区委员会，须经州（联邦区）领导委员会授权。

第六项 本章程和全国执行委员会颁布的条例规定的其他职权。

第二节 分区委员会

第一百三十九条 分区委员会由一名主席，一名组织秘书，一名选举行动秘书，一名社区管理秘书，一名信息和宣传秘书，一名财务秘书以及为促进党有效参与选举进程所需的民众或社区影响集团组成。

第一百四十条 为履行职责，选举期间，分区委员会每月至少召开会议一次。

第一百四十一条 分区委员会具有以下职权：

第一项 制定分区委员会活动计划。

第二项 适时召开分区大会，提交活动计划草案，递交年度报告。

第三项 遵守关于入党的规定，更新分区范围内党员的登记信息，引导和推动党员个体进行相应登记。

第四项 将收到的入党申请提交市或区委员会，一旦得到政党登记处授权，向新入党党员发放党员证。

第五项 推动形成党的同情者群体，积极参与党的公职候选人的选举活动。

第六项 在党务主要是选举活动方面配合市或区委员会。

第七项 在职权范围内尽最大努力分发党的宣传和出版物，设法让党的基本文件得到广泛传播。

第八项 力求分区成员恰当涵盖其在全党所占名额。

第九项 根据情况向市或区委员会汇报所开展的工作，以及为落实相关工作分区党员所作的变动。

第十项 为巩固分区党员的党派信仰，参与政治生活，民主地行使其权利，为发展和巩固民主及实现社会公平作贡献，持续不断地开展活动。

第十一项 推动与公共管理部门公务人员召开会议，提出各自相关领域的民众需求。

第十二项 作为党的基层管理组织，协调社区改善和发展工作，谋求社区自我管理和参与。

第十三项 在分区党员的努力下，完善住宅区域的基础设施。

第十四项 根据选举行动秘书处的规定，向投票点派代表。

第十五项 党章和全国执行委员会发布的条例规定的其他职权。

第一百四十二条 分区委员会主席基于各部门的职能特点，在委员会负责人之间分配任务。秘书处的运作要行之有效，遵循上级组织制定的指导方针。

第四篇 党的领导干部的选举及民选公职候选人的推选

第一章 党的领导干部的选举

第一节 代表大会选举程序

第一百四十三条 本部分涉及的全国代表大会、州（联邦区）代表大会市或区代表大会和分区代表大会由当选代表组成，相应选举须遵循本章程及相应公告的规定，自由民主地进行。

第一百四十四条 上述代表大会代表的选举遵循相应政治委员会规定的程序,以个人自由、无记名、直接投票(不可转让)的方式进行,务必确保两性平等及青年人参与比例至少占百分之三十。

在各级代表大会举行前,相应委员会要召开报告会,会议应向党员传达公告内容、代表大会的组织管理机制以及大会代表的选举程序。

选举代表大会代表应采用党内职能机构提供的党员登记信息,根据选举部门进行分组。在政党登记处登记的党员在相应公告规定的范围内,参加大会和代表的选举。

在代表大会中,遵守相应委员会发布的公告,大会代表围绕提案中的问题进行合理分析,提出适宜的结论、主张或解决方法。

在选举代表的过程中,力求使当选代表在各区域分布均衡,比例协调,代表的人数应与委员会发布的公告和相应条例一致。

第一项 选举市或区地方组织的代表:出席的地方组织党员、干部和领导人根据公告规定选举代表。并确保通过自由、个人、直接和无记名投票的方式完成,由居住在该选区的党员发布。

第二项 选举党的部门或组织的代表:农业部、工人部、人民部、地方运动、革命制度党妇女全国组织、革命青年战线、革命团结联合会,以及注册的附属组织遵照党内选举程序,根据相关公告规定,民主选举各级代表大会代表。

第二节 政治委员选举程序

第一百四十五条 党员、党的领导干部要成为政治委员,应满足本章程第一百五十一条(第三、四、九、十、十一、十二、十三、十四、十五项除外)和相应公告的要求,并证明满足以下条件:

第一项 全国政治委员会成员入党应满五年。

第二项 州(联邦区)政治委员会委员入党应满三年。

第三项 市或区政治委员会委员入党应满两年。

第一百四十六条 政治委员会成员的选举应在遵守相应委员会规定和

公告的基础上，采取普选、无记名、个人、自由、直选和不可转让的投票方式进行。

第一百四十七条 对应党的部门、附属组织和专业组织的政治委员，应遵守上一条的原则选举产生，其构成必须性别平等，男女比例各百分之五十，青年至少占三分之一。

为加强党的政治行动，党的部门、全国组织、附属组织和专业组织的政治委员应体现地域区划，代表分区、市或区，注意遵守本章程及相应公告的规定。

第一百四十八条 为保证政治委员会的组成比例合理，政治委员应由以下方式选举：

第一项　地方代表

第一目　以直接、无记名、个人、不可转让的投票方式在相应级别选举。

第二目　地方选举代表大会按地区或行政区划分，包含州（联邦区）、市、区，各区政治委员的代表性应合理分布。

第二项　立法代表

根据本章程第七十条第五项规定的轮换流程，议员以个人、无记名、自由和直接投票的方式选举所在议院的委员。

第三项　州（联邦区）委员会

市主席和区领导人通过自由、个人、无记名、直接和不可转让票的投票方式选出相应政治委员。相同程序也适用于区委员会。

第四项　培训和政治发展学院及科洛西奥基金会，遵守上述规则，实行各自代表大会规定的程序。

第一百四十九条 组织和指导政治委员选举的职责由相应内部程序委员会承担。

第一百五十条 根据本章程规定，联邦议员、各级地方领导干部以及专门组织、部门和组织的领导干部不能直接参与第一百四十八条第一项所涉政治委员的选举。

第三节　委员会主席和秘书长

第一百五十一条　成为全国执行委员会、州（联邦区）、市或区领导委员会主席或秘书长，应满足以下要求：

第一项　有坚定的革命信念，遵守纪律，忠诚于党，扎根党员和社会，享有较高声望，对党的各种规定有深入而广泛的认识，有出色的领导力。

第二项　没有担任过其他政党的领导干部、候选人、党员或积极分子，除非拥有全国司法委员会的有利声明。

第三项　在辖区至少居住三年，除非曾担任过党的某项职务或公职。

第四项　证明作为党的可靠一员的经历并满足以下条件：

第一目　全国执行委员会领导应入党满十年。

第二目　州（联邦区）领导委员会领导应入党满七年。

第三目　市或区领导委员会领导应入党满三年。

第五项　在政党登记处注册，按期交纳党费，这将记录在有关部门发放的文件中。

第六项　竞选遵照本章程和相应通告的规定。

第七项　用证明文件向相应内部程序委员会证明符合相关规定的要求。

第八项　无联邦法律规定的重大犯罪记录或贪污犯罪记录。

第九项　在普选中赢得某一职位、党的地方执行领导人或担任中高级公务人员的党员，必须在任期开始时申请注册职位许可，在相应内部程序中任期结束时同样如此。只有第一种情况可连任。

第十项　全国执行委员会、州（联邦区）领导委员会主席及秘书长候选人应担任过某项领导职务。

第十一项　全国、州、市或区领导人应向相应政治委员会提交一份工作计划。

第十二项　具有培训和政治发展学院及其州（联邦区）分支机构颁发

的全国或州政治培训计划的培训证明。

第十三项 获得以下机构或人员的支持：

第一目 地方组织，通过其分区委员会、市或区委员会、州（联邦区）领导委员会。

第二目 党的部门、地方运动、妇女全国组织、革命青年阵线、革命团结联合会。

第三目 政治委员。

第四目 在政党登记处注册的支持者。

第十四项 上一项所设支持的百分比，在任何情况下都不能大于：

第一目 地方组织百分之二十。

第二目 党的部门、地方运动、妇女全国组织、革命青年阵线、革命团结联合会百分之二十。

第三目 政治委员百分之二十。

第四目 已注册的支持者百分之五。

第十五项 遵守由全国政治委员会和相应州（联邦区）政治委员会规定的预选活动的最高限额。

第一百五十二条 成为分区委员会领导人，应入党满一年，并符合上一条第二、六和八项的要求。

第一百五十三条 总体而言，选举领导人的内部程序应遵守本章程、相应条例和通告的规定，保证男女平等，并有三分之一的青年。

第一百五十四条 由内部程序委员会负责的领导人选举的组织、引导和验证程序应包括全国、州（联邦区）、市或区等层面，每个层面均应遵照本章程第一百、第一百五十五、第一百五十六和第一百五十七条的规定。

第一百五十五条 全国内部程序委员会有十一名委员和六名候补委员，州（联邦区）内部程序委员会有九名委员和四名候补委员，市或区内部程序委员会有七名委员和三名候补委员。这些委员均遵照本章程规定的程序选举产生。

党的部门和全国组织可在内部程序委员会有一名代表，该代表有发言权但没有投票权，随时可以被其代表的部门或全国组织更换。

选举领导人和推选候选人期间，注册的申请人可在相应内部程序委员会有一名代表，该代表有发言权，但没有投票权。

内部程序委员会设有技术秘书处，负责实施相应委员会的协议和决议。

第一百五十六条 成为各级内部程序委员会委员应满足以下要求：

第一项 遵守党的各项规章制度，对党忠诚，对党的基本文件有所认识，具备其职位要求的条件以履行职责。

第二项 没有担任过其他党派的领导、候选人、党员或积极分子。

第三项 入党至少五年。

第四项 在履行公职期间个人声誉良好，无犯罪不良记录或者受过行政处分。

第五项 由相应政治委员会推选。

第一百五十七条 委员会委员按以下形式选举：

全国执行委员会、州（联邦区）、市或区执行委员会主席，向委员会全体会议提出相应成员尤其是主席名单。

上述名单的制定应听取党的部门、组织机构、专业组织和地方组织的意见。

政治委员会审核分析候选人的专业、入党后的经历和能力以决定谁将进入相应委员会，通过与会委员三分之二选票选出。

每个候选人都有相对应的号码，以便在其缺席的情况下明确其身份及关系。

第一百五十八条 按照之前的程序规定，这些委员会委员的任期为三年，除非因严重过失才可被撤销，由相应政治委员会在事先听取司法委员会意见的基础上做出撤销委员资格决议。

第一百五十九条 全国执行委员会及州（联邦区）、市或区领导委员会主席和秘书长的选举应按照法定程序，选择相应级别的政治委员会完成。

第一项 全国执行委员会、州（联邦区）领导委员会主席和秘书长的选举选择：

第一目 基层党员直选。

第二目 政治委员代表大会。

第三目 相应级别的全国代表大会、州（联邦区）代表大会。

第二项 市或区委员会主席和秘书长的选举选择：

第一目 基层党员直选。

第二目 政治委员代表大会。

第三目 相应级别的市或区代表大会。

第四目 传统上适用的做法和惯例。

第一百六十条 全国执行委员会及州（联邦区）、市或区领导委员会主席和秘书长的选举应通过法定程序，应遵守两性平等原则，并确保其中一人是青年。

第一百六十一条 领导人选举公告由更高一级的委员会下发，遵照法定程序和本部分及相关条例的规定。

公告应在全国执行委员会协议前发出。

涉及全国执行委员会的选举，相关选举公告由全国内部程序委员会发布，事先应得到全国政治委员会批准。

选举公告应包括本章程或相关条例的要求。

第一百六十二条 街道分区委员会领导人由该区党员投票选出，选举以收到通知为准。

第一百六十三条 全国执行委员会及州（联邦区）领导委员会主席和秘书长任期四年，市、区和分区领导委员会主席和秘书长任期三年，任何情况下都不能连选连任。

主席和秘书长任职期满前，在任期情况下不得被开除。在没有执行更新领导人选举进程的情况下，相应政治委员会通过其技术秘书在接下来的七十二小时内选举临时领导人，并按照选举程序选举新领导人。

第一百六十四条 在主席或秘书长暂时空缺的情况下，根据本章程第八十四、一百二十一和一百三十二条的规定，相应秘书代行其职。

在主席确定空缺的情况下，由秘书长代行其职，要求相应政治委员会在六十天内召集选举选出新主席以完成相应任期。

在秘书长确定空缺的情况下，根据本章程第八十四、一百二十一和一百三十二条的规定，由相应秘书代行其职，主席在六十天内向相应政治委员会提议召开选举选出新秘书长以完成相应任期。

在主席和秘书长同时空缺的情况下，相应秘书根据本章程第八十四、一百二十一和一百三十二条的规定暂代其职，由相应政治委员会在六十天内召集选举选出新主席和秘书长以完成相应任期。

第一百六十五条 一旦接受任职，领导人将在相应上级组织或其代表面前按以下条文宣誓。

"您宣誓遵守党的《原则宣言》《行动纲领》和章程，以爱国、忠诚、诚实、正直及高效的原则担任职务，遵守革命原则，履行党和党员对您的要求和检验吗？"

领导人将回答："是的，我宣誓！"

第二章 民选公职候选人的推选

第一节 候选人资格条件

第一百六十六条 有意被提名为民选公职候选人的党员应符合下列要求：

第一项 是充分享有政治权利的墨西哥公民。

第二项 满足有关适用法律的相关要求。

第三项 是公开表示遵守《原则宣言》和《行动纲领》并严格遵守党章的党员干部。

第四项 未担任过反对革命制度党的政党或政治联盟的领导人、候选人、骨干党员。能证明入党或重新入党后的经历，竞选市级公职应入党至少三年，州级公职至少五年，联邦级公职至少七年，各任职期间均无过失。

第五项　按期交纳党费，有由财务秘书处出具的文件证明。

第六项　宣誓遵守《道德行为准则》的规定。

第七项　公共行为举止得体，未因一般或在执行公务时的故意犯罪而被定罪。

第八项　向党的相关组织机构提交工作方案。

第九项　角逐总统、州长和联邦区行政长官提名的，应证明其干部、领导的职务，已通过党赢得民选职务且入党十年。

第十项　参加培训和政治发展学院及其州（联邦区）分支机构的政治培训课程，证明获得关于党的基本文件的知识。

第十一项　角逐市或区行政领导、州（联邦区）众议员提名的，应证明入党三年，拥有满足相应要求的住所，在全国执行委员会、州（联邦区）领导委员会担任职务者除外。竞选市政府职务的青年候选人，应证明入党一年。

第十一项（乙）　党的全国执行委员会主席或秘书长不能被提名为总统候选人。在相关联邦选举程序开始前六个月离职的除外。

第十二项　角逐根据相对多数制选举的民选公职候选人的，在提交登记申请被提名为候选人或预候选人的同时，应根据情况，申请与选举级别相同或更高级别的党的任何职位的地方执行领导、民众代表或中高级公务员的许可，许可应至少被保留至公布内部流程相关结果时。

第十三项　角逐联邦参议员和众议员提名的：

第一目　按本章程规定，证明入党五年。

第二目　证明干部或领导人身份。

第三目　拥有满足相应要求的住所。在全国执行委员会担任职务或代理职务、民选职务或联邦公职者除外。

第四目　青年候选人应证明入党三年或参加过党的青年组织。

第十四项　［已废除］。

第十五项　[已废除]。

第十六项　向选举机构提交偿还因未履行义务所产生的罚款的书面保证。

第一百六十七条　在依据相对多数原则的联邦、州、市或区的选举过程中，党应推动公平，同一性别的正式候选人比例不超过百分之五十。在候补候选人中，党也应保证性别平等。

党推动残疾人的提名。

第一百六十八条　党根据比例代表制原则提交联邦选举注册用的全国和地区民选公职候选人名单，不论是正式候选人还是候补候选人，任何情况下均不可包含百分之五十以上的同一性别党员。依据比例代表制原则开展的州公职候选人名单遵循同样原则。两种情况均应参考党的部门和全国组织的提议。

党推动代表社会特殊行业、公共事业的党员、残疾人和老年人参选。

第一百六十九条　上一条提到的原则，应在两个候选人组合中遵守。

第一百七十条　党为市选举登记的市政府公职候选人提名（包括正式候选人和候补候选人）中，同一性别的候选人比例不能超过百分之五十。应遵守在三分之一的地方必须给任何性别的候选人安排职务的原则。入党时间经商议的或按照惯例程序处理的除外。

根据比例代表制原则任命职务的，应遵守本章程第一百六十八条和第一百六十九条的规定。

第一百七十一条　党的部门、组织和地方运动的提议，应遵守上条提到的原则。

第一百七十二条　在根据相对多数原则进行的联邦、州（联邦区）及市或区的选举过程中，党推动青年党员候选人（包括正式候选人和候补候选人）提名的比例不低于百分之三十。

第一百七十三条　根据比例代表原则进行的民选公职候选人选举，其全国和地区候选人名单（包括正式候选人和候补候选人）应包含至少百分之三十的青年党员。

第一百七十四条 根据比例代表原则进行选举的州和联邦区民选公职候选人名单（包括正式候选人和候补候选人）按照同样的办法处理，应包含至少百分之三十比例的青年党员。

第二节 推动原住民和社会特殊行业民众参加竞选

第一百七十五条 在按照相对多数制和比例代表制进行的联邦、州竞选过程中，在主要人口是原住民的地区，党推动提名代表主要原住民及其社区的候选人。

在立法机构、市公务员和市议会成员的提名中，党优先推动原住民及其社区代表参选。

第一百七十六条 在联邦和州立法机构及市公务员和市议会成员的竞选过程中，党推动代表社会特殊行业和社会事业的党员参选，例如老年人、残疾人和弱势群体。

第三节 候选人推选程序

第一百七十七条 党内推选民选公职候选人的程序应根据本章程和全国政治委员会批准通过的相关条例进行。

第一百七十八条 根据本章程规定，内部程序委员会有权负责指导民选公职候选人推选程序。全国委员会向全国政治委员会提交《领导人选举和候选人推选条例》。

第一百七十九条 民选公职候选人的推选，经直接上级政治委员会常委员会批准后，按照相关法定程序进行。时间、方式和进程遵照相关公告规定。

第一百八十条 总统、联邦参议员和众议员候选人的推选程序由全国政治委员会选择，并经大多数州（联邦区）政治委员会同意。

第一百八十一条 候选人推选程序如下：

第一项 直接选举。

第二项 代表大会。

在市级选举中，还要考虑适用的惯例和传统。

第一百八十二条 按照相关法律规定，应在挑选候选人的内部程序正式开始前三十天以内确定选举程序。否则，使用前一次的选举程序。

第一百八十三条 直接选举程序可通过两种方式进行：

第一项 在政党登记处注册的党员中进行。

第二项 在党员和同情者中进行。

在第一项所涉直接选举中，条例指定党员登记和发布相关选民名单的截止日期，选民名单应提供给预候选人。

第一百八十四条 代表大会应符合如下要求：

第一项 百分之五十的代表由以下人员组成：

第一目 相应级别的政治委员和居住在该地区的更高级别的政治委员。

第二目 相关代表大会选出的部门和组织的代表，比例参照其在相应级别政治委员会的成员比例。

第二项 剩下的百分之五十是在地方选举大会选出的代表。

在所有地方选举大会中，确保遵守性别平等和青年参与的原则。

第一百八十五条 《领导人选举和候选人推选条例》规定代表选举的机制和方式以及举行大会的条件和程序。

第一百八十六条 在直接选举和代表大会的程序中，应遵守自由、直接、无记名、不可转让的民主投票原则。代表选举大会由党批准，遵守上述原则。

第一百八十七条 所有申请成为按照相对多数原则选举的民选公职预候选人的党员应：

第一项 满足第一百六十六条的要求。

第二项 根据公告规定，证明上一阶段运用舆论工具的资质。

第三项 得到以下某一组织或个人的支持：

第一目 地方组织。根据具体情况，通过其分区、市委员会以及州（联邦区）领导委员会。

第二目 部门或地方运动、妇女全国组织、革命青年阵线和革命团结联合会。

第三目 政治委员。

第四目 登记注册的党员。

第一百八十八条 上一条及相关条例所涉支持的比例最多不超过：

第一项 地方组织百分之二十五。

第二项 部门或地方运动、妇女全国组织、革命青年阵线和革命团结联合会百分之二十五。

第三项 政治委员百分之二十五。

第四项 登记注册的党员百分之十。

第一百八十九条 《领导人选举和候选人推选条例》应规定：

第一项 推选候选人内部程序不同阶段的时间和方式。

第二项 根据相关法律，规定内部竞选活动的标准、融资上限、利于预选运动的所有方面。

第一百九十条 《领导人选举和候选人推选条例》和候选人推选公告应遵守相关法律和本章程的规定，在任何情况下都不能提出更多要求。

第一百九十一条 在遇到不可抗力、必须更换党的候选人的情况下，在其合法登记之前或之后，全国执行委员会指定新的候选人。如果是地方候选人，全国执行委员会采纳州（联邦区）领导委员会的提议。

遇到相同情况，全国执行委员会以同样的方式更换根据比例代表制进行的民选公职选举的候选人名单。

第一百九十二条 推选总统、州长和联邦区行政长官、联邦参议员和众议员候选人的公告经全国政治委员会批准，由全国执行委员会发布。

第一百九十三条 推选地方众议员、联邦区众议员、市长和联邦区辖区的行政长官候选人的公告经全国执行委员会和相应政治委员会批准后，由州（联邦区）领导委员会发布。

第一百九十四条 推选参与根据比例代表制进行的民选公职选举的候选人，全国执行委员会向常委会提交正式候选人和候补候选人名单的提议，以便获得相关认可批准。

为根据本章程第一百九十五条规定的标准进行评估，在名单里附上每个候选人的履历。

第一百九十五条 全国政治委员会常委员会监督全国多名制选区名单是否符合以下标准：

第一项 通过此方式推选的候选人为党增添声望。

第二项 评估在选举及其组织过程中为党做出的服务。

第三项 为满足议会、竞选和辩论工作的需要，选出专业的履历。

第四项 根据党获得的选票，保持地区平衡，在议院兼顾所有联邦实体的代表。

第五项 包含党内的不同意见及其社会事业。

州常设政治委员会依照相似标准监督地方多名制选区名单。

第一百九十六条 如党签订联盟协议或推举共同候选人，应遵守本章程第七、八、九条的规定。

第四节 候选人和预候选人的义务

第一百九十七条 登记一经党的主管机构批准，被推选的候选人应宣誓遵守党的基本文件，并将选举纲领提交相应政治委员会批准。

第一百九十八条 党的候选人按照以下文字宣誓：

"您宣誓遵守革命制度党的《原则宣言》《行动纲领》和其他规章及选举纲领，在公众投票对您有利的情况下，以爱国、忠诚、诚实、高效的原则担任被提名的职务，遵守革命原则，服从党和党员对您的要求和检验吗？"

候选人回答："是，我宣誓！"

第一百九十九条 党推选的候选人根据相关选举范围的政治、社会和经济特点开展竞选活动。为此，遵守以下规定：

第一项 应合法、诚实、合理、最有效、不浪费地利用经济资源。

第二项 相应级别的党的领导机构，根据相关选举范围，确定竞选活动的总标准。

第三项　服从选举法律、其他法规和行政规定。

第四项　与同一地区同时开展竞选活动的竞选其他职位的候选人进行必要协调，以整合力量、资源，加以有效利用。

第五项　根据相关法规，适时地向党提交足以证明其竞选活动收支变化的文件。如不提交，须支付罚金。

第六项　领导机构发布的其他标准和方针。

第一、二、三、五、六项规定同样适用于民选公职预候选人。

第二百条　如预候选人或候选人不遵守上一条规定，全国执行委员会可根据具体情况和相关法律，向党的相关机构或职能选举机构注销其登记。前述操作依据本章程，与违规者的党内职责无关。

第五篇　专门机构

第一章　总　则

第二百零一条　专门负责调查、教育、政治培训、宣传和出版的机构是党实现《联邦选举制度和程序法》和相关地方选举法规规定的相关职责的职能机构。

其职责是根据相应条款，开展并发布对政治、经济和社会秩序的调查和分析，宣传思想，坚守并学习墨西哥革命原则，开展对党员和党的同情者进行培训和提升的项目。

在履行管理职责时，可以拥有法人资格和自己的财产，开展可得到财产自主权的活动，为工作提供最大的灵活度、更接近政治力量和公共团体，以增强党的财政状况。

根据章程第二百零二条的规定，通过调查、教育、政治培训、宣传和出版委员会，政治委员会保证这些专门机构能收到公共资助，用于开展选举法规所涉活动。

第二百零二条　以下是负责领导和协调调查、教育、政治培训、宣传和出版活动的专门机构。

第一项　负责宣传思想和社会经济、政治调查的科洛西奥基金会。

第二项　负责教育和培训的培训和政治发展学院。

第三项　负责宣传和出版的全国出版和传播委员会。

本条所指的组织根据相关涉党选举法规运用所有资源进行调查、研究、培训、出版和宣传。政治形象与传播委员会在思想研究和传播方面运用部分资源。

党为使地方和国家法律规定的特权能得以更好地利用提供条件保障。

第一节　科洛西奥基金会

第二百零三条　科洛西奥基金会是履行调查和分析政治、经济、社会秩序，宣传思想和支持政治培训等职责的领导和协调机构。这有利于国家民主文化的发展、制定管理计划和选举管理。

在履行管理职责时，该基金会拥有法人资格和自己的财产。

科洛西奥基金会有以下职权：

第一项　完全遵守党的基本文件。

第二项　宣传党的思想理论和推动民主政治文化。

第三项　推动专家参与到科学、技术和文化各领域，使其最好地发挥作用。

第四项　在宣传思想方面为党的不同组织机构、部门、组织和附属组织提供咨询和支持。

第五项　在调查和研究方面，开展联邦法律规定的党的相关预算工作。

第六项　维护、运营和更新阿道夫·洛佩斯·马特奥斯全国信息和资料中心，守护党的记忆，照看历史档案。

第七项　拥有由一名任期为四年的主席和其他指定官员组成的领导委员会。

第八项　通过主席和秘书长在全国政治委员会里代表其利益。

第九项　建立州、市和区级分支机构，其名称为州或市的名称加"科洛西奥基金"，加"A.C."后缀，科洛西奥基金会也可在国外设立分支机构。

第十项　州（联邦区）领导委员会主席提名3人作为科洛西奥基金会州分支机构的领导成员、主席和秘书长人选，并附上公民意见，由全国科洛西奥基金会主席评审，确定最适合领导职位的人选并提交州（联邦区）下属的代表大会。

第十一项　宣传路易斯·唐纳多·科洛西奥的思想。

第十二项　开展社会、经济和政治研究，舆论和市场营销研究，分析、制定和评估公共政策，国际研究，建立在公共政策分析和制定方面的党员、同情者和专家网络。

第十三项　制定政治、经济和社会调查年度计划，并提交全国政治委员会审批。

第十四项　履行其文件规定的其他职责。

第二节　培训和政治发展学院

第二百零四条　培训和政治发展学院是一个领导和协调机构。为使组织和党员忠诚、坚定、有效地履行人民授予的公共责任和完成党委派的任务，培训和政治发展学院负责对党员和党的同情者进行思想和政治培养，并促成影响组织和党员政治发展的项目。

在履行管理职责时，学院拥有法人资格和自己的财产。

第二百零五条　培训和政治发展学院有以下职责：

第一项　同全国政治委员会相应专题委员会一起制定、实施和开展全国培训计划，提交委员会全体成员，并同州政治委员会相应专题委员会共同协调州培训计划，推动使用大众传播媒介和先进技术制定和宣传计划，推动促进这些行动的出版工作。党内各机构开展的政治和思想培训计划应符合一般指导原则。

第二项　根据相关选举法规，同选举行动秘书处一起开展项目，推动培训和提升有选举任务和政治活动积极的党员，向他们灌输代议制民主的价值观和在政治斗争中捍卫其合法权益的决心。

第三项 根据全国计划和州培训计划，实施对民选公职或党的领导人的候选人培训计划，增强满足本章程对此类情况的强制性要求的必要决心。

第四项 推动旨在提高党员政治文化及学术、技术和管理能力的项目。

第五项 开展旨在大大加强公民教育、青年和妇女政治和思想培训的项目，激励其政治才能、鼓励他们越来越多地参与党的工作。

第六项 对国内土著部落实施公民教育、思想培训计划，推动他们全面融入国家的民主发展中，尊重其文化和种族特点。

第七项 登记培训项目的毕业生，鼓励其在党内担任领导职务，为民选公职候选人提供机会，向全国执行委员会组织秘书处发送相关毕业生登记名单。

处理毕业生的入党申请。

第八项 推动党员、干部、领导人、民众代表和属于革命制度党的公务员参与党的培训和政治发展工作。

第九项 制定和宣传对党员进行的关于国家政治、经济、社会、公共管理等方面的培训的相关分析和调查。这些培训旨在加强党员的能力和认知，以便其履行公共责任和党的责任。

第十项 在必要领域为党的组织和部门构建、设计和运营培训机构提供咨询和帮助。

第十一项 协调党的全国政治培训中心的工作。

第十二项 推动建立州（联邦区）和市（联邦区辖区）的政治培训中心。

第二百零六条 为履行职责，培训和政治发展学院应：

第一项 遵守党的基本文件。

第二项 拥有一个由全国执行委员会主席提议、学院代表大会任命的主席和学院所需的履行其职责的官员和合作者。

第三项　在每个联邦实体、市或区建立分支。

第四项　每三年提请全国政治委员会审批全国政治培训计划，提请审批年度工作计划，并提交相关报告。州分支机构应在其职权范围内采取有利措施。

第五项　为完成本章程规定的培训工作，开展由全国执行委员会指派的预算工作。同理，州分支机构开展由州（联邦区）领导委员会为培训工作指派的预算工作。根据联邦选举委员会或联邦实体选举机构的规定，为完成工作寻找其他融资来源。

第六项　建立全国政治培训长效机制。

第七项　同党的部门、全国组织和附属组织协调，制订培训计划。

第八项　必要时根据法律章程提前解散，由党的全国代表大会发布决议。一旦负债结算后，其财产归党所有。

第九项　行使学院章程及全国政治委员会规定的职能。

第三节　全国出版和宣传委员会

第二百零七条　全国出版和宣传委员会是党负责官方的纸质和电子出版物的领导和协调机构。

由一个由全国执行委员会主席指定的协调员领导。

第二百零八条　全国出版和宣传委员会有以下职责：

第一项　编辑党的官方宣传出版物。

第二项　编辑理论杂志。

第三项　同党的各部门一起编辑出版物。

第四项　协调和编辑网站内容。

第五项　指定官方出版宣传物和理论杂志的负责人。

第六项　制定并提请全国政治委员会审批年度编辑计划。

第七项　推动同国内外其他机构签署合作协议，实现合作编辑。

州（联邦区）委员会应设立相应编辑委员会。

第六篇 司　法

第一章 司法系统

第二百零九条　按照本章程和党的其他规章，党建立司法系统以实施内部规定、激励党员、实行惩罚、解决内部问题或党员分歧。

第二百一十条　司法系统由全国、州（联邦区）司法委员会和党员权利保护委员会负责。

第二章 全国、州（联邦区）司法委员会

第二百一十一条　全国、州（联邦区）司法委员会是在各自职权范围内负责奖励、惩罚以及党员权利和义务等的司法机构，遵守党的规定和协议，了解并解决在领导人选举和候选人推选过程中出现的分歧，认可和激励已开展的工作，赞扬党员的忠诚，评估担任公职党员的功绩，指出其不足和惩罚不当行为。

第二百一十二条　全国司法委员会由全国政治委员会根据全国执行委员会主席的建议选出的七名正式成员及其候补人员组成。

对引起怨言的行为的审讯和决议应包含司法委员会委员的签名。

取消裁决的依据应符合和解前的要求。

第二百一十三条　要成为全国司法委员会委员应满足以下要求：

第一项　党龄十年且能证明。

第二项　诚信，道德高尚。

第三项　经验丰富，具备法律和规章知识。

第四项　未担任其他政党的候选人或领导人。

第五项　未因故意犯罪而被判刑。

全国司法委员会委员任期五年。

除全国政治委员会事先听取常委员会意见并做出决议外，全国司法委

员会委员不能被开除。

对州（联邦区）司法委员会的组成和任期方面的要求与全国司法委员会相同。

第二百一十四条 全国、州（联邦区）司法委员会有以下职权：

第一项 保证党的法律秩序。

第二项 评估担任民选公职或公务员的党员的工作，以汇报其管理成果，证明其在工作中是否遵守了党的基本文件，是否本着对党、其选民（如有）和其他党员负责的态度开展活动。

第三项 发布关于纠正党员不当行为的必要建议，将建议汇报给相应委员会主席。

第四项 奖励党员。

第五项 追究因未履行党内规章规定的义务而产生的责任。

第六项 实施处分、警告，临时或永久性中止党员权利。

依据本章程第二百二十五条第三项执行处分程序，根据相关选举法律的规定发布决议。

第七项 开除因在公共资源管理中的经济犯罪被判决的担任公务员的党员。

第八项 在党刊《共和国》和党的官网公布被给予奖励或处分的党员的名字并做相关记录。

第九项 向相应政治委员会提交年度工作报告。

第十项 保证内部程序委员会的行动、协议和决议公正合法。

第十一项 制定以下相关条例，并提请全国政治委员会审批：

第一目 激励和表扬条例。

第二目 惩处条例。

第三目 申诉条例。

第十二项 了解、审理和解决党内选举领导人和推选公职候选人过程中产生的争议。

第十三项 本章程和党的相关适用规章赋予的其他职权。

第二百一十五条 司法委员会以全国政治委员会颁发的相关条例为其决议提供依据并解释目的。

第三章 党员权利的保护

第二百一十六条 在全国、州（联邦区）的范围内，党员权利保护部门是负责保证党员拥有的权利得到尊重、监督《道德行为准则》的实施和党应遵守的法令的总体履行情况的专门部门。该部门应确保各机关、部门、组织、团体和党员遵守相关政治委员会制定的协定和党的基本文件中包含的规定。

第二百一十七条 全国、州（联邦区）各级党员权利保护部门由一名主席、一名激励奖励跟踪副主席、一名处分实施跟踪副主席和一名调解副主席组成。主席由相应级别的政治委员会从全国执行委员会或州（联邦区）领导委员会主席提名的三人中选择一名任命。主席任命三位副主席。

成为党员权利保护部门的成员，应满足以下要求：党龄十年且可以证明，诚实、品德高尚，经验丰富并且熟悉法律和党的规章。

党员权利保护部门的领导任期五年，不得连任。

第二百一十八条 全国、州（联邦区）各级党员权利保护部门有以下职权：

第一项 通过友好协作、调解或仲裁，处理党员内部矛盾。

第二项 保护党员行使和享受各项权利。

第三项 向相应政治委员会提出旨在推动、提醒和保护党的团结和党员权利的一般办法。

第四项 在收到申请或认为合适时，向党的其他机构、部门、组织、团体和党员个人提供关于党员权利推动和保护的支持和专业咨询。

第五项 制定并实施关注和跟踪党员权利诉求和意见的项目规划。

第六项 与党的领导机构建立专门、有效的联系。

第七项　对提请其处理的争议进行裁定。

第八项　向相应级别的政治委员会提交一份年度工作报告。

第九项　本章程和其他一般性规章授予的其他职责。

第二百一十九条　党员权利保护部门履行的职责，接受全国政治委员会为此签发的条例的规范。

第四章　奖　励

第二百二十条　全国、州（联邦区）司法委员会在执行党的基本文件包含的规定和奖励党员、干部和领导人时，确保坚持党的团结、法制、准确、公正和平等原则。

第二百二十一条　党根据全国、州（联邦区）司法委员会的意见，授予以下奖励：

第一项　国家级

第一目　向共和功绩者颁发"贝尼托·华雷斯"奖。

第二目　向革命功绩者颁发"普卢塔科·埃利亚斯·卡耶斯"奖。

第三目　向民主功绩者颁发"拉萨罗·卡德纳斯·德·里奥将军"奖。

第四目　根据入党时间为工作获得党认可的优秀党员颁发"路易斯·唐纳多·科洛西奥"奖。

第五目　向思想工作、政治宣传和培训工作者，颁发"赫苏斯·雷耶斯·埃罗莱斯"奖。

第六目　向承诺用奖学金完成党内培训任务的优秀青年党员提供政治学习奖学金。

第七目　向国外优秀工作者颁发"塞萨尔·查韦斯"奖。

第二项　地方级

第一目　奖励优秀党员，提名应由相关政治委员会批准。

第二目　表扬公告。

第三目　向完成党的特定任务的党员授予荣誉称号。

第四目　奖励证书。

第二百二十二条 上述奖励获得者的提名应由相应政治委员会于每年12月提前发布公告，提请全国、州（联邦区）司法委员会审核。

奖励的揭晓和颁发应不迟于第二年的3月4日。

任何情况下均不可将这些奖项授予在职州长或公务员。

第五章 惩 处

第二百二十三条 对党员的惩处由以下机构执行。

第一项 州（联邦区）司法委员会设立的分审理处，可执行：

第一目 秘密警告。

第二目 公开警告。

第二项 全国司法委员会可执行以下处分：

第一目 暂时中止党员权利。

第二目 暂时停止党内职务。

第三目 开除。

州（联邦区）司法委员会设立的分审理处将关于党员权利的中止、党员职务的暂时停止和开除申请的文件呈交全国司法委员会审查，遵循其意见。全国司法委员会定期审查州（联邦区）司法委员会上交的案件和关于这些案件的决议。

惩处的实施必须是有根据和有原因的。应考虑到过失的严重性、违反纪律者的历史记录和处分轻重，具体对待。

决议依照相关条例确定处分期限。若违反者为再犯，则予以加重处分。

第二百二十四条 有以下任一行为将被给予警告：

第一项 频繁缺席代表大会和党召开或组织的政治或公民性质的会议。

第二项 在党的活动和委托事务中玩忽职守。

第三项 未尽到本章程或《道德行为准则》所规定的党员义务。

第二百二十五条 可因以下任一原因临时中止党员的权利或职务：

第一项　无正当理由却拒绝接受党的领导机构委托的事务。

第二项　轻度违反党的代表大会和其他机构的决定。

第三项　频繁欠交党费。当违反者为本章程第六十条第八项所述性质的党员时，中止措施在有关党员向全国司法委员会的申请下执行。

第四项　被刑事起诉犯有欺诈罪。中止措施持续至被告被最终判决为止。

第五项　领导人偏离章程规定、品行不正或政治无能。

第六项　未支付由本章程规定的连带责任所引发的罚单或债务。

中止措施在任何情况下均不可超过三年。若违反者为再犯，则予以开除。

第二百二十六条　可因以下任一原因暂时中止党员职务：

第一项　在担任党内职务或从事委托事务时不诚实。

第二项　私自占有党的资金或财产。

第三项　把由担任党内职务所获知的保密信息提供给反对本党的政治组织。

第四项　公然羞辱本党党员、领导干部或候选人。

第五项　违反本章程第六十条第九项或第一百九十九条第五项的规定。

职务中止在任何情况下均不可超过三年。若为违反者为再犯，则予以开除。

第二百二十七条　有如下情况之一的，予以开除：

第一项　严重危害党的意识形态、纲领和组织团结。

第二项　支持和宣传与党的基本文件内容相悖的原则。

第三项　开展与党的基本文件或者党的职能机构的具体路线相悖的政治活动。

第四项　有损害党支持的候选人的名声的行为，或给相关竞选活动设置障碍。对领导人或其履行职责有类似行为，或危害候选人、领导人、公职人员或党代表的团结或私生活。

第五项　传播观点或者开展活动，企图在党内引起分裂。

第六项　支持敌对党派或政治团体的政治行动。

第七项　推动和支持其他党派候选人争取支持者的活动。

第八项　行为严重违反代表大会和党的其他机构的决议。

第九项　不正当地出让党的财产或资金，或占为己有。

第十项　在履行被委托的公共职责时，缺乏诚信，或者犯罪。

第十一项　用欺骗的方法或在没有事实根据的情况下向本章涉及的纪律检察机关检举揭发。

第二百二十八条　实施处分时，党的全国、州（联邦区）司法委员会只处理由一个党员、部门或者党组织提交的初步检举，初步检举必须有相关证据。在任何情况下，被检举人享有旁听的权利。如果第三方与案件有利害关系，检举人或者被检举人可以申请拒绝其知晓审理情况。

临时条款

第一，第二十次全国代表大会扩大会议通过的各项修改将在联邦选举委员会宣布合法有效后即刻生效。

第二，对本章程第一百六十六条第十一项乙的修改，应满足第八十一条第二十一项规定的条件，并向相关职能部门通报，在下一届全国执行委员会的领导班子宣誓就职之前生效。

第三，全国执行委员会在六个月的时段内审核并保证党的领导机构的合法性。

第四，全国执行委员会着手组建一个代表委员会，并委托其领导在六个月内完成对党章框架的详细修正，提出相关修改和修订意见。

第五，本章程一旦得到通过，将在党的官方宣传机构公布。

（依据 2008 年革命制度党二十大修改的章程译出，来源：http://pri.org.mx.）

（赵悦、靳呈伟　译　靳呈伟　校）

第一部分　墨西哥主要政党规章制度

墨西哥国家行动党章程

第一章　党的命名、宗旨、存续、所在地、口号、徽章和竞选标志

第一条　国家行动党是由能够充分行使民事权利的墨西哥公民联合组成的全国性政党，其目的在于有机地参与墨西哥国内公共生活的各方面事务，能够通过民主的方式获得并行使国家权力以：

第一项　承认自然人所具有的无上尊严，从而尊重其基本权利，保障尊严所需的权利和社会地位。

第二项　使得个人、社会和国家的各项政治行为服从于实现共同利益的要求。

第三项　承认国家利益高于局部利益，且后者的次序与层级划分均服从于国家利益。

第四项　使得民主成为管理形式和生活方式。

第二条　国家行动党致力于实现以下目标：

第一项　树立并强化墨西哥民众的民主意识。

第二项　传播党的原则、纲领和规划。

第三项　开展有组织的、持续性的民间政治活动。

第四项　开展面向党员的社会政治教育。

第五项　保证党的一切命令都秉承机会面前男女平等的原则。

第六项　开展各种有关政治、经济和社会矛盾问题的研究工作，并提出相应计划、报告、提案和立法议题。

第七项　根据有关职能机构的规定，参与联邦、州和市各类选举活动。

第八项　为党推选的公职人员提供咨询和支持，加强党与党领导下的政府机构之间的民主联系。

第九项　建立、维持、发展实现党的目标所需或有利于实现党的目标的组织机构、研究所、新闻出版活动和社会服务。

第十项　与国内外政党和组织发展广阔、有建设性的关系。

第十一项　购买、转让并承担党所需的各种动产与不动产的税务，举行和开展对实现党的目标有必要或有益的演出、签约、管理和推广活动。

第三条　为实现上条所述各项目标，国家行动党可接受宗旨与党的宗旨一致的墨西哥组织团体对党的思想、愿景、计划、纲领和候选人的支持。

第四条　国家行动党的存续时间为无限期。

第五条　国家行动党的总部位于墨西哥城。党的州、市和区组织机构则分布于所处地市。

第六条　国家行动党的口号为："为建设有序、富庶的祖国，为使所有人过上更加美好、更有尊严的生活而奋斗。"

第七条　国家行动党的徽章为银色长方形，比例为一比三点五，中间横贯一道由绿、白、红三色等分的条形，左上方以蓝色大写字母注明"ACCION"（行动）字样，右下方以蓝色大写字母注明"NACIONAL"（国家）字样。

国家行动党的竞选标志为亮蓝色圆圈，圆圈当中以亮蓝色大写字母注明"PAN"（党名缩写）字样，底色为白色，竞选标志通常镶嵌于圆角方形框架内，该框架同样为亮蓝色。

第二章　党员、党的拥护者和全国党员登记处

第八条　凡是以个人名义，自由并独立提出书面申请，以期成为党员的公民，均为党的积极分子。成为我党积极分子应满足以下条件：

第一项　接受党的原则和章程,并在全国党员登记处签字确认。

第二项　为人诚实,行为端正。

第三项　具有较强的责任感,能够持续并有纪律地参与实现党的目标和各项活动,遵守本章程和相关条例的各项规定。

第四项　是党的拥护者。如果在入党之前曾经担任其他政党的领导人或候选人,则至少成为党的拥护者十八个月之后,方可转为正式党员。

第五项　在联邦选民登记处或对等机构签字登记。

第六项　完成相关条例规定的入党条件评估程序,取得相应认证。

根据相应条例规定的程序,党的积极分子身份应每两年审批一次。本章程第四十四条第九项、第七十五条第五项所涉及的委员会委员,以及作为党的积极分子超过三十年的党员,均无须进行上述审批程序。

第九条　凡是以个人名义,自由并独立提出书面申请,拥护党的相应规章并参与到实现党的目标的事业当中的公民,均为党的拥护者。

根据相关规定,党的拥护者的身份应每年审批一次。党的拥护者可以投票选举本章程第四章和相关条例所涉及的民选公职候选人。

第十条　依照本章程和相关条例的规定,党的积极分子享有以下权利与义务:

第一项　权利

第一目　有权亲自或通过代表参与党的决策过程。

第二目　有权在党执掌的政府下设的领导机构担任职务,但同一时期不得经选举担任三个以上职务。

第三目　只要满足国家选举规范和党的规章所要求的选举资质,即有权经推选成为国家行动党的民选公职预候选人或候选人。

第四目　有权接受对于促进其履行职责而言具有必要性的教育和培训,此类活动应报所属的领导委员会或所在地方的代表处审批方可实行。

第五目　党所赋予的其他权利。

第二项　义务

第一目 遵守并履行党的理论原则，规范自身行为，并影响其他公民共同规范其行为。

第二目 通过党推出的教育计划，提高自身素质，培养自身能力。

第三目 履行党的章程、条例和党的相关职能机构制定的各种规定。

第四目 持续并有纪律地参与实现党的目标。

第五目 根据自身情况，响应全国司库要求，为党的活动提供经费支持，以应对党的特殊资金需要。身居墨西哥领土之外的积极分子，无须承担此项义务。

第六目 在担任党执掌的政府机构的公职人员时，根据相应条例规定，交纳特定党费。

第十一条 党的成员是党的基层组织的组成部分，党的基本组织依照本章程和相关条例的要求开展各项活动。

党的基层组织的成员可以依照相关条例的规定，根据行业、职业、活动性质、年龄以及其他相似之处组织各种团体。

身居海外的党员可以依照相关条例的要求组织起来，成为党的组织结构当中的有机组成部分。

第十二条 全国党员登记处是隶属于全国委员会全国党员登记监督委员会的专业技术部门，负责党员党籍的办理、管理和审验工作。

全国党员登记处还负责依照相关条例和全国选举委员会针对每一党内选举程序发出的通知，发布参选联邦、州、市各级民选公职候选人名单，以及全国、州、市各级代表大会与会人员名单。

根据相关条例规定，全国党员登记处实施入党程序。

全国党员登记处应依照客观、准确、规范的原则，不断修正和改善自身工作。

全国党员登记处的管理和入党程序的监督，由全国委员会全国党员登记监督委员会负责，该委员会由三名经党主席提名由全国委员会选举的委员（其中至少一名应担任过州领导委员会主席职务）、一名党员培训秘书和一名专门负责加强党内凝聚力的秘书组成。

相关条例规定全国党员登记处的组织结构及其与党员登记监督委员会的关系。

第十三条 如若党的积极分子触犯、未履行或违反本章程及相关条例的规定，将根据以下规定受到警告、罢免职务或所受委任、撤销其预候选人或候选人资格、中止权利、开除党籍等相应处分。

第一项 对违反本章程和相关条例规定，情节较轻，且并未再犯的，予以警告处分。

第二项 对未尽到相应工作职责，或未完成所受委托的，予以罢免其职务或所受委任的处分。

第三项 对触犯或违反党的规范的党员，予以撤销其预候选人或候选人资格的处分。

第四项 对触犯、长期不履行或未严格履行其公民政治义务和党的积极分子义务的，予以中止权利处分。中止权利意味着脱离党的各项活动。

第五项 对不忠于党，或未履行领导人或公职人员职责的，予以废除其领导人或候选人身份的处分。

第六项 对于严重或反复触犯以上两项规定，在正式集会之外的场合以行为或言语攻击党的原则和纲领，行为或言论严重损害党的制度（于2011年8月26日经联邦选举委员会确定为无效），行为构成犯罪，行为公然影响党的形象，与其他政党合作或加入其他政党的，予以开除党籍处分。

第十四条 全国执行委员会、州或市领导委员会及其主席，可依据上条第一项的规定，对违反相关规定的党员予以警告处分。如要驳回警告处分，则应向相应委员会或委员会主席提出撤回处分的请求，该请求应于通知处分次日起的十个工作日之内提出。无论何种情况下都应尊重审讯权。

一旦全国执行委员会、州或市领导委员会批准审讯要求，且审讯结果立即生效，则罢免其党内职务的处分也应立即生效。如要驳回该处分，则应向相应组织机构提出撤回处分的请求，该请求应于通知处分次日开始的十个工作日之内提出。无论何种情况下都应尊重审讯权。

撤销预备候选人资格的处分由全国选举委员会决定。撤销联邦选举和州长选举候选人资格的处分由全国执行委员会决定,撤销地方选举候选人资格的处分由州领导委员会决定。无论何种情况下都应尊重审讯权。相关条例规定相应程序。

中止一项或多项权利的处分,其有效期任何情况下均不得超过三年。撤销领导人或候选人身份的处分,其有效期不得少于三年,不得超过十二年。根据相应市或州领导委员会或全国执行委员会的申请,开除党籍的处分由各联邦单位秩序委员会决定。在任何情况下,都不得于违规行为产生或暴露当日起三百六十五个自然日之后申请对当事人进行处分,除非该违规行为长期或反复出现。

担任公职的党员未交纳党费的,按照本章程第十三条所述规定予以相应处分。罢免职务的处分,其有效期可为自不再担任该职务当日起的四年之内。

对州秩序委员会所做出的处分决定持异议的,可针对其中任一内容,以书面形式向全国秩序委员会提出申诉,该申诉须于通知处分次日起的十个工作日之内提出。

全国委员会委员、全国执行委员会成员,或受相应州秩序委员会之托参加某一处分调查实施程序的州领导委员会主席,可于该程序开始之时向全国秩序委员会阐明情况,申请将本职工作交与他人代管。

党的积极分子如在本人所在联邦单位之外的联邦单位发生违规行为,则由发生违规行为所在地的联邦单位领导委员会向当地联邦单位秩序委会提出请求,由其给予相应处分。

如已证实其管辖范围内某一党的积极分子存在参与、加入或接受其他政党候选人身份的行为,全国执行委员会和州领导委员会可宣布开除该积极分子党籍。

宣布开除党籍处分的实施步骤应参照本章程第十五条的相关规定,其有效期不超过十五天。党的积极分子对宣布开除其党籍处分持异议的,可以于通知处分次日起的五个工作日内以书面形式向全国秩序委员会提出申诉。

党的积极分子或拥护者有违法犯罪行为的，秩序委员会应自主或应相关部门请求对其启动相应处分程序。实施处分程序期间，作为预防性措施，全国执行委员会可在秩序委员会的提议下暂时中止该积极分子或拥护者的若干权利。在任何情况下，该预防性措施的有效期不得超过一年。

第十五条 在下列情况下，党的任何一名积极分子都不应受到中止权利、罢免职务、开除党籍的处分：相关职能机构不曾以书面形式、以确凿的方式告知其所受指控，不曾告知其在党的其他积极分子当中指定一名辩护人的权利，不曾听取其申辩，不曾引证与其相关的报告文件，不曾认真考虑其出具的证词和证据，不曾获得所有必要的报告和证据。

第十六条 各州秩序委员会和全国秩序委员会应在自收到处分申请或相应要求之日起的四十个工作日之内做出处分决定。全国秩序委员会做出的处分决定为最终处分决定。

第三章 全国代表大会

第十七条 全国代表大会是党的最高机构。

第十八条 全国代表大会每三年召开一次，会议地点以每次通知为准，每次会议召开之前应提前四十五个自然日进行通知，通知内容应包括相应的大会日程。会议通知应通过州或市领导委员会发放给所有党员，由党的传播机构发布。全国代表大会由全国执行委员会负责召开，如果全国执行委员会未能及时履行该职责，则由全国委员会或其常务委员会主动召开，或应三分之一全国委员会委员，十个州委员会，或百分之十五已登记注册的积极分子的请求召开。

第十九条 全国代表大会特别会议可在全国执行委员会或全国委员会的倡议下随时召开。会议通知应在召开之日前至少四十五个自然日之前发放。除非该会议关系到党的存亡问题，未在例行会议日程中提及，非常规议题，也未向全国委员会或全国执行委员会报知，在此情况下，会议通知应至少在二十五个自然日之前发放。通知内容应包括会议当天日程，通知的发放形式参照上条规定。

第二十条 全国代表大会职责如下：

第一项 提名和罢免全国委员会委员。

第二项 分析全国执行委员会或全国委员会呈交的报告，内容包括自上一届全国代表大会以来国家行动党的主要活动。

第三项 审查由全国委员会提交的相关协议，以及关于上届全国代表大会以来党内行政管理总账目的书面报告。

第四项 针对党的共同财产做出决定，党的其他组织机构无权做出此类决策。

第二十一条 全国代表大会特别会议的职责如下：

第一项 根据全国执行委员会或全国委员会的提议，修改或调整本章程，其中也要考虑到党的积极分子的意见，以及州、市相关组织机构的建议。

第二项 决定党是否转型，是否与其他团体合并。在这两种情况下，决议应获得三分之二以上有效票方可获得通过。

第三项 决定党的解散。在这种情况下，全国代表大会特别会议还应根据现行选举法律和本章程第九十六条、第九十七条的规定，提名党的财产清算负责人，决定党的财产的去向。

第四项 处理任何关系到党的存亡且未在例行会议日程中提及的非常规议题、未向全国委员会或全国执行委员会报知的问题，在此种特殊情况下代替全国执行委员会或全国委员会做出决策。

第二十二条 全国代表大会由州领导委员会及全国执行委员会委派的代表团或代表组成，代表团成员可以在编代表身份发表意见、参加投票。

第二十三条 在编代表包括：州领导委员会主席或代行其职责的人员，以及各州领导委员会从其内部选拔提名的人员；市代表大会根据相关条例规定选拔的人员；全国执行委员会委员或其指定的代表团成员；全国委员会委员。

第二十四条 各州领导委员会根据上一条规定，在全国执行委员会的证明下，进行在编代表的委任。州领导委员会主席担任相应代表团团长；在其缺席的情况下，应由州领导委员会秘书长担任；若两人均无法担任，则应由相应代表团在编代表投票选举产生。

第二十五条 国家行动党主席同时担任全国代表大会主席。在其缺席的情况下，由全国执行委员会秘书长担任该职；若两人均不能担任，则由全国代表大会指定一人担任。全国执行委员会秘书长任全国代表大会秘书长，若此人无法担任，则由全国代表大会指定一人担任。

第二十六条 全国代表大会各次会议通常是公开的，但在大会主席团的建议下，也可不向社会公开。

第二十七条 全国代表大会应在会议通知指定的时间和地点召开，但大会本身有权延长会期、变更会议召开的时间和地点。

第二十八条 为促进全国代表大会的筹备和正常运作，全国执行委员会或其指定的代表团应积极参与其中，发挥作用；如果是全国代表大会例行会议，则需至少十七个州代表团参与；如果是全国代表大会特别会议，则需至少二十个代表团参与。

以下几种情况下，视为上述代表团出席大会：大多数在编成员登记在场，相应代表团团长在场，或代行团长职务的人员在场。

出席会议代表团的大多数在编成员行使投票权利时，该代表团方可具备投票权利。

第二十九条 州代表团成员人数组成比例参照本州积极分子总人数，根据相关条例规定加以确定。投票权的数量计算参照以下公式：

每个州代表团有十五个投票权；此外，所辖各选区各一票。

各代表团每有十名代表出席，则另加一票。

州内登记在册的积极分子人数与州内选民人数比每超过百分之零点一则另加一票。各州该项加票总数不得超过十五张。

在最近一次联邦众议员选举中，党在该州的支持率或所得票数占总票数百分之零点五以上的，则每个百分点再加一票；在最近一次全国选举中，党在该州的支持率或所得票数占总票数百分之零点五以上的，则每个百分点再加一票。

如果投票时出席投票活动的代表人数少于该州所辖联邦选区数量的四倍，则该代表团所具有的投票权数缩减至其加票前按比例分配应有的票数。除非达到上述所辖联邦选区数量的四倍这一最低人数定额，该代表团方可拥有加票后所有投票权数。党的支持率达到零点五个百分点的州，则超出的那部分百分点另加一票。在任何情况下，代表团拥有的投票权数量不少于五票。

全国执行委员会拥有一定数量的投票权，该数量等于出席全国代表大会的代表团拥有的投票权数量的平均数。

如果出现票数相同的情况，则全国代表大会主席有最终投票权。

第三十条 为确定各代表团选票和全国执行委员会选票的总体倾向，上述两个机构的成员的选票将得到仔细考量。如果其成员的选票结果为全票通过，或百分之九十以上参加投票的代表意见一致，则该代表团的投票倾向以此意见为准。如果代表团成员中有超过百分之十的成员持反对意见，则每百分之十的反对票代表总票数中十分之一的反对意见，剩下的票数则代表大多数意见。

第三十一条 各代表团所投票数将统一以经济的方式公布，如果三分之一代表团申请知悉其投票总数，则全国代表大会主席可根据相关条例规定批准以字据形式告知各代表团。全国代表大会秘书长负责公布投票结果。

第三十二条 全国代表大会的各项决议只有在投票过程中获得绝对多数有效票时，方可获得通过，本章程明确规定的个别事项可以不受该条规定的约束。

若投票涉及不止两项提案，且每项提案均未获得上段提及的绝对多数有效票，则获得票数最少的一项提案将被淘汰，其余提案重新进入投票程序，直至最终有提案获得规定的绝对多数票，方可通过。

第三十三条 全国代表大会所有决定均为最终决定，对党的所有成员，包括未出席会议的和持不同意见的党员，均有强制效力。

第三十四条 州、市代表大会在各联邦辖区内召开，商讨本章程所规定的事项。

州代表大会在相应州领导委员会倡议下召开，或由全国执行委员会主动或应州委员会的请求召开；或由本辖区至少三分之一市委员会联合倡议召开，或参照本州辖区内党的积极分子人数成立相应小组，在本州辖区内党的积极分子联合倡议下召开。

市代表大会在相应市领导委员会倡议下召开，或由全国执行委员会或相应州领导委员会主动或应三分之一积极分子请求召开。

大会的召开应经上级领导机关授权。已经召开大会的委员会应在十五日之内以书面形式向上级领导机关递交大会决议；如果该领导机关自收到决议之日起三十日之内没有提出反对意见，则上述决议将获得批准。

州代表大会的会议通知应由相应州领导委员会在其会议大厅向党员发放，并通过当地三家主要平面媒体向外界公布。

市代表大会的会议通知应由相应市领导委员会在其会议大厅发放，同时也可以基于本地情况，通过任何其他能够保证沟通有效性的途径进行发放。

第三十五条 上一条中所涉及的州、市代表大会的召开和运行方式参照党的全国代表大会的召开和运行方式，由相应州或市委员会主席主持会议。如果其无法履行该职责，则由全国执行委员会或相应州领导委员会指定一人担任该职。

为保障上述代表大会的运行，相应州和市委员会在全国执行委员会许可的前提下，可以在职责范围内制定符合本章程和相关条例精神的补充规范。

全国执行委员会有权在本条所涉及的各级代表大会做出决策的三十日之内对其决策行使否决权，否决权的行使应遵照本章程第六十四条第十五项的规定，并应留意敦促上述代表大会在适当时机重新召开。

第四章 全国会议、全国选举委员会和候选人的产生

第三十六条 全国会议是负责审查和审批党的政治行动纲领、了解由全国执行委员会或全国委员会递交的不属于全国代表大会职责范围的党的一般政策事项的机构。全国会议根据相应会议通知在规定的时间和地点召开。

全国会议的召开、构成、运作和决议，依据本章程第十八条和第二十二至三十三条的规定执行。

第三十六条（乙）

第一款 全国选举委员会是党内选举机构，负责组织党的联邦、州、市各级民选公职候选人的选举。

全国选举委员会为常设机构。

全国选举委员会具有以下职能：

第一项 准备、组织和监督民选公职候选人的选举。

第二项 在本章程指出的一些例外情况下，向全国执行委员会提出建议，指定候选人人选。

第三项 根据本章程的规定，选择选举方式。

第四项 发布民选公职候选人选举通知。

第五项 制定和审核候选人参选条件，决定是否通过其参选请求。

第六项 审查每个民选公职选举的选民名单，并提出相关意见。

第七项 计算、审核党内选举结果，宣布当选候选人人选。

第八项 根据相关法律和本章程规定，保证选举贯彻男女平等原则。

第九项 鼓励党员和党的拥护者积极参与党关于民选公职候选人的党内选举。

第十项 设计并确定投票中心工作人员的任职资质。

第十一项 在选举过程中出现矛盾时进行介入和调解，解决因选举规程和党的规定受到触犯时产生的不满和投诉。

第十二项 处理相关条例涉及的其他事务。

相关条例决定全国选举委员会的组织和运作形式，以及该委员会与党的其他机构之间的关系。

全国选举委员会向全国执行委员会呈交其预算方案，由全国执行委员会呈交全国委员会审批。

第二款　全国选举委员会由七名委员组成，这七名委员由党的主席提议，经与会全国委员会委员多数票选举产生，应尽量体现男女平等原则。

全国选举委员会应遵循准确、客观和公正原则。同时应使自己的行动符合本章程和相关规定的要求。

全国选举委员会委员任期六年，可经选举连任一届。

全国选举委员会每三年进行一次换届，空缺职位的填补程序参照本款第一段。替代人选将履行其职责直至相应任期结束。

在任何情况下，全国选举委员会委员都不得在任期内作为民选公职候选人参与竞选过程。辞去选举委员会委员职务或任期结束退居二线，仍须遵守该项禁令。

全国选举委员会委员在任期内不得兼任全国执行委员会委员，不得兼任州或市领导委员会委员。

全国选举委员会委员如接受任何公共性质或私人性质的职务或委任，则其委员职务随之作废，除非所接受职务为学术、科研等相关性质。

成为全国选举委员会委员应满足：作为党的积极分子，至参选委员之时，党龄至少十年；具有政治选举方面的知识；声誉良好（尤其是担任公职期间），从未受到本章程提及的任何处分；未担任民选公职。

第三款　根据相关条例和相应选举通知，全国选举委员会通过其州（联邦区）委员会、市委员会、区委员会和选区委员会，逐级行使其职权。

州（联邦区）选举委员会由五名委员组成，这五名委员由全国选举委员会根据相应州领导委员会的建议任命，应尽量体现性男女平等原则。

州（联邦区）选举委员会委员任期六年，每两年改选一次。

州（联邦区）选举委员会根据相关条例，指导市、区和选区选举委员会工作。市、区和选区选举委员会委员任期四年，每两年改选一次。

州（联邦区）、市、区、选区选举委员会委员不可兼任全国选举委员会委员，但可兼任公共或私人性质的职位、工作或委任。

州（联邦区）、市、区、选区选举委员会委员应满足与全国选举委员会委员相同的参选条件，除非作为党的积极分子党龄较长（州、联邦区选举委员会委员党龄超过七年，市、区、选区选举委员会委员党龄超过三年），参选条件方可适当放宽。

第四款 为保证党的工作正常开展、问题妥善解决，应建立一套完整的矛盾调解体系。该体系针对各个矛盾调解过程做出最终裁决。可根据相关条例规定的相应途径提出申诉。

全国选举委员会既可在法庭也可在全体会议中进行矛盾调解工作。法庭负责处理对候选人选举过程中州（联邦区）、市、区或选区选举委员会在行使全国选举委员会委托的职权时有悖于党内规定的行为的不满。如果对法庭审理结果持异议，可申请提交全国选举委员会全体会议进行再次审理。

对全国选举委员会行使职权时的行为不满的，其审理程序与上述针对州（联邦区）、市、区或选区选举委员会行为的审理程序不同，相关审理由全国执行委员会一次性最终裁决。

对内部选举结果持异议的提案，只能由登记在册的预候选人根据相关条例规定的时限、前提提出。

内部选举结果宣告作废时，由全国执行委员会指定候选人人选。

相关条例应规定本款提到的对内部选举结果提出反对意见的途径和实施程序。也应规定对恶意干涉选举过程、滥用反对途径、严重妨碍正常选举程序的行为所应采取的处分措施。

反对程序的介入不应中止矛盾解决和被反对行为的实施。

第三十六条（丙） 联邦、州、市民选公职候选人的选举应遵循以下基本原则：

第一项 选举通知应根据选举类型调整所采用的选举方式，规定预候选人的参选条件、每一选举环节的起止时间、选举活动形式、选举宣传形式，以及选举各环节选举资金收支上限。

第二项 选民名单应在选举预选阶段开始前六个月完全敲定。全国选举委员会在六十天内对该名单进行审查，提出意见。全国党员登记监督委员会根据相关条例规定，对有关选民名单组成的异议进行处理，处理时间不超过相应选举日期到来之前的九十天。一旦此期限结束，该选民名单便成为最终名单。

第三项 党的积极分子、拥护者、旅居国外的同情者，可以在选举民选公职候选人的党内投票环节投票，投票时应遵守国家相关选举法律法规及党的章程、相应条例和选举通知的要求和形式。

第四项 预候选人登记程序应对每一民选公职候选人的参选条件进行严格审查，以确保其满足宪法、相关法律、相关条例和相应选举通知等规定的条件。

第五项 预选和预候选人的宣传活动应在规定时限内完成，严格执行有组织、有纪律的原则，遵守全国执行委员会的规定。凡违反此项规定者，予以撤销预候选人资格的处分。

第六项 党以任何形式与其他政党联合参加某一竞选活动时，候选人的产生流程依照党与所联合政党在相应选举管理部门证明下签署的协议进行。

第七项 如果出现预候选人或候选人位置长期空缺、辞去预候选人或候选人职位、撤销预候选人或候选人资格等情况，全国执行委员会可以为空缺的预候选人或候选人指定替代人选，前提是预选期尚未正式结束。

第八项 全国选举委员会将处理关于预候选人违反选举规定、党的基本文件或内部选举规定的投诉。相关条例应规定提出投诉的程序，对投诉的处理须在投诉上报后三天内解决。如有再犯，则予以撤销预候选人资格的处分。

第九项 在任何时候，全国执行委员会可根据全国选举委员会的提议，参照相关条例规定，启动撤销内部选举活动的程序。在此情况下，全国执行委员会有权要求再次启动内部选举程序，或指定相应候选人。

第十项 全国执行委员会有权使用各种资源实施预选活动，有权集中经费进行预选宣传活动。全国司库明确预选活动收支报告的呈交准则。全国司库接收上述报告并对其进行审查，以便及时将其递交相关财政职能部门。对超过支出上限，或以党派名义借债的，予以撤销预候选人资格的处分。

第十一项 民选公职候选人选举应尽量体现男女平等原则。

第三十七条 联邦总统候选人的选举过程应遵循以下步骤，遵守本章程和相关条例规定。

第一项 参选人员应向全国选举委员会提交参加预选申请。登记参加预选并获全国选举委员会批准的人员应遵守墨西哥联邦宪法的规定，遵守现行选举法律法规，遵守党的章程和相关条例。

第二项 选举将在获得全国选举委员会批准的预候选人当中进行，其过程包括一个或若干个选举环节，各选举环节均在专门设立的投票中心进行，或在开展该选举的各联邦选区的首府进行。登记参选的预候选人应根据相关职能部门的规程，参加相应辩论活动。所有在全国党员登记处登记的积极分子和党的拥护者，以及登记在册、旅居海外的积极分子和拥护者，均有权参加投票，其选民身份参照本章程第三十六条（丙）第二项的规定。

第三项 参选共和国总统的候选人须获得整个选举过程中累计总票数当中的绝对多数有效票，方可获得通过。如果没有一位候选人获得上述绝对多数有效票，则获得票数达到百分之三十七及以上的有效票，领先第二名候选人得票数五个百分点及以上的候选人胜出。

如果没有一位登记参选的预候选人获得上一段所指的多数票，则获得票数百分比最高的两名候选人将参加全国范围内同时举行的投票活动，活动自选举最后一个环节结束后启动，持续两周。

第四项 内部选举的组织、协调、实施和运行均由全国选举委员会根据相关条例的规定负责开展。

第三十八条 州长（联邦区行政长官）候选人的选举遵照以下步骤进行，同时也应遵守本章程和相关条例的规定。

第一项 参选州长（联邦区行政长官）的人员应向全国选举委员会提交参选申请。登记参选并获全国选举委员会批准的预候选人应遵守墨西哥联邦宪法的规定，遵守地方法律、现行选举法律法规、本章程和党的相关条例的规定。

第二项 选举将在获得全国选举委员会批准的预候选人当中进行，其过程包括一个或若干个选举环节，各选举环节均在专门设立的投票中心进行，或在开展该选举的各联邦选区的首府进行。登记参选的预候选人应根据相关机构的规程，参加相应辩论活动。所有在全国党员登记处登记的积极分子和党的拥护者均有权参加投票，其选民身份参照本章程第三十六条（丙）第二项的规定。

第三项 参选州长（联邦区行政长官）的候选人须获得整个选举过程中累计总票数当中的绝对多数有效票，方可获得通过。如果没有一位候选人获得上述绝对多数有效票，则获得票数达到百分之三十七及以上的有效票，领先第二名候选人得票数百分之五及以上的候选人竞选胜出。

如果没有一位登记参选的预候选人获得上一段所指的多数票，则获得票数百分比最高的两名候选人将参加第二轮投票。原则上，第二轮投票最好依照相关选举通知同时开展。在同时开展的第二轮投票中，相关条例规定了屈居次位的候选人表达其意见的方式。

第四项 内部选举的组织、协调、实施和运行均由全国选举委员会根据相关条例的规定负责开展。

第三十九条 参加根据相对多数制开展的参议员选举的候选人的选举过程遵照以下步骤开展，同时也应遵守本章程和相关条例的规定。

第一项 参选人员应向全国选举委员会提交参选申请。登记参选并获得全国选举委员会批准的预候选人应遵守墨西哥联邦宪法的规定，现行选举法律法规、本章程和党的相关条例的要求。

第二项 选举将在获得全国选举委员会批准的预候选人当中进行，其过程包括一个或若干个选举环节，各选举环节均在专门设立的投票中心进行，或在开展该选举的各联邦选区的首府进行。登记参选的预候选人应根据相关机构的规程，参加相应辩论活动。所有在全国党员登记处登记的积极分子和党的拥护者均有权参加投票，其选民身份参照本章程第三十六条（丙）第二项的规定。

第三项 在内部选举得票数排名前两名的预候选人竞选搭档，可以参加参议员选举。此种情况下，只可投票支持一组竞选搭档，每组竞选搭档包括一名候选人和一名候补候选人。

第四项 内部选举的组织、协调、实施和运行均由全国选举委员会根据相关条例的规定负责开展。

第四十条 州、区和市会议的组织形式参照全国会议的组织形式，其职责包括针对特定政治活动的相关问题做出决议，但相应决议不得与上级会议决定相抵触。

上述会议须事先获得相应直接上级领导机构批准方可召开，其决议应在十日内上报相应领导机构。

第四十一条 党的积极分子在州选举活动中选出地方比例代表制众议员，或根据当地现行法律选出比例代表制众议员的同等职位，并对联邦比例代表制众议员候选人提出建议。

党的积极分子选举联邦或地方的相对多数制众议员，或根据本章程第三十八条规定的程序选举相对多数制众议员的同等职位，投票场所为全国选举委员会授意建立的投票中心。全国选举委员会可根据相关条例规定，进行特别授权，指定党的拥护者投票选举本段所述候选人。

市政府公职候选人选举应遵守相关条例规定，在任何情况下，市长候选人选举都应遵循上一段所述程序。

第四十二条 联邦和地方比例代表制众议员的预候选人（或现行法律规定的同等职位）的提议、各选区候选人名单、选举和推选程序应遵照以下程序执行，并符合本章程和相关条例要求。

第一款 联邦众议员候选人。

第一项　某市党的积极分子与相应市领导委员会可以提交关于参加市选举预候选人的提案。各市所辖联邦选区均可推举相应竞选组合。在地跨两个或更多市的选区，关于预候选人的提案只可呈交于其中一市，由此得到唯一的预候选人提案。

第二项　州领导委员会至多可以递交三份补充提案，其中同类提案不得超过两份。在州选举中，三份补充提案与上一项候选人提案一并呈交。州选举将产生并规定各州相应提案数量。该数量根据州对所在选区贡献的票数，以及党在最近一次联邦众议员选举中在该州所得票数的百分点确定。

第三项　针对每一选区的候选人，全国执行委员会至多可以提交三份提案。同一选区的同类提案不得超过两份。

第四项　各州根据本条前几项规定确定候选人名单后，将继续整合选区候选人名单。

名单前几位应是全国执行委员会提案中推举的候选人人选。

根据最近一次联邦众议员选举中党在各州所得票数，由高至低依次列出本选区内各州选举中获得第一位的竞选组合。

根据本条第二项的规定，依次列出其他竞选组合。在任何情况下，名单都应遵守州选举结果中的排名次序。

第二款　地方众议员候选人。

第一项　某市党的积极分子与相应市领导委员会应提交关于参加市选举预候选人的提案。各市所辖联邦选区均可推举相应竞选组合。在地跨两个或更多市的选区，关于预候选人的提案只可呈交于其中一市，由此得到唯一的预候选人提案。

第二项　上一项所述提案一旦确定，预候选人便可参加州选举。将根据现行法律的要求产生并规定与候选人名单相应的提案数量。

第三项　相应的州级领导委员会至多可递交两份提案，两份提案不得为同类提案，从而占据相关条例所规定的名额。

第四十三条　民选公职候选人的推选还可以通过公开投票和直接任命

这两种特别办法。

第一款 公开投票是一种内部性质的选举体系，在公开投票的情况下，具有完全政治权利和完全法律行为能力的墨西哥公民参与选举，通过在联邦单位、市、区或选区投票中心以个人身份进行自由、无记名投票，表达对登记参选预候选人的偏好。

全国选举委员会事先经全国执行委员会批准，可启动民选公职候选人的选举程序。在满足以下任一前提的情况下，选举可采取公开投票的方式：

第一项 在最近一次联邦或地方选举中，党所得票数少于总票数的百分之十。

第二项 在最近一次联邦或地方选举中，参与投票的公民数量低于百分之四十。

第三项 某项民意调查的结果显示民众对党参选的支持率低于百分之二十。

第四项 报名登记截止时，仅收到一份参选申请。

第五项 州委员会、州领导委员会或多数市领导委员会申请在州长及相对多数制参议员选举过程中实行公开投票；州委员会、州领导委员会或相关市领导委员会申请在联邦、地方相对多数制众议员和市公职人员选举过程中实行公开投票。以上两种申请公开投票的情况，其参加投票的人数和总票数均应与相关条例规定的参加人数和总票数相一致。

第六项 相关条例涉及的其他可进行公开投票的情况。

第二款 全国执行委员会参照全国选举委员会提供的非强制性意见，可在以下情况下直接任命党内参加民选公职选举的候选人：

第一项 为体现男女平等原则。

第二项 经相关选举职能部门同意，否决或撤销参选人登记程序。

第三项 由于突发情况导致无法开展选举。

第四项 在规定的内部选举时限结束后，候选人去世、失去职务、失去参选资格、放弃参选或发生其他致使候选人完全缺席的情况。

第五项 处在相关条例涉及的一些特定政治形势之下。

第六项 在相应联邦单位、市、区或选区内有不止一位参加民选公职选举的预候选人遭受暴力或冲突的困扰，或发生任何其他可能影响党内团结的情况。

第七项 在最近一次联邦或地方选举中，党所得票数的百分比低于总票数的百分之二。

第八项 经证实在党的积极分子的入党申请过程和党的拥护者的登记过程中出现违反本章程第八条和第九条规定的行为。

第九项 本章程涉及的其他可进行直接任命候选人的情况。

第四十三条（乙） 全国执行委员会、州领导委员会和市领导委员会主席、秘书长和秘书，均可在任期内以党的候选人的身份参加民选公职相应职位的竞选，其前提是参选当日前一年该候选人已放弃在党内所担任的领导职务。

第五章 全国委员会

第四十四条 全国委员会由全国执行委员会主席及秘书长、全国执行委员会前主席、出任共和国总统的党员、出任州长的党员、在任州领导委员会主席、联邦议会党团协调人、地方众议员全国协调人、市政府全国协调人、连续二十年及以上当选全国委员的党内积极分子、促进女性政治全国秘书处负责人、青年行动全国秘书处负责人和由全国代表大会选出的三百名委员组成。

第四十五条 当选全国委员应满足以下条件：

第一项 入党五年及以上的积极分子。

第二项 遵守党的路线方针、党章及其他相关规定。

第三项 在参选全国委员会委员前三年内未受过秩序委员会的处罚。

第四项 根据通知规定接受相应评估。

第四十六条 选举第四十四条提及的三百名委员，应遵照如下程序：

第一项 举行市代表大会，通过市代表大会向州代表大会提名相应候选人，候选人数目由相关条例决定。

第二项　相应州领导委员会按照市代表大会提名候选人总数目的百分之十的比例向州代表大会提名候选人。

第三项　全国执行委员会有权提名候选人，候选人的数目根据本条第四、五项决定。

第四项　一百五十名全国委员由州代表大会和全国执行委员会根据以下公式选举：获得平均系数，指用州联邦众议员的选票率总和除以一百三十五。各州的联邦众议员选举率除以平均系数，取整数（上取整），即为各州对应的全国委员数目。全国执行委员会拥有本项所涉全国委员百分之十候选人的提名权。各州及全国执行委员会根据本项规定的提名将直接被全国代表大会批准。

第五项　关于另外一百五十名全国委员的选举，各州代表大会有权根据党的全国选票数在各州的对应数目和在全国党员登记处注册登记的党的积极分子的数目的平均数的每百分之零点四提名一名候选人。如果所得结果大于或等于零点五，则该州增加一个提名。不举行州代表大会的州没有权利根据第四项规定提名全国委员。根据本项规定的提名权由全国代表大会行使。全国执行委员会拥有本项所涉候选人百分之十的提名权。

第六项　根据第五项提名的候选人将被添加至选举名单中，以备全国代表大会考虑。每位在编代表能选举的代表数目为全体候选人总数的百分之二十。

第四十七条　全国委员会的职权和义务如下：

第一项　选举全国执行委员会主席及委员，根据正当理由撤销相应任命。

第二项　指派五十名成员同各州领导委员会主席组成常设委员会。

第三项　根据本章程第十二条指派其成员加入监督委员会、秩序委员会、宣教委员会、党员权利保护和调解委员会以及全国党员登记处监督委员会，并根据情况设立专门委员会，委员会均应上交年度活动报告。

第四项　根据主席的提名，指派党的全国总司库。

第五项　审批年度收入与支出预算，并作相应调整；审批一年以上期限的债务；审核并批准全国委员会监督委员会所上呈的关于年度管理费用总决算的报告和意见。

第六项　根据全国执行委员会的提议，讨论并通过关于全国执行委员会的条例，关于全国委员会运作的条例，关于党的财务管理的条例，关于民选公职和党的领导干部选举的条例。

第七项　解决全国执行委员会交与全国委员会考虑的事务。

第八项　经三分之一及以上全国委员会委员申请，请求全国执行委员会根据事情的重要性和可行性解决问题。

第九项　裁定党的领导机构之间出现的一切问题。

第十项　批准全国执行委员会提交的全国性的短、长期活动计划，并定期评估其执行情况。

第十一项　统管党对联邦权力机构选举的参与，选定共和国总统、联邦参议员和众议员候选人，明确依据比例代表制原则产生的参议员候选人名单的排序，为参与选举活动奠定基础。

第十二项　审批党的联邦选举纲领，通过市和州级机构提前咨询全体党员。候选人必须接受并在自己参加的选举活动中宣传获批的党的竞选纲领。

第十三项　选举全国选举委员会委员。

第十四项　本章程和相关条例规定的其他职权和义务。

第四十八条　全国委员会定期召开例行会议，至少一年一次。例行会议的地点和时间由全国执行委员会签发的通知单决定。

全国委员会特别会议由全国执行委员会主席在以下情况下召集召开：全国执行委员会主席自己觉得有必要，全国执行委员会要求，全国委员会常设委员会提议，全国委员会三分之一及以上成员要求，十个及以上州领导委员会提议。

由全国执行委员会或党主席召集，全国委员会常设委员会为履行第四十七条第九、十一项所规定的相关职能，可以随时召开会议。会议决议效力同全国委员会的决议，且后者不得对其进行任何修改。

第四十九条 全国委员会大会只有多数成员出席方能有效，还要总能代表至少三分之二的拥有州级领导委员会的联邦单位。

全国委员会的决议必须拥有与会人员的多数票才有效。关于主席的选举或改选则要求三分之二以上的有效选票。关于全国执行委员会委员的选举或改选则要求获得绝对多数的有效选票。

第五十条 全国委员会委员的任期为三年，可以连选连任，新旧委员交替时，在位委员继续履行自己的职责，直至新任委员上任。在没有正当理由的情况下连续两次缺席全国委员会会议，即因此失去委员资格。

当全国委员会出现空缺时，该委员会可根据各委员的提名，通过简单多数的选举方式，选举替代者完成剩余任期。在重大情况下，委员会可以通过与会者三分之二选票的方式免除任何委员的资格，及通过简单多数的原则决定是否接受任何委员的辞呈。

第六章　全国司库

第五十一条 全国司库是负责管理国家行动党所有资源的机构。资源包括公共资助、募捐、私人捐助和其他进入党的全国资金账户的资源。在专业技术团队的辅助下，全国司库履行职责，其职权包括以下几个方面：

第一项　接收、分配、监管及核实所得的联邦资助。

第二项　向法定选举机构递交年度收支报告和联邦选举活动报告。

第三项　向全国执行委员会和全国委员会提交关于联邦公共资助总体分配和使用情况的报告，以供其讨论、审批。

第四项　帮助党的全国和州级资源管理机构发展。

第五项　本章程和相关条例规定的其他职权。

第七章　全国委员会分委会

第五十二条　全国委员会监督委员会由十一名全国委员会委员组成。其中，正式委员七名，候补委员四名，全国执行委员会成员、州领导委员会主席不得兼任。

监督委员会一旦成立，正式委员任命委员会主席和秘书，并知会全国执行委员会和各州领导委员会。

正式委员缺席时由候补委员代替。

监督委员会会议要求至少七名成员出席，其中至少包括四名正式委员。

第五十三条　监督委员会有广泛的权力监督和检查全国司库、联邦议会党团以及所有掌管党的资金和财产的全国、州和市级组织的财务信息，以使它们能够提交关于财务管理的报告和建议，其中应包括关于获批准的收支预算的执行情况、财务状况、党的资源的掌管和使用情况、契约责任与法律义务的履行程度的信息。

监督委员会能对全国执行委员会、全国司库、州领导委员会、市领导委员会等党的所有组织机构进行行政审计，并对其提出自认为合适的有助于完善管理方法和管理系统的建议。为更好地履行相应职责，监督委员会可以寻求相关专业人士的辅助。审计将在州监督委员会的协助下完成；如果有足够的判断力，也可自行完成。

第五十四条　监督委员会应向全国委员会呈交详尽的年度工作报告，并提交关于将要在全国代表大会上宣布的行政总账目的相关意见建议，以供全国委员会参考。

全国委员会一旦通过行政总账目，根据党的相关财务管理条例的规定，全体党员对所有关于党所收到的财政资助的信息都享有知情权。

第五十五条　全国委员会秩序委员会由八名全国委员组成。其中，正式委员五名，候补委员三名。全国执行委员会委员、州或市领导委员会主席不得兼任。

秩序委员会一旦成立，正式委员将提名并任命委员会主席和秘书，并知会全国执行委员会和各州领导委员会。全国委员会秩序委员会的会议召开至少需要五名成员出席。

正式委员缺席的情况下将由候补委员代替。

第五十六条 全国委员会秩序委员会的职责为，根据本章程和相关条例规定，处理对各州级秩序委员会决议的申诉。

第五十七条 全国委员会秩序委员会在收到申诉起的十个工作日内，要求相关州秩序委员会递交卷宗并附一份详尽报告，判定申诉情况是否遵从本章程第十五条规定的程序。如不符合，则要求他们补齐所需材料，并在不超过十五个工作日的时间内做出新的决议。判断各种程序上所需材料是否完备，最基本是看上诉理由和对应的辩护词是否齐备，只有如此，才能根据本章程第十六条相关规定进行相应裁决。

第五十八条 当全国委员会秩序委员会作为唯一的审理机构时，必须根据所有相关条例行使职权并遵守本章程第十五条的规定。

第五十九条 当全国委员会秩序委员会要求其他委员会的协助时，各委员会都必须通过相应外驻代表或本党积极分子到会，并提供已知的信息和证据。

第六十条 全国委员会秩序委员会的裁决为最终裁决，不得上诉。

第六十一条 宣教委员会负责观察党的理论在党的行动和制度方案中是否得到贯彻，委员会由五名全国委员会委员担任的正式委员和三名候补委员组成，履行以下职责：

第一项 调解关于党的理论与各种党内官方文件中的提案一致性的争论。

第二项 向各领导机构提供各种项目，以便学习党的文化的理论价值和实践价值。

第三项 推动有关理论主题方面的研究、学习、写作和出版等活动。

第六十二条 党员权利保护和调解委员会除了调解和调停的职责外，必须成为能够让全体党员都感觉到权益受到保护的审理机构。委员会由八名委员组成，正式委员五名，候补委员三名，在全国范围内行使职权，根据委员会自身决定，拥有得到其他相关人员辅助的权利。

第八章　全国执行委员会

第六十三条　全国执行委员会组成如下：

第一项　党的主席。

第二项　全国执行委员会前主席。

第三项　联邦议会党团协调人、地方众议员全国协调人和市议会全国协调人。

第四项　妇女组织领袖。

第五项　青年行动领袖。

第六项　不少于二十不多于四十名党龄为三年及以上的积极分子。成员的数目和具体的职位安排由全国委员会决定，三分之二由委员会主席任命，三分之一由各委员根据条例提名。全国执行委员会同一性别的成员应不少于百分之四十，努力做到最大范围的平等。

不是全国执行委员会成员的秘书处负责人也拥有发言权。

根据相关条例规定的比例，全国执行委员会可以吸收部分领取国家行动党报酬的成员。

全国执行委员会成员任期三年，任期一直持续到全国委员会任命的下一期新任成员到任为止。在无正当理由的情况下，连续三次缺席例行会议者，一律直接取消其委员资格。

为促进全国执行委员会更好地运行，设有一个常设管理机构，其规章构成全国执行委员会条例的一部分。

第六十四条　全国执行委员会的职权和义务包括：

第一项　由执委会主席或其他合适的一人或多人担任党的法人代表，按照联邦区民法、联邦票据与信贷法和联邦劳工法行使职权。

主席掌握所有宏观职权，包括根据法律特殊条款需要的权力，如诉讼和收费、管理行为、掌控行为及开具信贷票据。这些法律指令和与现行选举法相关的法令在此必须逐字逐句地重申。

第二项　监督党的组织机构、附属组织和党员对本章程和相关条例的遵守情况。

第三项　执行或使执行全国代表大会、全国会议、全国委员会和常设委员会的决案。

第四项　制定或批准党的各项条例。全国执行委员会条例、全国委员会运作机制条例和党的财务管理机构条例，由全国执行委员会提出，全国委员会批准。

第五项　提出并通过党的活动方案。

第六项　根据需要设立秘书处和分委会，其中包括管理内部事务和培训的委员会，以实现党的目标，并根据相关条例规定给各秘书处和分委会安排人员。

第七项　任命代表出席州代表大会和州会议。

第八项　根据相关条例评估各州、市领导委员会的表现，并据此统一必要措施，以实现党的纲领和计划中含有的目标。

第九项　协调党同其他全国性政治组织的合作，根据本章程第三十条的相关规定，同意与其他团体的合作和接受其他团体的加入。根据本章程，授权联合、结盟或推举共同候选人的共同协议，共同候选人指根据相关法律规定，在州或市地方选举过程中提名的共同候选人。

第十项　处理成员所递交的辞呈，安排人暂代缺位直到全国委员会任命新任，除非缺位是永久性的。

第十一项　召开全国代表大会、全国会议、全国委员会大会和常设委员会会议。

第十二项　形成并向全国代表大会提交关于党的活动的总报告。

第十三项　形成全国执行委员会的收支预算，核算预备提交给全国委员会的行政总账目和总决算。

第十四项　核算各州领导委员会的管理总账目和总决算。

第十五项　如果其违背党的指令、原则或目标，或者不利于工作的开展，否决预先制定的建议，所有州、市代表大会或同类组织的决议或协议，所有州委员会、州领导委员会、市领导委员会或外驻执行委员会的决定。相应州或市委员会可以向全国委员会或其常委员会申诉最终裁决，并要求当事方出席。

第十六项 审批要求重新入党的申请，递交申请的人为被党取消党员资格或公开退党或放弃党员资格的人。在被取消资格、公开退党或放弃党员资格的三年内，任何重新入党的申请不得通过。

第十七项 根据全国代表大会和全国会议的方针政策制定全国性的活动计划，并递交全国委员会审批。

第十八项 长期推进平权法案，以确保党内各个领域的性别平等。

第十九项 建立机制指导党在政府管理中的行动。

第二十项 建立并推进党同社会的关系模式。

第二十一项 为国外积极分子成立组织并协助组织的运作，相应组织应根据法律、本章程和相关条例建立。

第二十二项 安排电视广播宣传的时间，决定全国性质的选举活动的纲领和主张的传播方式，规范民选公职预候选人和候选人宣传活动的内容，宣传活动必须谨照法律、本章程和主义原理。根据全国选举委员会所设立的相关机制行事。

第二十三项 根据州（联邦区）领导委员会或市领导委员会任何成员的提议，当其造成公众影响并有违党的基本文件，违背选举机构批准的选举纲领，或与上级机关制定的政策路线背道而驰，或给党的基本利益造成损害时，否决任何党员或内部机构的声明、提议、建议和决定。否决通过之时，不得有任何耽误，必须立即执行本章程规定的相关惩罚措施。

第二十四项 当委员会的任期在某一民选公职选举活动开始前的三个月内时，延后召集改选州委员会或州领导委员会，并安排召开相关会议的新的日期。

第二十五项 本章程和相关条例规定的其他职权。

第六十五条 全国执行委员会会议必须要有多数成员出席方才有效，

决议也须获得与会委员多数票才能通过，当赞成票和反对票相等时，执委会主席拥有决定权。

第六十六条 全国执行委员会根据主席的提名，在成员中安排一位秘书长。

秘书长主要负责全国执行委员会各秘书处和执委会附属机构的协调工作以及全国执行委员会安排的其他工作。全国执行委员会也可以根据主席的提名，任命一名或多名助理秘书，以协助秘书长。

全国执行委员会的秘书长同时是全国代表大会、全国会议和全国委员会的成员。

第九章 国家行动党主席

第六十七条 党的主席同时是全国执行委员会、全国代表大会、全国会议和全国委员会成员。主席拥有以下职权，履行以下义务：

第一项 代表党，享有本章程第六十四条第一项规定的权力。当主席不在国内时，秘书长代表全党。

第二项 曾在全国委员会或全国执行委员会设立的除全国选举委员会之外的委员会任职。

第三项 同各州、市委员会及驻州、市委员会代表和全国执行委员会保持正常关系，并根据党的纲领和原则协调其工作，指引其方向。

第四项 保持并发展同联邦、州权力机构的正常关系，并同所有公民组织或社会组织保持正常关系，尤其是那些原则和活动都同党相似的团体。

第五项 为全国执行委员会制定条例提供建议。

第六项 为全国执行委员会制定党的活动规划提供建议，相应规划应与全国委员会、全国代表大会和全国会议批准的规划保持一致。

第七项 根据相应条例推动建立必要的附属机构，以更好地组织党的积极分子和拥护者，使党的原则在墨西哥公众生活中得到最有效的传播。

第八项 自由聘请、任命或调动诉讼申诉代理人、全国执行委员会及其附属机构的管理人员和职员。

第九项 为更好地开展党的活动，在必要情况下，聘请相关顾问进行研究，指派辅助人员执行相关举措。

第十项 在紧急情况下，且无法召集相关组织机构开会时，秉着极其负责的态度，采取认为对党有利的措施，并在第一时间通知全国执行委员会，以便执委会做出相应决定。

第十一项 宏观把控党的发展，时刻注意自己的行为与党建立之初的最主要目的保持一致，利用所有正当方式让党的原则在墨西哥公众生活中得到传播，为此可开展必要的、适宜的司法、政治和社会活动。一切行动都必须遵守本章程和相关条例，并根据全国代表大会、全国会议、全国委员会和全国执行委员会所制定的方针进行适当调整。

第十二项 每年向全国委员会递交一份关于全国执行委员会当年活动的报告。

第十三项 本章程规定的其他职权和义务。

第六十八条 主席的任期为三年，只可连任一次。在新任主席接位之前，主席必须继续担任该职务。不超过六个月的暂时相对缺位，主席位置由秘书长暂代。如果主席位置出现绝对缺位时，全国执行委员会则应在三十天之内召开全国委员会会议，选举主席，以完成剩余任期，在此期间由秘书长暂代主席位置。

第十章 党提名的公职人员

第六十九条 党提名的公职人员应按照相关法律规定履行自己的职责，遵守主义原理、道德准则和党的纲领。

第七十条 担任民选公职的积极分子的义务如下：

第一项 交纳法定的党费。

第二项 定期上交作为公职人员开展的活动的报告。

第三项 遵守本章程和相关条例的规定。

第七十一条 不履行上述两条的规定，将被视为违纪行为。

第十一章 州、市级组织机构

第七十二条 在每一个联邦单位必须设有一个州级委员会、一个州级领导委员会和对应的市级领导委员会及相应的下属委员会。各州级领导委员会和各市级领导委员会的成员必须有百分之四十属于同一性别，并力争达到两性平等。

第七十三条 上条所涉及的各州级、市级机构根据本章程和全国执行委员会制定的相关条例和补充规范工作。各个委员会的代表由其主席出任。

第七十四条 州级领导委员会负责组织监管市级领导委员会的运作，市级领导委员会负责组织监管为确保党相关职权的有效实施而根据实际情况和需要设立的市属分委员会、选区组织的运作。

第十二章 州级委员会

第七十五条 州级委员会构成如下：

第一项 州级领导委员会主席和秘书长。

第二项 州行政长官，如为国家行动党党员。

第三项 地方众议员协调人，如为国家行动党党员。

第四项 为参议员的本联邦单位党员。

第五项 在该联邦单位连任州级委员会委员二十年及以上的积极分子。

第六项 妇女组织州秘书处负责人。

第七项 青年行动州秘书处负责人。

第八项 不少于四十不超过一百个党的积极分子，必须出自该联邦单位的居民，由州及代表大会根据下一条规定的程序指派。

第九项 由州级代表大会指派的州级委员会委员党龄至少超过三年，并满足本章程第四十五条规定的其他所有要求。

州级委员会委员任期三年，可以连任；在新委员到任之前，原委员应继续履行职责，直至新任委员到任。委员会委员在无委员会认可的正当理由的情况下，被证实连续两次缺席例行会议，单凭该委员会的一张简单声明即失去委员资格。

第七十六条 州级委员会委员由州代表大会根据州级领导委员会和各市代表大会的提名进行选取，提名应在为选取委员举行的州代表大会召开前的十天之内上交。

相关条例决定每个市代表大会的提名人数。州级领导委员会有权提名数目为所有市代表大会提名总数百分之十的委员。

所有提名应陆续加到对应的州代表大会候选名单上。每位代表根据相关条例规定的候选人数目投票选举。

在有正当理由和有动机、证据的前提下，根据州级委员会或州级领导委员会的申请，全国执行委员会有权撤销州级委员会委员的任命。

第七十七条 州级委员会的职能如下：

第一项 根据本章程第八十六条规定选举州级领导委员会主席和其他成员，如所选人员出现重大问题，则应向全国执行委员会申请取消相关人员的任命。

第二项 设立一个由十五名州级委员会委员组成的常设委员会，以便处理州级领导委员会报告的紧急事件。

第三项 任命五名委员会委员组成州级委员会监督委员会，其中正式委员三名，候补委员两名，这五名成员不得兼任州级领导委员会委员和市级领导委员会主席，监督委员会拥有财务方面的最高监管权，包括对管理党产的司库和所有州级、市级组织机构及议会党团的监管和财务信息的核算。在职责履行过程中，如发现任何有违章程和条例的行为，都应上报相关领导机构，视情况而定决定是否采取惩罚措施。所有财务信息一经通过相关机构的审批，则应根据党的相关财务管理条例，让全体党员拥有知情权。

第四项 任命五名委员会委员组成州级委员会秩序委员会，其中正式委员三名，候补委员两名，这五名委员不得兼任州级领导委员会委员、市级领导委员会主席或任何为党服务并领取报酬的公职人员。

第五项　根据需要成立委员会并明确其职权，由州级委员会委员和积极分子组成。

第六项　审批州级领导委员会和各市级领导委员会的预算，并核算、审批上述委员会的决算。

第七项　解决州级领导委员会上报应予考虑解决的事情。

第八项　应三分之一成员申请，要求州级领导委员会解决州级委员会认为事关重大必须要解决的事情。

第九项　向州级领导委员会主席提供恰当的措施和规划。

第十项　根据州级领导委员会的申请，审查市级领导委员会的协议。

第十一项　解决党员的请辞或退休事务。

第十二项　决定党参与地方选举、市级选举，以此建立竞选州长、市长和地方众议员候选人的选举基础。全国执行委员会在任何情况下都应批准该决定。

第十三项　审批党的竞选纲领，纲领的提出应通过各市级组织机构咨询所有党员并上交全国执行委员会审批。各候选人必须接受已通过审批的竞选纲领，并在选举活动中传播它。

第十四项　根据州级领导委员会的提议，审批相关补充条例。补充条例是为实现党在该联邦单位的更好运作且没有相关规范的情况下提出。

第十五项　本章程和相关条例规定的其他职权。

第七十八条　州级委员会每年至少召开两次会议，由州级委员会主席、常设委员会或全国执行委员会主席召集召开，或者应三分之一成员的申请召开。

第七十九条　州级委员会会议由相应州级领导委员会主席主持，由半数加一的成员出席视为有效，除非本章程规定的其他紧急情况，与会者多数投票通过的决议视为有效。如若选票票数相等，州级委员会主席拥有决定权。

第十三章　州级委员会秩序委员会

第八十条　州级委员秩序委员会由五名州级委员会委员组成，其中正式委员三名，候补委员两名，州级领导委员会成员、市级领导委员会主席和党服务并领取报酬的公职人员不得兼任。

秩序委员会一旦成立，正式委员将任命委员会主席和秘书，并将相关情况知会相应州级领导委员会。秩序委员会会议要求三名及以上成员出席。

正式委员缺席的情况下，由候补委员暂代。

第八十一条　秩序委员会的职能主要是应当地各委员会的申请，根据党针对积极分子建立的相关惩罚措施和实际情况，对事件所涉党员做出暂停职权、剥夺权利或开除出党等处分。

第八十二条　所有受到秩序委员会处分的积极分子都有权根据本章程第十五条的相关规定享有权利保障。

第八十三条　党的所有组织机构，不论是通过相应的驻地代表还是积极分子，必须出席秩序委员会的情况调查会，为其提供自己所了解的信息和证据。

第八十四条　如对州秩序委员会的裁决有异议，相关部门或个人可在相关裁决通告之日后的十个工作日之内向全国委员会的秩序委员会提出上诉。

第八十五条　各州秩序委员会的裁决自通告之日起生效。

第十四章　州级领导委员会

第八十六条　州级领导委员会组成如下：

第一项　委员会主席。

第二项　地方众议员协调人，如为国家行动党党员。

第三项　妇女组织负责人。

第四项 青年行动负责人。

第五项 不少于十五名不超过三十名党的积极分子，为当地居民，并由州级委员会任命。

不是州级领导委员会成员的各秘书处负责人也拥有发言权。

成为州级领导委员会主席应至少有三年党龄，并在忠实党的原则、遵守党的纲领方面表现突出。

州级领导委员会主席和本条第五项提到的成员将由州级委员会选举产生，应获得多数与会人员的选票，并由全国执行委员会批准。如理由正当，全国执行委员会可根据相关规章程序对州级领导委员会主席或其他成员进行撤职。

根据相关条例规定的比例，州级领导委员会可吸收其他领取党的报酬的成员。

在不违反本章程第六十四条第二十四项和第九十四条相关规定的前提下，各州级领导委员会委员任期三年。州级领导委员会委员在新任委员到任之前继续任职。

为使各州级领导委员会有效运行，州级领导委员会的会议必须有半数加一以上的委员出席，决议必须获得多数票。如果票数相等，州级领导委员会主席将拥有决定权。任何成员在无正当理由的情况下连续三次缺席会议，将由该领导委员会发出一张声明，取消该委员的资格。

第八十七条 州级领导委员会拥有以下职权：

第一项 在所管辖的范围内，监督本章程、诸条例和由州级委员会、全国委员会或全国执行委员会通过的决议的遵守情况。

第二项 努力实施全国代表大会、全国会议、相应州代表大会和州会议的决议。

第三项 召开州级委员会大会、州代表大会或州会议；在需要的情况下，根据适用的相关条例，召开相应的市代表大会。

第四项 根据主席的提名，任命州级领导委员会秘书长和其他秘书，并根据需要设立包括内务委员会在内的委员会，以促进党内事务更好地运行。州级领导委员会的秘书长也是州代表大会、州会议和州级委员会的成员。

第五项　负责解决成员的退休或请辞事宜，如果空缺确定，安排人员填补空缺直到州级委员会另有正式任命。

第六项　批准所管辖范围内党的具体活动规划，并向全国执行委员会呈交相关报告。

第七项　批准市领导委员会主席和其他成员的选举，或在有正当理由的情况下取消任命。

第八项　根据相关条例评估各市领导委员会的能力，据此协调统一重要政策，以促进实现所辖范围内党的计划和方针目标。

第九项　核算各市领导委员会上交的半年收支报表。

第十项　根据相应条例，协助全国党员登记处履行其职责。

第十一项　为促进具体行动的良好开展，在重叠地区设立必要的选区委员会，利用地理优势帮助各市级组织的协作。

第十二项　经全国执行委员会批准，与当地的其他公民和政治组织合作。

第十三项　派党代表到所辖范围内的相关选举机构，或根据相关条例授权代表。

第十四项　持续地推动平权运动的发展，以保证所辖范围内所有领域男女平等。

第十五项　制定发展相应机制以指导党的执政活动，协调党同社会的关系。

第十六项　初步处理并解决提交供其考虑的市级事务。

第十七项　本章程和相关条例规定的其他职权。

第十五章　州级领导委员会主席

第八十八条　州级领导委员会主席是该州党的工作的负责人，拥有以下职权：

第一项　制定年度工作计划，并交由州级领导委员会审批。

第二项　领导并监督州级领导委员会各秘书处、各委员会和其他附属机构的工作，并向州级领导委员会提名任命上述机构负责人。

第三项　同全国执行委员会主席保持长久关系，以便更好地提供建议和接受指令，并确保同其他联邦单位的合作，以便更好地开展党的工作。

第四项　经常同其他州尤其是邻近州的领导委员会沟通，参与由全国执行委员会授权组织的跨州会议。

第五项　事先经全国执行委员会授权，召集所辖范围内的党员积极参与该联邦单位的选举活动，主持推选候选人的会议，根据党的原则和纲领审批候选人的竞选纲领。

第六项　制定适宜的政策以处理为出席全国代表大会或全国会议签发的通知单。

第七项　自由地聘请、任命或撤销州级领导委员会的管理人员或职员，明确其职权和义务，制定州级领导委员会管理机构的规章制度。

第八项　每年两次向州级委员会和全国执行委员主席提交关于该联邦单位党的活动情况的报告，根据相关条例报送行政管理和公共资助总账目，向全国司库报送联邦财务收支报告。

第九项　监督相关法律规定的所有财政义务的履行。

第十项　本章程和相关条例规定的其他职权。

第八十九条　州级领导委员会主席如果参加了该联邦单位禁止参加的民选，则直接停职；若州级委员会五分之三以上投票同意，并通过秘密调查，可取消停职。

第九十条　州级领导委员会秘书长在主席暂时不在的情况下代行其

职责，暂代时间不得超过三个月，并协调州级领导委员会各附属机构的工作。如果确认主席缺位，州级领导委员会则必须在六十天以内召集州级委员会会议选举新的州级领导委员会主席和委员。在新选的领导上任之前，秘书长继续代行主席职权，其他委员也继续任职，直到新班子上任。

第十六章　市级领导委员会

第九十一条　市级领导委员会构成如下：

第一项　委员会主席。

第二项　市政会议成员协调人，如为国家行动党党员。

第三项　妇女组织负责人。

第四项　青年行动负责人。

第五项　不少于五名不超过十名的由市级代表大会选举的积极分子。

由市级代表大会选举的市级领导委员会主席和委员必须由州级领导委员会批准。

市级领导委员会成员任期三年，在新任到职之前所有成员都继续履行职责。

第九十二条　市级领导委员会是该市内推动协调党的活动的领导机构，拥有以下职权：

第一项　在所辖范围内监督各委员会和党员对本章程、诸条例和党的职能部门做出的决议的遵守情况。

第二项　推动该市范围内贯彻落实全国代表大会、全国会议、州代表大会、州会议、市代表大会和市会议的决议。

第三项　每年召集市代表大会例行会议，并上交相关活动报告；根据实际情况召集市代表大会特别会议。

第四项　任命市级领导委员会秘书长，秘书长也是市代表大会、市会议成员；任命其他秘书；组建相关委员会，以更好地开展工作。

第五项 根据委员会主席的提名，任命市级领导委员会委员，填补因辞职或其他原因造成的空缺，但必须经过相应市级代表大会的批准。

第六项 审批所辖范围内党的具体活动的规划。

第七项 每半年向州级领导委员会递交上述委员会的活动报告，报告内容包括所辖范围内的各个组织的基本状况、收支报表和人员变更登记表，注明人员变动。

第八项 根据相应条例，协助全国党员登记处履行职责。

第九项 ［已废除］。

第十项 统一制定合情合理的惩罚措施，解除相应委员会或干部的职权，取消参加公职竞选的预候选人或候选人的资格，中止权利，撤销或取消相应州秩序委员会。

第十一项 向所辖范围内的选举机构派驻代表，或根据相关条例授权他人代行权利。

第十二项 在市内长期推动平权运动的发展，促使党的所有领域都能做到男女平等。

第十三项 制定相应机制，引导党在市内的执政行为。

第十四项 根据本章程和相关条例设立市级分委会，并协调其运作。

第十五项 提高所辖范围内党员的理论水平和民政能力。

第十六项 督促严格遵守党员义务条例。

第十七项 召开市特别会议审批市级竞选纲领。

第十八项 本章程和相关条例规定的其他职权。

第十七章 市级分委会

第九十三条 每个市都可设立市属分委会，主要目的为长期学习研究公共问题及其与政府的方针和项目规划的关系。以选举分区为组织基础，按照以下规则运作。

第一项 所辖范围内的党员应该积极参与各个分委会。

第二项 市级分委会在所辖范围内拥有以下职能：

第一目 培养党员的民事和政治能力。

第二目 同党员一起帮助相关政治和社会宣传工作，提高民众参与度。

第三目 为党及其候选人助选。

第四目 保障党在各选举组织均有代表。

第五目 发展新党员入党。

第六目 本章程和相关条例规定的其他职责。

第三项 每个分委会有一名协调人领导，协调人根据相关条例选举产生，协调人在任何时候都应该把自己的工作置于相应市级领导委员会的领导下。各分委会协调人在任何情况下都不得因本职工作而收取报酬。

第四项 分委会的组织和管理机制由市领导委员会根据本章程和相关条例规定形成。

第十八章　州、市级地方办事处

第九十四条 全国执行委员会事先根据相关条例进行审讯，如果有以下证据，则可以解散一个州级领导委员会。

第一项 在内部推选候选人时违反公平公正原则。根据相应条例指出所违反的原则和规定。

第二项 发生暴力事件或严重冲突，影响了党内团结。

第三项 因渎职而影响党的纲领计划中提出目标的实现。

第四项 拒绝执行全国委员会或全国执行委员会做出的指令、指示或政治决定。

第五项 由三分之二市级领导委员会委员申请或三分之二与会州级委员会委员投票。相应条例规定申请应该满足的要求。

解散声明的发表标志着新一轮州级领导委员会选举的开始。选举应该在解散被批准后的九十天之内进行。全国执行委员会可以安排一个临时领导委员会，暂代州级领导委员会履行相关职责，直至新的州级领导委员会成立。

如果市一级领导委员会未能正常运转，州级领导委员会可临时指派一个办事处，代替该市级领导委员会履行相关职责。

所有临时办事处的法人代表均由其主席出任。

根据本条设立的州、市临时办事处，应该根据本章程和相应条例，制定相关政策以利于组织和管理党在联邦单位、市的活动。

第十九章 本章程的修订

第九十五条 本章程的修订须党的全国代表大会特别会议做出决议，须获得三分之二以上可计算选票。

第二十章 国家行动党的解散

第九十六条 党的解散须经全国代表大会特别会议做出决议，须获得百分之八十以上的可计算投票。

第九十七条 党解散时，全国代表大会特别会议安排三名清算人，清算党的有效资产。剩余资产将用于资助同党有相同目标的其他组织或团体，资助墨西哥国立自治大学，或代表大会特别会议确定的慈善机构。

（依据国家行动党十六大特别会议修改的章程译出，来源：www.pan.org.mx.）

（赵 悦 译 靳呈伟 校）

墨西哥民主革命党章程

第一篇 民主革命党

第一章 一般规定

第一条 本章程的规定是党组织和运行的基本规范,全体党员和入党积极分子都应遵守。

第二条 民主革命党是在墨西哥合众国宪法确立的框架内合法建立的左翼全国性政党,其基本宗旨由党的《原则宣言》《纲领》和《政治路线》确定。党由自由联合的墨西哥人组成,首要目标是通过党参与国家政治和民主生活。

第三条 党通过民主方式开展活动,行使合众国宪法赋予人民的政治权利。党不以任何形式隶属于某一国外组织或国家。

第四条 通过以下内容辨认民主革命党。

第一项 党的名称为:"民主革命党"。

第二项 党的口号是:"民主,人民的国家!"

第三项 党的徽章包含以下要素:

第一目 四周布满八长八短十六道宽边光束。

第二目 圆周外沿与长光束末端之间的距离与圆周内径相等。

第三目 短光束到达上目所涉距离的三分之二处。

第四目 徽章应与党的缩写 PRD 相配,字母高度与圆周内径高度相同,用字母 P 和 D 调节图案。

第五目　背景为黄色，太阳和字体为黑色。

第五条　党的名称、口号和徽章只能由本章程规定的组织机构专门使用，未经全国代表大会三分之二成员同意，不得随意更改。

在所有由党发布的宣传、广告、公开声明和官方正式文件中，均应标注党的名称及相应发布组织机构的名称。

在党内选举中，按规定注册的申请人只可使用党的名称、口号和徽章，只要明确区分是候选人还是预候选人。

任何受本规定约束的人如果滥用或修改党的名称、口号或徽章，将受到源于本章程的内部纪律准则的惩处。

第二章　党内民主及其保障

第六条　无论在党内关系还是在公共活动中，民主是主导党的生活的基本原则，因此，党员、党的组织和机构必须应用和捍卫此原则。

第七条　党内自治依靠党员，他们有足够的能力并且以民主的方式决定指导党内生活的目标、规范、行为，选举领导干部。

第八条　指导党内生活的民主规章应符合以下基本原则：

第一项　所有党员享有同样的权利和义务。

第二项　本章程设立的领导机构、代表机构和自治机构应通过特定多数或简单多数投票做出决议，必须履行本章程所规定的规则和方式。

第三项　充分尊重党内不同意见，承认少数派的权利。

第四项　代表大会、委员会、全国政治委员会、全国秘书处、执行委员会、分区委员会应按照本章程之规定组织运作。

第五项　通过公平和有比例的交流，在党的各级领导组织中保证男女平等。

确定参加比例代表制选举的公职候选人名单时，应遵守上一段的规定。确保每份名单中每两人性别不同，并有替代，尊重第一份名单中的排序直到完成相应名单。

第六项　党保障青年参与各个领域的代表大会和委员会，提名青年为比例代表制选举候选人，保障每五人中至少有一名三十岁以下的年轻人。

第七项　党承认墨西哥社会的多样性，根据本章程和相应条例规定，保障党的领导和代表机构及党推选的民选公职候选人中有土著、移民等不同部门的人。

在全国委员会决定将上述部门的人员加入比例代表制的名单中时，申请注册的候选人应提交该组织的证明文件。

第八项　在注册登记比例代表制选举的民选公职候选人和候补候选人时，候补候选人同正式候选人一样，应尊重两性平等，肯定青年、土著和移民的行为。

联盟和共同推举的候选人同样要遵守此规定。

第九项　在为代表大会和委员会整合所有领域开展的各种积极行动中，在比例代表制选举候选人名单中，只有注册并能提供证明的，才能根据本章程规定的形式获得此权利。

第十项　两性平等也同样适用于积极行动的参与者，其中包括年轻人、土著和移民。

第十一项　所有党员和党的组织机构都有尊重和遵守本章程和根据其制定的所有条例规定的义务。

第十二项　在任何时候，党员、党的领导干部和党的领导机构都有义务在其职权范围内遵守相应委员会做出的决议。

第十三项　党应保障财政收益以及资金得到透明、合理、有效的使用。

第十四项　在领导干部不能履行职责时，应根据现有规章制度规定保障领导干部的更新。

第十五项　保障所有执行委员会在其秘书处开展青年、平等与性别、文化、教育、卫生、社会活动组织、左翼原则的促进、选举培训、政治培养、生产计划的促进、科学与技术的活动。

第十六项　根据墨西哥合众国宪法第六条的规定，民主革命党党员和民众有权申请查阅根据本章程设立的领导机构的职责或职位信息。申请查阅上述信息应满足《联邦政府公共信息公开透明法》《联邦选举制度与程序法》及党的相应规章的条款、条件和要求。

第九条 任何党员不得因种族、性别、年龄、残疾、社会条件、经济、文化、工作、健康、性取向、宗教与个人信仰、婚姻状况、思想表达、居住地或其他类似性质的原因遭到歧视,或损害人的尊严,企图剥夺或损害党员的人权和政治权利。

第十条 本章程规定的各州或市领导机构在其辖区有充分自由根据情况做出其认为适宜的决定,这些决定在任何时候都必须遵守党内生活的原则、政治路线和规章,并且追寻共同目标。

上述领导机构做出的决定应向直接上级汇报,要遵守联邦原则、各州主权和市政自由。

在党的规章条例中,联邦区被称作州,其辖区被称作市。

第十一条 党员和党的领导机构在任何时候都应拒绝政治团体任何形式的控制,或任何其他阻碍、剥夺或限制诸运动和组织的参与者以自由和民主的方式决定问题的自由的企图。

第十二条 在党内,表达观点不应成为任何调查或歧视的目标。任何无依据的触犯他人人格、党员或领导机构权利,触犯法律或扰乱公共秩序的行为,将会受到党的相应规定的惩处。

本章程和条例对相应条款有解释权。

第二篇 党 员

第一章 党员及入党

第十三条 满足本章程规定的要求的墨西哥人均可成为党员。应积极参加党的组织和活动,并享有本章程规定的权利和义务。

第十四条 成为党员应符合如下要求:

第一项 拥有墨西哥国籍。

第二项 年满十五岁。

第三项 根据相应条例，以个人方式，单独地、自由地、不迫于任何形式的压力，以书面或电子邮件方式申请党员注册。

第四项 申请入党时以书面形式承诺，在任何时候都接受并履行《原则宣言》、党纲、本章程和相应条例确立的路线。

第五项 申请入党时以书面形式承诺遵守党内每项决议。

第六项 无破坏公共财产、滥用职权、从事其他非法活动、非法镇压、腐败或有组织犯罪等记录。

第七项 申请入党时以书面形式承诺交纳党费。

第八项 未达到年龄的申请者，除递交申请外，还应提交带照片的证明、出生证明以及居住在同一社区的家庭的选民证复印件。

第十五条 担任或曾经担任民选公职人员、前领导人、其他政党的前候选人、议员或前议员、州长或前州长、公共管理机构的公务员或前公务员等申请注册入党，除本章程第十四条规定的要求外，应由其开展活动所在州的州执行委员会做出决定，或由全国政治委员会做出决定。

上述人员应向党提供对前组织的辞呈，并公布此辞呈。

第十六条 新入党的党员应以书面形式承诺遵守和履行党的基本文件及党的代表、领导、决策机构做出的决议。

第二章 党员的权利和义务

第十七条 党员有如下权利：

第一项 在根据本章程和相应条例规定的规则和条件下召开的选举中投票。

第二项 只要符合墨西哥合众国宪法、本章程和相应条例的规定，有被选举的权利，可担任任何当选职务，承担任何工作和参加任何委员会。

第三项 在党员名单注册登记，接收带照片的党员证。

第四项 可自由地在党内外表达观点，本章程第十二条已有规定。

第五项 参与制定党的纲领和政治路线，提出合理化建议。

第六项 以充分、真实、及时的方式了解党的信息，包括了解党的经济和物质资源的管理和使用情况。

第七项　接受包括党的历史和基本文献在内的政治培养，以期有效参与党的活动。

第八项　通过全国调研、政治培养及公共政策和管理培训学院以及其他类似组织或机构，了解党的文化，接受党的教育和培训。

第九项　通过党内规章规定的程序履行党内的协议。

第十项　当因有关行为或失职受到党规相应惩处时，党员享有应有的辩护机会。

每位党员都有权获知本章程和相应条例授权的党的组织机构的审理情况，这些组织机构应在本章程和相应条例规定的期限内，迅速、公正、完整地做出决议。

除了通过采用听证的司法程序，任何党的组织或机构不得对党员做出惩处决定。

第十一项　在参加党内审议和活动时，可以用自己的语言并通过安排的翻译表达。

第十二项　只要不企图取代党组织，可根据本章程规定与其他党员聚集结社。

第十三项　可以参与党内司法程序，当受到侵权或不公正伤害时，将受到保护。

在下列情况下，党将提供司法保障支持：由于公认的社会原因引起的政治斗争，社会和个人的保障受到侵犯。如有以上情况可明确向党提出申请。

第十四项　加入分区委员会，只要出现在花名册中，就拥有发言权和投票权，参加委员会举办的会议，有权参加该委员会组织和开展的一切活动。

第十五项　为党的发展和壮大提供方案、规划，组织活动。

第十六项　充分行使请求权，只要平和、恭敬地以书面形式提出申请，将会在申请提交后的十个工作日内收到党的职能机构的答复。

第十七项 本章程和相应条例规定的其他权利。

第十八条 党员的义务如下：

第一项 承认和尊重党的《原则声明》《纲领》《政治路线》、本章程、诸条例，以及党的组织机构所制定的协议。

第二项 参加党组织的政治培训课程。

第三项 通过党的相应机构，疏导对其他党员、党组织和机构的异议、控诉和抱怨。

第四项 参加市、州和全国选举，支持党提名的候选人。

第五项 任何时间都遵守支配党内生活的规章，用道德准则和勤奋、诚实的品德来担任党赋予的职务、民选公职以及社会和民间组织的职务。

第六项 担任民选公职，任何时间都遵守党的《原则声明》《纲领》《政治路线》和本章程。

第七项 避免帮助企图违背党的目标和政治路线的个人、公共权力机构及类似组织。

第八项 当参加党内竞争时，避免接受个人或企业的财力和物力支持。

只要得到党的领导机构的明确授权，可以接受个人资助。

第九项 在公共机构任职，不亲自或通过中介接受任何好处，不接受赔偿或任何不包括在预算或法律规定内的其他收入。

第十项 定期交纳党费。

第十一项 从属于分区委员会，定期参加委员会召集的会议和委员会开展的各项活动。

第十二项 持有党员证，每六年更新一次。

第十三项 不应通过暴力或威胁方式要求权利。如果在不辱骂党和党员、不使用暴力或威胁恐吓的情况下集会，对党的组织机构的一些行为提出诉求或抗议，在这种意义上的行为不应认作是非法。

第十四项 不应有任何性别歧视和暴力。

第十五项 本章程和相应条例规定的其他义务。

第三章 国外党员

第十九条 在国外有效、可查实的居住地居住一年以上，充分享有选举权，且符合本章程第十三条要求的墨西哥公民，可入党。

第三篇 党内思想流派

第一章 党员的集会结社权

第二十条 鉴于党的民主和政治结构，根据本章程第十一和十二条的规定，党员可以聚集建立自己的思想流派，围绕某一特定主题提出自己的主张，或在全国范围内建立联系。只要以党的《原则宣言》《纲领》《政治路线》为基础，遵守本章程和相应条例规定。

思想流派应在党的相应职能机构登记。

第二十一条 全国性的思想流派的目标是建议采纳政治决议，在党内推动其观点，以及修订党的文件和协议。

第二十二条 在任何情况下加入某一思想流派的党员都不应觉得自己优于其他党员，或凌辱其他党员。

选举党的领导人和民选公职候选人的通知，应保障任何一名党员的登记以及过程的公平性，无论其属于或不属于某个思想流派。

第二十三条 全国思想流派要成功注册登记，应符合以下要求。

第一项 必须由党员组成。

第二项 向全国委员会提出书面申请，明确以下资料：

第一目 思想流派的名称。

第二目 思想流派全国协调人的姓名。

第三目 思想流派协调小组成员。

第四目 办公地址、电话和电子邮件。

第五目 其主办的双月刊的名称。

第三项 申请登记的文件中应该阐明其思想立场和纲领性宣言。

第四项 确定口号和徽章，以此来确认该思想流派。

第五项 至少得到百分之三的党的全国代表大会代表的担保。

第六项 提交承诺书，保证遵守和履行获得党的领导机构同意的战略政治路线和方法。

第七项 拥有传播机构，主要负责了解党员开展的活动。

第二章 思想流派的权利和义务

第二十四条 思想流派在党内拥有以下权利。

第一项 在全国咨询委员会有一名代表。

第二项 能够推荐希望参加党内领导职务或民选公职选举的党员，要求如下：

第一目 一旦注册为候选人，只能公开表达支持。

第二目 除了在相应通知中授权的方式，禁止通过公开声明或电子媒体的商业广告时段或刊物为党选定的民选公职候选人或领导候选人拉赞助。

第三目 每个思想流派的全国协调小组应该向全国委员会的审计委员会解释其提名或支持的候选人收到资金的来源和用途，并提交其要求的所有文件。

第三项 拥有使党的内部机构了解其建议的平等机会，应在党内公开这些建议以期得到政治决议的采纳；拥有推广其观点并推动修改党的文件和协议的平等机会。

第四项 在事先以书面形式向相应执行机构提出申请且不影响党的一般性活动的情况下，能够使用党的设备。

第二十五条 思想流派有以下义务：

第一项 出版双月刊，围绕国家和党的政治生活提出意见，表明立场。

第二项 定期参加由全国委员会在党的范围内安排和开展的讨论和论坛。

第三项 每三年更新一次注册登记。如果遗忘更新，应解散思想流派。

第四项 每三个月提交一份关于其收支的报告。

第五项 在党的官方网站上提交提案。

第六项 思想流派的会议应对所有党员公开。

第七项 不能代表党，不能取代党的组织机构，不能以其名义组织基层委员会，应执行和维护党的决议，拥护党的民选公职候选人，不论其是否属于某个思想流派。

第八项 应避免实现不同于党的联盟的活动。

第九项 向全国委员会的领导部门报告其组织的全国性活动。

第三章 思想流派成员的特权

第二十六条 党员加入思想流派后有以下权利和义务：

第一项 不能代表党，不能取代党的组织机构，不能以其名义组织基层委员会；应执行和维护党的决议，拥护党的民选公职候选人，不论其是否属于某个思想流派。

第二项 拥有使党的内部机构了解其建议的平等机会，应在党内公开这些建议以期得到政治决议的采纳；拥有推广其观点并推动修改党的文件和协议的平等机会。

第三项 不能为阻止执行党的决议而与党员或非党员集会。

第四项 担任人民代表、政府官员或党的领导人的党员都不能在思想流派的总部所在地办公。

第五项 那些合法注册为党的民选公职候选人的党员不得利用思想流派的口号、标志或符号。

第二十七条 思想流派开展活动只能借助其成员的捐助实现，捐助额在任何情况下都不能高于党获得的额度。

党员每年向思想流派贡献的最高金额应相当于联邦区五百天的最低工资。

思想流派不得接受党外的个人或实体以及任何政府机构的经济或物质捐助。

全国审计委员会在任何时候都能审计思想流派的账目。

第二十八条 思想流派必须要对相关捐助入账登记，应该细化收到的捐助的种类以及捐助者向党交纳的份额，并标出捐助者的姓名。

思想流派全国协调小组在任何时候都应对违反本章程的行为负责，必要时应将分歧移交财务秘书处。

全国审计委员会可以要求一份关于思想流派活动的详细报告，并且能查看思想流派的所有相关文件和银行账目。

思想流派应每季度向财务秘书处汇报募集到的资金和支出情况。

第二十九条 全国政治委员会、全国秘书处、州和市执行委员会的委员应避免利用职务发展任何思想流派，否则将被免职。

以上规定不得以任何方式限制领导干部参与其所属的思想流派集会的权利。

第三十条 思想流派不得与任何和党的体制不同的政府机构保持关系。

思想流派不得委派任何与党的官方形象不同的代表团参加国际研讨会。

第三十一条 思想流派的党员在行使权利时应依据全国委员会发布的相关规章和条例。

第四章 对思想流派的惩处

第三十二条 除以个人的方式对属于某一思想流派的党员加以惩处外，该思想流派及其领导团队在不能履行义务或违反支配党内生活的规定时也将受到制裁。

在下列情况属实的情况下，党能够命令解散思想流派：

第一项 推动开展本章程和相应条例禁止或党员取消的活动。

第二项 思想流派或其支持的预候选人或候选人接收公共单位、非党员或被证实是非法身份人员的捐赠。

第三十三条 监督和道德委员会要了解和跟踪一些关于思想流派违反规定的抱怨，一旦确定，应向职能机构提出相应惩罚措施。

第四篇　党的组织机构

第三十四条 党的组织机构包含以下领导、代表和执行机构：

第一项　分区或分支基层委员会。

第二项　分区基层委员会领导机关。

第三项　市执行委员会。

第四项　市委员会。

第五项　州执行委员会。

第六项　国外执行委员会。

第七项　州委员会。

第八项　国外委员会。

第九项　州代表大会。

第十项　全国秘书处。

第十一项　全国政治委员会。

第十二项　全国委员会。

第十三项　全国代表大会。

第一章　一般规定

第三十五条 基层委员会是汇集民主革命党党员的有代表性的基层组织。

为完成党的基本任务，基层委员会履行必要的职责。

第三十六条 全体民主革命党党员都必须被编入相应的分区基层委员会。

第三十七条 基层委员会按以下方式组成：

第一项　分区委员会：应由至少五名来自于同一分区的党员组成。

第二项 分支委员会：应由拥有共同爱好或能参与共同活动的党员组成，他们应属于同一社会和市民小组、运动或公共机构，组织开展特定活动。

党员可以按部门进行分组，但事先必须组成分区基层委员会。

第三十八条 只要符合本章程和有关条例的规定，基层委员会可以根据大多数党员的决定组织内部活动。

第三十九条 符合规定组建的分区基层委员会选举分区代表，这些代表是分区领导的组成部分。

第四十条 基层委员会具有以下职责：

第一项 接收党的信息，讨论党的政治路线，就如何推动党内生活进行讨论。

第二项 根据本章程和相关条例规定选举分区代表。

第三项 选举分区基层委员会领导。

第四项 在其领域范围内承担党的政治任务，决定开展有益的组织和政治活动。

第五项 积极参与党的选举活动。

第六项 为募集资金开展活动。

第七项 与分区所在地的居民保持长期联系，对党进行宣传。

第八项 支持与党的民主目标相一致的社会和民间运动，任何时候都要促进公民积极参与其所在社区或组织的活动；通过特别策划，激励妇女和青年的参与。

第九项 跟踪市政府、州政府和联邦政府的公共政策；根据党的思路，及时在提案和计划中体现公民和社会的呼求，为实现更广泛的参与制定备选提案。

第十项 根据党的全国政治培训、培养、研究和普及计划，向负责机构申请提供必要的政治培训。

第十一项 本章程、《政治路线》和相应条例规定的其他职责。

第四十一条 分支基层委员会应党员的要求成立，其组织须符合本章程第三十七和三十八条的规定。

其职责与第四十条第一、四、七、八项规定的职责相同。

各级执行委员会要对分支基层委员会进行登记。

第四十二条 各级领导应推进创建分支基层委员会，这些分支委员会以自愿的方式集中了来自社会不同部门、行业或有共同爱好的党员。委员会也要推动制定关于上述部门的政策。

如果情况并非如此，只要考虑到社会部门、行业或共同爱好，有意向的党员也可组成上述分支基层委员会。

第二章 分区基层委员会的领导

第四十三条 分区基层委员会应有一个领导机构，由该委员会的党员选举产生。

第四十四条 每一个分区基层委员会都应根据领域和社区的需要，决定自己的工作范围和负责人。

第四十五条 分区基层委员会应遵守规章制度，并依此管理委员会的组织和运行。

第四十六条 分区领导机构是分区基层委员会的最高机构，至少由选举产生的分区代表组成。

第五篇 党组织

第一章 市委员会

第四十七条 市委员会是党在市内的最高权力机构。

第四十八条 市委员会应每三个月召开一次例会，也可根据需要由市委员会领导委员会及市、州或全国执行委员会召集召开。

例会的召开应遵守全国委员会颁布的委员会条例。

第四十九条 市委员会的构成方式如下：

第一项 至少由一百五十位地区选举委员组成。

委员的数量根据联邦选举委员会的选民花名册中的选民数量确定。全国委员会应制定相应表格以决定参选委员的数量。

在党员数量低于一百名的市，所有人都可成为市委员会委员。

只要其数量不超过所在市市委员会委员的限额，所有分区代表都可被任命为市委员会委员。

第二项 市执行委员会委员。

第三项 所有在该市居住的担任民众代表的党员都可以加入市委员会。

第四项 居住在该市的州委员会委员和全国委员会委员。

第五项 可邀请作为社会代表的党员加入市委员会，其数量不超过委员总数的百分之二十，其加入应获得百分之八十市委员会委员的同意，他们有发言权。

第二章　市委员会的职责

第五十条 市委员会的职责如下：

第一项 为完成基本文件和上级机关的决议，制定、实施及指导党的政治工作和组织活动。

第二项 制定年度政治日程安排，通过本市的政治、社会和经济组织推动贯彻党的政策。

第三项 监督本市担任人民代表和公职人员的党员在其工作中遵守党的《政治路线》和《纲领》的情况。

第四项 做出政治决议，并在其职权范围内向市政府的党员介绍相关公共政策。

第五项 根据本章程规定，选出市执行委员会。

第六项 根据委员会条例推选由一名主席、一名副主席和两名秘书委员组成的领导委员会。

第七项 在每年的第一季度审批年度工作规划、年度预算，同时，审批上一年度市财务报告。

第八项 每三个月至少接受一次市执行委员会有关其决议、活动和财务情况的详细报告，并根据党的《透明度条例》进行公示。

第九项 根据市执行委员会每三个月提交的报告，每年评估市执行委员会委员的履职情况，并且在每年的第一季度发布相应定级报告。

第十项 在必要的情况下，进行公投，此活动应符合本章程的规定。

第十一项 根据本章程规定，解除市执行委员会委员的职务。

第十二项 在市执行委员会主席或秘书长递交辞呈、被免职或缺席的情况下，通过现任委员三分之二投票批准，重新进行任命。

第十三项 向分区基层部门委员会传达市、州和全国的决议、规划和有关活动。

第十四项 本条例和相关条例赋予的其他职责。

第三章　市执行委员会

第五十一条 市执行委员会是市委员会休会期间的最高权力机构。

第五十二条 市执行委员会至少每十五天开一次例会，由主席召集。

市执行委员会应依据全国执行委员会颁布的《执行委员会条例》运行。

第四章　市执行委员会的构成

第五十三条 市执行委员会由主席、秘书长及六或八个秘书处组成。委员的组成遵循两性平等的原则。

第五十四条 每个执行委员会的秘书处人数参照市里的选民人数决定，应始终以全国执行委员会制定的表格为基础。

第五十五条 市执行委员会应至少包括以下秘书处：

第一项 组织秘书处。

第二项 政治培训秘书处。

第三项 财务秘书处。

第四项 选举事务秘书处。

第五项 传播秘书处。

第六项 青年秘书处。

第七项 两性工作秘书处。

第五十六条 当市执行委员会根据本章程第五十三条和第五十五条的规定搭建其组织时,出现多出一个秘书处的情况,市执行委员会有权根据特殊需要决定此额外增加的秘书处的工作领域。

第五章 市执行委员会的职责

第五十七条 市执行委员会的职责如下:

第一项 同政治组织、社会和民间运动以及非政府组织保持关系,目的是把党的政治斗争同社会及其组织的吁求结合起来。

第二项 执行市委员会、州委员会、全国委员会、全国政治委员会、全国秘书处或州执行委员会做出的决议。

第三项 向市、州委员会报告其决议。

第四项 召集市委员会开会,并向其提出建议。

第五项 组织各个委员会的秘书处并将其分成若干工作组,主要目的是根据预算制定相应的目标和规划。

第六项 管理市一级党的资源,根据党的《透明度条例》定期公开上述资源的状况。

第七项 向市委员会提交市年度党的工作计划、预算方案以及支出报告。

第八项 随时向州或全国领导提供其要求的关于决议、财务或活动的报告。

第九项 每三个月向市委员会提交关于财务及由秘书处开展的常规和特殊活动的报告。

应在市委员会的第一次会议上提交与前面提到的报告性质相同的年度报告。

上述报告任何情况下都要符合党的《透明度条例》。

第十项 关注本市分区基层委员会的运行,向其通告党的有关政策,促进围绕政治任务和组织执行情况开展讨论。

第十一项 向全国保障委员会申请,对违反党的基本文件和支配党内生活的规定的党员进行惩处。

第十二项 本章程和相应条例规定的其他职责。

第五十八条 除上条中规定的职责外,为与分区委员会保持长期规律的合作,市执行委员会可以根据分区、地区、公社、移民区、街区和人民的数量或执行委员会提出的其他标准,制定其他协调和运作方式。

在任何情况下,上述组织形式都不能代替本章程中规定的市执行委员会的职责。

第六章 市执行委员会主席和秘书长的职责

第五十九条 市执行委员会主席拥有以下职责和权限:

第一项 领导市执行委员会。

第二项 召集市执行委员会的委员开会。

第三项 作为本市党的发言人。

第四项 将执行委员会的报告呈递给市委员会。

第五项 在市执行委员会休会期间,为促进党更好地发展,采取紧急决议,在执行委员会随后的会议上通告这些决议,总是力图向其委员咨询意见。

第六项 本章程和相应条例规定的其他职责。

第六十条 市执行委员会的秘书长拥有以下职责和权限:

第一项 组织市执行委员会秘书处和下设委员会的工作。

第二项 在委员会主席临时缺席时代理工作,相应时间不得超过一个月。

第三项 本章程和相应条例规定的其他职责。

第七章 州委员会

第六十一条 州委员会是党在州中的最高权力机构。

第六十二条 州委员会至少每三个月召开一次例会，由州委员会领导委员会、州执行委员会或全国秘书处召集。

州委员会的运行应遵守全国委员会颁布的《委员会条例》。

第六十三条 州委员会按如下方式组建：

第一项 根据全国委员会发布的通告和条例，在选区产生七十五至一百五十名委员。

第二项 州执行委员会的委员。

第三项 担任州长、前州长或市长的党员。

第四项 担任地方众议员的党员。

第五项 居住在州内的全国委员会委员。

第六项 任职至少两年的前州执行委员会主席。

第七项 本州市执行委员会的主席，人数不得超过所有市主席人数的百分之三十三。

为任命本项提到的委员，应首先考虑该市最近一次进行的地方选举，被任命为委员的市执行委员会主席得票率应超过百分之十。

根据本项提到的程序，在获得地方选举的结果后，以这种方式任命的委员将被立即批准或替换。

第六十四条 除上一条提到的方式外，也可邀请担任州级社会代表的党员加入州委员会。任社会代表的党员受邀加入州委员会应获得州委员会百分之八十委员的批准，其数量不超过市委员总数的百分之二十。此类受邀加入州委员会的党员只有发言权。

第八章 州委员会的职责

第六十五条 州委员会的职责如下：

第一项 为履行党的基本文件和上级领导机构的有关决议，制定、发展和领导党在州的政治和组织工作。

第二项 制定年度政治工作事项，并确定对州政治、社会和经济组织的政策。

第三项 监督在州担任民众代表和公职人员的党员落实党的《政治路线》《纲领》，发布州竞选纲领。

第四项 在其职权范围内围绕有关公共政策和立法工作形成政治决议，并介绍给行政和立法机构的党员。

第五项 根据本章程规定，选举州执行委员会。

第六项 根据《委员会条例》规定，选举一个由一名主席、一名副主席和三名秘书组成的领导委员会。

第七项 在每年的第一次全体会议上，审批包含目标和时间表在内的年度工作规划，以及年度财务预算、预算政策，审批上一年的州财务报告。

第八项 至少每三个月收到州执行委员会一份详细的报告，报告涉及其决议、开展的活动和财务状况等内容，根据党的《透明度条例》，报告将被公开发布。

第九项 根据季度报告，评估州执行委员会委员的年度履职情况，并在每年的第一次全体会议上公布相应的评估定级情况。

第十项 根据本章程的规定，组织州、市级的领导选举。

第十一项 根据本章程的规定，组织州、市级民选公职候选人选举。

第十二项 根据本章程的规定，在必要时候组织公投。

第十三项 根据本章程的规定，解除州执行委员会委员的职务。

第十四项 在其辞职、被剥夺工作或缺席的情况下，重新任命州执行委员会的主席和/或秘书长，应得到现有委员三分之二投票同意。

第十五项 任命那些不能及时被市委员会任命或未能被指派的市执行委员会委员。

上述委任应在委员会运行四十天后的第一次全会上任命，被委任的委员不应被市委员会任命过。

第十六项 本章程和相应条例规定的其他职责。

第九章　州执行委员会

第六十六条　州执行委员会是承担发展和领导州内党的政治、组织和行政工作的机构。

第六十七条　由其主席召集，州执行委员会每十五天开一次例会。

州执行委员会的运作应遵守全国委员会颁布的《执行委员会条例》。

第十章　州执行委员会的构成

第六十八条　州执行委员会由十至十二个秘书处及主席和秘书长组成，此外还包括党的地方议会协调员。

州执行委员会的构成遵守两性平等原则。

第六十九条　上述秘书处的数量以全国执行委员会制定的表格为基础，且考虑该联邦单位的选民数量。

第七十条　所有的州执行委员会至少包括以下秘书处：

第一项　组织秘书处。

第二项　政治培训秘书处。

第三项　选举事务秘书处。

第四项　传播与宣传秘书处。

第五项　财务秘书处。

第六项　社会关系与联络秘书处。

第七项　青年秘书处。

第八项　两性工作秘书处。

第九项　管理和公共政策秘书处。

第七十一条　当州执行委员会根据本章程的规定搭建其组织时，出现多出一个秘书处的情况，州执行委员会有权根据特殊需要决定此额外增加的秘书处的工作领域。

第七十二条　当党的州级登记资格面临丧失的风险时，全国秘书处有权任命在最近一次地方选举中得票率低于百分之五的州的代表。此任命应得到全国政治委员会的批准。如果全国秘书处未行使上述权力，全国政治委员会将进行以上任命。

代表应具有正直、公平的品质，拥有政治素养和政治职务，不能是任何思想流派的代表或受到过全国保障委员会的惩处。

本条中任命的代表每月都要接受秘书处和全国政治委员会对其活动完成情况的测评。

第七十三条 依据上一条任命的代表享有州执行委员会主席和秘书长赋予他们的权力，但不能行使全国或州委员的职责和权力。所有决定都应与全国政治委员会保持一致。

全国秘书处通过管理、财务和培训秘书处负责州的财务业务。

第七十四条 被任命的代表每季度都要接受全国政治委员会和所在州委员会的测评，其职务随时可以被解除。

第七十五条 除本章程赋予的职责外，为了同市委员会及其分区委员会保持长期规律的工作联系，州执行委员会可以根据分区、地区、公社、移民区、街区和人民的数量或执行委员会提出的其他标准，确定其他形式的协调组织运作方式。

在任何情况下，之前提到的组织形式都不能取代本章程中规定的市执行委员会的职责。

第十一章 州执行委员会的职责

第七十六条 州执行委员会的职责如下：

第一项 在州级层面，保持党组织同政治组织、社会和民间运动以及公民社会组织的联系，以便使党的政治斗争同社会及其组织的需要联系起来。

第二项 执行州委员会、全国委员会、全国秘书处及全国政治委员会的决议。

第三项 向州委员会、全国委员会、全国秘书处、全国政治委员会报告其决议。

第四项　向州委员会或全国性领导机构呈递关于决议的建议。

第五项　召集市委员会和市执行委员会会议。

第六项　组织委员会的秘书处成立工作委员会，委员会以集体的方式运作，主要目标是根据预算制定工作目标和计划。

第七项　在州的层面，管理党的资源，根据党的《透明度条例》，定期公开资源状况。

第八项　向州委员会提出本州党的年度工作计划，向州委员会呈递预算方案和支出报告。

第九项　随时向全国审计委员会提交其要求的关于决议、财务和活动的报告。

第十项　每三个月向州委员会提交一份关于财务和由秘书处组织的一般性或特殊性活动的报告。

在州委员会每年的第一次会议上，州执行委员会应呈交其财务状况或开展的活动的年度报告。在任何情况下，以上报告都要符合党的《透明度条例》的规定。

第十一项　任命党在州选举机构及其分支机构的代表。

第十二项　当市执行委员会做事不及时或被任命的委员没能履行职责时，任命党在市选举机构的代表。

第十三项　在全国秘书处或全国政治委员会的要求下，为管理党的各方面工作任命委员会。

第十四项　任命州在市和选区的代表，准确划定他们的职能，这些代表在任何时间都不能违反市级机构做出的法律规定。

第十五项　支持党在市的领导机关、州活动协调组织以及分区基层委员会的工作，推动其在各自领域不断发展、稳定和壮大。

第十六项　当党在某些地区的得票较低或得票数降至之前的三分之一时，在市执行委员会的配合下，制定、实施选举战略。

第十七项　建议全国政治委员会取消市领导机构或任命临时领导机关，这种要求应符合支配党内生活的有关规定。

第十八项　分析州的政治形势以确定党的相应立场方向。

第十九项　评估该州与党有关的政治形势和状况，以确定相应行动。

第二十项　当涉及重大事件时，做出政治决议，并就党的议会党团的投票提出建议。

第二十一项　当认为事关重大时，做出政治决议，并对州政府的行为提出建议。

第二十二项　本章程和相应条例规定的其他职责。

第十二章　州执行委员会的主席和秘书长的职能

第七十七条　州执行委员会的主席有以下职责和职权：

第一项　领导州执行委员会。

第二项　召集州执行委员会会议。

第三项　该州党的发言人。

第四项　至少每三个月代表州执行委员会向州委员会提交其活动报告。

第五项　在州内合法代表党表达诉求，撰写司法程序中关于选举事务的申诉。

第六项　在州执行委员会休会期间，为促进党更好地发展而做出紧急决定，应在州执行委员会随后的会议上向其委员汇报决定，应始终征求执行委员会委员的意见。

第七项　本章程和相关条例规定的其他职责。

第七十八条　州执行委员会秘书长有以下职责和职权：

第一项　组织州执行委员会各秘书处和下设委员会的工作。

第二项　在委员会主席临时缺席时代理工作，相应时间不得超过一个月。

第三项　本章程和相关条例规定的其他职责。

第十三章　国外党员的组织

第七十九条　除其内部分裂，或旅居国外的墨西哥公民的数量和分布的特殊情况外，经全国委员会批准，可在某个国家的墨西哥公民中设立且只设一个党组织。

第八十条 国外的领导机构由海外委员会和海外执行委员会组成。

第十四章 海外党员委员会

第八十一条 海外党员委员会是其所在国家党的最高权力机关，每四个月召开一次例会。

第八十二条 海外党员委员会由以下成员组成：

第一项 根据《选举和协商总条例》确定的标准选举产生的委员，可多达一百五十名。

第二项 海外执行委员会主席和秘书长。

第三项 海外执行委员会前主席。

第四项 以移民身份当选的众议员或参议员。

第八十三条 海外委员会的职能如下：

第一项 领导党在海外的政治工作和组织工作，制定年度政治工作事项，始终履行上级领导机构的决议。

第二项 根据《委员会条例》规定的程序，选举一个由一名主席、一名副主席和三个秘书处组成的领导委员会。

第三项 在其辞职、被剥夺工作或缺席的情况下，重新任命海外执行委员会主席和/或秘书长。

第四项 选举执行委员会委员，确定委员会秘书及相应职责。这项建议应符合比例代表制。

第五项 根据本章程和相应条例规定委派全国代表大会代表。

第六项 根据本章程规定罢免执行委员会委员。

第七项 在海外执行委员会委员辞职或被罢免时，通过现有委员的简单多数替换海外执行委员会委员。

第八项 执行上级领导机构的决议。

第九项 本章程和相应条例规定的其他职责。

第十五章 海外执行委员会

第八十四条 海外执行委员会负责发展和领导党的海外政治、组织和管理工作。

第八十五条 海外执行委员会至少每十五天召开一次例会，例会由该委员会主席或全国秘书处召集。

海外执行委员会的运作必须遵守全国委员会颁布的《执行委员会条例》。

第八十六条 海外执行委员会由八名委员组成，其中有一名主席和一名秘书长。

第八十七条 海外执行委员会有以下职责：

第一项 保持海外党组织同政治组织、社会和民间运动以及非政府组织的关系，以期把党的政治斗争同社会及其组织的要求联系起来。

第二项 执行海外委员会、全国委员会、全国秘书处和全国政治委员会的决议。

第三项 向海外委员会、全国委员会以及全国秘书处汇报海外执行委员会的决议。

第四项 向海外委员会以及全国性领导机构呈递关于决议的建议。

第五项 组织执行委员会秘书处参加工作委员会，委员会以集体的方式运作，同时根据预算制定工作目标和计划。

第六项 管理党的资源，根据党的《透明度条例》定期公开其状况。

第七项 向海外委员会提出海外党组织的年度工作计划，并呈递预算方案和支出报告。

第八项 随时向全国秘书处和全国政治委员会呈递其所要求的关于决议、财务和活动情况的报告。

第九项 每四个月以一般或特殊的方式向海外委员会呈递对外执行委员会的财务和活动报告。

在每年全国委员会的第一次会议上，海外执行委员会呈报其财务状况和开展活动的情况。在任何情况下，以上报告应符合党的《透明度条例》。

第十项　本章程和相应条例规定的其他职责。

第十六章　海外执行委员会主席和秘书长的职责

第八十八条　海外执行委员会主席有以下职责和权限：

第一项　主持海外执行委员会的工作。

第二项　召集海外执行委员会会议。

第三项　党的海外发言人。

第四项　至少每四个月向海外委员会提交一份活动报告。

第五项　在执行委员会休会期间，采取有益于党发展的紧急决议，并在随后的会议上告知执行委员会委员，始终努力征求委员的意见。

第六项　向海外委员会呈递紧急决议的政治案例。

第七项　本章程和相应条例规定的其他职责。

第八十九条　海外执行委员会秘书长拥有以下职责和权限：

第一项　组织执行委员会各秘书处和下设委员会的工作。

第二项　在委员会主席临时缺席时暂代其职，相应时间不得超过一个月。

第三项　本章程和相应条例规定的其他职责。

第十七章　全国委员会

第九十条　全国委员会是全国代表大会休会期间党的最高权力机构。

第九十一条　全国委员会至少每三个月开一次例会，例会由全国委员会领导委员会、全国秘书处和全国政治委员会召集。

其运行应遵守全国委员会颁布的相应条例。

第九十二条　全国委员会的构成如下：

第一项　根据每个州产生的委员数量相应产生的二百五十六名全国委员，上述名额根据最近一次联邦众议员选举结果确定，应确保每个州至少有一名委员。

第二项　由其所在国委员会选举产生的一名海外委员。

第三项　全国政治委员会和全国秘书处成员。

第四项　任职州长、共和国总统或曾任州长的党员。

第五项　联邦众议员、参议员各自议会党团的党员，按照议员和议会协调员数量四分之一的比例。

第六项　党的前主席。

第七项　获"埃韦尔托·卡斯蒂略"勋章的党员。

第八项　各州及海外党组织主席。

第九项　根据比例代表制在全国代表大会上选举产生的六十四名全国委员。有权被任命为委员的人员得票率不得低于百分之五。

第十八章　全国委员会的职责

第九十三条　全国委员会有以下职责：

第一项　规划、发展和领导党在全国的政治和组织工作，履行党的基本文件和全国代表大会做出的决议。

第二项　制定年度政治工作事项，确定党对其他政党、政治团体以及社会和经济组织的政策。

第三项　监督担任人民代表和公职人员的党员贯彻党的《政治路线》和《纲领》，发布党的竞选纲领。

第四项　做出政治决议，并围绕公共政策和立法工作向政府部门的行政和立法机构的党员提出相关建议。

第五项　根据本章程规定选举全国秘书处和全国政治委员会。

第六项　根据《委员会条例》，在其成员中选举组建一个负责领导委员会工作的领导委员会，领导委员会包括一名主席、两名副主席和两名秘书。

第七项　在每年的第一次全体会议上通过年度工作计划和目标以及年度财务预算、预算政策，审批上一年度全国财务报告。

第八项　接收分别由全国秘书处、全国政治委员会提交的详尽报告，每三个月至少一份，报告应涉及该委员会的决议、活动和财务情况。根据党的《透明度条例》，相应报告应公开。

第九项　根据呈递的季度报告，评估全国秘书处、全国政治委员会委员的履职情况，并于每年的第一次全体会议公布相应定级。

第十项　监督党的各级机关的资源使用情况，通过全国审计委员会以定期方式或在其认为必要时进行检查。

第十一项　决定党有关债务方面的事务。

第十二项　根据本章程规定组织选举党的全国领导人。

第十三项　根据本章程规定，组织选举全国性民选公共职位的候选人。

第十四项　组织全国代表大会，并召集其委员开会。

第十五项　根据本章程规定组织公投。

第十六项　签发或修改《委员会条例》及那些为更好执行本章程所需的条例，为此组织一次会议开启修改进程，并组织另一次会议使相应改变生效。

第十七项　根据本章程规定，解除全国领导机构成员的职务。

第十八项　重新任命主席和/或秘书长，以代替那些辞职、被解雇或缺席的主席或秘书长，须获得现有委员三分之二投票。

第十九项　根据类似本章程规定的程序，在其未能及时或未得到州委员会任命时，任命州的领导部门的成员。

第二十项　根据本章程规定，任命和批准全国保障委员会委员。

第二十一项　本章程和相应条例所赋予的其他职能。

第九十四条　全党必须遵守全国委员会的决定和协议。

第十九章　全国咨询委员会

第九十五条　全国咨询委员会是围绕国内、国际政治提供咨询和意见的机构，目标是寻求广泛共识。

第九十六条 全国咨询委员会应在全国委员会或全国政治委员会召开会议之前召集例会。

第九十七条 全国咨询委员会的组成如下：

第一项 全国政治委员会。

第二项 全国秘书处。

第三项 联邦议会中党的议会党团协调人。

第四项 前党主席。

第五项 正式注册的代表。

第九十八条 全国咨询委员会的委员不应收受任何酬金。

第二十章 全国政治委员会和全国秘书处

第九十八条（乙） 全国政治委员会是全国委员会休会期间党的最高权力机构。

全国政治委员会每十五天召开一次例会，例会由党主席召集。在例会逾期未召开或未召集，或情况紧急时，应至少三分之一的委员要求，可召集召开全国政治委员会会议。全国政治委员会的运行须遵守全国委员会颁布的相关条例。

第一项 全国政治委员会由以下成员构成：

第一目 由主席在考虑多样性的前提下提名十三名委员，这些委员须得到与会百分之七十全国委员的批准。

第二目 主席和秘书长。

联邦议会党的议会党团协调人每次都应受邀与会，并有发言权。

第二项 全国政治委员会的职责如下：

第一目 分析国内外政治形势，以明确党的态度立场。

第二目 评估政治形势和党的现状，以确定党的行动纲领。

第三目 当事关重大时，做出政治决议，给联邦或地方议会中的议会党团投票提出建议。

第四目 在必要时，做出政治决议，给政府行动提出建议。

第五目 执行全国委员会的决议。

第六目 向全国委员会报告自身做出的决议。

第七目 向全国委员会提出建议。

第八目 以绝对多数票通过对违反党内规定党员的惩处。惩处措施应严格遵守本章程和有关条例的规定。

第九目 纠正或批准全国秘书处的决议。

第十目 全国政治委员会的决定是最终决定，如需上诉，只能上诉到全国保障委员会。

第十一目 当全国秘书处未能及时实施时，任命党在联邦选举机构及其分支机构的代表。

第十二目 批准由全国秘书处任命的地方选举机构的党代表；或者当全国秘书处没有任命相应代表时进行任命。

第十三目 在相应委员会没有组建或没有响应上级号召的情况下，解除州或市级领导机构的成员，同时任命临时领导机构。

第十四目 向全国委员会提出建议来确定没有经过直接无记名普选的候选人。

第十五目 召集全国秘书处会议。

第十六目 在最近一轮地方选举中得票率低于百分之五的州，当州级党组织面临登记风险时，批准由全国秘书处任命的州代表。当全国秘书处没有进行任命时，可直接任命代表。

第十七目 本章程和相应条例规定的其他职责。

第九十九条 全国秘书处是执行全国委员会和全国政治委员会政治计划和决议的重要机构。

第一百条 全国秘书处至少每六天召开一次例会，例会由主席召集。

在非常特殊的情况下，可应其三分之一委员召集召开会议。

全国秘书处的运作要依照全国委员会颁布的相应条例进行。

第二十一章 全国秘书处的组成

第一百零一条 全国秘书处组成如下：

第一项　主席。

第二项　秘书长。

第三项　［已废除］。

第四项　十五个秘书处。

全国秘书处的组成应始终遵守两性平等原则。

联邦议会党的议会党团协调人每次都应受邀与会，并有发言权。

第一百零二条　全国秘书处应包括以下秘书处：

第一项　党的组织和发展秘书处。

第二项　民主教育和政治培训秘书处。

第三项　生态和可持续发展秘书处。

第四项　农村劳动者、乡村发展及印第安居民秘书处。

第五项　管理、财务及创收秘书处。

第六项　联盟和全国政治关系处。

第七项　青年事务秘书处。

第八项　两性平等秘书处。

第九项　政府政策和社会福利秘书处。

第十项　特殊计划和政策秘书处。

第十一项　选举政策行动秘书处。

第十二项　保障、公正和人权秘书处。

第十三项　工会民主和社会运动秘书处。

第十四项　国际关系秘书处。

第十五项　交流、传播和宣传秘书处。

第二十二章　全国秘书处的职责

第一百零三条　全国秘书处的职责如下：

第一项　在全国和国际层面，保持党同政治组织、社会和民间运动及非政府组织的关系，以期将党的政治斗争同社会及其组织的需求结合起来。

结束三年后方可再次担任。

第一百零九条 不能在党内的任何领域同时担任两个执行职务。

第一百一十条 党的诸委员会领导委员会委员不能同时成为相应领导机构成员，但是委员会主席可以参加执行委员会并有发言权。

第一百一十一条 除非申请相应许可，任何担任民选公职或公共管理机构最高指挥权的人都不能占有主席或秘书长职务，也不能成为全国秘书处或州、市执行委员会委员。

第一百一十二条 公职人员不能成为党的选举代表。

第一百一十三条 为使委员会能够撤换全国政治委员会，全国秘书处或州、市执行委员会的任何委员，甚至解除相应主席或秘书长的职务，需要：

第一项 向委员们专门详细地提及此事。

第二项 提前说明撤换原因。

第三项 授予当事人听证和辩护的权力。

第四项 撤换应得到与会委员三分之二投票赞成。

第一百一十四条 召集领导机构开会应遵循以下原则。

第一项 会议分为例会和特别会议两类。

例会应按照本章程规定定期召开。

当授权机构认为必要，或应其三分之一委员要求，处理无法等到例会解决的紧急事务，召开特别会议。

第二项 无论是召开例会还是特别会议的通知，都应在签发的次日，在党的网页上、召开机构内部或相应辖区发行的报纸上发布。

上述会议通知应包括以下内容：

第一目 会议的地点、日期及开始时间。

第二目 会议类别：是例会，还是特别会议。

第三目 议程。

第三项 每次会议涉及的决议方案、文件和措施要以纸质文件或通过各个领域的官方电子邮件的方式交给相应机构的委员。

当遇到由于文件量大导致无法将议程内要讨论事项所需附件及相关信息资料和文件附上的情况，这些材料应该以电子邮件的方式分发到各机构委员的手中，从通知发出之日起做好准备，以便在会上进行讨论。

第四项　如果是例会，全国委员会领导委员会至少每三个月召集召开一次。通知应于全体会议召开前五日签发，并于签发之日的第二天公布在全国发行的报纸上。州或市级例会的通知应在会议召开前五天签发和公布。全国咨询委员会的通知应在会议召开前三天签发和公布。全国政治委员会、全国秘书处、州或市及海外执行委员会的例会应在会议召开的前一天签发。

第五项　特别会议通常是在有要解决的紧急事务或应相应机构至少三分之一成员要求召开。

第六项　各级委员会、全国咨询委员会、全国政治委员会、全国秘书处、州或市执行委员会的特别会议，相应机构可以在签发通知的四十八小时后召开会议，但不能处理作为召集会议理由事务之外的事务。

第七项　会议通知应附上解决问题的决议草案，并由召开机构通知有关委员，通知方式同本条第三项。

第一百一十五条　开会应遵循以下标准：

第一项　会议需要相应机构的委员专门参加，必要时也可通知被认为合适的人员参加。相应委员会的主席、联邦议会和州议会党的议会党团协调人、党在联邦选举委员会的代表可参加全国政治委员会、全国秘书处及相应执行委员会的会议，只有发言权。

第二项　应全国政治委员会或全国秘书处的邀请，党的州执行委员会主席可以参加全会。

第三项　机构的委员要在通知确定的时间开会。经过审查出席会议的人数达到法定人数，领导委员会主席宣布开会。

第四项　第一次通知开会时，应半数加一的人员与会才有效。

第五项　当无法召集上一项提到的法定人数时，在第一次会议通知六十分钟后,应考虑进行第二次通知,法定人数应不低于委员的三分之一,且全国咨询委员会、全国政治委员会、全国秘书处或相应领域执行委员会的主席或秘书长,或相应地区范围内委员会主席或副主席与会。

第六项　一旦确立了法定人数,即使一部分委员单方面退出,只要有四分之一委员与会,也不影响会议及其所做出的协议的法律效力。

第七项　一旦全会根据《委员会条例》设立,相应机构可以在常务会议上宣布全会的多数决定。

第八项　每次会议都应制订将要通过的文件,并在下次会议上交给机构委员。

第九项　除本章程规定的特殊情况,应达成共识,并以简单多数的方式做出决定。

第十项　机构委员应避免参与任何影响会议有序进行的活动。

第六篇　全国代表大会

第一章　党的全国代表大会

第一百一十六条　全国代表大会是党的最高权力机构。对于所有党的组织和机构而言,其决定和决议是不可反驳且必须执行的。

第一百一十七条　全国代表大会应每三年召开一次,全国委员会可召集召开全国代表大会特别会议。

全国代表大会履职的三年构成一届。

全国代表大会的时间、地点、规则和议程建议都由全国委员会决定,但是,通常在党的全国选举后立即开会。

第一百一十八条　全国代表大会的组成如下。

第一项　党的主席、秘书长及州执行委员会的主席和秘书长。

第二项　在联邦各选区以下列方式选举产生的一千二百名代表:

第一目　为保障代表大会有三百个选区的代表参加,这些选区有权选出至少一名代表。

第二目　选区选举产生的代表数量根据每个区的党员数及党在该选区最近一次联邦选举中的得票数确定。

第三项　全国委员会委员。

第四项　海外代表的数量由全国委员会根据本章程和相应条例的规定来确定。

第一百一十九条　全国委员会和州委员会的受邀者只有发言权，其人数不得超过二百名。

每个州委员会推荐四名受邀者，其中外部人员两名，州委员两名。全国委员会批准七十二名受邀者，其中一半应为外部人员。无论哪种情况，都应尊重两性平等的原则。

第一百二十条　当经选举产生的代表中的多数与会时，全国代表大会方能有效。一旦开会，部分代表的缺席不影响大会做出决议的效力，但要保证有四分之一的代表在。

第二章　全国代表大会的职责

第一百二十一条　全国代表大会的职责如下：

第一项　全部或部分修正党的章程、《原则宣言》和《纲领》，决定党的政治路线和组织路线。

第二项　青年代表将集合开会，以根据党的民主原则确立更好地促进党内青年政治发展的规划、政策路线和组织形式。由三分之二与会青年代表选举一名青年事务全国秘书，并报给主席，由主席呈交全国代表大会批准。

第三项　本章程和相应条例规定的其他职责。

第三章　州代表大会

第一百二十二条　州代表大会具有协商性质，在州代表大会上可以讨论州或党的政治状况以及那些相应代表大会认为应当讨论的问题。

上述代表大会应根据全国委员会确立的协定组建。

其决议具有一定的目标性,将被提交全国委员会讨论。

州代表大会由相应州委员会组织召开。

第七篇　协商会议

第一章　全民公决和公民投票

第一百二十三条　全民公决是由党员或民众在由党的机构针对重大政治事务而提出的两个或更多政治路线中进行选择的直接协商方式。

第一百二十四条　全民公决或公民投票是党员直接参与的方式。

第一百二十五条　全民公决应经相应领域委员会的多数有效票召集,其结果具有约束力。

第一百二十六条　任何级别的委员会都能以绝对多数召集其领域的全民公决,其内容是依照召集公决的委员会提出的各种可能做出政治决定。

第一百二十七条　公民投票是提请党员做出决定的机制,以最终决定那些委员会打算采用或已经采用的协议或决议,或撤销、改变党任何领域的路线,或修正相应委员会发布的被认为可能影响党的基本文件的社会、进步和左翼属性的协议或决议。公民投票遵照以下规定进行:

第一项　公民投票应以书面方式明确要决定的协议或决议。分区基层委员会的领导机构或相应领域的委员会或其直接上级委员会以简单多数票或相应领域百分之二十五的党员同意召集公民投票。全国秘书处、相应州或市执行委员会应保障公民投票的条件、通知的发布、进程及结果。

第二项　公民投票的结果应成为市、州或全国范围内强制遵守的决定,为此,应至少有享有投票权党员的三分之一出席投票方有效。

第三项　如果是撤销领导人的公民投票,只有过了当选的党的领导人的任期的一半,方可召集公民投票。

应用本项规定时,作为公民投票对象的领导人在此期间不受其他制约。

第四项　党的机构应保障公民投票的条件、通知的发布、进程及结果，并采取必要措施执行其决定。

第一百二十八条　只要委员会会议上绝对多数与会委员同意，党的委员会也可就其有关决议直接召集公民投票。

第一百二十九条　下列事项不能进行公民投票：

第一项　全国代表大会的决议及协议。

第二项　党的预算及财政事务。

第三项　纪律处分。

第四项　党的领导人或自治机构的领导职位的选举。

第五项　民选公职候选人的推举。

第八篇　党的自治机构和专门委员会

第一章　党的全国性委员会

第一百三十条　党的全国性委员会包括下列机构：

第一项　全国保障委员会。该委员会经全国委员会批准成立，拥有决策自主权以及完成任务所需的足够经费。

第二项　全国选举委员会。该委员会应经全国委员会现有委员三分之二有效票批准成立，拥有决策自主权以及完成任务所需的足够经费。

第三项　审计委员会。该委员会为全国委员会的分支机构。

第四项　党员委员会。该委员会经全国委员会批准成立，拥有决策自主权以及完成任务所需的足够经费。

第五项　监督和道德委员会。该委员会有决策自主权。

第一百三十一条　上述委员会由符合本章程所规定的要求的党员组成。

第一百三十二条　对于每个受本章程约束的委员会，全国委员会将批准其相关条例。

第二章 全国保障委员会

第一百三十三条 全国保障委员会是党的司法机构，负责最终保障党员的权利，解决党内生活中党的机构及党员之间的矛盾。

第一百三十四条 成为全国保障委员会委员应满足以下要求：

第一项 获得法律硕士学位或为律师，并具有执业资格证书。

第二项 具有实习律师的从业经验。

第三项 具有选举方面的经验。

第四项 党员。

第五项 未受过处分。

第六项 《全国保障委员会条例》的其他规定。

第一百三十五条 为确定全国保障委员会的组成，党向所有党员发布通知，以便所有符合上一条规定的申请者可以作为被推荐的候选人在该委员会获得委员的职务。

第一百三十六条 为任命全国保障委员会的委员，党应向有关学术机构请求对所有申请者进行评估。

对申请者进行评估后，指定的学术机构应立即将结果呈交给全国委员会。

通过投票程序，从十名评估较好的申请者中任命五名委员会委员。

第一百三十七条 根据本章程和全国委员会颁布的相应条例，全国保障委员会运用合法、准确、独立和公正原则来管理其开展的活动。

除本章程明确规定的情况外，全国保障委员会的决议为最终决议，不可改变。

第一百三十八条 加入全国保障委员会的人员由全国委员会任命和批准，他们是全国保障委员会的组成部分，任期三年。全国保障委员会委员每次更替一部分，委员可连选连任一次。

全国委员会可以决定填补全国保障委员会的空缺，并且在委员会开会时推选新人加入该委员会。空缺的填补应遵守本章程规定的程序。

第一百三十九条 全国保障委员会由五名委员组成。委员会主席由至少百分之八十的委员选举产生，任期一年，可连选连任一次。

全国保障委员会委员的任职周期应不同于党的领导机构的周期。

第一百四十条 全国保障委员会委员在履职期间，不得担任党内任何职务，不得成为党内领导机构职务或民选公职候选人。

该委员会委员履职结束后的一年内，上述规定同样适用。

第一百四十一条 全国保障委员会要了解关于管理党内生活规范实施的争议。

第一百四十二条 当解决职权范围内的事务时，全国保障委员会可以通过一致投票发表对党的规范的解释性意见。

第一百四十三条 全国保障委员会的全会应通过民主革命党电视台对外宣传。

第一百四十四条 只有全国委员会才能废除全国保障委员会做出的惩处党员的决议。

第一百四十五条 为使其运行公开透明，全国保障委员会应接受市民观察团的评估。

第一百四十六条 不得对全国委员会发布的决议提出上诉。

第一百四十七条 因其工作能力较弱或无法履职，可在全国委员会会议中经绝对多数投票罢免全国保障委员会委员，只要相应事件列入全国委员会会议日程且至少四分之一委员签字申请。讨论时将授予法官听证权。

第三章　全国选举委员会

第一百四十八条 全国选举委员会是具有操作性质的领导机构，负责保障党内选举、内部协商及各个层级民选公职选举任务的顺利进行。

第一百四十九条 全国选举委员会的职责如下：

第一项　在全国、州、市和分区诸层面组织直接或无记名普选及全民公决或公民投票。

第二项　组织在党的代表大会上选举主席和秘书长，以组建委员会或召集会议，以及组织选举民选公职候选人。

第三项　在其职权范围内组织党的特别选举。

第四项　支持民选中的选举代表和选举事务秘书。

第五项　本章程和相应条例规定的其他职责。

第一百五十条　全国选举委员会由五名全国委员会选举产生的委员组成，全国选举委员会主席应由至少百分之八十的委员选举产生。

第一百五十一条　成为全国选举委员会委员应满足以下条件：

第一项　至少有一年党龄。

第二项　拥有党务和选举方面的知识和经验。

第三项　享有充分的政治权利和党员权利。

第四项　未因犯罪受到惩处或曾受任何党组织的惩处。

第五项　不是党的任何执行机构的领导或民选公职人员，除非提前三个月离任。

第六项　在提出申请前的三个月，未注册登记为民选公职或党的领导机构的预候选人或候选人，或党的代表。

第八项　本章程和相应条例规定的其他条件。

第一百五十二条　为确定全国选举委员会的组成，全国委员会向全体党员发布通知，以期使满足上条所列条件的申请者申请成为候选人，以获得全国选举委员会委员的职务。

上述通知应考虑通过党所指定的学术机构对申请者进行评估。

第一百五十三条　为任命全国选举委员会委员，党应委托学术机构对申请者进行评估。

完成对申请者的评估后，学术机构应立即将评估结果交给全国委员会。

通过投票程序，在十名评估较好的申请人中选择五名，任命其为全国选举委员会委员。

第一百五十四条　根据本章程和全国委员会颁布的条例，全国选举委员会遵循合法、准确、独立和公正的原则开展活动。

第一百五十五条　全国选举委员会委员在履职期间，不能承担党内的其他职务，不能成为党内领导机构职务和民选公职的候选人。

在该委员会委员离职后的一年内，以上规定同样适用。

第一百五十六条 全国选举委员会委员由全国委员会任命和批准，任期四年。

第一百五十七条 全国选举委员会组建后，其委员应立即根据《全国选举委员会条例》发布通知，以确定运行架构和州代表团。

第一百五十八条 全国选举委员会委员负责选举的全过程。

全国选举委员会会议须遵守相关条例的规定。

第四章 全国审计委员会

第一百五十九条 全国审计委员会隶属于全国委员会，负责监督党内财务运行情况。

第一百六十条 全国审计委员会的委员来自全国委员会。

第一百六十一条 党的财务审计和会计金融方面的监管工作应通过会计师事务所完成，同时发布相应报告。

以上报告应交全国审计委员会，以便在其权限范围内做出相应决定。

第一百六十二条 全国审计委员会的职责如下：

第一项 主要负责对党、议会党团及思想流派的收入和支出的监管。

第二项 系统核查党、议会党团及全国、州及市级思想流派的收入和支出。

第三项 根据相应条例，组织开展全国委员会要求的审计。

第四项 向全国委员会报告审计结果。

第五项 党的机构成员和民众代表必须向全国审计委员会提交财产声明。

第六项 参与发起源于全国政治委员会、全国秘书处、州或市执行委员会用于管理的收支的管理行为。

第七项 全国审计委员会应向全国委员会提交关于党的总体状况的年度报告。如需要，也要提交对各州的观察报告。

第八项　党的委员会应了解并审核由全国秘书处或相应州和市执行委员会呈递的消费支出报告，并发布相应的书面报告。也应了解全国审计委员会呈交的报告。委员会对支出报告的审核围绕其与获批的预算的对应情况及相应机构的支出政策。

第九项　如果全国审计委员会没有对出具的报告、意见及行动计划认真负责，全国政治委员会应做出相应决定并将上述报告寄给全国保障委员会，以便该委员会根据本章程、相应条例和规章，在其职权范围内启动相应司法程序。

第十项　由全国委员会颁布的条例规定的其他职责。

第一百六十三条　全国审计委员会由三名在全国委员会内部选举产生的委员组成。

第一百六十四条　全国审计委员会的委员应该保持一种专业形象，满足诚实、准确、可敬、客观、公正的要求。

第一百六十五条　全国委员会领导委员会应向其全体会议呈交须经全体委员投票的提议。提议须获得与会三分之二委员选票方可通过。

第一百六十六条　全国委员会有权根据本章程和相应条例规定解除全国审计委员会委员的职务。

第一百六十七条　所有管理党的资源的机构和个人，都必须提交全国审计委员会要求的文件。放弃或拒绝提交文件者将以违规处罚。

第五章　党员委员会

第一百六十八条　党员委员会负责整合党员注册簿和党员名单。

第一百六十九条　党员注册簿是记录申请注册和入党并满足本章程相关规定的全体党员信息的文件簿。

第一百七十条　党员名单是指能够在党的内部工作流程中享有选举和被选举权并满足以下要求的党员名单：

第一项　在党员注册簿中。

第二项　充分享有党员权利。

第三项 除未满十八周岁的青年外，其在党员注册簿中的资料应与联邦选举注册名单中的相符。

第四项 符合本章程和相关条例规定。

第一百七十一条 党员委员会的职责如下：

第一项 制作党员注册簿、党员名单和选举图表。

第二项 制定内部统计资料。

第三项 发行党员手册。

第四项 清理和更新党员注册簿和党员名单，并将其公布在网上以便党员查询。

第五项 跟踪党同外部机构有关党员登记的协议签订。

第六项 管理、公布或向各联邦单位分发党员注册簿。

第七项 在四十八小时内回答任何有关选举名册的问题。

第八项 本章程和相关条例规定的其他职责。

第一百七十二条 党员委员会由三名委员组成，由全国委员会选举产生，应获得超过三分之二与会委员的选票，任期四年。

第一百七十三条 成为党员委员会委员应满足以下条件：

第一项 至少有一年党龄。

第二项 具有登记、选举、制作选举图表以及运用数据库和统计学等方面的经验。

第三项 未曾受到全国保障委员会的惩处。

第四项 符合本章程和相应条例规定的其他条件。

第一百七十四条 党员委员会委员应根据全国委员会发布的通知，根据正直、准确、可敬、客观和公正的标准选出。

第一百七十五条 申请者要在全国委员会领导委员会注册登记，该领导委员会要出具相关意见。

第一百七十六条 全国委员会可根据相关条例解除党员委员会委员职务。

第一百七十七条 为使党员委员会透明运行，应组建一个荣誉监督委员会，每一个登记的思想流派均有一名代表。

第六章 监督和道德委员会

第一百七十八条 监督和道德委员会是自主的集体机构，由三名透明度、人权、审计等方面的专家或公设辩护人组成。

第一百七十九条 监督和道德委员会的委员任期四年。

监督和道德委员会委员内部选出主席。监督和道德委员会须全体委员一致通过才能做出决定。监督和道德委员会的活动由书面通知或应部分委员申请召集。

第一百八十条 全国委员会任命监督和道德委员会，该委员会的三名委员由全国委员会三分之二委员选举产生，委员要具备专业素养，有人权、透明度、问责、反腐以及打击有罪不罚现象方面的经验。委员的公正性是毋庸置疑的。

第一百八十一条 监督和道德委员会有以下职责：

第一项　检查党员的行为是否符合党的原则、纲领、政治路线和章程，是否通过捍卫公民自由、宪法确立的基本权利、国际文书里包含的规范以及修正涉及腐败和有罪不罚的行为尽到义务。

第二项　检查在州或全国有名望的政治家的入党情况，从他们递交入党申请书开始的一年内，其行为可以受到任何党组织或党员的质疑。

第三项　向党的机构发出有关检查和跟踪其履职情况的介绍信，他们有义务根据自己的职责回答介绍信的内容。

第四项　监督所有党员、党的机构履职及对党的规范的遵守情况。

第五项　监督所有党的机构及其成员，所有党员，所有担任民众代表、公职人员的党员，以及党提名的民选公职候选人，是否遵守党的原则、纲领、政治路线和章程。

第六项　调查所有党的机构及其成员、党员、作为民众代表、公职人员以及获得民选公职候选人提名的党员是否违背党的原则、纲领、政治路线、章程和宪法规定。

第七项　整合包含有关因素和活动的调查，调查结果和建议应提交全国政治委员会，以便实施相应惩处程序。

第八项 与支持监督和道德委员会各项工作的民间组织建立协议，其中应包括具有法律约束力的评估和广泛宣传评估结果的内容。

第九项 本章程和全国委员会颁布的《道德条例》规定的其他职责。

第一百八十二条 所有党的机构及其成员、党员、作为民众代表、公职人员及民选公职候选人的党员都必须向监督和道德委员提供其履职所需要的信息。

第九篇 党的财产及财务管理

第一章 党的财产及其管理

第一百八十三条 根据法律及支出预算，民主革命党的财产包括联邦、州及市的公共资源，以及从自己的资源及实施的项目中获得的股息和收益。

第一百八十四条 党的财产包括不动产，未经全国委员会授权不能随意放弃。

关于本条提及的财产的税费需要全国秘书处的协议以及相应委员会的授权。

第一百八十五条 党的代表处主要从事出售和购买不动产，签署信贷协议，购买商业票据，租赁，在民事诉讼、商业诉讼、行政诉讼中出庭，在社会和保障领域中发挥作用。代表处将由党的全国秘书长负责，秘书长将为上述事宜委派代表。

第一百八十六条 党的财产管理应遵循透明、高效、节约、合法及忠实的原则。为实现以上目标，必须严格遵守全国委员会发布的相关条例中的规定。

对于未履行上述规定的，相应职能机构应在有关当局启动法律程序、刑事诉讼程序、民事诉讼程序及行政程序来惩治。

第一百八十七条 除了本章程和相应条例明确授权的情况，任何党员、领导或者候选人不得以现金或实物的方式借债。

第一百八十八条 对于滥用竞选活动和项目规划预算的党员,将根据本章程及其相应条例规定的程序进行处罚。

在选举机构对党进行惩罚或决定其领导人或领导机构的责任时,全国秘书处或最高权力机构将命令取消其每月特权直到所有惩罚取消。

如果错在党员、党提名的候选人或预候选人,职能机构应建立一系列机制,以便上述人员归还财产,同时也抑制此类行为再次发生。

第一百八十九条 用于特殊活动的公共资金将按一定比例储存于专门的账户,完全用于政治培养、妇女的政治发展等,上述资金不得因任何原因用于日常活动或其他活动。

第二章　财务秘书处

第一百九十条 全国秘书处是负责党的财产和财政资源管理以及向联邦选举机构出具年度收支报告的机构。

全国秘书处履行职责要始终遵循本章程及相关条例的规定。

第一百九十一条 全国秘书处及州或市的执行委员会设有一个管理、财务和创收的秘书处,主要负责账款及创收活动。该秘书处应服从相关执行委员会的集体决定。

第一百九十二条 全国秘书处及州或市执行委员会在其辖区范围内可以掌控相应的经济资源,应向其所属委员会或全国审计委员会提交账目。

第一百九十三条 全国秘书处及州或市执行委员会的管理、财务和创收秘书处在其各自职权范围内负责账户和党的财产的管理,以上机构隶属于其相应组织。

全国秘书处及州或市执行委员会的管理、财务和创收秘书处由相应委员会的多数有效票选举产生。

第一百九十四条 全国秘书处及州或市执行委员会应该拥有一个合格的专业团队开展财务管理、入账和使用工作。

第一百九十五条 全国秘书处及州或市执行委员会有义务在党的网站

发布所有包括关于一般和特殊党费交纳情况的报告在内的财务信息和收支情况。

第一百九十六条 根据相关条例，在全国秘书处、州或市执行委员会成立采购委员会。

第三章 一般和特殊党费

第一百九十七条 所有党员都应按照规定中的条款或方式交纳党费。

第一百九十八条 所有党员都有义务交纳一般党费，年度最低党费应该是联邦区的最低日工资。

第一百九十九条 所有因在党内任领导职务或担任公职而领取报酬的党员都应交纳特殊党费，情况如下：

第一项 民选职务，其中包括共和国主席、州长、市长、理事和联邦或地方议员等。

第二项 联邦、地方、市政管理及国有企业或公共机构的公务员，级别从单位部门主管到高层领导及荣誉人士。

第三项 党的各级领导职务，包括第一级领导和官员，从主席到书记、副书记、主任、副主任。

第二百条 担任民选职务或高级公务员的党员每月交纳的党费应该按照每月职务纯收入的百分之十五收取。

担任公务员的党员每月交纳的党费不同于民选职务或党内职务的党员，其党费要按照全国委员会制定的标准执行。

第二百零一条 按章程规定必须交纳特殊党费的党员如果拖欠三个月，将受到惩罚或在至少一年内不得申请任何民选职务或党内领导职务。

在屡次重犯上述行为的情况下，将受到至少三年的惩罚。

第四章 党的财务活动

第二百零二条 党应保障其各个领域的财务活动，每年还要推进全国性募捐活动，由全国秘书处和州或市执行委员会组织协调。

在上述活动中获得财富的百分之五十应用于党在州或市的开销。

各个领域的委员会也应以上述条款规定的同样方式参加党每年的募捐活动。

第五章 资金的分配

第二百零三条 党从联邦或州获得的公共资助以及党员交纳的一般党费和特殊党费将被用在明确的计划中，并按以下方式分配：

第一项 至少百分之五十用于竞选运动、政治活动和党员的发展，经常性支出不能超过百分之五十。

第二项 至少百分之四十用于党在各联邦单位的机构。

第三项 州公共资助的至少百分之五十用于党的市级机构。

第四项 从研究和教育及相关活动中获得的公共资金应属于党的机构。

第五项 从特殊党费获得的资金无论如何不能用于经常性支出。除支持全国政治委员会所开展的公民和社会活动外，此类资金应优先用于政治研究和培训。

钱款的使用和募集应归属于党的每个领导机构的职权范围。

第二百零四条 管理、财务和创收秘书处，不管其隶属于全国秘书处还是其所在的州或市执行委员会，都应与议会党团和政府建立必要的管理程序以保障额外的捐助。

第二百零五条 对于未履行法定义务，或选举机构因其对党进行经济制裁的，全国秘书处或等级较高的执行委员会按相应百分比扣除属于州或市执行委员会的资金。

第六章 州或市执行委员会的义务

第二百零六条 为使州或市执行委员会有权接收其相应的公共资助基金，相关部门必须遵守法律规定，在上缴资金的时间和形式上也要遵守本章程及有关选举法律的规定。

第二百零七条 上缴资金须在以下机构进行。

第一项 选举机关。

第二项 相应委员会。

第三项 党的职能机构。

第二百零八条 对于提供给州或市执行委员会的资金，如果不符合上述相关要求的，应由全国秘书处管理、财务和创收秘书处或直接上级执行委员会全部或部分收回。

所有领取党的特殊津贴的领导或管理机构的成员，其所得金额不得超过党的主席。

第十篇 政治培养、培训、调研和传播

第一章 政治培养、培训、调研和传播

第二百零九条 政治培养、培训、调研、传播、讨论、辩论和政治理论的发展是民主革命党在其所有活动领域的具有战略意义的基础性工作。

这些工作的目标如下：

第一项 基于党的原则和纲领，在党员中发扬民主文化的价值，为建设和加强党的思想政治认同作贡献。

第二项 培养政治干部在领导机构、基层工作、立法、政府、选举以及社会组织等方面开展工作的能力。

第三项 加强妇女的政治参与，发展用一种性别视角制定的党的方案建议和行动规划。

第四项 促进相关提案的制定，通过实施新的公共政策或修改现行公共政策，制定或修改法律条款，或社会或民间组织的自发行动，推动实施党的方案规划。

第五项 传播党的知识、主张和基本文件，以及关于国家问题的研究、分析和讨论资料。

第六项 丰富党的纲领，为确定党的政治路线、国内外形势和特殊问

题的立场提供分析和信息材料。

第七项 促进思想理论的发展和墨西哥左翼工作的开展。

第八项 分析和研究墨西哥政治、经济、社会和文化的主要进程，以及党所关注的领域。

第九项 通过会议、讨论会、论坛、座谈会等形式，将党在国际政治方面的讨论以及政府的成功经验同左翼执政的国家尤其是拉美国家相结合。

第二百一十条 党员的权利包括政治培养、培训、参与讨论以及获得研究材料。

第二百一十一条 在各级党组织和有党员的各个领域应开展政治培养、培训、调研以及传播。所举办的各项活动中，应特别提倡青年和妇女的参与。除了制定不同语言的基础性文件以及其他重要文件，还要根据党的全国和地区性需要考虑培养精通双语的人才。

第二百一十二条 政治培养、培训、调研及传播活动应在设计和执行方面遵守党的原则和纲领，应考虑在政治、科学、科技、文化和艺术等所有知识领域的发展。

第二百一十三条 承担政治培养、培训、调研及传播的机构，在组织活动、上报预算、制定工作计划及上交账目等方面应遵守有关条例。

第二百一十四条 政治讨论应在全国范围推广，以便向全国党员提供当前形势、党员决议、政治分析方面的信息，及意识形态讨论或相关公共政策的基础。

第二百一十五条 党的领导机构的申请人或民众代表的候选人或预候选人应参加与其工作有关的研修班。政治培养和培训机构负责课程的设计和应用及相关证书的发放。在内部程序中获得证书是候选人登记的必要条件。

第二百一十六条 根据党的全国培养和培训计划，党的领导机构的成员、担任议员或政府官员的党员有义务围绕促进自身活动发展的主题参与培训，更新知识。反之，将按照相关规定进行制裁。

第二章　政治培养、培训、调研和传播的计划、协调和执行

第二百一十七条　政治培养、培训、调研和传播的年度计划由全国调研、政治培养及公共政策和管理培训学院的领导机构负责制定。制订计划要与在全国政治培养委员会和学院顾问委员会中的各州政治培养负责人沟通协调，并将计划报请全国委员会审批通过。

第二百一十八条　全国委员会批准全国计划的同时，应批准用于实现计划的资金。全国委员会至少要将党收取的用于特殊活动的合法资金全部用于发展全国计划。资金由全国调研、政治培养及公共政策和管理培训学院管理。

第二百一十九条　全国调研、政治培养及公共政策和管理培训学院负责设计和安排用于政治培养和培训的教室、课程、手册、练习册、杂志等，同时推动调研和传播任务。

第二百二十条　全国秘书处应在其成员中安排专员负责与全国调研、政治培养及公共政策和管理培训学院协调，该专员为学院领导机构成员。州或市执行委员会也应安排与学院协调的负责人，该负责人也将成为学院领导机构的一员。

第三章　全国调研、政治培养及公共政策和管理培训学院

第二百二十一条　全国调研、政治培养及公共政策和管理培训学院是负责制定和实施全国政治培养、培训、调研和传播计划的机构。

第二百二十二条　学院是民主革命党的机构，为更好地开展工作，学院拥有行政自主权和独立法人资格。

第二百二十三条　对于政治培养、培训、调研和传播的全国计划的制订和执行，学院应遵守本章程第二百零九条确立的目标和思路及相应条例的规定。

第二百二十四条　学院应经常召集国家的民主知识分子、公立和私立教育机构、下属机构及科研院所来开展调研、研讨、分析和传播活动。

第二百二十五条 有关学习、理论研究以及向政府和议会党团提供各种咨询的事宜应通过学院协调和实施。

第二百二十六条 学院设有一个领导机构和一个咨询委员会。其工作至少涵盖以下领域：政治培养、公共政策和管理培训、性别视角、经济社会和政治调研、出版和全国性传播以及管理。

第二百二十七条 学院领导机构由全国委员会任命的五人组成，全国秘书处负责人负责与学院的协调。被全国委员会委任的五人必须是党员，并具备履行职责所需的经验和履职的培训经历，同时也应拥有参与党的工作的经历。领导机构从全国委员会中任命的五人中再选出一名作为学院的负责人。领导机构每三年更换一次。

第二百二十八条 学院咨询委员会由以下人选构成：众议院议会党团的一名代表，参议院议会党团的一名代表，党派驻联邦选举委员会代表处的一名代表，党的市政当局全国协调处的一名代表，党的州政府的一名代表，选举、地方当局、公平和性别等领域的负责人，由全国委员会提名的最多两名非党人士专家。咨询委员会委员职务为荣誉职务，任期三年。

第二百二十九条 学院设有区域或州办事处，在州内拥有党赋予的特权。

第二百三十条 学院致力于有关党的原则和纲领性文件的修改意见以及竞选纲领、立法议程、政府计划和公共政策的制定。

第二百三十一条 学院以书、杂志、手册、视听材料和各种出版物以及研讨会、论坛、讲习、圆桌会议和讲座的形式传播工作成果，同时要突出党的理论杂志的出版。

第二百三十二条 学院应保存、收集、整理、分类并向党员和研究者提供党的历史文献财富。

第二百三十三条 学院应与国内外类似的基金会建立联系与合作，签署协议，共同开展相关工作和组织学术会议。

第二百三十四条 州或市负责教育和政治培养的秘书应该与学院保持联系。

第二百三十五条 学院应保障创建政治培训网络，该网络主要用于区域性的党员政治培训，要在各个领域与政治培训秘书协调。只有学院才能认证政治培养者。

第十一篇 党的宣传

第一章 出版物和宣传工具

第二百三十六条 党的执行机构应该拥有常设的联络机构。根据党的全国领导机构确定的一般政策，常驻机构应遵守传播行业的规范。

第二百三十七条 全国秘书处定期制定沟通和宣传方面的一般政策，在各联邦单位和市定期评估相应效果。

第二百三十八条 全国秘书处应通过分支秘书处协调和监督全国范围内开展的关于特殊主题的全国性活动。

第二百三十九条 任何机构、个人不得以党的名义开展与全国领导机构明确的观点相反的宣传。

第二百四十条 党的出版物要坚定维护作者版权。

第二百四十一条 除用于为党员作为资助补偿的出版物外，党的出版物以及未被选作竞选宣传的小册子营销时都要以为党筹集资金为目的。

第二百四十二条 在竞选活动中，关于党的信息和形象的传播应与全国领导机构确定的路线方针保持统一。为制造并传播信息和形象，州执行机构应获得全国秘书处交流、传播和宣传秘书处的授权。

第十二篇 激励和纪律

第一章 激 励

第二百四十三条 民主革命党的激励应以荣誉为主。为此，党应通过以下奖励来认可党员的举止：

第一项 "埃韦尔托·卡斯蒂略"奖章。

第二项 "巴伦廷·坎帕"奖章。

第三项 "贝妮塔·加莱亚纳"奖章。

第四项 "诚实"奖章。

第二百四十四条 "埃韦尔托·卡斯蒂略"奖章应由全国委员会在一年一度的会议上授予长期为墨西哥及世界的民主和社会平等做出杰出和重大贡献者。该奖章全国委员会每年只能颁发一枚。

第二百四十五条 "巴伦廷·坎帕"奖章应由全国委员会或州委员会授予坚持不懈为墨西哥民主和社会平等做出杰出贡献超过四十年的人。

第二百四十六条 "贝妮塔·加莱亚纳"奖章应由全国委员会或州委员会授予为支持民主革命党的斗争积极开展政治活动者。

第二百四十七条 "诚实"奖章应由党的全国委员会在一年一度的会议上授予担任公务员职务的党员,奖章的授予应在地方检察机构解除其管理职责之后进行。

第二百四十八条 州或市的机构应该每年鼓励在各自领域及社会和德育工作中表现突出的党员。

第二章 内部纪律

第二百四十九条 违反本章程或相应条例的党员应受到以下惩处:

第一项 私下警告。

第二项 公开警告。

第三项 停止党员权利。

第四项 取消党员资格。

第五项 取消在党的代表和领导机构中的职务。

第六项 取消其参加党的领导和代表机构或作为民选公职候选人注册的资格。

第七项 取消选举权和被选举权。

第八项 一旦被开除党籍,取消其申请作为党外候选人的资格。

第九项 否决或取消其作为预候选人的注册。

第十项　赔偿经济损失。

第二百五十条　全国委员会应在三分之二与会委员同意的情况下发布一个内部纪律条例，条例应详细说明违纪行为的惩处程序，违纪情节轻重程度，应涉及以下内容：

第一项　未履行党员应尽义务。

第二项　放弃履行党员责任，玩忽职守。

第三项　未遵守本章程以及党的机构制定的条例和协议的规定。

第四项　在履职期间贪污腐败、不诚实。

第五项　利用职务之便滥用保密信息。

第六项　损毁党、党员、党的领导人、候选人或机构的形象。

第七项　损坏党的财产。

第八项　违反党的领导机构制定的原则、纲领、组织或路线。

第九项　加入他党或成为他党的候选人，本章程提及的联盟或阵线除外。

第十项　在党内选举过程中存在非法行为。

第十一项　全国保障委员会应严格按照法定期限裁决，否则，其委员将根据相应条例受到处罚。

第十二项　违反支配党内生活规章的其他行为。

第二百五十一条　有关领导机构应严格履行向全国政治委员会发出检举信的责任，信中要用证据来证明党的领导干部或党员临时旷工、不称职或被开除的事实。检举信的上交时间不得超过六十天。

第二百五十二条　全国政治委员会可以根据道德和监督委员会提供的必要事实证据惩处临时旷工、不称职或取消党员资格的党员或领导干部，应严格遵守党内纪律条例，在任何时候保障当事人的听证权。

第二百五十三条　如果要对全国政治委员会实施的惩处提出上诉，应向全国保障委员会提出。

第二百五十四条　只要不是因为严重罪行被开除出党，全国委员会能够赦免被开除的党员，但须是个体，且只能在终审裁决一年后，需要三分之二与会全国委员会委员投票赞成。

第十三篇 党内选举

第一章 党的领导的选举

第二百五十五条 党内选举应遵循以下标准：

第一项 党龄超过三个月、拥有党员证和选举证并被列在党员名单中的党员能在党内选举中投票。

未到选举年龄的党员和在国外的党员不受上一段规定限制，应通过党员证认证。

第二项 全国选举、州选举、市选举、选区基层委员会的选举以及海外选举应由全国选举委员会组织开展。

第三项 每个地域的候选人数量根据联邦或地方的最后一轮选举决定。

第四项 负责土著工作的领导机构和代表机构的更新，除本章程规定的其他方式外，应遵循惯例。任何时候都应尊重本章程包含的平权行动及性别平等的原则。

第二百五十六条 在党内担任职务应满足以下要求：系拥有有效权利的党员，隶属于分区基层委员会，至少参加分区基层委员会百分之五十的会议，参加履职政治培训班，按照本章程的规定定期交纳党费。

此外，根据申请职务的不同，还应满足以下要求。

第一项 如果申请全国层面的主席或秘书长，入党时间至少两年。还应至少满足以下条件之一：州或全国执行机构的一员，全国委员会委员，担任民选公职，得到百分之十全国委员会委员签名的保证书。

第二项 如果申请州层面执行委员会的主席或秘书长，入党时间至少两年。还应至少满足以下条件之一：市执行委员会的一员，州委员会的一员，担任民选公职，得到百分之十州委员会委员签名的保证书。

第三项 如果申请市执行委员会主席或秘书长，入党至少一年。还应至少满足以下条件之一：市委员会委员，担任民选公职，得到百分之十市委员会委员签名的保证书。

第四项 本章程和相应条例规定的其他要求。

第二百五十七条 选举领导机构成员应符合以下条件：

第一项 候选人只能使用私人来源的捐赠，来源于正式登记的党员个体，直至达到相应委员会基于最小花费所规定的最高限额。个人最高捐赠为联邦区届时的最低月工资，通过官方银行账户提供给每位候选人。候选人应呈交一份关于竞选活动收支的详细报告，包括捐助的详细清单、个人捐款总额、选举及党员编号。

第二项 自己或中间人不能与印刷厂签订协议。只能由全国选举委员会根据平等原则开展党内选举的传播和宣传。在遵守联邦选举委员会制定的规章的前提下，党的职能机构可以协调利用属于党的广播和电视时段传播党内选举进程。

第三项 全国选举委员会依据选举机构的有关规定，决定候选人能在其选举活动中运用的个人资金。

第四项 在对所有候选人公平的条件下，禁止发行、参加或运用任何不同于党的选举机构为候选人所提供的宣传品。

第五项 禁止候选人私自或通过中间人以现金或实物的方式贿赂选民。违反者将取消选举资格。

第六项 候选人应参加由党的选举机构组织的作为党内选举主要活动形式的辩论。

第七项 违反上述条款将导致违规的候选人没有资格参选，将依照本章程规定收到其他惩处。

第二百五十八条 登记在党员名单内的分区基层委员会党员，通过普选、自由选举、直选和无记名投票的方式选举其所在区域的分区代表。

第二百五十九条 每个分区基层委员会根据以下标准选出一至六名分区代表。

第一项 第一分区代表将被派至至少有五名党员的选举分区，每个选举分区一名代表，最多能有六万四千八百四十三名代表。

第二项　第二分区代表将被派至其在最近一轮选举中至少获得百分之五点零一至百分之十有效票的选举分区。

第三项　第三分区代表将被派至其在最近一轮选举中至少获得百分之十点零一至百分之二十有效票的选举分区。

第四项　第四分区代表将被派至其在最近一轮选举中至少获得百分之二十点零一至百分之三十有效票的选举分区。

第五项　第五分区代表将被派至其在最近一轮选举会议中至少获得百分之三十点零一至百分之四十有效票的选举分区。

第六项　第六分区代表应在最近一轮选举中至少获得百分之四十点零一以上的有效票。

以上标准根据党的相对多数的原则以联邦众议员的有效投票作为基础，将选举和协商总条例和选举分区的任命同人员编制以及分区任命的代表数量结合起来。

如果存在同其他政党的选举联盟，只要考虑民主革命党的有效投票即可，并以此作为选举分区应用比例的基础。

选区代表的组成应考虑性别平等的原则。具体实施应依据下列规定：

第一，分区基层委员会中的选区代表的选举应在性别平等的情况下依照人员编制进行选举。

第二，登记在名单中的选区代表的任命依据自然商数和最大余数的原则及性别平等的原则进行。

第三，选举和协商总条例中应规范选举机制。

第二百六十条　每个选区委员会通过本分区党员采取普选、直选、自由选举及无记名投票的方式，选出选区领导机构的主席和秘书长。得票数量最多的候选人当选为主席，得票次多的当选为秘书长。

第二百六十一条　党的全国代表大会代表的选举应遵循以下条款：

第一项　本章程所提到的一千二百名代表应在联邦选区进行选举，保证三百个联邦选区的每一个选区至少选出一名代表。

第二项　剩余九百名代表的分配应以最近一次联邦众议员选举、联邦选举委员会注册登记的选民的数量以及党员的数量为基础，要遵守两性平等和平权行动的准则。

前面提及的全国代表大会代表应通过联邦选区的代表借助人员名单和比例代表制选举产生。

计票和代表的委任应运用包含自然商数和最大余数因素的纯比例公式。

如果依据上述商数分配后仍有剩余代表待分配，应采用最大余数的方法，按照降序，只要注意其组成遵循两性平等和平权行动原则。

第二百六十二条 党委委员的选举应遵循以下条款：

第一项 在各市，所有的选区代表将被任命为市委员，只要其数量不超过相应的数量限制。当其数量超过相应限制时，将通过自由、无记名和直接投票进行选举。投票应遵守性别平等和平权行动的准则。

第二项 州委员是由地方选区选举产生，应保障每个选区至少选出一名委员。

地方选区选出的委员总数根据最近一次地方众议员选举中的投票决定。

州委员是由地方选区的选区代表通过人员名单和比例代表制选举产生。

第三项 全国委员会的委员应由州选举产生，要保障每个联邦单位至少一名委员。

每个州所选举的委员总数应参照最近一次依照相对多数原则开展的联邦众议员选举的结果。

全国委员会是由州的选区代表通过人员名单和比例代表制的方式选举产生。

第四项 选举制度是指纯比例代表制、自然商数和最大余数选举公式。

第五项 人员名单必须要体现本章程规定的性别平等原则和平权行动的准则。

第二百六十三条　领导州或市执行委员会的主席或秘书长都应根据本章程的规定进行选举。

第二百六十四条　州或市执行委员会委员的选举应按照以下方式进行：

第一项　主席向相应的委员会建议要选举的委员。

第二项　建议应遵照比例代表制原则。

第三项　只有得到与会三分之二委员的赞成票方能被接受。

第四项　建议应包括州或市执行委员会委员和秘书的名字。

第五项　建议应包括青年事务秘书，秘书从年龄小于三十岁的相应领域的委员中选举产生。

第二百六十五条　为了确定担任市或州青年事务秘书职务的委员，应由三分之二在此领域的青年委员选举产生。

第二百六十六条　只有市分区基层委员会的青年才有资格被选入市执行委员会。

第二百六十七条　州或市执行委员会的主席或秘书长的选举应通过相应委员会决定的选举方式或混合制度进行。方式如下：

第一项　相应领域的所有党员普选、直选及无记名投票。

第二项　相应机构的委员投票。

第三项　提交给相应委员会的唯一候选人。

第四项　相应领域选区代表投票。

在第一、第二和第四项中提到的情况，担任主席职务要获得多数选票。

担任秘书长职务要获得次多票。

第二百六十八条　在最近一次地方选举中得票少于百分之五的州，将不会进行州执行委员会主席和秘书长职务的选举。因此，面对丧失登记资格的风险，全国秘书处有权任命代表来履行州主席和秘书长的职责。

第二百六十九条　全国层面的主席和秘书长的选举应由在党的选举名单中注册的党员通过普选、自由选举、直选和无记名投票选举产生。

上述职务的候选人应根据每个职务的竞选方式注册或提名。

担任主席职务应获得多数选票。

担任秘书长职务应获得次多票。

经百分之六十与会委员投票赞成，全国委员会可以决定运用其他方式或混合制度选举上述职务，包括：

第一项　相应级别机构的委员投票。

第二项　向委员会提交唯一候选人。

第三项　相应领域选区代表投票。

第一和第三项提到的情况，担任主席职务要获得大多数选票。担任秘书长职务要获得次多票。

第二百七十条　全国政治委员会及全国秘书处的成员由全国委员会通过自由、直接和无记名投票的方式选出。

第二百七十一条　全国政治委员会和全国秘书处成员的选举应通过以下方式进行：

第一项　主席向相应委员会推荐候选委员。

第二项　建议应遵守比例代表制原则。

第三项　应与会三分之二委员投票赞成。

第四项　建议应包括全国政治委员会和全国秘书处成员。

建议应该包括青年事务秘书。

第二百七十二条　为了确定担任全国青年事务秘书职务的委员，应由三分之二青年委员选举产生。

第二章　民选公职候选人的选举

第二百七十三条　所有选举应遵循以下原则：

第一项　无论是市选举、州选举还是全国选举，都应由全国选举委员会组织。

第二项　民选公职通知的发布应遵守选举法有关民选公职候选人内部选举程序的规定和期限。

第三项　当委员会不根据相关条例的有关条款及选举法确定的选举日期发布通知，全国政治委员会将承担此职能。

第四项　选举大会的组成要仿照党的委员会的形式，并依据本章程和相应条例的规定进行。

第五项　参选任何级别民选公职的候选人的空缺，可由全国政治委员会任命。

当出现下列任何情况时，上述决定要依据本章程和相关条例的规定做出：

第一目　身体残疾、死亡、取消代表资格或请辞。

第二目　只有在不可能恢复选举的情况下，不进行或取消全国保障委员会的选举。

第三目　当全国保障委员会或任一选举机构由于法律规定的情况拒绝或取消预候选人的登记或不可能恢复选举的情况时。

第四目　当存在党没有登记候选人的风险。

本项所述为特殊情况，无论怎样始终都应优先考虑候选人选举的民主程序。

第二百七十四条　竞选共和国总统的候选人应通过普选、自由选举、直选和无记名投票的方式选举产生。经百分之六十与会委员投票通过，全国委员会自行确定以下方法。

候选人的产生方式如下：

第一项　相应领域的党员通过普选、直选和无记名方式投票。

第二项　由相应机构的委员投票。

第三项　向委员会提交唯一候选人。

第四项　由相应领域的选区代表投票。

第二百七十五条　参选州长、参议员、按照相对多数原则选举产生的联邦众议员和地方众议员、市长以及按照相对多数原则产生的理事和市政议员的候选人应通过相应委员会经百分之六十与会委员同意确定的办法选举产生。

可供选择的候选人产生办法如下：

第一项　相应领域的选民通过普选、直选和无记名投票的方式。

第二项　相应领域的党员通过普选、直选和无记名投票的方式。

第三项　相应机构的委员投票。

第四项　向委员会提交唯一候选人。

第五项　相应领域的选区代表投票。

第二百七十六条　角逐州长、政府首脑或市长候选人资格的人员，应得到其所属委员会或全国政治委员会三分之一委员的认可，并由监督和道德委员会出具关于其人格和道德素质的意见。

第二百七十七条　在党在当地选举中得票率低于百分之五的州，选举州长或政府首脑候选人的方法应由全国政治委员会根据多数原则决定。

第二百七十八条　参选根据比例代表制原则产生的联邦众议员和参议员的候选人应根据以下办法选举产生：

第一项　由归各州、联邦区管辖的全国委员构成的选举委员会选举产生，由委员会召集。

第二项　参选按照比例代表制原则选举产生的联邦众议员的候选人应由全国委员在多名制选区的地区名单中选举。

第三项　每个全国委员可以按照一个选举程式选举多名制选区候选人。

第四项　那些与青年平权行动相对应根据比例代表制产生的职务，应由全国委员根据青年委员的提议选举产生，尊重平等原则。

《选举和协商总条例》列举的任何其他选举方法，如果是由全国委员会三分之二委员通过的，参选按照比例代表制原则开展的选举的最终候选人名单的确定，应遵守本章程关于两性平等和平权行动的规定。

第二百七十九条　按照比例代表制原则选出的地方众议员，其候选人产生方式如下：

第一项　在由相应州委员会召集召开的会议上，由州委员组成的选举委员会选举产生。

第二项　候选人应按选举程式选出。与会州委员按既定选举程式投票，整合出州候选人名单。

第三项　如果州立法规定有一个以上的多名制选区，按照比例代表制原则选举的地方众议员的候选人应按某个选举程式投票产生，应通过多名制选区的地区名单选举。

第四项　每个州委员可以根据某个选举程式选举多名制选区候选人。

那些与青年平权行动相对应根据比例代表制产生的职务，应由相应委员会根据相应辖区青年委员的提议选举产生，尊重平等原则。

第五项　在确定按照比例代表制原则进行的选举的最终候选人名单时，应遵守本章程关于两性平等和平权行动的规定。

第六项　在法律允许采取不同于比例代表制的选举众议员方式的州，在其多数有效票同意的情况下，州委员会可以在选举法所提及的不同选举方式之中选取自己的选举方式。

第二百八十条　在提名市政议员和理事候选人时，应考虑地方性法规及《选举和协商总条例》的规定。在确定比例代表制候选人名单时，应遵守性别平等原则。与青年平权行动相对应的职务，应由相应委员会根据青年委员的提议选举产生。

第二百八十一条　成为党内候选人的条件如下：

第一项　满足宪法和选举法所规定的条件。

第二项　党龄至少在六个月以上。

第三项　享有充分的法定权利。

第四项　至少参与了分区委员会百分之五十的会议和活动。

第五项　自在党内登记之日起，即发表声明，辞去全国秘书处或所属执行委员会的职务。

第六项　按时交纳党费。

第七项　参加了政治培训及履职所对应的专门培训。

第八项　提交财产声明。

第九项　如果全国委员会决定将土著、移民、性取向多样人士或其他人选列入比例代表制名单中，进行候选人登记的申请人应提交证明其是所代表组织一员的文件，并提供该组织出具的担保书。

第十项 《选举和协商总条例》规定的其他条件。

第二百八十二条 参加党外选举的候选人通过以下方式产生：

第一项 在党针对一个州的同一机构推举的候选人中，全国委员会和各州委员会可以最多任命百分之二十的候选人。除非大多数与会委员同意增大此比例。

第二项 应由全国委员会通过多数有效票选举党推举的共和国总统、联邦参众议员候选人。

第三项 应由州委员会通过多数有效票选举党推举的地方众议员、市级官员候选人。全国政治委员会多数有效票确定州长候选人人选。

第二百八十三条 参加党外选举的候选人应满足以下要求：

第一项 递交书面同意书。

第二项 承诺不放弃候选人资格。

第三项 签署一份公开政治承诺书。如果是参加联邦选举，同党的全国领导机构签署该承诺书；如果是参加地方选举，同党的州领导机构签署该承诺书。

第四项 在竞选过程中，宣传党的竞选纲领，推动选民投票支持党。

第五项 在竞选过程中，与党的选举机构或政治机构协调配合。如果存在不同意见，通过相应机构和程序疏通解决。

第六项 如果成功当选，应遵循党的原则、政治要求、纲领、规范，与党的立法和行政人员所持的立场保持一致，并按党的方针履行其职责。

第七项 如果候选人曾任其他党派领导、公众代表或公务员，在以民主革命党候选人身份参加选举前，应向之前所在党派提交书面退党材料，并公开发布退党声明。该候选人之前不能有欺压、腐败或贩毒行为。

第二百八十四条 党的候选人如果当选为议员，将会成为党的议会党团的一员，要遵守党的原则、规范和方针，有权在条件平等的基础上，参与议会党团的讨论、决定和领导。

第二百八十五条 根据委员会的决议，外部人士可以与党员竞争，参加党内候选人角逐。在这种情况下，委员会应对该人士进行必要的登记，登记时，不必要求该人士完全满足党的规章所要求的条件。外部候选人应得到相应委员会授权，在遵守本章程的前提下，参加党内选举。业已参加其他政党内部选举的外部候选人，即使不同意选举结果，也不能参与民主革命党的党内竞争。

第二百八十六条 外部候选人以及退党三年以下的人士，不能看作是党员。

第二百八十七条 各项规章都应考虑纳入规范民选公职候选人内部推选程序以及对违反规定者的惩处的条款。

第二百八十八条 最近一次通过多名制当选参议员、联邦众议员、地方众议员及市政议员者，不能成为民主革命党市政议员、联邦或地方议员多名制选区候选人。因此，想要通过多名制，从联邦众议员当选成为地方众议员，或从地方众议员当选为联邦众议员；抑或是从参议员当选成为联邦众议员，或从联邦众议员当选成为参议员，都需要至少三年过渡期。

第二百八十九条 如果是共和国总统、联邦参众议员选举，全国委员会应在相应内部程序开始前三十天，确定候选人选择办法和程序。在州级官员选举过程中，应满足地方立法中关于参加普选和预选的候选人内部推选机制的规定。

第二百九十条 内部选举程序应及时借助根据联邦选举法分配给党的电台、电视台时段进行广泛宣传。宣传应遵守联邦选举委员会制定的规章制度。

第二百九十一条 党的内部候选人在预选活动开始前不能为争取选民举办活动或借助任何媒介进行宣传。如果违反此项规定，将拒绝其预候选人登记。

第二百九十二条 在整个选举过程中，党的预候选人不得签署宣传合同，或是在电台、电视台进行任何形式的个人宣传。违反此项规定将拒绝其内部登记或撤销其登记。

第二百九十三条 在选举过程中，不得对《选举和协商总条例》进行任何修改或增添，相应修改应至少在选举过程开始前九十天完成。

第十四篇 党对合宪选举的参与

第一章 竞选活动的领导和组织

第二百九十四条 党的各级委员会负责批准相应辖区的竞选纲领。

第二百九十五条 党的全国秘书处、州和市执行委员会负责在其职责范围内根据全国委员会、州委员会及市委员会通过的决议协调竞选活动，有责任促进竞选活动的顺利进行，保证选举机构的顺利产生，以及推动投票等必要程序的顺利开展。

第二百九十六条 全国秘书处、州及市执行委员会负责各自职权范围内竞选活动所需经费等资源的管理。资源使用应依照相应委员会所通过的决议，保证选举资源不被其他机构或候选人滥用。

第二百九十七条 任何正式或非正式机构都不能替代上一条所指定机构的职能。

第二百九十八条 候选人应通过相对多数原则委派一个与全国秘书处或相应执行委员会联系的联络小组。这样做的目的是在候选人参与的基础上，确保党的决定被顺利执行。候选人在整个竞选期间，也可以参加全国秘书处或相应执行委员会的所有会议。

第二百九十九条 全国秘书处或相应执行委员会要与候选人达成协议，以便给候选人参加竞选巡回演讲分配所必需的资金，以及为其所需的必要人员梯队支付报酬。经费事项应以相应委员会批准的竞选预算为基础，尽量做到分配公平，并符合实际情况需要。从党内得到竞选资源时，候选人应签署一份保证书。一旦书面证实该资源被合理使用，那么就撤销保证书。如果不能书面证实资源的使用情况，那么党就会依法处理。

第三百条 在竞选活动中，通过广播电视和印刷品宣传的内容应保持一致。联邦选举的宣传内容由全国委员会按照多数有效票投票决定；地方选举的宣传内容由州委员会决定；市级选举的宣传内容由市委员会决定。如果选举活动相互冲突，全国秘书处或相应执行委员会应进行协调，达成一致，使党对外发布的内容保持一致性，这些内容要经相应委员会审批，按多数有效票原则通过。

第三百零一条 在竞选活动中，建议把党的地方机构作为候选人临时办公场所。全国秘书处或相应执行委员会应采取必要措施，以保证候选人在资源、场所等方面没有困难。

第三百零二条 全国秘书处制定竞选的全国活动方案，并提请全国委员会审批。州执行委员制定州竞选方案，并提交相应州委员会审议。市执行委员制定市竞选方案，并提交相应市委员会审议。各级委员会要对竞选方案进行审议，并按照多数有效票原则通过决议。

第三百零三条 如果党以合法联盟的方式参与到竞选活动中，相应委员会应做出适当决策，以便在本章所包含的规范中添加必要方式。

第三百零四条 全国秘书处应确保投入到各州、市执行委员会的资源及时交付，且资源的交付符合选举的预定时间表。在得票率小于百分之十五的州，可优先配置资源，以提高得票率。

第二章 选举联盟及结盟

第三百零五条 党可以与全国或地方性政党结成选举联盟。这些政党必须是按照相应法律登记成立并在法律框架内行动的政党。

第三百零六条 结盟时，应签订联盟协议，制定共同纲领，支持共同候选人。

第三百零七条 各级委员会有义务制定竞选战略，提议可以结盟或联合的对象，推举共同的候选人。

全国委员会在全国政治委员会的参与下，按照多数有效票原则，审批选举联盟战略。全国秘书处与各州、各市执行委员会负责战略的贯彻实施。

州委员会一旦确定关于结盟对象和共同候选人的提议，应上报全国政治委员会审批。全国政治委员会应确认上述提议是否与党的政治路线一致。经全国政治委员会百分之六十委员同意，提议将获得通过。

第三百零八条 结成联盟后，党应按照本章程的规定，只推选协议中确定的候选人。

第三百零九条 党既可以与登记注册的政党也可以与登记或未登记、具有或不具有法人资格的其他任何类型的团体，通过公开达成政治协议的方式结成选举联盟。最终签订协议时，对方的领导人或成员不应是我党党员。如果曾经加入过民主革命党，那么应至少已经退党三年。在联邦竞选中，这类性质的结盟应得到全国委员会多数有效票同意才能通过；如果是州级或市级竞选，结盟应得到州或市委员会多数有效票同意才能通过。

第三百一十条 通过联盟推举的候选人应按照所有法定程序注册登记。联盟的每一个团体应根据政治协议提名候选人。属于民主革命党的候选人应根据本章程选举。

第三百一十一条 联盟或结盟一旦缔结，应暂停党内遴选程序。只要是根据联盟各方签署并通过的协议，不管党内遴选处于哪个阶段，即便是党的候选人已经被遴选上，也要暂停下来。我党党员，或是有可能参加党内遴选程序的外部候选人，只要曾决定放弃参加竞选，或是在内部遴选中失利，均不能占据候选人席位。只有在下列情况下，才会终止党内遴选：有普通民众加入，而且此人尚未公开宣称要角逐候选人资格，或者此人未曾被任何一个我党组织或党员以及任何在内部遴选之后公开宣称放弃参加竞选的其他党派人士在公开场合提名宣传。

第三百一十二条 全国委员会可根据多数有效票原则酌情制定与其他政治势力在联邦选举中结盟时的政策。全国委员会与党的地方领导部门协调制定地方选举中的结盟政策。

第十五篇　党与其在政府和议会的干部的关系

第一章　公共政策的定义

第三百一十三条　民主革命党诠释立法和行政方面的基本路线，以便曾在党的旗帜下参与竞选并在各类各级普选中获得职位的党员及党的外部候选人遵循。这些基本路线应由全国代表大会以党的基本文件为基础确立。

第二章　党与政府和议会干部之间的关系

第三百一十四条　由党推选成功获任各级政府和议会职务的干部受如下条款的制约：

第一项　有权参与相应委员会会议，并享有发言权。如果主题涉及其专门领域，可事先就该主题表明立场。

党应建立强制性机制，以保证政府干部履行本章程的规定。对干部履职情况进行考核的部门是政府政策秘书处。

第二项　那些由党的议员推动制定并在相应议会获得通过的各项法令，应接受监督其执行情况和考察其所产生影响的民众的评估，并根据评估结果对法令进行调整。

联邦和地方众议员应与社会组织及民众建立联系，以协助其管理活动，并推动制定兼顾各方面利益的法令。

第三项　应向相应财务秘书处交纳特别党费。公共资助不能挪用充当特别党费。

第四项　应拒绝他人诱惑，拒绝接受除合法收入之外的任何其他收益，如补偿、个人奖金及额外收入、超常规性收入、因专项活动造成的花费、履职花销或津贴等。

第五项　应按季度发布资产声明，详细列明获得的预算金额、资金使用方案及实际使用情况。

第六项　民主革命党政府的公共政策应充分考虑公民的利益，推动其形成自治组织，提高公民的公共行政水平，促进对政府行为的评估，从而影响政府决策。

第七项　民主革命党的各级政府均应通过公开的方式选取公务员。干部选择应与其业绩挂钩，应建立清晰的内部评估和培训机制，应彻底根除从革命制度党继承过来的一些陋习。

第八项　民主革命党政府不仅要以诚实的态度做好行政工作，而且要在同社会各阶层进行的意识形态讨论中，展示自己的观点、成就和进步，追寻左派的社会责任。不能组织任何与党的宗旨相违背的政治团体。

第九项　政府和议会干部应向相应委员会提交年度报告，阐述任职期间所做的工作。全国委员会和州委员会应发出回函，对政府及议员干部的履职情况做出评定。

第十项　有权利和义务参加由党举行的相应级别的政府及议会工作评估会议。

第十一项　议员应平等参与其所在议会党团的各项工作，议会党团是合议制机构。

第十二项　各级立法机构和市政机构的议会党团应有自己的内部规章，自我管理经济资源，民主选举自己的协调员及其他负责人。

第十三项　如果在投票、计划审批、预算、公共账目、决策等方面被认为违背或践踏了党的原则，应服从全国政治委员会及全国秘书处的政治决议和建议。

第十四项　政府在公共政策方面的战略职责表现在如下方面：

第一目　可持续发展及保护环境的基本规范。

第二目　两性视角。

第三目　公共项目透明。

第四目　扫盲运动。

第十五项　为了保证各项政策法令能顺利完善，并取得良好效果，党应与外部机构签订协约,建立市民观测平台,目的是进行评估,报告政府及议员干部每年的履职情况。

评估要基于党的基本文件和规章中所做出的承诺。全国委员会制定评估基本原则和评估内容。任何与评估相关的组织和机构都应遵守全国委员会制定的评估方案。

第十六项　立法机构有义务与民间团体建立咨询委员会,以确定其立法议题。

第三章　党与地方当局的协调

第三百一十五条　被党提名、在民众选举中当选的州级官员,应当成立民主革命党州地方当局协调办公室。该办公室是党承认的唯一地方当局代表机构,是讨论协商,解决与地方当局的任务和职责相关的各种事务的场所。

第三百一十六条　应在承诺之后的一个月内成立州地方当局协调办公室。州执行委员会及相关人员,或全国秘书处指派的代表或代表团,负责召集担任主席、理事、市政议员和公务员的党员,以推动州地方当局协调办公室的成立。

第三百一十七条　地方当局协调办公室成员应遵守《地方当局协调办公室条例》的规定。

第三百一十八条　相应秘书处具体负责地方当局协调办公室的成立及其开展的活动。

第三百一十九条　一旦多数州的地方当局协调办公室成立,应商议成立民主革命党全国地方当局协调办公室。

第三百二十条　全国地方当局协调办公室是全国最高的、唯一的地方当局代表机构,是讨论协商,解决与地方当局任务和职责相关的各种事务的场所。办公室应遵守相应条例的规定。

第四章 党与公共权力的关系

第三百二十一条 党的任何机构都不能就以下事项做出决议、采取措施、提出解决方案或建议：

第一项 行政性质的决议。

第二项 违反法律的行为。

第三项 利用公共财物，以达到非法目的的行为。

第四项 授予许可证、特许权或类似性质的文件。

第五项 聘任公务员。担任政府或议会职务的党员不能在其部门任命与自己有血缘关系的亲属（四代血亲以内），也不能任命其配偶或家庭成员为"家庭综合发展体系"成员。在公共行政人员的任命上，必须选择能力强的人员。

第六项 公务人员搞裙带风，对某人或市民给予优惠待遇。

第七项 党推荐的领导和公务人员应遵守相应条例及《原则声明》和《纲领》中的规定。

第八项 任何其他具有类似性质的事项。

第九项 党的任何领导人或党员，只要违背了上述规定，不管相应法律文件如何规定，都将根据本章程和党内规章受到惩处。

第五章 政府履职情况评估

第三百二十二条 全国委员会、州委员会应联合担任政府官员和议员的党员评估其政策，定期评估其履职情况，评估当选代表的表现。上述评估后要形成整改措施，目的是提高履职水平，明确党在行政和立法事项上的参与度，验证是否符合党的目标。

第六章 内部选举的参与

第三百二十三条 担任政府领导和议员的党员不可举行支持或反对党

的预候选人的活动。如果挪用或滥用公共资源，以支持某位预候选人，将根据本章程第十二篇第二章有关内部纪律的规定进行惩处。

第七章 党外政府官员与议员的行为

第三百二十四条 由党提名竞选成功的政府官员和议员要根据本章的条款，以及党的《原则声明》和《纲领》中规定的道德准则办事。如果是外部候选人，或是任何其他形式的联盟或结盟的候选人，应在选举前达成一致，签署协议，协议中要约定机制，确保符合党的基本路线。

第八章 国际关系部

第三百二十五条 国际关系部是一个提供咨询的合议机构，其独立预算、设施和基本机构均由全国委员会审批，每年向全国委员会提交年度工作计划。

第三百二十六条 国际关系部由全国委员会任命的五名成员组成，任期三年。全国秘书处国际关系处加入到国际关系部的工作中来。

第三百二十七条 成为国际关系部一员的要求如下：

第一项 党员。

第二项 具有左派经历。

第三项 是学者、研究人员，或对国际关系问题有一定经验。

第三百二十八条 全国秘书处国际关系处协调国际关系部的各项工作，执行其协议，并可代表国际关系部。

第三百二十九条 国际关系部职责如下：

第一项 培训国际事务专职干部。

第二项 根据党的基本文件开展与国际进步组织和机构的联系，缔结协约。

第三项 与全国调研、政治培养及公共政策和管理培训学院保持经常联系。

第四项　讨论并向党的全国代表大会和全国委员会建议党的国际政策的指导方针。

第五项　加强与海外墨西哥人的联系。

第六项　协调党的议会党团与国际相关领域的合作。

第七项　促进与驻墨西哥的外交机构的联系。

第八项　通过举办各种研讨会和圆桌会议，推动舆论传播，展开大讨论，增进团结，促进世界各国人民的进步事业，加强党员干部的沟通交流，丰富执政经验。

第九项　发布关于国际形势和世界进步政党经验的小册子和书籍。

第十项　撰写关于国际政治形势及党的国际活动的报告。

第十一项　增进与世界进步政党之间的双边关系。

第三百三十三条　国际关系部开展的各项活动都应接受市民观测平台的评估。

（依据2011年修订的民主革命党章程译出，来源：www.prd.org.mx）

（于春伟、张鹏、靳呈伟 译　靳呈伟 校）

第二部分
巴西主要政党规章制度

巴西宪法（摘译）

第五条

第七十款　下列主体可以提出集体安全保护令。

第一项　国会中有代表的政党。

第十四条

第三款　根据法律规定，享有被选举资格的条件有：

第五项　是某一政党的成员。

第十七条　在尊重国家主权、民主政体、多党制和个人基本权利，遵守下列规定的情况下，政党的创建、联合、合并及消亡是自由的。

第一，全国性。

第二，禁止接受来自国外实体或政府的资助，或附属于这些机构。

第三，向选举法院提交账目报告。

第四，依法在国会中开展活动。

第一款　政党有权自主决定其内部结构、组织和运作，有权制定选举标准和选举联盟形式，全国、州、联邦区或市等不同层级的候选资格之间不必存在连接，政党章程应明确关于政党忠诚和纪律的规范。

第二款　根据民法获得法人资格后，政党应向高等选举法院注册登记其章程。

第三款　政党有权依法获得政党基金并免费使用广播和电视。

第四款　禁止政党利用准军事性组织。

第五十三条

第三款　接到对于众议员或参议员犯罪（众议员或参议员获得任命之

后发生的犯罪）的指控后，最高法应与相应议院联系。由议院中有代表的政党提议，经多数票通过，相应议院可在最终判决前中止相关进程。

第五十五条 众议员或参议员在下列情况下将被免职。

第一，违反上一条的任何一项规定。

第二，行为举止明显与议会礼仪不符。

第三，在任期内，缺席其所属议院三分之一例会，批准休假或执行任务的除外。

第四，政治权利丧失或暂停。

第五，本宪法规定的情形，由选举法院下令。

第六，确定判决有罪。

第二款 在第一、第二和第六的情况下，由各自的指导委员会或在国会中有代表的政党提议，经过无记名投票和绝对多数票，众议院或参议院可以宣布免除其公职。该员有充分的辩护权。

第三款 在第三、第四和第五的情况下，由各自的指导委员会依职权或由其任何一个成员或在国会中有代表的政党提议，众议院或参议院可以宣布免除其公职。该议员有充分的辩护权。

第五十八条

第一款 在指导委员会及每个委员会的构成中，应尽可能保证政党或议会党团的代表比例。

第四款 休会期间，应有委员会代表国会，由参众两院分别在立法会会期的最后一次例会上选出。其构成应尽可能保证政党的代表比例，其职权由两院的共同规章明确。

第六十二条

第一款 不应对如下事务采取临时措施：

第一项 涉及：

（a）国籍、公民权、政治权利、政党与选举权。

第七十一条

第八，在开支非法或账目不规范的情况下，实施法律规定的适用于有责任政党的惩罚，应根据对公共财产造成的损失，在其他处罚以外，规定相应比例的罚金。

第七十四条

第二款　任何公民、政党、协会或工会有义务根据法律规定向联邦审计法院检举不正当或非法行为。

第七十七条

第二款　由政党注册登记的候选人，获得了绝对多数票（不包括白票或无效票），将视为赢得总统大选。

第九十五条单独条款　禁止法官：

第三项　从事党派性政治活动。

第一百零三条　下列主体能提出违宪诉讼和合宪性审查。

第八，在国会中有代表的政党；

第一百四十条　在听取政党领导人的意见后，国会指导委员会应委派由五人组成的委员会监督防卫和戒严措施的执行情况。

第一百四十二条

第三款

第五项　服役期间的军人不得加入某一政党。

第一百五十条　在不妨碍纳税人其他权利保障的前提下，禁止联邦、州、联邦区和市：

第六项　对以下征税：

第三，政党（包括其基金会）、工会、非营利教育和社会救助机构的符合法律要求的财产、收入或服务。

临时条款

第六条　本宪法公布之后的六个月内，联邦议员（不少于三十名）可以向高等选举法院申请注册一个新的政党，连同申请应附由申请人签名的宣言、章程及纲领。

第一款　临时注册应得到高等选举法院的同意，根据本条规定，授予新党既有政党享有的所有权利、责任及特权。其中，包括以自身名义参与其成立十二个月后举行的选举。

第二款　如果在其成立后的二十四个月内，未按照法律规定最终在高等选举法院注册，新政党将自动失去其临时注册资格。

（依据 2010 年修订后的巴西宪法摘译，来源：www.senado.gov.br）

（靳呈伟　译校）

第二部分　巴西主要政党规章制度

巴西政党法

第一篇　初步规定

第一条　作为私法中的法人实体，政党的目的是，出于民主制度的利益，确保代议制真实可靠，捍卫巴西联邦宪法明确的基本权利。

第二条　只要其纲领尊重国家主权、民主政体、多党制和个人基本权利，政党的创建、联合、合并及消亡是自由的。

第三条　确保政党自主确定其内部结构、组织和运作。

第四条　政党党员权利和义务平等。

第五条　政党应具有全国性，并根据其章程和纲领开展行动，不能从属于某个外国机构或政府。

第六条　禁止政党提供军事或准军事教育培训、利用军事或准军事组织，党员不得使用统一制服。

第七条　在依据民事法律规定取得法人资格之后，政党应在高等选举法院注册登记其章程。

第一款　只允许全国性政党登记其章程，政党应在最近一次众议院选举中获得至少百分之五的选票（不含白票和废票），所得选票应分散在全国三分之一或更多州，在每个获得选票的州至少获得百分之十的选票。

第二款　在高等选举法院登记党章的政党，可以根据本法的相关条款，参与选举进程，获得政党基金，免费使用广播电视。

第三款　只有其章程在高等选举法院进行登记，才能确保政党的名称、缩写以及标记的排他性；为避免导致可能的误导或混淆，其他政党不得使用其变化形式。

第二篇 政党的组织和运行

第一章 政党的创建和注册

第八条 政党创始人应亲自前往首都联邦区法人民事登记机构的相关公证处，提出申请，进行政党注册登记，注册的政党人数不得低于一百零一名，注册的选举地址应至少分布在全国三分之一的州。注册时应携带以下材料：

第一，经过公证的党的成立大会的会议纪要副本。

第二，刊布党章、党纲完整内容的"官方公报"的副本。

第三，党的所有创始人的名单，包含全名、国籍、选举证编号、职业、具体居住地址及所在选区、分区、市和州。

第一款 登记申请应说明党的临时领导人的姓名与职务，以及党总部在首都联邦区的地址。

第二款 满足本条所规定的条件，民事登记机构的官员将在相应记录册上进行登记，并颁发包含全部内容的证书。

第三款 根据本条规定取得法人资格后，政党应获得第七条第一款所规定的最低选民支持率，并提供所需证明文件；按照其章程的规定，成立相应机构并指定领导人。

第九条 在上一条第三款中所提及的建立组织机构和任命领导人后，政党的全国领导人应前往高等选举法院登记党的章程。根据要求，应携带下述文件：

第一，经过公证的，在民事登记机构登记过的，包含其全部内容的党纲和党章的副本。

第二，上一条第二款所提到法人实体民事登记证书。

第三项 证明党已获得第七条第一款所规定的最低选民支持率的选举登记证明。

第一款 通过选民签名来证明获得最低数量的选民支持,要注明每个选民的选举证编号,每个选区的清单,应送往选举登记处验证相关签名以及选举证编号的真实性。

第二款 选举登记处应为政党提交的每个清单提供收据,在十五天内填写相关证明并返还当事人。

第三款 高等选举法院收到注册登记申请后,相关文件应在四十八小时内分配给一名主管人员,该员将在十天内听取总检察长的意见,并在同等期限内决定处理纠正相应过程中可能的不足。

第四款 如果不需要修改,或在满足要求之后,高等选举法院应在三十天内登记政党的章程。

第十条 对在相应民事登记机构注册登记的党章或党纲的修改,应报送高等选举法院,以注册登记。

单独条款 政党应向选举法院报告其领导机构的组成和相应成员的姓名以及相应变化,以备案(1996年第9·259号法律增加的条款)。

第一项 向高等选举法院报告党的全国性机构的成员(1996年第9·259号法律增加的条款)。

第二项 向地区选举法院报告党的州、市、区级机构的成员(1996年第9·259号法律增加的条款)。

第十一条 政党在高等选举法院注册登记时,可相应授权:

第一,面对选举法官的代表。

第二,面对地区选举法院的代表。

第三,面对高等选举法院的代表。

单独条款 由政党全国领导机构授权的代表,可以在任何选举法院或选举法官面前,代表该党;由政党州级机构授权的代表,只能在相应州(联邦区或联邦管辖地)地区选举法院或选举法官面前代表该党;由市级机构授权的代表,只能在相应范围内的选举法官面前代表该党。

第二章 政党的议会活动

第十二条 政党主要借助议会党团在立法机构开展活动，议会党团应根据党章、所在议会规章以及本法相关条款组建其领导机构。

第十三条 在每次众议院选举中获得至少百分之五的最终选票（不含白票和废票），选票至少分布在三分之一的州，且在每个有选票的州得票不少于百分之二的政党，有权在其拥有当选议员的所有立法机构活动。

第三章 政党的纲领和章程

第十四条 根据宪法及本法规定，政党可以自由地在其纲领中明确自身政治目标，在其章程中规定自身内部结构、组织和运作。

第十五条 除其他内容外，政党章程应包含关于以下问题的规定。

第一项 党的名称、名称的缩写（简写）以及设在首都联邦区的总部。

第二项 党员的入党与退党。

第三项 党员的权利和义务。

第四项 党的组织和管理方式，总体结构和身份的界定，党的各级（市、州和全国）组织机构的组成和职权，领导成员选举的时限和当选者的任期。

第五项 党员的忠诚和纪律，违纪审查和实施处罚的程序，确保充分的辩护权。

第六项 民选公职候选人的条件和推选方式。

第七项 财务和会计，包括关于结算其候选人在选举中的花费、党员捐助的限额、党的各种收入来源的规定；此外，还包括其他本法所规定的内容。

第八项 在本党市、州和全国各级机构之间分配政党基金所提供资金的标准。

第九项 章程和纲领的修改程序。

第十五条（乙） 民事责任和劳工保护责任，由党的市级、州级或全国级别的机构承担，上述机构未履行义务，没有正当理由而侵犯权利、损害第三方或有任何违法行为，政党领导机构中的其他部门没有连带责任（2009年第12·034号法修订）。

第四章 入 党

第十六条 只有充分享有政治权利的选民能加入一个政党。

第十七条 满足政党章程所规定的要求，可以被认为入党得到批准。

单独条款 批准选民加入政党后，应通过政党认可的方式，向当事人发放入党证明。

第十八条 为竞选选举性职位，选民应至少在相应政党设定的多数制或比例制选举日期的一年前加入该党。

第十九条 在每年4月和10月的第二个星期，政党应通过其市、地区或全国领导机构向选举法官寄送参加公职选举候选人符合入党时间要求的证明、所有党员的名单，用以存档。名单中应包括党员的入党日期、选举证编号、登记的选区（根据1997年9月30日第9·504号法律修改）。

第一款 如果党员名单未在本条规定期限内寄送，所有选民的入党情况将不会进行变更，将保持上一次所递交党员名单时的状况。

第二款 因过失或恶意而受到损害的人，可直接向选举法院提出请求，申请履行本条所规定要求。

第三款 政党的全国领导机构，可以全面查阅选民登记中的党员信息（2009年第12·034号法律增加的条款）。

第二十条 关于党员可以成为公职候选人的入党时间要求，允许政党在其章程中规定的入党期限比本法规定的期限更长。

单独条款 政党章程设立的本条所及的入党期限，不得在选举年当年进行变更。

第二十一条 党员可通过书面方式告知党的市级领导机构和地区选举法官退党，以备案。

单独条款　递交通知两天后，党员与党的关系将因之断绝。

第二十二条　如证实有以下情况，属于立即脱党：

第一，死亡。

第二，丧失政治权利。

第三，遭驱逐。

第四，政党章程规定的其他形式，必须在做出决定的四十八小时内给予通知。

单独条款　选择加入其他政党的党员必须联系原党和自己所属选区的选举法官，以取消原有党员资格。如果是在退出原党后同一天加入新党，其身份将被认为是双重党员，在所有情况下，两个党员身份均视为无效。

第五章　党的忠诚和纪律

第二十三条　如违反政党的义务，其责任应由所在政党的相关职能机构根据党章予以查明并给予处罚。

第一款　某些党员可能会因个人行为受到党纪措施或处罚，即使这种行为在党章中未明确规定。

第二款　保证被告享有充分辩护权。

第二十四条　议会党团成员的议会活动，应根据党章规定，服从于本党的指导原则、纲领及党的领导机构的指示。

第二十五条　在基本纪律之外，政党章程可针对某个议员的态度或投票公开与党的合法决定相对立的情况，规定相应处罚，包括暂时中止其议会党团成员资格、暂停其内部会议的投票权或丧失所有的提问权、暂停其在立法机构内作为本党代表或依据政党比例所占据的职位和职务。

第二十六条　如果某个议员脱离其参选时所加入的政党，将自动丧失依据该政党比例在立法机构所占据的职位和职务。

第六章　政党的联合、合并和消亡

第二十七条　如果某个政党依据其党章规定的形式解散、融入或与其他政党联合，该党在民事登记机构及高等选举法院的登记资料将失效。

第二十八条 如果某个政党被证实有下述情况，在经过裁决之后，高等选举法院可以决定注销其民事登记和党章登记：

第一，曾经或正在接收来自国外的资金。

第二，从属于某个外国机构或政府。

第三，未按照本法要求，向选举法院提供相应账目。

第四，拥有准军事组织。

第一款 在本条所述的司法判决之前，应先通过常规程序，确保充分辩护权。

第二款 注销登记的诉讼，由法院根据任何一个选民、政党代表或选举总检察长提出的检举启动。

第三款 如果其地区或市级机构从事了上述行为，政党的全国机构不会受到暂停政党基金支持的惩罚，也不会受到其他处罚（1998年7月27日第9·693号法律增加的条款）。

第四款 政党的市或州级机构或获得多数选票的候选人在相应层级产生的开支，应当只由该层级承担和支付，除非与党的其他层级机构有明确协议（2009年第12·034号法律增加的条款）。

第五款 如果上述开支未能支付，从法律角度上，此开支不能由该政党的上级机构承担，只能由产生该债务的党内机构承担（2009年第12·034号法律增加的条款）。

第六款 本条第三的规定，只涉及未能向高等选举法院提交账目的政党的全国机构，如果只是因政党的地区或市级机构造成该过失，该党的民事登记和党章登记不会被注销（2009年第12·034号法律增加的条款）。

第二十九条 由政党的全国机构讨论决议，两个或以上政党可以合并，或某个政党融入另外一个政党。

第一款 在第一种情况下，应遵守以下规范：

第一项 这些政党的领导机构应制定共同的章程和纲领。

第二项 在合并过程中，这些政党的全国性决议机构，应通过联席会议投票，根据绝对多数票，通过合并计划，选举全国领导机构，办理新党注册登记手续。

第二款 加入其他政党的情况，根据民法规定，应经其全国性决议机构绝对多数票决议，提出申请的党采纳"接收党"的章程和纲领。

第三款 在采纳"接收党"的章程和纲领后，在全国性决议机构联席会议上，选举新的全国领导机构。

第四款 政党合并的情况，新党的合法存在从在首都联邦区相应民事机构注册登记其党章和党纲开始，登记时要求携带党的主管机构的会议决议记录。

第五款 一党融入另一党的情况，相应法律文书应递交相应主管民事机构，该机构将注销申请党的注册登记。

第六款 无论是政党合并，还是政党融合，最近一次联邦众议院选举中各自所获得的选票应相互叠加，以用于第十三条所述的议会活动、分配政党基金及免费使用广播电视。

第七款 政党融合所形成的新党章或文件，应分别前往民事机构和高等选举法院进行相应登记和标注。

第三篇 政党的财务和会计

第一章 账目的提供

第三十条 政党的全国、地区和市级组织机构，必须保持会计记录，便于了解其收入来源及支出用途。

第三十一条 禁止政党以任何形式或借口直接或间接地接受来自下述来源的捐助、现金帮助或可估计的巨款（包括通过各种形式的广告）。

第一项 外国机构或政府。

第二项 政府机关或公共机构，本法第三十八条所规定的捐款除外。

第三项 资金来自政府机关或公共机构的自治机构、公共企业或提供公共服务的特许服务商、股份制公司和依法成立的基金会。

第四项　阶级团体或工会。

第三十二条　政党有义务在第二年的 4 月 30 日之前向选举法院寄送上一年度的会计报表。

第一款　政党全国组织机构的会计报表应寄送高等选举法院，州级机构的会计报表应送到地区级选举法院，市级机构的会计报表应寄送选举法官。

第二款　选举法院应立即在官方媒体公布上述会计报表，如果没有相应官方公报，则在选举公证处进行张贴。

第三款　选举年，在大选前的四个月及大选后的两个月期间，政党必须每月向选举法院提交会计报表。

第三十三条　除其他内容外，会计报表中应包括以下项目：

第一项　来自政党基金的金额及其用途的详细分类说明。

第二项　党费和捐款的来源及金额。

第三项　选举活动的花费，如广播和电视节目、委员会、宣传、出版物、集会及其他竞选活动支出的具体说明与证明。

第四项　收入和费用的详细分类说明。

第三十四条　选举法院应对政党的会计报表和账目、竞选活动的支出情况进行监督，要证实上述信息是否准确反映出政党实际资金运行状况或竞选活动的开支情况。同时，要求符合下述规定：

第一，组建相关委员会并任命专门领导人推动竞选活动中的资金工作。

第二，说明政党及相关委员会领导人（包括政党司库）所承担的责任，他们将因任何违规行为而承担民事和刑事责任。

第三，会计账簿，以及证明现金或所接收和使用的财物收支的文件。

第四，政党有义务保存能证实自己已提供会计账目的文件，保留时间不得低于五年。

第五，在竞选活动结束时，政党及其委员会和候选人有义务提供相关账目，或政党的司库在收到可能剩余的资金时立刻开具的收据。

单独条款 在认为必要时，选举法院可以征调联邦审计法院或各州审计法院的技术人员参与为满足前述规定而开展的必要检查。

第三十五条 高等选举法院和地区选举法院，在收到政党党员或代表、总检察长或地方检察机构的代表、监察部门的投诉后，确定是否对某个政党的账簿进行审核，检查该党或其党员是否有违反法律或其党章财务规定的行为，甚至可以采取破解政党银行密码的方式，来澄清或核实被投诉举报的事实。

单独条款 在选举法院公布各党财务报告十五天后，政党可前往选举法院，检查其他政党提供的月度或年度账目。账目开放五天，以接受质询，政党可以说明事实、提供证据和要求启动调查，以澄清政党或其党员任何可能违反法律或其党章财务规定的行为。

第三十六条 如被证实有违反法律或党章规定的行为，政党将受到以下处罚：

第一项 如果没有说明或澄清资金来源，暂停发放应得的政党基金份额，直至选举法院认可政党的说明。

第二项 如果接受了本法第三十一条提到的资金，暂停发放应得的政党基金份额一年。

第三项 如果接受的金额超过本法第三十九条第四款规定的捐赠限额，将暂停发放政党基金份额两年，并对该政党处以相当于超过限制的金额的罚款。

第三十七条 如提交的账目信息或者提交的账目全部或部分被认定为不合格，将暂停发放新的政党基金份额，相关负责人将会受到本法的处罚（1998年7月27日第9·693号法律修订）。

第一款 选举法院可以要求补充政党领导机构或其候选人的相关账目信息，或消除这些信息中的不规范之处（1998年7月27日第9·693号法律重新编号）。

第二款 前述制裁措施，将只针对政党内应承担不规范责任的相应层级机构（1998年7月27日第9·693号法律增加）。

第三款 因所提供政党账目信息全部或部分被认定不合格而被暂停发放政党基金新份额的处罚措施,应采用按比例减少等合理方式进行,暂停期限从一个月到十二个月,或对应发放金额按比例扣减;如果所提供账目在提交之后五年内,相关法院或法官未进行任何审理,则不得采取暂停政党基金的处罚(2009年第12·034号法律增加)。

第四款 提供的账目信息被认定为全部或部分不合格的,可以根据不同情况向地区选举法院或高等选举法院提出上诉,选举法院应予以受理,并暂停实施处罚(2009年第12·034号法律增加)。

第五款 被地区选举法院或高等选举法院认为不合格的账目信息,可以根据所提要求,对账目进行重新修订,以便对处罚措施进行按比例缩减执行(2009年第12·034号法律增加)。

第六款 对政党机构账户信息的审查依照相应管辖权进行(2009年第12·034号法律增加)。

第二章 政党基金

第三十八条 政党财政援助特别基金(政党基金)由以下部分组成:

第一,根据选举法及相关法律征收的罚款和现金处罚。

第二,法律规定用途的持续性或临时性资金。

第三,个人或法人提供的捐款,通过银行账户直接存入政党基金账户。

第四,联邦政府预算内的政党资助,每年的金额不低于上一预算年度12月31日之前所登记的选民人数乘以三十五分(参照1995年8月的值)。

第一款 [被否决]。

第二款 [被否决]。

第三十九条 除本法第三十一条所规定的以外,政党可以接受个人和法人的捐款,以构成自有资金。

第一款 本条所涉及的捐款,可以直接给政党的全国、州和市级组织机构,接受捐款的机构应向选举法院及党内的直接上级机构提供接受捐款的证明材料并说明其用途，同时还应附上会计账簿。

第二款　其他捐赠，不论是何种形式，都应强制性地列入党的会计账目中，并注明其现金价值。

第三款　资金形式的捐赠，应强制性地以划线支票形式、以政党为户名转账，或直接在政党的银行账户中存款。

第四款　（根据1997年9月30日第9·504号法律予以废除。）

第五款　在选举年，政党可以将从个人或法人那里接收的资金用于或分配于多个选举活动，但是应遵守1997年9月30日第9·504号法律第二十三条第一款、第二十四条、第八十一条第一款的规定，以及党章和党内各个领导机构所确定的准则（2009年第12·034号法律增加）。

第四十条　使用政党基金的预算，应当在向高等选举法院提供的司法权附件中予以说明。

第一款　财政部应每月将基金的十二分之一存于根据高等选举法院规定、在巴西银行开设的专用账户中。

第二款　在该专用账户内，同时存放根据选举法规定而征收的罚款性收入和其他罚金。

第四十一条　高等选举法院，自上一条第一款所述的存款之日起的五日之内，将政党基金分发给各政党的全国机构。政党基金分发应遵守下述标准：

第一项　政党基金总额的百分之五将予以单独分配，平均分给所有党章已在高等选举法院进行登记的政党。

第二项　剩余的百分之九十五将根据各政党在上一届众议院选举中所获票数分配（2007年第11·459号法律修订）。

第四十二条　如果某个政党的全国领导机构被注销或失效，所分配的资金应退还给政党基金。

第四十三条　来自政党基金的资金的存放和支取，应在由联邦政府或州政府所能控制的银行机构中完成，如果所在地没有此类银行机构，则在政党领导机构所选银行进行。

第四十四条 来自政党基金的款项将被用于：

第一，政党总部的维护以及服务开支，允许以任何名义支付员工费用，人员费用的最大限制为接受的分配总额的百分之五十（2009 年第 12·034 号法律修订）。

第二，理论和政治宣传。

第三，招聘和竞选活动。

第四，建立和维持用于研究或理论和政治教育的学院或基金会，这部分费用至少应占到总额的百分之二十。

第五，建立和维持用于推动和宣传妇女参政的项目，其资金比例由政党的全国领导机构确定，最少应为所总额的百分之五（2009 年第 12·034 号法律增加）。

第一款 关于本条第一和第四规定的实施，在提供政党任何层级领导机构的账目时，应当详细说明其政党基金开支情况，以便选举法院检查核对。

第二款 选举法院可在任何时间，调查来自政党基金的资金的使用情况。

第三款 本条所述的资金不属于 1993 年 6 月 21 日第 8·666 号法所涉及的范畴（1997 年 9 月 30 日第 9·504 号法律增加）。

第四款 本条第一所规定的计算比例，不包括任何性质的费用和赋税（2009 年第 12·034 号法律增加）。

第五款 未遵守本条第五规定的政党，在下一年中，应将用于此目的的政党基金比例增加百分之二点五，禁止将此用途资金用于其他目的（2009 年第 12·034 号法律增加）。

第四篇 免费使用广播和电视

第四十五条 政党可以采用录音录像或现场方式，通过广播电台和电视台，进行免费宣传，时间为十九个小时三十分钟到二十二小时，只能用于下述目的：

第一，传播党的纲领。

第二，向党员传递党在执行党纲、从事与此有关的活动以及党的国会活动信息。

第三，宣传党在政治社区议题上的立场。

第四，推动和宣传妇女的政治参与，专门用于妇女活动的时间段将由党的全国领导机构确定，最少为百分之十（2009年第12·034号法律增加）。

第一款 本篇所涉及的免费宣传节目，禁止：

第一项 不负责宣传节目的党员参与此节目。

第二项 宣传参与公职竞选的候选人以及捍卫个人或其他政党利益。

第三项 使用可能导致歪曲或虚构事实或观点的不准确或不完整形象或场景或其他方式。

第二款 违反本条规定的政党，将依法给予处罚（2009年第12·034号法律修订）。

第一，当违规行为发生在整个节目播放时，将停止下半年的播放权（2009年第12·034号法律增加）。

第二，当违规行为发生在临时插入的播放时，将在下半年播放期中，暂停相当于插入时间五倍的播放时间（2009年第12·034号法律增加）。

第三款 由政党单独制作的播放节目，如果是在全国范围内进行整体节目播放或插播，将由高等选举法院进行审核；如果是在各州进行整体节目播放或插播，将由各州相应地方选举法院进行审核（2009年第12·034号法律修订）。

第四款 节目提供的期限，将在每个半年的最后一天截止，之前可以传送经过审核的节目，或者在该期限的最后三十天到下一个半年的十五天之内进行播放（2009年第12·034号法律修订）。

第五款 对政党播放节目进行审核的地方选举法院，可以裁决中止政党的宣传播放权，但政党可以向高等选举法院提出上诉，在受理上诉期间，裁决暂停执行（2009年第12·034号法律修订）。

第六款 政党在广播和电视上的免费宣传,仅限于本法所规定的免费时间段,此时间段内禁止进行有偿广告(2009年第12·034号法律修订)。

第四十六条 广播电台和电视台必须以本法规定的形式为各个政党在全国和各州免费播放按照各党领导机构的创意制作的宣传节目,责任由相关领导机构承担。

第一款 在全国或州的连锁频道上整体播放节目,或在正常播出节目的空隙,进行三十秒到一分钟的插播。

第二款 组成全国和州的播放连锁频道,将由高等选举法院批准。申请电台和电视台播放时间的相关要求,应由各政党全国机构至少提前十五天提出。

第三款 在前款所述的申请中,政党的领导机构可申请全国和州播放连锁频道的播放日期相同。

第四款 如果出现申请日期重合的情况,无论是全国还是州的节目播放,高等选举法院都将优先考虑先提交申请的政党。

第五款 用磁带录制的整体节目或插入节目,应至少在播放前十二个小时寄送播放机构。

第六款 在播放机构的节目中插播,应遵循:

第一项 如果是由政党的全国领导机构提出申请,由高等选举法院审核。

第二项 如果是由政党的州级领导机构提出申请,由地方选举法院审核。

第七款 在每个播放网络中,每天最多允许插入十个三十秒或五个一分钟的节目。

第四十七条 只要遵守本法规定并告知具有管辖权的相应选举法院,广播电台和电视台等播放媒体可以为加快程序审批而直接与政党的领导机构商定特殊条件。

第四十八条 已在高等选举法院登记但未满足本法第十三条规定的政党,可以确保每半年在全国广播电视网中有一次节目机会,持续时间为两分钟。

第四十九条 符合第十三条规定的政党，可以确保：

第一项 每半年在全国广播电视网中有一次节目机会，在州广播电视网中有一次节目机会，每次节目可持续二十分钟；

第二项 每半年在全国广播电视网插播三十秒或一分钟节目的总时间为四十分钟，州广播电视网络的情况一样。

第五篇 一般规定

第五十条 ［被否决］。

第五十一条 确保已在高等选举法院登记党章的政党有权免费使用公立学校或立法机构，举行会议和集会，如因活动造成损害，要承担相应责任。

第五十二条 ［被否决］。

单独条款 广播和电视播放机构有权因提供本法所规定的免费时段而获得财政补偿。

第五十三条 政党为从事调查研究、理论宣传和政治教育，而按照私法成立的基金会或研究机构，将依照民事法律进行管理，拥有与公共和私营机构签订协议、提供服务和根据其用途维护相应设施的自主权，还可以与非国家机构建立交流关系。

第五十四条 为执行本法所制定的规范，州、市和联邦区及其辖管区以及相应政治和行政管理部门应一视同仁。

第六篇 最终和过渡性条款

第五十五条 根据以往法律最终确认登记的政党，不受第七条第一款所规定条件的约束，但应在党章公布后的六个月内，使其党章与本法规定相适应。

第一款 按照本条要求，修改党章可由政党根据其党章要求而特别召集的最高全国会议进行，应至少在会议前三十天在党的机构和党员中广泛宣传党章草案。

第二款 自本法公布之日起，本条适用于下述状况的政党：

第一项 已根据以往法律规定完成组织程序但需要进行最终确认的政党。

第二项 已提交司法登记申请，等待有关司法职能部门的批准决定。

第三项 在民事登记机构进行相应登记之后，已向最高选举法院提出登记申请。

第五十六条 在本法公布之日起至下一个立法会期开始之间，应遵守以下规范：

第一项 确保当选、拥有至少来自三个不同州国会议员的政党在众议院正常运作的权利。

第二项 众议院的主席团将为拥有当选议员或少于上一项所要求数量的党员的政党提供便利，使其在这期间在众议院内拥有代表机构。

第三项 符合第一项条件的政党，将确保每年在全国广播电视网络中有十分钟的节目宣传。

第四项 对于自1995年立法会期开始，在众议院拥有代表的政党，将确保每半年有一次在全国广播电视网络中进行节目宣传的机会，每次节目时间五分钟，不得与本条第三项所提供时间相累加。

第五十七条 在下一次议会会期开始到宣布此后第二次众议院大选结果之间，应遵守以下规范：

第一项 在本法公布之前，已在高等选举法院对党章进行最终登记的政党，如果从其成立开始，参加过或将要参加众议院大选，并在连续两次大选中选出代表，有权在国会从事议会活动。

第一目 在众议院中每次均有代表当选，并至少分布在五个州，而且获得全国选票的百分之一（不含白票和无效票）。

第二目 在立法大会和市议会中每次都满足第一目所提要求，选出相应机构的代表，且得票占所有清点总票数的百分之一（不含白票和无效票)。

第二项 政党基金的百分之二十九将根据最近一次众院选举得票比例分配给遵循本法第十三条规定的政党。

第三项 确保第一项所涉及的政党,享受第四篇(如果适用)所规定的待遇:

第一目 每半年,在全国广播电视网中播放一次节目,时间为十分钟。

第二目 每半年,在全国广播电视网中插播每次三十秒或一分钟的节目,节目总时间为二十分钟;在符合第一项第二目规定的州的播放机构,播放相同时间的节目。

第五十八条 应政党要求,选举法官应退还在相应选区公证处现存的入党卡片,还应根据本法第十九条的规定,提供初始党员名单。

单独条款 为参加公职竞选,本条所述党员名单可以被视为初始党员名单。

第五十九条 1916年1月1日第3·071号法律第16条,进行如下修改:

"**第十六条**……

III 政党

第三款 政党应适用于本法第十七条、第二十二条以及相关特定法律的规定,进行管理。"

第六十条 1973年12月31日第6·015号法律中下述条款,进行如下修改。

"**第一百一十四条**……

III 政党的成立文书和党章……"

第一百二十条 社团、基金会和政党的注册登记,指的是官员在登记簿中的声明、标注序号、出示日期及成立文书的种类,而且有以下具体说明:……

单独条款 对于政党登记,除本条的要求,还应遵守专门法的规定。"

第六十一条 高等选举法院应发布指令,以便忠实履行本法。

第六十二条 本法自发布之日起生效。

第六十三条 废除 1971 年 7 月 21 日第 5·682 号法律及其修正案、1976 年 7 月 5 日第 6·341 号法律、1980 年 9 月 5 日第 6·817 号法律、1981 年 11 月 23 日第 6·957 号法律、1982 年 6 月 7 日第 6·996 号法律第十六条、1985 年 4 月 9 日第 7·307 号法律和 1986 年 7 月 9 日第 7·514 号法律。

(依据 2009 年修订后的巴西政党法译出,来源:www.senado.gov.br)

(孙岩峰 译 靳呈伟 校)

巴西劳工党章程

第一篇 党、党的总部所在地、目标和党员

第一章 党的存在时间、总部所在地和集会场所

第一条 劳工党是由致力于争取民主、多元、团结以及政治、社会、制度、经济、司法和文化转型斗争的公民自愿组成的团体，旨在消灭剥削、专制、压迫、不平等、不公正和贫穷，实现建立民主社会主义的目标。

第二条 劳工党是不以营利为目的私法法人实体，存在时间无明确期限，根据现行法律成立，在联邦区巴西利亚拥有总部、集会场所和办公地点，党的管理和财务事务由设在圣保罗州首府的劳工党党部负责。

第一款 在全国层面，劳工党的合法代表是党的主席。

第二款 在联邦州和联邦区层面，涉及联邦单位利益时，劳工党的代表由联邦单位一级党组织的主席代行。

第三款 在市和首府层面，涉及地方利益时，劳工党的代表由市一级党组织的主席代行。

第四款 代表的司法或司法外行为独立于特殊授权，包括公共民事和民众行为评估或命令安全担保以捍卫权利、行政道德、生存环境以及公共财产、文化和其他涉及公民（无论党员与否）利益的请求。

第二章 党的目标和行动

第三条 劳工党将严格按照本章程、党的宣言和纲领及在1981年全国

大会和历次全国性会议、代表大会上通过的其他文件在全国范围内行动，上述文件都对党的目标做出了表述。

第三章 党 员

第四条 声明赞同本章程和党的其他全国性基本文件的年满十六岁的男性或女性均可成为劳工党党员，入党应由市或地区一级执行委员会批准，如果没有上述机构或遇到障碍，由上一级执行委员会批准。

第五条 入党申请人应用根据全国组织机构确定的模板印刷的表格或通过党的信息系统，向相应选举地址所在地的党的市或地区一级领导机构提出申请，应包括其承认党的文件和履行交纳党费义务的声明。

第一款 知名意见领袖、民选公职当选者或其他党派领导人申请入党由州一级执行委员会确认，联邦议员申请入党的由全国执行委员会确认。

第二款 上款中涉及的情况，允许向州或全国领导机关提出申请，并由其相应成员以绝对多数表决通过。

第六条 申请入党的表格也将用于全国党员证的发放。

第一款 市执行委员会或市临时委员会将发布申请人的声明，对其进行确认，直至其申请被批准。

第二款 市执行委员会或市临时委员会有义务公开新党员的有关申请信息，将其张贴于党部所在地或由其指定的其他地方。

第三款 自上款所涉及的名单信息公布之日起，任何党员可以在七个工作日内提出反对，申请人则可在相同时段内做出辩护。

第四款 异议期结束后，市执行委员会或市临时委员会将在七个工作日内商议入党申请。

第五款 公示无异议且市执行委员会或市临时委员会在上款规定的期限内未表态的，应视为申请被接受。

第六款 如果存在异议，市执行委员会或市临时委员会应在七个工作日内商议有关申请。

第七款 如果上款所涉及的商议未明确意见，异议应立即报告上一级机构的执行委员会，该委员会应在七个工作日内予以商讨。

第八款　对拒绝入党申请的决定的申诉将由州执行委员会受理，州执行委员会应在七个工作日内（从收到当事人的申诉开始计算）进行调解。

第九款　居住在国外的巴西人提出的入党申请，应通过国际关系全国秘书处递交，并由全国执行委员会进行分析。

第七条　在遇到法律障碍的情况下，由相应州级机构担保，可以只申请内部党员，应遵守现行法规，有与其他党员同样的期限、权利和义务。

第八条　为了让入党申请获得通过且新党员被写入全国党员名册，党员必须至少参加一次由市和地区机关召集的至少每季度召开一次的会议，此类会议旨在介绍党的历史和理念、党员的权利和义务。

单独条款　本条所涉会议具有全国性质，全国培训学校帮助设计其内容。

第九条　市和地区机关应向州及全国组织秘书处和政治培训秘书处提交上条涉及的会议的日程，以及参会者署名登记的报告。

第一款　寄送申请信息的最高期限是举行会议后三十天，在会议上被认为符合条件的，将通过党的信息系统传递信息。

第二款　为使上款的规定有效，市和地区机关应保存入党申请程序的全部文档，但可免除将复印件寄送全国领导机关的义务。

第三款　没有纳入党的信息系统的机关，应通过供货商商业道德信息交流数据库或以挂号信的方式将考虑接纳新党员的会议纪要、各自的申请表格以及第八条提及的会议的参会人员名单寄给全国领导机关，以便登记全国党员名册。

第四款　全国党员名册适用于所有党员。

第五款　如未能满足本条和上一条规定的期限，违规者将受到本章程规定的纪律措施的制约。

第十条　入党申请应被视为个人行为，集体向相应市执行委员会提出入党申请的，只有在党的各级组织机构推动的入党活动期间才能出现。

单独条款　对于州执行委员会或全国执行委员会认为新入党人数过

多，有损于党的民主的情况，将在其监督下颁布命令，根据本章程第六条的规定，对新党员进行重新登记。

第十一条 党员资格获得通过后，党的全国领导机关将负责发放全国党员证，党员应持本证参加党的活动。

第一款 除了法律规定的情况外，如果党员在根据全国领导机关批准的日程和规范进行的党员重新登记活动中不出示党证，将立即取消党员资格。

第二款 为使上款的规定有效，在全国性党员重新登记活动日期截止后，未登记党员的资格将立即被取消，其姓名将不包括在递交给选举法院的党员名册内。

第三款 在将其姓名不放在递交给选举法院的党员名册中之前，应在做出取消其党员资格的四十八小时内与党员联络，以带有回执的信件的形式寄送至全国党员名册上登记的申请者的地址，如果名册上没有地址，将送至市级机关档案上的地址。

第四款 党员实际地址与上款涉及的地址不符，将以通告形式张贴在市党部所在地，并将其姓名与劳工党其他党员的姓名分隔开。

第四章 党员的权利和义务

第十二条 所有党员都享有同等权利，担负同等义务，遵守党的纪律，根据章程的规定以及党的审议机构确定的道德原则、纲领和指导开展行动。

单独条款 本章规定的权利和义务不排除由党的上级机关批准通过的其他文件中所包含的权利和义务。

第十三条 党员权利如下：

第一项 参与制定和贯彻落实党的政策，在其所属的党组织会议上投票。

第二项 选举和参选党的各级机关和机构的组成人员。

第三项 对受到的指控或惩罚做出辩护。

第四项　只接受以书面文件和签字的方式发布的公告。

第五项　在党的机关做出决定之前接受道德委员会的秘密调查或审理。

第六项　在对其违反党的义务的调查过程中拥有最广泛的辩护权，保证其能够参与任何调查其政治行为的机构的活动。

第七项　以书面形式直接向党的任何机关提出：

第一目　就任何事务发表观点。

第二目　检举违规行为。

第三目　在遭到无根据检举时要求弥补损失。

第四目　不服相应上级审议机构做出的决定而上诉。

第八项　根据本章程的规定，引导党内舆论倾向以捍卫既定的政治立场，或提出与其他党员举行会谈的倡议。

第九项　要求党的相应机构根据本章程的规定，召集举行公民投票、全民公决或与基层进行磋商。

第十项　要求党的机构明确方针、开展政治培训和指导。

第十一项　获得党的决议、出版物以及其他文件。

第十二项　在内部对已获通过的决定进行表态。

第十三项　对理论和政策问题公开表态。

第十四项　不论是预备还是正式党员，都应受到尊重。

第十五项　面对严重违背伦理道德、哲理、宗教或本质权利的情况，经相应领导机关执行委员会决定，可以特许不遵守集体做出的决定。相应议会党团做出集体决定前，应进行广泛和公开的讨论。

第十六项　根据本章程的规定，随时加入党的一个部门。

第十四条　党员的义务如下：

第一，参加党的活动，宣传党的理念和主张。

第二，与所有对于种族、身体残疾和老年人的歧视表现，以及任何其他形式的涉及性别、性取向、肤色或人种、年龄或宗教的社会歧视作斗争。

第三，以党的道德原则作为行动指南。

第四，遵守和执行党的决议。

第五，根据本章程的规定交纳党费，并参加党的基金会开展的募捐活动。

第六，投票支持指定的候选人，并参加党的机关开展的竞选活动。

第七，受到传唤时出席，以澄清纪律审查程序中的事实。

第八，就领导机关提交给党的磋商会议的问题进行投票。

第九，在与党失去联系的情况下拒绝当选职务。

第一款　直接或间接被授予公共管理职务的党员，应根据党的指导和既定原则正直、忠诚地履职。

第二款　上款的规定也适用于当选的党员。

第三款　在受到其所属领导机关或党的上级机关召唤时，本条所涉及的党员应报告自己的活动情况。

第二篇　党的组织结构和运行

第一章　关于内部运行的一般规定

第十五条　从运行方面来说，党的团结受本章程确立的原则、规范和程序的保证。

第十六条　党的各级组织机构如下：

（A）各级机关

第一，全国代表大会，全国、州、市和地区会议。

第二，全国性领导机构，州、市、地区领导机构及其各自相应的执行委员会。

第三，基层核心小组。

第四，各个部门。

（B）机构

第一，全国区域协调机构，州宏观和微观区域协调机构。

第二，市、州、区和联邦议会党团。

第三，道德委员会、财务委员会、听证机构、纪律事务委员会、佩尔塞乌·阿布拉莫基金会和全国培训学校。

第十七条 地区一级的机关和任何区域机构都隶属于市级机关，市级机关隶属于州级机关，州级机关隶属于全国一级的机关和机构。

第一款 除了章程另有规定的以外，各级机关根据本章程规定召集开会时，应至少有百分之五十加一的成员参加，其决议应以与会者简单多数的方式通过。

第二款 为使上款的规定生效，党的各级机关的成员应交清各自的党费。

第十八条 上级机构可以干预下级机构，服从上一条及本章程其他条款关于党组织级别的规定。

第十九条 通过领导机关的直接选举，同时主要通过审议纲领、战略、策略、联盟政策以及党建方针路线的会议，党员可以明确了解党的政策。

第二章 党的各级组织机构的组织和选定

第一节 关于选举领导机关、党代表、财务委员会和道德委员会的一般规定

第二十条 为建立党的领导机关，应满足以下要求：

第一项 市和地区领导机关只能在该市或该地区的固定党员人数达到本章程第六十条规定的最低要求时才能建立。

第二项 根据本章程第六十条和第九十七条第四项的规定，在拥有超过五十万选民的州府和拥有超过一百万选民的市，只有在党拥有至少三个地区一级的领导机关的情况下，才能成立相应的市级领导机关。

第三项 州级领导机关只有党在该州至少百分之十的城市拥有市级领导机关（最低不少于五个）的情况下才能成立。

第二十一条 党的领导机关、财务委员会和道德委员会的正式成员和候补成员的任期为四年。

单独条款 本条所涉任期的提前结束或延长，应经党的全国领导机关至少百分之六十成员审议批准。

第二十二条 代表以及各级机关的选举，应满足以下要求：

第一项 在选定代表和各级组织机构成员时，应严格遵守选举和集体领导的原则。

第二项 当竞选名单人选之间存在竞争，在确定代表、各级组织机构的最终组成时，应严格遵守比例制原则，以保证竞选名单获得最大多数的有效票数，能最大程度占据席位。

第三项 地区、市、州和全国组织机构主席的选举应分别投票举行。

第四项 党的领导机关、代表以及带有专职秘书性质的职务应保持性别平等（男女各半）。

第五项 各级领导机关的最终组成，应有百分之二十的成员年龄低于三十岁，应满足由全国领导机关确认的种族民族标准，应遵守党员的广泛组成性并以党的各级领导机关中最低百分之二十的组成人数为参考。

第六项 应确保不完全竞选名单的注册登记，但已登记的人数当中百分之三十是全国性领导机关、组织机构的成员和代表，百分之五十是州、市或地区的成员和代表，其百分比将根据竞选职位的总数进行计算。

第七项 全国领导机关的竞选名单，其组成成员应是至少来自九个联邦州的党员。

第八项 选票只有投给竞选名单上的人选才视为有效。

第九项 在填写分配给竞选个人的职位时，竞选名单必须保证本条第四项和第五项涉及的百分比。

第十项 各领导机关、部门和代表职位的填写应严格遵守竞选名单上候选人的顺序，不允许直接选举程序后进行任何修改。

第十一项 竞选名单中未被选上的人员将被视为候补成员，根据上一项所提及的顺序，在出现空缺的情况下临时或正式候补空缺。

第十二项　应在各领导机关组成成员方面寻求平衡，同时考虑参与社会运动的军人、知识分子、在行政机构和议会中的党员。

第二节　竞选名单和党员姓名的登记与期限

第二十三条　只要满足本章程第一百八十二条第三款的规定，所有党员都可以登记参选任何党的领导机关的主席职位，或市和地区会议的代表，或党的领导机关、财务委员会以及道德委员会的成员。

第一款　只要是不同级别的，允许党员同时在不同竞选名单上登记。

第二款　登记竞选名单和参选主席职务的名字应在相应领导机关执行委员会的见证下进行，遵守以下期限：

第一项　全国竞选前一百二十天内。

第二项　州竞选前九十天内。

第三项　市竞选前六十天内。

第三款　在上一款规定的时间截止前十天内，竞选者的代表或竞选者本人可以要求替换登记的名字。

第四款　为使上一款的安排有效，如果竞选名单上最终登记人数低于直接选举程序当中分配的职务数量，根据本章程确定的比例制原则，多出的职位将在其他的竞选名单中重新分配。

第五款　参加每一级领导机关竞选的人员名单应向相应的财务委员会和道德委员会报告，这两个机构分别由五名非领导机关成员的党员组成。

第二十四条　为了对代表竞选名单进行评测，必须遵守上一条第二款所规定的时间期限。

单独条款　提交给市会议讨论的代表人选应是在直接选举中得票最多的竞选者。

第二十五条

第二十三条第三款规定的截止时间后十天之内，任何符合投票要求的党员可以书面形式向相应领导机关的执行委员会或临时委员会提出针对竞选名单或登记参选者的质疑或异议，必须有理由并附带可靠证据。

单独条款 本条规定时间之后提交的任何指责或异议都将被认为是不适宜的。

第二十六条 党龄至少满一年，才能参加领导机关的直接选举，选举或参选各级会议的代表。

第一款 上文涉及的党龄要求不适用于参与党组织和临时委员会组建程序的市一级党员，在此情况下，党龄最少为一百八十天。

第二款 上一款规定的期限内的党员只能参加各自市级领导机关和代表的选举投票。

第三款 为使本条有效，被认为符合参加直接选举程序投票和参选的党员应：

第一项 在本章程第二十三条第二款所规定的期限之前至少参加党的活动一次。

第二项 根据本章程的规定，按时交纳党费。

第三项 对没有参加最近一次直接选举程序做出合理解释，或符合本款第一项的要求。

第四款 上一款第三项中涉及的合理解释应在举行直接选举程序一年内，以党员签名的文件或通过党的信息系统发送带有个人密码的互联网文件的形式向相应的市或地区机关提交。

第五款 市和地区机关应通过党的信息系统登记缺席活动的解释以及第三款第一项涉及的参加党的活动的党员名单。

第六款 为使上一款的安排有效，市和地区机关将负责忠实保管所有文件，但不必向全国领导机关寄送副本。

第七款 没有接入党的信息系统的市和地区机关应通过供货商商业道德信息交流数据库或挂号信的方式向全国领导机关发送第五款涉及的文件。

第二十七条 上条第三款第二项涉及的党费是：

第一，个人性质的，根据本章程第一百八十三条的规定，在直接选举程序启动前九十天内交清。

第二，集体性质的，根据市级机构的商议，在党员中召集开展专门活动以收取资金和交清党费，禁止利用党外资金。

第一款 集体党费应在直接选举程序启动前六十天内交清，根据全国一级机关提供的标准收取。

第二款 本条涉及的集体党费的金额将根据党员总人数计算，在第一百八十三条所涉及的参考比率基础上，根据市内党员人数予以实施，其中不包括已经交纳党费的人数，总募集金额的百分之十将交给相应的州一级机构，百分之五交给全国一级领导机关。

第二十八条 具备资格参加选举领导机关和挑选代表以及一般性会议或预备会议投票的党员名单将由全国性机构根据全国党员名册制定。

第二十九条 在直接选举日当天，党员应当提交带有照片或本人党证的正式文件并在出席名单上签字。

第三十条 在地区领导机关登记的党员希望在同一市的不同地区投票或参选，应在直接选举或一般性会议举行之前一百二十天内，以书面形式向其党员资格原所在地领导机关提出转移党员资格的请求并做好记录。

单独条款 党员原所在地领导机关应提供党员要求的内部转移文件，同时将其姓名从原所在地名册上删除，并在收到请求之后三十天内将党员资格转移情况通知直接上级领导机关。

第三节 执行委员会的组成、补充和替换

第三十一条 执行委员会将由相应领导机关的正式成员选举产生。

第一款 任何级别的执行委员会都应包括相应领导机关三分之一的正式成员。

第二款 任何党员不得同时参加两个执行委员会。

第三款 秘书处的职能由全国领导机关做出规定。

第四款 执行委员会委员的职位由相应领导机关在其正式成员当中选举产生。

第五款 执行委员会委员人数应遵守第二十二条第二项和第四项的规

定，由相应领导机关明确各职位的选举和分配，应考虑性别的代表性问题，各委员会和秘书处专门职能的职位也存在同样的要求。

第三十二条 如果党员作为同一执行委员会的成员连续获得过三次以上的任命或同一职位连续获得过两次任命，参选任何级别的执行委员会的职位都将视为无效。

第三十三条 在政府担任职务或承担政府职能工作的党员不得参加同一级别的执行委员会。

单独条款 本条的规定只适用于拥有五万选民以上的市；对于低于这一数字的市，此禁令严格限于市长，仅针对市级机构的主席职务。

第三十四条 在主席职务任命获得通过的一百八十天内，相应副主席应立即上任。

单独条款 在超出本条开头所规定期限的情况下，相应领导机关应在其成员当中挑选一名临时主席。

第三十五条 任何一级机关的主席职位，由于被开除党籍、主动放弃或死亡等原因出现空缺，从空缺之日起六十天内，由相应领导机关成员召开会议并经绝对多数方式选举出替代者之前，由副主席暂代这一职务。

单独条款 代替者将在正式成员当中挑选并任满余下的任期。

第四节　直接选举程序

第三十六条 地区、市、州和全国领导机关及各自相应的主席、财务委员会、道德委员会以及参加市和地区会议的代表都应通过党员直接投票的方式选举。

第一款 市组织以临时委员会形式存在的只进行直接选举程序，对相应市级机构的领导机关进行投票。

第二款 根据全国领导机关批准的选举日程安排，选举在全国通过无记名投票方式进行，投票时间为一天内的九点到十七点。

第三款 所有级别的选举程序将由一个选举组织委员会指导。

第四款 直接选举程序只能由按时向上级机关交纳党费的市级机关召

集进行。

第五款　上一款涉及的党费应在开启直接选举程序之前六十天内交清。

第六款　未满足上一款的要求，不得进行相应市一级领导机关的选举，直接选举程序应在上级机关的协调下启动，只用于选举上一级机构的领导机关。

第三十七条　投票箱必须放在人所共知的地方，事先设计好并容易接触到，数量足够，保证位于党员居住地附近，以方便投票。

第一款　不允许移动投票箱。

第二款　投票地点应由上一条涉及的选举委员会在竞选开始前三十天内予以指明并广而告之。

第三款　党员应在其所属的地区或市领导机关指定的地点投票。

第四款　阻碍投票活动被视为严重过失。

第三十八条　在进行直接选举之前，应根据以下规范举行全体会议或辩论会以商议名单，并向全体党员进行广泛宣传。

第一项　全国领导机关的选举必须在全国所有州府的竞争者之间开展辩论。

第二项　州级领导机关的选举必须在所有城市的竞争者之间展开辩论。

第三项　市级领导机关的选举，如果涉及地区领导机关，必须在所有地区的竞争者之间展开辩论，如果涉及非地区一级的领导机关，则在主要城区的竞争者之间展开辩论。

第三十九条　在直接选举程序当中，党的相应机构将根据党的资源成立竞选活动基金并在竞选者中平等分配。

第一款　竞选者利用本条款所涉及的资源开展各自的竞选活动，可以在党员当中募集资金，但禁止接受任何形式的党外资助。

第二款　保证竞选者在同等条件下与党员进行接触，在党的各个部门所在地和党的媒体上获得同等待遇。

第三款 党的相应机构应当至少播放一条介绍竞选者的广告，并发送给向全体党员，也可以借助大众传媒在竞选者之间开展公开辩论。

第四十条 在一定层级有两名以上的主席职位竞选者，其中任何一人都没有获得百分之五十的有效选票，那么将根据全国选举日程表指定的时间进行第二轮投票。

第一款 如果排名第一或第二的竞选者宣布放弃，将不再举行第二轮投票，应当宣布留下的竞选者当选。

第二款 如果出现下列平局的情况，将举行第二轮投票。

第一项 仅有的两名竞选者之间出现平局。

第二项 排名第二和第三的竞选者之间出现平局，投票将在前三名之间举行。

第三款 有资格参加第一轮投票的全部党员可以参加第二轮投票，包括那些没有到会投票的党员。在第一轮投票中有资格参加没有达到法定人数的市或地区选举的党员也可以参加全国、州或市（地区）的第二轮投票。

第四款 第二轮投票没有达到有效法定人数，获得了不包括空白票和无效票在内的多数有效票的竞选者将当选。

第五款 第二轮投票出现平局，将统计第一轮和第二轮投票中投给竞选者的票数，获得多数者当选。

第六款 为使上一款的安排生效，在出现持续平局的情况下，党龄长的竞选者当选。

第四十一条 直接选举程序当中有效法定人数是参加最近一次直接选举程序的全部党员人数的百分之二十五。

第一款 如果未达到本条所规定的法定人数，票数清点结果只能用于上级机关的选举。

第二款 为使本条的安排有效，根据本章程的规定，应在市或地区指定一个市或地区临时委员会。

第三款 为成立市或地区领导机关，应根据第五十八条第二款的规定，遵照全国领导机关审批通过的关于启动特别直接选举程序的日程表和规则进行。

第四十二条 只有符合以下条件，才能选举领导机关：

第一项 在市和地区一级，达到第四十一条所规定的法定人数，至少百分之五十的地区纳入那个市的直接选举程序。

第二项 在州一级，达到第四十一条和本条第一项所规定的法定人数，至少百分之五十的市纳入那个州的直接选举程序。

第三项 在全国层面，达到本条第二项所规定的法定人数，至少百分之五十的州纳入直接选举程序。

第三章 地区、市、州和全国会议

第一节 一般规定

第四十三条 根据全国领导机关确定的日程表和全体名单，各级会议应每两年举行一次。

单独条款 在会议期间，三分之二的当选代表可以召集启动新的直接选举程序以更新相应组织机构，或更新部门机构。

第四十四条 负责召开会议的领导机构应确保有托儿所。

第四十五条 根据本章程的规定，只有已经按时交纳党费的党员才能参加各级会议。

单独条款 参加州和全国会议的代表，其所属的市和州机关必须按时向上级机关交纳党费。

第四十六条 在联邦区，地区一级的领导机构和会议被视为市一级的领导机关和会议。

第四十七条 参加会议的代表的选举比例应由全国领导机关确定，以保证全国范围内代表挑选的公平性。

第四十八条 代表在举行会议的当天应提交带有照片的正式文件并在名单上签到。

第四十九条 召集会议并使之有效的法定人数是当选代表的百分之五十加一。

单独条款 为确认本条涉及的法定人数,将比照认证名单。

第五十条 根据全体参会人员讨论的需要或每个市的传统,市会议可以举行两天。

第一款 对于党员人数低于全国领导机构针对每次直接选举程序确定的最低限度的领导机关,不得进行代表选举,其全部党员都将被视为有资格参加。

第二款 为使上一款的安排生效,会议有效的法定人数应是具备投票资格的代表人数的百分之二十五。

第五十一条 参加会议的候补者应提交证明代表无法参会的文件,在这种情况下可以在常规认证时间内进行认证。

第一款 候补者只能顶替竞选名单内缺席的已经当选的正式代表。

第二款 候补者应在认证时间结束后的第一个小时内进行认证,在此时段内禁止正式代表认证。

第五十二条 在代表举行会议期间,应确保合并已登记竞选名单的可能性,且在竞选者答辩程序之前完成。

第二节 会议观察员

第五十三条 市会议观察员有发言权但无投票权,市会议观察员包括:

第一,相应市领导机构成员。

第二,州和全国领导机构成员。

第三,在该市担任市长或副市长的党员。

第四,在该市担任市议员的党员。

第五十四条 州会议观察员有发言权但无投票权,州会议观察员包括:

第一,州领导机构成员。

第二，全国领导机构成员。

第三，担任该州州议员、市长、副市长、州长、副州长的党员。

第四，未达到召开会议有效法定人数的各市，从参加者当中选出的党员。

第五，州部门会议所选出的党员。

第五十五条 全国会议观察员有发言权但无投票权，全国会议观察员包括：

第一，全国领导机构成员。

第二，担任联邦参议员、众议员、市长、副市长、州长、副州长的党员。

第三，未达到召开会议有效法定人数的各州，从参加者当中选出的党员。

第四，全国部门会议所选出的党员。

第三节　临时委员会

第五十六条 未设立或根据本章程规定取消了领导机构的州、市或地区，应由其直接上级领导机构的执行委员会任命临时委员会，并在选举法院备案。

第一款　州级临时委员会将由全国执行委员会任命，成员七人，应是该州选民同时也是党员。

第二款　市级临时委员会将由相应州级执行委员会任命，成员五人，应是该市的选民同时也是党员。

第三款　地区临时委员会将由相应市级执行委员会任命，成员五人，应是该市的选民同时也是党员。

第四款　为履行上款的规定，如果未成立对相应任命负责的党的机关，临时委员会可由直接上级领导机构的执行委员会任命。

第五十七条 临时委员会具备地方执行委员会的权限，在选举出相应领导机构之前，有权组织和指导党的活动。

第五十八条 本章程第五十六条所涉及的执行委员会应在临时委员会的任命会议纪要上确定成立相应领导机构的最长期限,并在所任命成员当中指定至少一名主席、一名秘书和一名司库。

第一款 临时委员会的任期直到任命其成立的执行委员会宣布其解散为止,或者直到上一段规定的时间为止,届时应当任命另一个临时委员会以组织党的活动和建立相应领导机构。

第二款 如果领导机构成立的时间不在领导机构的全国选举日程表范围内,而是通过启动特别直接选举程序,其相应任期截止时间将与参加直接选举程序的当选者的任期一致。

第五十九条 上一款所涉及的特别直接选举程序将每两年启动一次,应用于未启动直接选举程序的各个市的领导机关的选举,同时也用于未达到最低有效选举人数的市进行新的领导机关的选举。

单独条款 在启动特别直接选举程序后仍未成立市领导机关的,应任命新的市临时委员会,其中可保留两名上一届领导,这两名领导不得参加下次市一级选举。

第六十条 全国一级机构可以通过决议的方式确定成立市或地区一级领导机关的最低党员人数,在听取各州级机构的意见后,以上一年的选民为基础召开常规会议。

第三篇 党的全国、州和市级组织机构的权限

第一章 基层核心小组

第六十一条 通过居住地、工作、社会活动、职业等级、学习所在地、议题、兴趣领域、姻亲活动组织起来的任何小组,成员至少包括九名党员,都被视为基层核心机构,例如主题小组、讨论俱乐部、学习小组以及互联网社交网络群,等等。

第一款 核心小组是党组织的主要工具,同时也是劳工党在社会各部门和团体中开展活动以及整合社会运动的工具。核心小组也向非党员开

放，非党员拥有发言权。

第二款　可在市或部门范围内组建核心小组。

第三款　地区和市一级部门的核心小组应与相应的领导机关以及各自市、州和全国的部门机构建立联系。

第六十二条　居住在国外的党员可以组建基层核心机构，通过全国国际关系秘书处与全国领导结构保持联系。

第一款　为获得投票资格，党员应与相应核心小组保持至少一百八十天的联系。

第二款　在国外的基层核心小组应定期举行劳工党海外会议，海外会议由全国领导机关规范。

第六十三条　基层核心小组的职能如下：

第一项　根据党的领导和决策机构的指导，组织党员的政治活动，在社会运动方面与党保持紧密联系。

第二项　对提交给党的相应领导机构的市、州和全国层面的问题发表意见。

第三项　加强和确保党内民主。

第四项　推动党员的政治培训。

第五项　就地方、州或全国层面涉及党的利益的问题向党的领导机关提议与其他基层核心小组进行磋商。

第六项　根据本章程的规定向相应市领导机构求援。

第六十四条　基层核心小组至少设有一个协调机构，包括一名秘书和一名协调员，可以成立各专门领域行动委员会。

第一款　以下工作由基层核心小组协调机构负责：

第一，为全体党员提供党的政策、议案、出版物、材料和其他倡议，并推动加以实施。

第二，定期举行面向民众的开放活动。

第二款　国外的基层核心小组，由地区协调机构选举产生，其运行由全国领导机构做出规定。

第二章 协商形式

第六十五条 协商形式包括全体投票、公决、预选、协商、党员发起的决议提案。

第六十六条 全体投票、公决、预选和协商都是全体党员参与协商的形式,应当确保各类议案或候选者在辩论中获得平等条件,至少包括与基层进行讨论、与党员进行接触、材料出版和获得基本物质基础支持。

第一款 在不违反本章程其他规定的情况下,如果出现以下情形,应举行全体投票、公决或协商。

第一项 在市层面的问题上,获得参加最近一次市直接选举程序投票的党员中的百分之二十的签名支持。

第二项 在州层面的问题上,获得参加最近一次州直接选举程序投票的党员中的百分之二十的签名支持,这些党员至少分布在一半以上有党的市级领导机关的市。

第三项 在全国层面的问题上,获得参加最近一次全国直接选举程序投票的党员中的百分之二十的签名支持,这些党员至少分布在一半以上有党的州级领导机关的州。

第二款 全体投票是特定级别的全体党员进行协商的一种方式,以确定党在相关问题上的立场,一旦达到法定人数,其结果将一直具备决议特性。

第三款 公决是特定级别的全体党员进行协商的一种方式,以重新评估或重新确定党预先确定的立场,一旦达到法定人数,其结果将一直具备决议特性。

第四款 预选是特定级别进行全体投票的一种带有强制性和决议性的专门形式,以确定大部分职位的候选者人选,一旦达到法定人数,其结果将一直具备决议特性。

第五款 相应级别的全体投票、公决或预选的结果只有在法定人数达到参加最近一次直接选举程序的投票人的百分之二十五以上才具有决议特性。

第六款 特定级别的协商可以针对全体党员就党在不具备决议性质的相关问题上做出决定而召开。

第七款 只要获得参加最近一次直接选举程序的投票人的百分之十的签名支持，可以向相应领导机关提交党员发起的决议提案，以进行讨论和批准。

第三章 议会党团

第六十七条 议会党团根据党的领导机构的决议开展行动。

第一款 议会党团被视为根据相应领导机构和党的上级机构做出的决议确定议会活动的党的部门。

第二款 议会党团应在各部门和领导层、议员的帮助下，在制定公共政策、数据库、制度方案和主题议案方面与党开展合作。

第六十八条 定期举行党团领袖和副手的挑选，随后向相应领导机构的执行委员会报告人选名字。

单独条款 为了在每个议员之间达成一致，各自党团和相应领导机构的执行委员会可以在正式成员和候补人员之间进行轮换。

第六十九条 相应领导机构执行委员会应定期与担任议员、各自的顾问以及官员的党员举行会议。

第七十条 议会党团成员应根据理论原则和纲领性原则开展其议会活动，根据本章程的规定，遵守党的领导机构制定的决议和指示。

第七十一条 相应级别的执行委员会和议会党团总是寻求统一执行决议和命令，保证所有议员都能参与决策程序并迫使他们执行所采取的决议。

第一款 搁置争议应由议会党团和相应级别的执行委员会共同决定，并且应当经绝对多数投票通过。

第二款 面对伦理道德、哲理、宗教或内心最深处方面的严重阻碍，只有在议会党团和相应领导机关的执行委员会做出共同决定，经广泛和公开讨论之后，议员才可以免于履行集体决定。

第七十二条 在寻求议员的新道德立场时，议会党团和相应领导机关的执行委员会将采取具体措施打击侍从主义和特权。

第七十三条 党员一旦被指定成为立法职务的预候选人，必须严格遵守以下规定：

第一项 明确承认全部选举命令来自于党，党的领导机关可以采取必要措施防止此类命令得不到有效执行。

第二项 不得援引议员条件来要求获得竞选连任的当然候选人资格。

第三项 一旦当选，将严厉打击任何特权或以正常收入和额外收入、个人特别费用、社会津贴、奖学金和其他补助、立法机构召开的不合理的特别会议以及其他可利用的借口等形式存在的福利待遇，本人或通过第三方以竞选或赞助的形式挪用公共资源用于个人牟利，即使是无意的。

第四项 根据本章程规定交纳党费。

第五项 在存在有争议的问题或者与议会党团的倡议相反的法律草案时，参加本党内部举行的广泛和有序的讨论。

第四章 党的市级组织

第七十四条 在市一级，党的组织由以下组织机构组成：

（A）机关

第一，市会议。

第二，市领导机关。

第三，市执行委员会。

第四，地区会议，如果有。

第五，地区领导机关，如果有。

第六，地区执行委员会，如果有。

第七，基层核心小组。

第八，职能部门。

第九，劳工党青年部。

(B) 机构

第一，市议员议会党团。

第二，财务委员会。

第三，道德委员会。

第一节 市会议

第七十五条 市会议由参与市投票活动的党员直接投票选举出的全体代表组成。

第七十六条 以下工作由市会议负责：

第一项 分析地方形势并通过党在当地的行动路线。

第二项 在开展预选活动前，确定党的纲领、联盟政策和选举策略。

第三项 在市一级挑选参与职位选举的候选人，或者在开展预选活动时确定候选人。

第四项 检查和决定有关市领导机关运作的报告。

第五项 逐级决定有关市领导机构做出的决议的申诉。

第六项 在获得三分之二当选代表同意后，在旨在选举相应市领导机构的会议时间确定之后最多九十天之内，启动新的直接选举程序。

第七项 在第五十条第一款的情况下，在获得市一级党员三分之二的同意之后，在旨在选举相应市一级领导机关的会议时间确定之后最多九十天之内，启动新的直接选举程序。

第八项 根据本章程规定的情况解散市执行委员会。

第九项 商定有关市长或市议员的政治标准，严格遵守上级机关的规划和本章程的规定。

第十项 商定政治协议和选举联盟，严格遵守全国机关的指导方针。

第十一项 商定本章程规定的党员申诉。

第十二项 选举参加州会议的代表。

第七十七条 市会议在本章程规定的期限内召开，由市执行委员会或市领导机关大多数成员同意发起召开,也可由本市三分之一的党员发起召开。

第二节 市领导机构

第七十八条 市领导机构最多有四十三名正式成员,外加党主席和担任市议会党团领袖的市议员。

第一款 如果空缺或受到阻碍,根据相应选举名单上的顺序召集领导机构的候补人员。

第二款 市领导机构当选成员将在相应市会议当天履职,该会议将在直接选举程序后召开。

第七十九条 市领导机构职责如下:

第一项 选举市执行委员会。

第二项 在严格执行上级机构指导的情况下,确定党在本市政治问题上的立场和行动方案。

第三项 领导制定和审批年度预算。

第四项 按时记账,并确保编制和批准年度结算账目,向选举法院递交账目的同时向州级机构递交副本。

第五项 按时维护各项账本。

第六项 对市里的党员实施本章程确定的纪律约束。

第七项 根据本章程规定召集召开市会议。

第八项 在市道德委员会出现偏袒或不遵守党的原则的情况下将其解散。

第九项 批准成立市辖区内的基层核心小组。

第十项 在市里的党员当中召集举行全体投票、公决、预选或协商。

第十一项 召集具有党员身份的市长或市政府秘书以及市议员党团,以明确其各自职权范围内的行为。

第十二项 确立议会当中党的议会党团成员的行动标准。

第十三项 执行和推动执行市会议的决议、相应州会议的决议、全国会议的决议以及全国代表大会的决议,监督本市党的生活。

第十四项 裁决针对市执行委员会决议和行动的申诉。

第十五项 通过关于其职权范围内有关事项的决议。

第十六项 任命派驻选举法院的代表。

第十七项 根据本章程的规定，向选举法院就解除市议员的任命提起诉讼。

第十八项 为党员提供有关党的政策、议案、出版物、材料以及其他倡议的信息，并推动党员加以执行。

第十九项 定期举行公众开放活动。

第二十项 根据本章程的规定，所有党员（包括普通党员、担任政府职务和在要害部门任职的党员以及党的市级领导）交纳的党费最后交给全国财务和规划秘书处，党费的收取和分配通过党费收集系统完成。

第二十一项 组织广泛的募款活动。

第二十二项 执行本章程规定的与党员登记有关的所有程序。

第二十三项 根据本章程第八条的规定，组织向新党员介绍党的情况的活动，每年至少举行四次，每季度至少举行一次。

第二十四项 根据本章程第二十六条第三款第一项开展活动，让党员都可以参与直接选举程序。

第八十条 市领导机构应每月举行一次例会，不必根据预先确定的日期、时间和地点召开。

第八十一条 在特殊情况下，市领导机构可根据市执行委员会的要求，或者根据其三分之一成员的要求，或者根据本市范围内三分之一地区领导机构或核心小组的要求召开会议。

第三节 市执行委员会

第八十二条 市执行委员会拥有至少七名成员，包括一名经选举产生的主席，一名副主席和组织秘书处、财务和规划秘书处、政治培训秘书处、联络秘书处、群众运动秘书处的成员，以及担任市议会党团领袖的市议员，相应领导机构的成员最多只能占执行委员会成员的三分之一。

第八十三条 市执行委员会具有以下职能：

第一项 向市领导机构提出建立核心小组的建议。

第二项 执行市会议、市领导机构以及其他上级机构的决议。

第三项 在特殊情况下召集市领导机构开会。

第四项 根据本章程规定，在接到申请之日起最多十五天内，召集召开市会议或发出正式开会通知。

第五项 召集市议会党团开会，以通过指导方针或获得其在市议会开展的活动的明确情况。

第六项 向州执行委员会申请，请其到选举法院登记市领导机构。

第七项 根据本章程规定，向全国财务秘书处交纳党员的全部党费，包括当选官员以及市一级党的机构领导人的党费，党费的收取和分配通过党费收集系统完成。

第八十四条 市执行委员会一般情况下至少每十五天举行一次例会；特殊情况下，通常根据其三分之二成员的要求召开会议。

第四节 地区领导机构

第八十五条 在有超过五十万选民的州的州府以及有超过十万选民的市，应组建地区领导机构。

第八十六条 地区领导机构最多有十四名正式成员，在相应地区的职责与市领导机构一致。

单独条款 本篇第四章第一、第二和第三节所做出的规定，适用于地区层面的相应机构，第七十九条第十、十一、五、二十项的规定除外。

第八十七条 除了上文规定的市领导机构的职能外，地区领导机构还具有以下职能：

第一项 选举地区执行委员会。

第二项 执行和敦促执行党的纲领、章程以及行动方针。

第三项 根据本章程的规定按时进行地区党员登记。

第四项 根据上级机构的指导参加政治活动。

第五项　参加当地社团的活动。

第六项　明确地区层面的专门问题。

第七项　根据本章程规定，向全国财务和规划秘书处交纳本地区党员的全部党费，确保通过党费收集和分发系统来完成这一工作。

第八项　根据本章程第八条的规定举办向新党员介绍党的情况的活动，至少每年四次、每季度一次。

第九项　根据本章程第二十六条第三款第一项开展活动，让党员都可以参与直接选举程序。

第八十八条　除第八十六条单独条款的规定外，地区执行委员会还拥有以下职能：

第一项　召集召开地区会议。

第二项　开展地区领导机构确定的专门行动。

第三项　向相应市领导机构登记地区领导机构和相应执行委员会。

第四项　推动党员活动和选举登记活动。

第五项　参加政治活动，支持各自市领导机构的行动。

第六项　参加当地的基层活动。

第七项　为党员提供关于党的政策、议案、出版物、材料以及其他倡议的信息，并推动党员执行。

第八项　定期举行公众开放活动。

第九项　根据本章程规定，向全国财务和规划秘书处交纳本地区党员的全部党费，确保通过党费收集和分发系统来完成这一工作。

第五节　市议会党团

第八十九条　市议会党团组成了党在市级层面的议会行动机关。

第九十条　市议会党团通过多数方式投票指定其领导人，当该领导人处于履职状况时，在领导机构和相应市执行委员会有席位，并拥有发言权和投票权。

单独条款　如果候选者票数出现平局，将由市执行委员会做出选择。

第九十一条 市议员或市长制定的具有广泛关注度的计划,在提交给市议会讨论之前应由市执行委员会审核,根据其裁决可以在党内进行广泛讨论。

单独条款 如果必须以紧急方式提交计划,市议员应向市执行委员会说明理由,由执行委员会决定其宣传。

第九十二条 市议会党团可以要求市执行委员会举行特别会议,以获得有关其在市议会开展行动的指导或做出说明。

第六节 劳工党青年部

第九十三条 劳工党青年部是组织青年党员开展活动,与不同社会运动开展对话与交流的党组织。

单独条款 年满二十九岁的党员可以参加劳工党青年部的领导机构,参与其决策和讨论活动。

第九十四条 劳工党青年部领导机构的选举应每两年举行一次,相应选举应根据青年部全国代表大会通过并交党的全国领导机构讨论和批准的相关规章的规定进行。

单独条款 本条所涉规章应包括关于劳工党青年部组织、架构与运行、青年部与相应党的领导机构的关系、青年部获得的与工作计划有关的授权等方面的规定。

第五章 党的州府领导机构和拥有一百万选民的市的领导机构以及同一层级的其他组织

第九十五条 包含地区的市领导机构最多有四十三名正式成员,外加选举产生的主席和在各自市议会担任议会党团领袖的市议员。

第九十六条 根据本章程的规定,作为州府所在地和区的市的领导机构以及相应执行委员会的职责与市领导机构的职责一致。

第九十七条 除了上文有关市领导机构职责的规定外,作为区的市的领导机构还有以下职责:

第一项　挑选相应执行委员会。

第二项　根据本章程的规定，给辖区内违反纪律的党员以纪律惩处。

第三项　通过其主席或其他指定的成员代表党参与讨论涉及该市利益的问题，包括面对选举法院。

第四项　根据当地的政治情况，在有超过五十万选民的州府或超过一百万选民的市建立相应的地区领导机构，建立相应领导机构时不必根据选举法院做出的地理划分。

第五项　根据上一项的规定，任命地区临时委员会。

第六项　在本章程确立的规范的基础上，根据地区会议的倡议或议案，介入或解散地区领导机构。

第七项　根据本章程的规定确认当选的地区领导机构。

第八项　向州执行委员会申请，请其向选举法院登记作为区的市的领导机构。

第九十八条　本篇第四章第二、第三、第四和第五节适用于作为州府和区的市的相应机构。

单独条款　作为州府或区的市的会议由地区会议的当选代表组成，适用本篇第四章第一节的规定，第七十六条第一项除外。

第六章　党的州级组织

第九十九条　州级党组织由以下组织机构组成：

（A）机关

第一，州会议。

第二，州领导机构。

第三，州执行委员会。

第四，州各职能部门。

第五，劳工党青年部。

（B）机构

第一，州议会党团。

第二,州道德委员会。

第三,州财务委员会。

第四,州听证机构。

第五,纪律事务委员会。

第六,宏观区域和微观区域协调机构。

第一节 州会议

第一百条 州会议由地区会议和市会议的当选代表组成。

第一百零一条 州会议将在以下情况下召开。

第一项 根据全国性日程安排,在州领导机构确定的日期召开,以选举参加全国会议的代表和候补代表。

第二项 应州执行委员会的召集举行,以挑选州竞选职位的候选人。

第三项 评估州领导机构的管理报告。

第四项 在获得三分之二当选代表的同意之后,在旨在选举相应州领导机构的会议时间确定之后最多九十天之内,启动新的直接选举程序。

第五项 在严格遵守党纲、党章和上级机关确定的方针的基础上,批准党在本州辖区内的行动计划和目标,包括州众议员和州长的政治行动方针。

第一百零二条 特殊情况下,州会议将应州领导机构绝对多数成员的要求召开,也可以应三分之一州会议代表的要求召开,或者应三分之一市领导机构的要求召开。

第二节 州领导机构和其他州级组织

第一百零三条 州领导机构的成员人数每四年由全国领导机构根据每个州的选民人数比例确定,正式成员最多五十九名,外加选举产生的主席和在州议会担任议会党团领袖的州议员。

第一百零四条 根据本章程的规定,州领导机构和各自执行委员会在州层面的职责与市领导机构在市层面的职责一致。

第一百零五条 除了上一条规定的职责外,州领导机构还有以下职责:

第一项 根据本章程的规定,给州辖区内的违规者以纪律惩罚。

第二项 根据本章程的规定,应专门倡议介入市级领导机构和作为区的市的领导机构。

第三项 确认市和作为区的市的领导机构。

第四项 根据本章程的规定,召集举行州或全国会议。

第五项 根据本章程的规定,向全国财务和规划秘书处交纳党员的全部党费,确保通过党费收集和分发系统来完成这一工作。

第一百零六条 州执行委员会应至少包括一名经选举产生的主席,一名副主席,秘书长,财务和规划秘书处、组织秘书处、政治培训秘书处、联络秘书处和机构事务秘书处秘书以及在州议会担任议会党团领袖的州议员。

第一百零七条 除了第一百零四条的规定外,州执行委员会还有以下职责:

第一项 执行州领导机构的决议。

第二项 召集举行州领导机构会议。

第三项 召集举行州会议。

第四项 向选举法院递交州领导机构,市、州府、作为区的市以及地区领导机构的登记申请。

第一百零八条 本篇第四章和第五章的规定也适用于州层面的相应机构。

第一百零九条 有关召集市领导机构以及涉及选举道德委员会的规定也适用于州领导机构关。

第七章 党的全国一级组织

第一百一十条 全国一级党组织有以下组织机构:

(A) 机关

第一,全国代表大会。

第二,全国会议。

第三,全国领导机构。

第四,全国执行委员会。

第五,全国一级职能部门。

第六,劳工党青年部。

(B) 机构

第一,议会党团。

第二,全国财务委员会。

第三,全国道德委员会。

第四,全国听证机构。

第五,纪律事务委员会。

第六,佩尔塞乌·阿布拉莫基金会。

第七,全国性宏观区域协调机构。

第八,全国培训学校。

第一节 全国会议

第一百一十一条 通过直接选举程序或在州会议晤上当选的代表,组成全国会议。

第一百一十二条 召开全国会议的情况通常如下:

第一项 在全国领导机构确定的时间,应其召集召开。

第二项 通过全国执行委员会召集,以挑选共和国总统和副总统候选人并确定党在全国选举期间的立场。

第三项 为评估全国领导机构的管理报告而召开。

第四项 在获得三分之二当选代表同意之后,在旨在选举全国领导机构的会议的时间确定之后最多九十天之内,启动新的直接选举程序。

第五项　在接到上诉的情况下，评估全国领导机构解散州执行委员会的决议。

第六项　为批准包括党挑选的代表的政治行动方针在内的党的行动计划和目标而召开。

第一百一十三条　在特殊情况下，全国会议将应全国领导机构大多数成员的要求召开，也可以应三分之一的全国会议代表的要求召开，或者应三分之一州领导机构的要求召开。

第二节　全国领导机构和其他全国性组织

第一百一十四条　全国领导机构的成员人数由该机关自身决定，正式成员最多八十一名，外加选举产生的主席和党在参议院的议会党团领袖以及党在联邦众议院的议会党团领袖。

第一百一十五条　根据本章程的规定，全国领导机构及其执行委员会在联邦层面的职责与市级和州级领导机构在各自层面的职责一致。

第一百一十六条　除了上条规定的职责以外，全国领导机构还有以下职责：

第一项　根据本章程的规定，对党员进行纪律惩罚。

第二项　根据本章程的规定，应其倡议或经全国会议决定，介入州领导机构。

第三项　根据本章程的规定，应其倡议或经全国会议决定，解散州领导机构。

第四项　对针对州领导机构解散市领导机构决定的上诉做出裁决。

第五项　决定市、地区、部门、州、全国会议或全国代表大会的开会时间。

第六项　通过各领导机构保持国际关系。

第七项　每四年确定州、市和地区领导机构的成员人数。

第八项　通过党费收集系统接受党员交纳的党费。

第九项　保证向下级机构分配党费并组织广泛募款活动。

第十项　根据宪法原则和党的原则管理党的机构。

第十一项　制定和批准年度预算，按时记账，确保制定和批准并向选举法院提交账目。

第十二项　确保党的象征、党产、总部及公众识别标志得到适当应用。

第十三项　阻止攻击和诽谤党的机构和领导人以及任何不当使用名字、图像和符号的行为。

第十四项　引导、建议和支持其他机构履行政治、行政和财务诚信等方面的义务。

第一百一十七条　全国执行委员会至少拥有一名经选举产生的主席，五名负责专门问题或地区问题的副主席，秘书长，组织秘书处、财务和规划秘书处、政治培训秘书处、人民运动秘书处、联络和国际关系秘书处秘书，以及党在联邦议会参众两院的党团领袖。

第一款　根据其成员的意见，全国领导机构还包括联络秘书处、机构事务秘书处、国际关系秘书处、经济发展秘书处、区域协调秘书处、部门秘书处等等。

第二款　全国执行委员会的成员优先担任各全国领导机构秘书职务。

第三款　全国执行委员会的成员不得同时担任佩尔塞乌·阿布拉莫基金会执行领导机构的职务。

第一百一十八条　除了第一百一十五条的规定外，全国执行委员会还有以下职责：

第一项　执行全国领导机构的决议。

第二项　召集举行全国领导机构的会议。

第三项　召集举行全国会议或全国代表大会。

第四项　向选举法院递交其机构成员和全国领导机构的登记申请。

第一百一十九条　本篇第六章的规定适用于相应全国性组织机构。

第三节　佩尔塞乌·阿布拉莫基金会

第一百二十条　基金会是由劳工党成立的一个私权机构，旨在深化党的理论基础的讨论，促进和推动有关巴西和世界当前重大问题的思想、政治和文化讨论和研究。

单独条款 一旦条件允许，基金会将寻求与党的各级机构一起开展活动。

第一百二十一条 基金会具备法人资格，有自己的章程，应遵守推动自身活动发展的原则和党的总方针。

第一款 基金会的章程应由党的全国领导机构以多数票方式审批通过。

第二款 对基金会章程的任何修改，应由党的全国领导机构以多数票方式通过，并听取基金会理事会的意见。

第三款 根据上款的规定，基金会理事会可以就修改基金会章程提出建议，并由党的全国领导机构审批。

第一百二十二条 基金会的组织机构包括：

第一，理事会。

第二，执行领导机构。

第一款 基金会章程应对机构设置做出安排，包括每位成员的职权和任期。

第二款 理事会和执行领导机构应由党的全国领导机构以多数票方式通过并任命。

第三款 在出现严重不当行为的情况下，理事会任何一名成员都将被党的全国领导机构撤换，撤换通过多数票决方式，并应听取委员会的意见。

第四款 为使上款的安排生效，委员会应在全国领导机构的指导下制定自身的程序。

第一百二十三条 基金会的财产和资源包括：

第一项 捐款、赠款、契约、遗产、补助金以及其他根据法律获得的资源。

第二项 其资产和权利是一体的。

第三项　通过提供服务的和对其资产进行商业开发来获得收益。

第四项　法律规定的来自政党基金的资源。

第一百二十四条　每年四月底，基金会应向劳工党全国领导机构递交包括财务和行政在内的年度活动报告。

单独条款　在向检查组织递交年度账目前，基金会应将之提交给党的全国领导机构。

第四节　全国培训学校

第一百二十五条　全国培训学校部分由佩尔塞乌·阿布拉莫基金会组成，是党的全国领导机构的关联机构，负责制定和实施劳工党的全国培训政策。

单独条款　全国培训学校的方针和规章应由全国领导机构批准，并听取佩尔塞乌·阿布拉莫基金会理事会的意见。

第五节　党的全国代表大会

第一百二十六条　党应定期举行全国代表大会以分析、讨论和决定党在全国性问题上的政治行动、纲领的实施、党的组织的构成和运行问题。

第一百二十七条　全国代表大会应由全国领导机构召集举行，由其负责制定候选人名单。名单应在州和市代表大会举行之前，在保证党的基层广泛参与的基础上，根据全国领导机构制定的规章中确定的标准形成。

第六节　党的部门、部门秘书处和工作组

第一百二十八条　党的各部门负责组织党员参与不同的社会活动，以实现三种基本目标。

第一，参照其参加的社会活动推动组织劳工党党员。

第二，作为党组织运行的程序性援助形式，必须参与党内公共政策制定。

第三，在每一部门，给参与社会活动的劳工党机构代表、作为议会党

团和各级政府成员的党员以资助。

单独条款 根据本条所涉党员的评价，任何时候都可以取消或成立其他部门。

第一百二十九条 通过相应领导机构的授权，可以在市、州或全国层面内组织部门。

第一款 只有全国会议可以设立和修改被视为全国性的行动部门。

第二款 在考虑到全国一级部门的相应机构已经建立的情况下，州、市和地区执行委员会以及党组织的其他区域机构可以设立党的行动部门。

第三款 根据本章程的规定，所有级别的领导机构应支持建立部门核心机构。

第一百三十条 除了反对种族主义、妇女、土地、环境和发展、文化、工会等秘书处外，各部门秘书处应与相应领导机关（市、州或全国层级）的每一机构的人民运动和部门政策秘书处保持联系。

第一款 党的领导机构应确保财政资源维系部门的正常运作，在将要获得批准的年度预算中预先确定好用于部门行动的资源。

第二款 部门协调处和部门秘书处的任期为四年。

第一百三十一条 部门和部门秘书处应保持长期运作，维持党的组织机构和党的联系。

第一款 根据以下要求，各部门至少保证常规运作：

第一项 全国和州级部门协调机构每年必须至少举行两次会议和一次全体成员会议。

第二项 市级部门协调机构和部门核心机构每年必须至少举行四次会议和两次全体成员会议。

第三项 上述会议和全体成员会议的时间地点应预先向相应领导机构报告。

第二款 遇到旨在改组相应部门协调机构的特别情况，上款的规定可由相应领导机构转达召集。

第一百三十二条 全国领导机构可以建立常设性或临时性部门秘书

处，表明某些特定部门的组织优先性。

单独条款 第一百三十条的规定不适用于全国领导机构设立的部门秘书处。

第一百三十三条 应保证以下情况的发言权：

第一项 部门协调机构在相应级别的领导机构会议上拥有发言权。

第二项 部门秘书处在相应级别的执行委员会会议上拥有发言权。

第三项 部门协调机构在相应级别的执行委员会会议将某一部门事务纳入讨论议程的时候拥有发言权。

第七节 部门会议

第一百三十四条 部门会议应对参与相关社会部门活动的所有党员开放，但应满足以下先决条件：

第一，在会议举行前已经加入党组织至少一年。

第二，在会议举行前已经加入这一部门至少三个月。

第三，根据章程规定，已经交清党费。

第一款 全国领导机构应确定全国、州和市级部门会议的全国性日程安排和规则，一般每四年举行一次，或者在特殊情况下举行。

第二款 为了在部门内获得发言权和投票权，党员应加入相应部门；还应保证能参加其想要参加的其他部门，在这种情况下只有发言权。

第三款 为了本条的安排有效，全国领导机构应规范部门参与，包括制定全国统一的电子表格，由希望加入的党员填写并到相应的州级领导机构登记。

第四款 国内的部门参与名单应每年由全国领导机构制定。

第五款 所有层级的部门代表团和领导机构应由每四年一次的会议通过直接选举程序选举，会议根据全国领导机构确定的日程和规范举行。

第一百三十五条 女性党员可以参加妇女部门并拥有发言权和投票权，还可以选择参加其他部门，同样拥有发言权和投票权。

第一百三十六条 二十九岁以下的党员在劳工党青年部拥有发言权和

投票权，可以选择参加其他部门，同样拥有发言权和投票权。

第一百三十七条 参加反对种族主义部门的党员有发言权和投票权，可以选择参加其他部门，同样拥有发言权和投票权。

第一百三十八条 全国部门会议选举全国召集人和协调员以及部门秘书；州部门会议选举州召集人和协调员、部门秘书以及参加全国部门会议的代表；市部门会议选举市召集人和协调员、部门秘书以及参加州部门会议的代表，比例由全国领导机构确定。

第一款 全国部门会议只能在该部门作为党的机构运行至少一年以后才能举行，时间从全国执行委员会授权之日起计算。

第二款 州和市部门会议可以根据相应执行委员会的授权召开，选举参加上一级部门会议的代表，只能授权运作超过一年的部门召开会议。

第三款 相关会议以及为选举残疾人士部门和印第安事务部门代表的选举的法定人数应低于其他部门的百分之五十。

第四款 参加部门会议的党员应在所属领导机关的考勤表上签字。

第五款 州级部门秘书不是相应州级领导机构的正式成员，在出席州级领导机构和相应执行委员会会议时有发言权。

第六款 上款的规定适用于全国部门秘书。

第七款 部门会议的决议应交由同一级别的会议评估。

第四篇　参加比例制选举和多数制选举的候选人的推选

第一章　一般规定

第一百三十九条 在任何一个层级，都由相应执行委员会或领导机构负责定期开展选举，以指派、抵制和批准比例制选举和多数制选举的候选人，应根据全国领导机构制定的全国日程开展。

第一百四十条 党的候选人应满足下列先决条件：

第一，参加竞选前至少有一年党龄。

第二，按时交纳党费。

第三，在党的官方协议之前，根据党的全国机构制定的模板文件在公证处签署并登记"劳工党候选人承诺书"。

第一款 签署"劳工党候选人承诺书"表明候选人不论是在选举活动还是执行命令方面都根据党的决议和规范开展行动。

第二款 如果违反了"劳工党候选人承诺书"上的任何一项条款，被指控方拥有完全的辩护权，候选者应受到惩罚，从简单警告直至开除出党。

第一百四十一条 已经在同一立法机构连续三次当选以及在联邦参议院连续两次当选的，不能成为同一职位的预候选人。

第一百四十二条 相应机构的执行委员会只能检查指定预候选人的请求是否带有签名或最低有效投票。

Ⅰ．**市一级**

（A）市议员

第一，三名市级领导机构成员。

第二，一个在相应市领导机构登记的核心机构。

第三，一个在相应市领导机构登记的地区领导机构。

第四，参加最近一次市会议的党员的百分之二点五。

（B）市政长官

参加最近一次市举行的直接选举程序的党员的百分之十。

Ⅱ．**州一级**

（A）州众议员

第一，三分之一州领导机构成员。

第二，百分之五市执行委员会委员。

第三，百分之一的该州党员。

第四，州级部门会议。

（B）联邦众议员

第一，三分之一州领导机构成员。

第二，百分之五市执行委员会委员。

第三，百分之一的该州党员。

第四，州或全国部门会议。

（C）参议员

参加州举行的最近一次直接选举程序投票者的百分之十。

（D）州长

参加州举行的最近一次直接选举程序投票者的百分之十。

Ⅲ．全国一级

（A）共和国总统

参加最近一次全国范围的直接选举程序投票者的百分之十。

第一款 候补和副手同样适用本条的规定。

第二款 比例制预候选人在州一级选举时应在相应会议之后九十天内登记，在市一级选举时应当在六十天内登记。

第三款 党员可以签名要求或指定一名以上申请者成为预候选人。

第四款 相应会议选举多数制候选人时，提交表决的姓名应至少获得百分之十的参加会议的正式代表的签名支持。

第一百四十三条 由相应会议负责根据联盟政策和选举策略决定党推出的比例制选举候选人数量。

第一款 当比例制选举预候选人数量低于或等于相应领导机构确定的数量时，名单将提交会议批准，可以委托市领导机构指定其他候选人填补空缺。

第二款 当比例制选举预候选人数量大于相应领导机构确定的数量，同时在候选人名单问题上未达成一致时，应通过对名单人选进行投票来保证比例。

第三款　候选人名单应预先排好顺序，根据每一份名单上的职务数量，将候选人名字放在名单最前面。

第一百四十四条　在举行会议前十五天内，可以书面形式递交针对任何预候选人的反对意见，应附上充分理由和文件，并交相应执行委员会备案，同时立即通知该预候选人，确保其有全面的辩护权。

第一款　如果出现这一情况，执行委员会可以要求报告给当地领导机构指定的道德委员会或临时性专门委员会。

第二款　执行委员会的决定将由会议通过全体公决方式通过。

第一百四十五条　会议期间，执行委员会应向全体与会者提交要求反驳的报告，包括反驳和辩护的理由，以及意见和决定。

第一款　会议将分别对每次反驳进行投票。

第二款　获得四分之三的有效票，反驳将被视为通过，只要弃权票不超过出席人员的百分之四十九。

第三款　会议可以选举填补比例制选举候选人名单空缺的人选参加相应领导机构。

第一百四十六条　候选人名单上的名字获得通过后，遇到下列情况应将其排除在名单之外：

第一项　逐级申诉上级机构的决定。

第二项　候选者本人的意愿。

第三项　相继出现事件，缺乏纪律或道德，确保其有充分辩护权。

第二章　预　选

第一百四十七条　参加共和国总统选举、州长选举、参议员选举和市长选举的候选人超过一名，将举行预选。

第一百四十八条　预选以无记名方式进行党员投票，由执行委员会组织并确保：

第一项　任何党员都可以获得预选的必要信息和名单。

第二项　对有争议的问题进行辩论和协商以向党员做出明确说明。

第三项 选择合适和分散的地点进行投票,除了进行快速和可靠计票以外,还通过严格方式进行监督。

第一百四十九条 预选以及第二轮投票(如果有)的日期,应由相应级别执行委员会根据全国日程表确定,但不能与同一级别的会议日期冲突。

第一百五十条 根据本章程规定,至少具有一年党龄并按时交纳了党费的党员可以参加预选投票。

单独条款 除了全国领导机构预先确定的期限外,本章程第二十七条、第二十八条、第二十九条和第三十条适用于预选。

第一百五十一条 预选期间只能计算投给被推荐者或候选者的有效票数,不包括空白票和无效票。

第一百五十二条 预选结果具有强制性,并在以下情况由会议批准通过:

第一项 市一级,至少百分之二十五的投票者参加了最近一次直接选举程序。

第二项 州一级,符合本条第一项的要求,投票者至少来自本州一半的市。

第三项 全国一级,符合本条第二项的要求,投票者至少来自全国一半的州。

第一百五十三条 当超过百分之五十的选票为白票或无效票时,预选结果应视为无效,由相应会议做出相关决定。

第一百五十四条 相应级别的领导机构在特殊情况下,可以根据其三分之二成员的决定不举行预选。

第一款 本条涉及的特殊情况和时限由全国领导机构确定。

第二款 为使本条的规定有效,多数制选举候选人的挑选应在代表会议上通过无记名投票的方式进行,参加会议的代表只能在本条开头涉及的领导机构会议后选举产生。

第三款 参加副总统选举、副州长选举和副市长选举的候选人超过一名，应由相应会议通过不记名投票方式选择，获得最多票数者当选。

第四款　有两名以上候选人，如果任何一人没有获得百分之五十以上的有效票数，应在获得最多票数的两人之间进行第二轮投票。

第一百五十五条　当相应领导机构或其执行委员会至少三分之一的成员，对党外的多数制选举候选人表示支持时，会议应提前进行预选，以确定联盟政策和选举策略。

第五篇　候选人的正式选举和关于联盟的决议

第一章　协　议

第一百五十六条　关于确定选举候选人和竞选联盟的正式协议，应遵守《选举法》以及高等选举法院的相关决议，根据本章确定的规范完成。

第一款　正式协议应执行根据本章程规定举行的会议所通过的民主决定，以及党的全国机关做出的其他决定。

第二款　未遵守上一款规定的正式协议，应由相应上级机构的执行委员会根据本章程第一百五十九条的规定予以取消。

第一百五十七条　正式协议应在现行选举法律确定的时间内完成，以公开方式并由选举法院确认。

第一百五十八条　签署协议的会议应由相应执行委员会召集举行，可以在一周的任何一天举行，需要必要的审议时间。

第一款　同一级别的相应执行委员会成员组成签署协议的会议。

第二款　签署协议的会议不限参加者人数，但决议只能经所有参加者的至少百分之五十通过才生效。

第三款　签署协议的会议可由相应执行委员会的任何成员主持，应与指定协助签约工作的秘书共同签署会议记录。

第四款　签署协议的会议上，计票结束后马上决定候选人数量。

第五款　签署协议会议的会议记录应包含通过的决议、被选出的候选人姓名以及分配给他们的数量。

第一百五十九条 如果签署协议的会议做出的有关联盟问题的决议违背党的上级机构确立的合法方针，相应上级机构的执行委员会可以取消这些决议及其活动。

第一款 可以全部或部分取消协议。如果只是取消有关联盟的决议，可以保留已由签约会挑选出来的党的候选人的资格。

第二款 如果取消本条所涉及的协议，应在选举法院登记候选人，申请应在部分或全部取消签约之日起十天内递交，比例制选举的候选人也应当遵守六十天的期限。

第三款 在上款的情况下，相应上级机构的执行委员会可以启动替换或挑选候选人的程序。

第一百六十条 如果出现候选人辞职、死亡、不符合资格、拒绝或取消登记的情况，替换正式协议上的候选人应由相应级别执行委员会（在其不作为的情况下，由上级机构的执行委员会）启动替换候选人的程序，可以利用已有手册。

第一百六十一条 比例制选举候选人正式名单上出现空缺，党的机构只可根据上级机构执行委员会的授权启动填补空缺的程序，并以书面形式向相关市或州通报。

第二章 选举活动

第一百六十二条 如果达成了建立竞选联盟的协议，相应机构的执行委员会将通过关于竞选活动和竞选委员会组成的专门决议。

第一百六十三条 如果建立了竞选联盟，比例制选举活动的公开宣传和广告必须突出多数派候选人。

第一款 比例制选举候选人的宣传广告或大部分活动，如张贴户外广告或类似活动，应获得相应领导机构或选举委员会明确授权。

第二款 相应领导机构的执行委员会应确保所有候选人均获得最低要求的竞选资源。

第一百六十四条 禁止与其他党派的候选人举行竞选活动宣传或广告

宣传，除非选举联盟已获批准。

单独条款 当费用已经获得相应领导机构或选举委员会的明确授权后，市级或州级机构只承担多数派候选人竞选活动的开支。

第一百六十五条 候选人应根据本章程的规定以及《选举法》和最高选举法院相关决议的要求，提交各自的账目。

第一款 在递交各自的登记文件时，候选人应向党的相应机构报告以其本人名字开设的银行账户，以获得竞选活动资金，低于两万名选民的市以及没有银行机构的地方除外。

第二款 比例制选举候选人应以各自名义支取竞选活动费用，并各自负担竞选活动的开支。

第一百六十六条 多数派候选人将参与选举委员会或同级别机构的协商。

第一百六十七条 选举委员会应向各自执行委员会报告账目情况。

第一百六十八条 所有竞选活动应成立全国选举支持基金，旨在：

第一项 支付全国领导机构制作、协调或分发材料以及开展活动的费用。

第二项 确保所有多数派候选人获得最低要求的竞选资源。

第三项 根据优先程度调整资源。

第一百六十九条 当竞选活动公开募款没有获得法律批准时，基金将由支持者捐助的资金以及给所有候选人的配额构成。

单独条款 根据机构间预先达成的协议，可以成立州级和市级的类似基金以获得捐赠。

第一百七十条 每一机构的执行委员会将负责关注选举活动的全部收支，确保完全透明。

第一百七十一条 如果候选人（或行政官员或司法官员）采取反对党的候选人的行动，或者参加本党不支持的其他党派候选人的竞选活动，或者违反了第一百六十四条的规定，或没有遵守本章程第一百四十条所涉及的"劳工党竞选人承诺书"的任何一项条款，将被开除出党。

第一款　为使本条生效，在必要紧急情况下，将采取专门程序实施纪律惩罚措施。

第二款　执行委员会应以文件或提交的证据为基础，按以下步骤启动相应纪律惩罚程序。

第一项　候选人应立即得到通知，并在十天内提交书面形式的辩护，确保其获得全面辩护权，可以提交文件和传唤最多十名证人，无需传票。

第二项　确定日期和时间，举行一次听证会，以听取候选人和被传唤证人的证词，向相应领导机构递交报告以作裁决。

第三款　如果是临时委员会，上一款涉及的措施应由直接上级机构的执行委员会实施。

第一百七十二条　相应领导机构的会议日期，应通知候选人，候选人可以借此机会进行至少十五分钟的口头辩护。

第一款　开除出党的决定，只能根据相应领导机构成员百分之五十加一的法定人数的规定，经与会人员的绝对多数票通过方可做出。

第二款　在十天的公告期内，上述决定如果遇到向上级机构的执行委员会提出的申诉而暂停实施，应由执行委员会在随后举行的会议上做出裁决。

第三款　在上级执行委员会做出开除候选人、党员干部党籍的决定之后，相应下级机构的执行委员会将立即得到通知并根据《选举法》的规定，向选举法院递交撤销相关候选人资格的申请。

第四款　为使上一款生效，在相应职能机构不作为的情况下，相应上级机构的执行委员会可以负责向选举法院提出申请。

第一百七十三条　关于上述条款涉及程序的记录，将以带接收函信件的方式进行传达，在寄送给候选人在党的相应机构登记的地址后视为已经收到。

第一百七十四条　当实际影响触及其权限范围，或下级机构或其执行委员会将要采取的措施在递交过程中存在不规范的情况，州或全国执行委员会可以召集本身至少百分之六十的成员开会，对下级机构设立的程序做出决定。

第一百七十五条 全国领导机构可以批准有关选举的其他决议，党的候选人和下级机构应当遵守。

第六篇 党的财务和会计

第一章 财务资源

第一节 党的资源

第一百七十六条 劳工党的财务资源有以下来源：

第一项 根据本章程的规定，党员必须交纳的党费。

第二项 根据本章程的规定，担任民选职务、要害部门和领导的党员必须交纳的党费。

第三项 党员和党的同情者的自发捐款。

第四项 合法捐助。

第五项 根据法律和本章程规定的党的基金的捐助。

第六项 党的活动和相关服务获得的收益。

第七项 全国执行委员会批准的合法商业合同获得的收益。

第八项 其他不被法律禁止的财务支持。

第一百七十七条 党的最基本和长期的募款来自党员。

第一百七十八条 领导机构将全力以赴：

第一项 确保所有党员向党提供财政支持。

第二项 平衡财政来源以避免党依赖唯一财政来源。

第二节 筹款的职责

第一百七十九条 领导机构，特别是财务和规划秘书处，负责组织筹款活动或运动，通过各类方式和机制来扩大党的财政来源。

单独条款 负责机构如下：

在全国层面，由全国财务和规划秘书处负责：

第一，通过党费收集系统收取和发放包括当选官员、要害部门任职人员和领导机构的成员在内的所有党员的党费，公布作为党费收取记账凭证的报告。

第二，向所有机构分配党费，并公布凭证报告。

在其他级别，由财务和规划秘书处负责：

第一，每当有党员担任职务时，通过党费收集系统通知全国一级机构。

第二，党费收取记账。

第一百八十条 党员应当与党的机构进行合作。

第一项 定期交纳党费。

第二项 积极参加筹款运动。

第三项 在接到要求的时候及时交清党费。

第三节　使用资金的职责

第一百八十一条 市、州或全国领导机构的领导者负责各自一级党的财务。

第一，以各自领导机构手册的形式明确指定负责筹款活动、授权或支付开支的领导者，至少包括党的主席和司库。

第二，在没有获得法人代表的指示以及没有上一段提及的负责人签名的情况下，不允许以相应机构的名义来兑换财务票据或者支付党的开支或竞选开支。

第三，兑换以相应机构名义承担的财务票据或债务，包括那些由其负责的竞选活动的开支。

第一款 上级机构不负责授权或支付下级机构承担的财务票据、开支或债务。

第二款 不论出现何种法律情况，本条所规定的以下级机构和法人代表名义承担的债务不能转给或由上级机构承担。

第三款 在任何层级，本条所规定的以党的多数派候选人名义承担的债务，应由相应选举财务委员会支付，或者得到相应领导机构的明确授权。

第四款 在任何层级，拥有各自法人税号的机构，负责收取和管理自己的资金，不适用《民法》有关承担以其他法人法人税号机构的名义担负的证券、债券或开支的规定。

第五款 本条第一项提及的领导者，不能以相应领导机构的名义，在以候选人名义或下级领导机构名义承担的财务票据的担保书上签字。

第六款 除了本章程规定的纪律处罚措施外，本条第一项提及的领导者如果违反或没有执行本条的要求，将支付全部所欠费用。

第七款 任何党员或非党员的个人，在未得到本条明确授权的情况下，以党的名义或相应法人代表的名义承担的任何财务票据，劳工党及其每一级别的领导机构均不承担。

第二章 强制性捐助

第一节 选举权和被选举权

第一百八十二条 所有按时交纳了党费的党员，根据本章程的规定，可以参与任何基层活动和党的各级机关活动中的投票。

第一款 党员按时向党交纳党费。

第二款 党员、当选官员、要害部门任职人员和党的领导者，在希望参加的活动之前的一个月，按时交清全部党费。

第三款 只有按时交纳党费包括交清欠款的党员，才能在党的选举活动中投票。

第四款 为使上一款生效，党员应出示由全国一级党费收集系统发放的信誉凭证。

第二节 党员的党费

第一百八十三条 所有党员必须根据由全国领导机构确定的比例每年向党交纳两次党费。

第一款 本条涉及的缴费比例，将根据党员的收入，确定其党费额度，并根据党员总人数，由交纳本章程第二十七条涉及的集体党费的市级机构决定。

第二款 根据本章程的规定，党员的党费通过党费收集系统收取，该系统自动将收取的党费分发给各领导机构。

第三节 当选官员、在立法和行政机构要害部门任职的党员和党的领导人的党费

第一百八十四条 担任委员、议员、当选官员的党员和党的领导人，应根据本章程第一百八十七条规定的相应月度数额百分比，每月交纳一次党费。

第一款 在行政或立法部门任职的党员应授权财务部门向党汇报所有信息，以及向党的财务和规划秘书处提供凭支票支取的副本和涉及的法律法规文本。

第二款 在全国财务和规划秘书处管控下，必须通过党费收集系统以活期账户或银行汇票自动入账的方式收集党费。

第三款 议会中的党员，除了每月交纳个人党费外，还将负责每月收集其助手和在要害部门任职的党员的党费，确保最低数额达到职位收入总金额的百分之五。

第四款 为使上一款生效，议会中的党员将根据全国领导机构的财务和规划秘书处确定的方针和日期，履行每月的义务，通过党费收集系统向相应机关提交上述党费。

第五款 不遵守本条规定的议会中的党员，将受到以下纪律措施的惩罚：暂停投票权和参加党的活动的权利；暂时中止其党团成员资格，并由

党的候补人员代替；暂停或失去作为在相应立法部门的代表所拥有的全部质询权、职位和职能；禁止参与当选职位的讨论；当重复违反规定时，开除出党。

第一百八十五条 每月的补贴是工资总额减去收入税、退休金以及用于食品和交通的社会保障折扣和福利。第十三个月工资、津贴或其他任何不违背党的原则的额外收入也作为每月补贴的一部分。

单独条款 如果没有关于本条涉及的退休金的司法决定，那么薪水也不会有直接折扣，相关各方之间的协议应正式提交给党费收集系统。

第一百八十六条 在要害部门担任职务的党员以及担任行政官员、立法机构和议会党团领袖顾问的党员，不是正式公务员的，根据本章程第一百八十七条的规定，应当每月交纳党费。

单独条款 在要害部门担任公务员的党员，根据本章程第一百八十三条和第一百八十七条的规定，应根据其日常工资及其任命所导致的工资差距为基础进行计算，在此基础上每月交纳相应党费。

第一百八十七条 在全国领导机构批准之前，担任民选职务以及在立法和行政机构要害部门任职和担任党的领导者的党员的党费标准，必须得到党的全部机构的同意，并且只有在得到党的全国领导机构至少百分之六十的成员协商之后才能进行修改。

单独条款 根据本章程规定的分配原则，本条涉及的党费将由党员通过党费收集系统直接交纳，并分配给相应职位同一级别的机构。

第一百八十八条 党的各机关的党员，应通过党费收集系统每月交纳党费，每月补贴为全部流动资金的百分之一。

第一款 担任党的职员的领导机关成员，应根据全国领导机构确定的缴费标准每月交纳党费。

第二款 为使本款确定的党费计算方式有效，适用第一百八十五条的规定。

第三章 党费在党的组织机构间的分配

第一百八十九条 根据合作、团结、互助和集体负责的原则,每月应在党的组织机构间进行党费分配。

第一百九十条 由党费收集系统收集的党员的党费,应根据以下百分比分配给党员所属投票地点的党的机构:

Ⅰ.没有担任议会职务、政府职务或领导者职务的党员交纳的党费:

(a) 百分之八十五分配给非地区的市级机构。

(b) 百分之四十二点五分配给作为区的市级机构,百分之四十二点五分配给相应的地区领导机构。

(c) 百分之十分配给相应的州级机构。

(d) 百分之五分配给全国领导机构。

第一款 为了地区领导机构的利益,只要正式向全国财务和规划秘书处提出申请,市领导机构可以放弃(b)中涉及的百分比。

第二款 考虑到党员上半年的党费将交至6月15日,本条所涉及的分配应进行到每年的6月21日;下半年的党费将交至12月15日,相应的分配工作也应进行至每年的12月21日。

Ⅱ.在市一级担任委派或民选职务的党员交纳的党费:

(a) 百分之七十五分配给相应的市级机构。

(b) 百分之二十分配给相应的州级机构。

(c) 百分之五分配给全国领导机构。

Ⅲ.在州一级担任委派或民选职务的党员交纳的党费:

(a) 百分之九十分配给相应的州级机构。

(b) 百分之十分配给全国领导机构。

Ⅳ.在联邦一级担任委派或民选职务的党员交纳的党费:

担任行政机关委派的职务的党员交纳的党费

(a) 百分之七十五分配给全国领导机构。

(b) 百分之十五分配给相应的州级机构。

（c）百分之十分配给相应的市级机构。

担任联邦参议院和众议院委派的职务和民选的职务的党员交纳的党费：

（a）百分之百分配给全国领导机构。

Ⅴ．担任党的领导者的党员交纳的党费：

（a）百分之八十五分配给相应市级机构。

（b）百分之十分配给相应州级机构。

（c）百分之五分配给全国领导机构。

第一百九十一条 担任党的领导者和公务员的党员交纳的党费，根据第一百九十条Ⅱ、Ⅲ和Ⅳ（第二种情况）确定的百分比进行分配。

第一百九十二条 每月1日到15日收到的党费的分配工作将进行至每月的21日，每月16日到月底最后一天收到的党费的分配工作将进行至下个月的6日。

第一百九十三条 全国领导机构可以以行政费的名义保留全部党费的百分之五，作为运行开支、银行开支以及维护党员和党组织文件的开支。

第一百九十四条 通过党费收集系统收集的党费，将通过写有名字、个人税号、日期、金额以及全国领导机构保留的行政费和分配给各机构的党费的金额等条目的报告进行管理。

第一百九十五条 任何一级机构，除了强制性分配外，都可签订协议或根据它们所设立的比例，分配在财务活动和其他筹款活动中获得的资金。

第一百九十六条 与全国组织秘书处一道，通过全国财务和规划秘书处，全国执行委员会每年组织与党员活动相关的财务活动，以此来提高机构筹款数额和开展全国活动。

第一百九十七条 根据本章程的规定，可以责令介入没有按时参与上级机构组织的活动的机构。

第一百九十八条 全国领导机构在非常状态下可以向处于实施状态的州级机构提供党费支持。

单独条款 本条的规定适用于处于党的实施和组织阶段的包括市的州级机构。

第一百九十九条 本章程规定的党的机构间的资源分配程序，在获得通过的一年时间内不得修改。

第四章 政党基金的分配

第二百条 《政党法》和高等选举法院的决议所规定的政党基金（政党财政援助特别基金）适用于以下活动：

第一项 维持党的总部所在地和服务，支付任何头衔的人员费用，其中人员费用最高占百分之二十；

第二项 理论和政策宣传；

第三项 吸收党员和选举活动；

第四项 成立和维持政策理论研究基金会或研究所，这一开支至少占百分之二十；

第五项 建立和维持妇女政治参与推动与宣传计划，这一开支至少占百分之五。

第二百零一条 扣除《政党法》第四十四条第四项规定的百分之二十，政党基金的其他资源将根据本章程的规定划分、重新分发和分配给党的机构。

第二百零二条 在执行了上一条涉及的折扣后，政党基金的资源将以以下形式划分：

第一项 百分之六十用于党的全国领导机构；

第二项 百分之四十用于党的州级领导机构，根据本章程第一百八十九条规定的形式。

第二百零三条 全国财务和规划秘书处将根据以下标准分配上一条第二项所涉及的政党基金：

第一项 百分之二十用于州领导机构，平均分给所有州和联邦区；

第二项 百分之八十用于州领导机构，根据最近一次全国会议当选的州代表人数按比例分配。

第二百零四条 通过向党在每州的银行账户存款的方式，全国领导机构将上一条涉及的资金分配给州级机构，有效期为高等选举法院向党的全国机构提供存款之后五天。

第一款 只有根据全国领导机构确立的规范，遵守政党法和选举法，完成了其他财务义务的机构，才能获得政党基金的分配。

第二款 负责分配的上级机构的债务可以被扣除，增加从负债开始之日起计算的储蓄利息。

第三款 除非扣除债务或根据相关方预先确定并签署的协议，如果上级机构将扣留的政党基金份额非法据为己有，将根据全国领导机构确立的规范进行惩罚。

第四款 州级机构获得的政党基金份额，应以表格方式登记，受益方应向全国财务和规划秘书处出具收据。

第二百零五条 州级机构应根据分配标准向市级机构分配该州所获政党基金份额。

第一款 本条涉及的标准在获得批准之后一年内不得修改。

第二款 有关本条涉及的标准的决议副件，应向相应市级财务秘书处和全国财务秘书处递交。

第二百零六条 在提供任何级别的党的机构的账目的时候，应详细罗列政党基金的开支。

单独条款 在向选举法院提供账目时，政党基金的使用情况应每年在党的全国一级机构所在地予以公布。

第五章　预算和内部选举基金

第二百零七条 每年3月份的第一周，党的各级机构应批准由各自财务秘书处或司库在财务委员会的协助下，根据其领导者的建议所制定的年度预算。

第一款 各全国一级秘书处应在上一年的12月，向全国财务和规划秘书处提交年度预算草案；1月，后者应以党在当年的行动计划为主要标准制定财务预算方案。

第二款 上一款所涉及的预算方案应提交给全国领导机构成员和州机构，以便其知情和讨论。

第三款 全国财务和规划秘书处应分析和评估收到的党费，最后制定参与式预算方案，并交全国领导机构讨论和批准。

第四款 下级机构应根据级别遵守本条款规定的程序和期限。

第二百零八条 作为预算当中所规定行动的民主化的方式，可以设定各机构之间的开支比率和注册费用。

第二百零九条 党的各级机构应每月节余百分之五的收入，以设立内部选举基金。

单独条款 内部选举基金应存在专门的银行账户上，用于启动直接选举程序、召开部门会议以及劳工党青年部全国代表大会的开支。

第二百一十条 参加内部选举的候选人名单或候选人的费用只能由内部选举基金支付。

第一款 为使本条的规定生效，党员可以通过内部选举基金向其支持的候选人提供参加内部选举的捐助。

第二款 内部选举基金的分配原则和上一款涉及的党员捐助由全国领导机构做出规定。

第六章　党的会计

第二百一十一条 党的收益及开支将根据法律规定进行核算和管理。

第二百一十二条 根据账簿记账的原则，账本必须按时核算，以保证制定、批准年度报告和账本，并向选举法院递交。

单独条款 年度报告和账本的副本应在递交给选举法院后三十天内提供给直接上级机构。

第二百一十三条 党的资金的流动应通过以劳工党名义开设的银行活期账户进行。

第一款　应由各自执行委员会的主席和财务秘书或司库一起以劳工党的名义开设和激活银行账户，开展银行转账及其他金融转移活动。

第二款　每一级机构的财务和规划秘书处，应根据由全国领导机构制定的《党的会计和财务条例》的要求，详细设定必须得到严格履行和遵守的关于资金流动和会计核算的程序。

第二百一十四条　每个领导机构应当有各自的法人税号。

第一款　本章程第一百八十一条第一项涉及的领导者，应确保各自机关的机构有自己的法人税号，不得以其他的法人税号支取费用。

第二款　在行政问题领域，以及财政、金融、劳工或其他任何司法命令或法外命令，每一级领导机构都自动被视为独立的法人代表，根据现行法律，不能成立以营利为目的的分支机构，其各自的领导者将以各自的法人税号开展活动。

第三款　每个领导机构只能承担以各自法人税号担负的金融交易或开支，同时还应当遵守第一百八十一条的规定。

第四款　在没有获得第一百八十一条所涉及的领导者的明确授权的情况下，党员、领导者或机构使用任何机构的法人税号并造成严重过失的，将受到纪律措施的惩罚。

第七章　财务委员会

第二百一十五条　地区、市、州府、作为区的市、州以及全国财务委员会拥有以下权限：

第一项　合作制定和执行财务预算方案。

第二项　在其权限内分析和出具有关党的资产负债表、财务报表和账目情况的意见。

第三项　根据本章程和现行法律的规定，负责财务管理、党的资产的银行转账以及收支记账。

第二百一十六条　根据本章程的规定选举财务委员会，包括五名正式成员和三名候补成员，不得来自相应领导机构。

第七篇　党的纪律和忠诚

第一章　道德和纪律委员会

第二百一十七条　在其权限范围内，道德和纪律委员会有权查明违反党的纪律、道德、忠诚和义务的行为，为相应领导机构的决定提供意见。

第二百一十八条　委员会的任期与相应领导机构的任期一致，一旦运作过程中出现异常，不得有任何妨碍重新选举其成员的行为。

第二百一十九条　道德和纪律委员会由五名正式成员和三名候补成员组成，并在其中选择一名协调员和一名秘书，其成员不得在各领导机构任职。

第二百二十条　道德和纪律委员会是相应领导机构的政治合作部门，但其职能不具有政治或司法性质。该委员会在评估涉及党的道德和纪律方面的政治问题时，汇总相关要素。

第二百二十一条　道德和纪律委员会应一直优先致力于消除所处理事务当中的政治分歧，以保持党的团结和统一以及党员之间的友好、礼貌和尊重。

第二百二十二条　道德和纪律委员会会议应至少有三名成员出席，空缺由候补成员补充。如果候补成员人数不够填补空缺，领导机构将根据会议的结果按比例挑选候补来完成任期，任何时候都要遵守。

第二百二十三条　道德和纪律委员会将在最长六十天的期限内完成纪律程序的指示，时间从开始指示计算，可以根据相应领导机构执行委员会的标准延长三十天。

单独条款　不得向外透露任何有关道德委员会工作进展的信息，除非相应领导机构做出了决定。

第二章　党的纪律和忠诚

第二百二十四条　根据本章程的规定，通过以下措施保证党的内部纪律和忠诚：

第一项　上级机构介入下级机构；

第二项　根据本章程的规定采取纪律惩罚措施；

第三项　党的机构的公开表态。

第二百二十五条　党员在澄清过程中拥有全面的辩护权，并且受到本章程规定的纪律惩罚措施的制约。

第二百二十六条　介入、解除职能或解散党的机构的集体纪律惩罚措施可以与其他单独的惩罚措施一同实施。

第二百二十七条　违反道德和纪律的情况如下：

第一项　违反纲领性方针、违背道德、不忠诚、违反纪律和不履行党的义务或违反本章程的其他规定。

第二项　不遵守政治方针或党的职能机构定期做出的决议，包括议会党团针对立法机构席位占有者做出的指示。

第三项　议会或行政部门任职期间有不诚实行为，包括党的机构任职或行政任期。

第四项　与党的纲领和宣言相违背的政治活动。

第五项　没有书面解释的合理理由，连续三次缺席党的领导机构召开的会议。

第六项　没有确实履行党的职务和职能所担负的义务。

第七项　不忠于法律和本章程的规定。

第八项　不遵守党的会议和全国代表大会做出的决议，以及由党的领导机构和执行委员会做出的决议。

第九项　宣传其他党或未经劳工党批准的联盟的候选人，或以任何方式向选民推荐其名字。

第十项　达成与党的利益相违背的协议或联盟，特别是与党的领导机构不支持的党派的党员的协议或联盟。

第十一项　支持反对党的纲领性原则的政府，主要是涉及个人利益或担任任何级别的政府公职——部长、秘书、专门董事或类似职务，而劳工党并未支持这一政府，除非得到党的机构的明确授权。

第十二项　妨碍党的任何领导机构运行。

第十三项　推动党员组成团队以主导与党有分歧或不一致的个人和组织。

第十四项　不向党员集体通报选举人名单上的登记名字；不提交党员登记表格；不向党通报党员名单；在内部选举程序中不主动遵守规范或忽略监督；集体支付党员党费或妨碍任何党员参与其所属机构。

第十五项　向党对其他党员进行无根据的指控。

第十六项　在担任政府职务或委员会职务期间，不向党交纳章程规定的党费。

第三章　惩戒措施

第二百二十八条　纪律惩罚措施如下：

第一，内部警告或公开警告。

第二，公开谴责。

第三，暂停一段时间的投票权。

第四，暂停一段时间参加党的活动的权利。

第五，解除在党的机构的职务。

第六，解除委派的职务。

第七，取消用于竞选职务辩论的缩写。

第八，开除出党，取消党员资格。

第九，取消任期。

第一款　根据其违纪的严重程度，以相关职能机构成员以绝对多数通过的标准为基础，采取解除其职务的惩罚措施。

第二款　对初犯者，根据其违反道德、纪律、忠诚以及党的义务的严重程度，采取第一和第二的惩罚措施。

第三款　根据违纪的典型性和严重性，可以同时采取第一和第四的惩罚措施。

第四款　暂停的惩罚措施针对其行使的党的权利和职能。

第五款 暂停的惩罚措施应用于违反党的义务的违纪者，以及第二百二十七条明确规定的违纪行为。

第六款 解除党内职务或职位的惩罚措施应用于有第二百二十七条明确规定的违纪行为的领导者。

第七款 取消用于竞选职务辩论的缩写的惩罚措施应用于有第二百二十七条明确规定的违纪行为的党员，如果是领导者，将和上一款惩罚措施共同实施。

第八款 解除议会党团职务的惩罚措施应用于不遵守本章程第七十三条规定或有第二百二十七条明确规定的违纪行为的议员，如果是领导人，将和第七款的惩罚措施共同实施。

第九款 任何暂停和解除职务的纪律惩罚措施将导致党员失去已经获得的代表资格。

第十款 暂停或驱逐的惩罚措施适用于多次违纪者。

第二百二十九条 对党不忠诚表现为不服从党的理论原则和纲领，不服从章程规定，以及不服从党的职能机构制定的准则。

第一款 承担签约会各项决议和党的利益的候选人参加其他候选人或党派的竞选活动，将被视为对党不忠诚的行为，违纪者受到的惩罚从取消其在选举法院的候选人登记资格到开除出党。

第二款 议会党团成员如果不愿意支持或投票反对党的机构做出的合法指示，除了受到纪律惩罚外，还将受到暂停党团资格并被党的候补成员取代，中止其在内部会议上的投票权以及取消其作为党的代表在相应议会的全部特权、职务和职能等惩罚。

第三款 上一款涉及的惩罚措施在相应的道德和纪律委员会开启了正常程序后实施，除非担任议员的党员不遵守有关"搁置争议"的决定，根据本章程第七十一条的规定，处分措施将独立于程序。

第二百三十条 不使用党的缩写、不服从或反对党的领导机构做出的决议或决定的议员，将失去任期，在此情况下，将根据排序由党的候补成员替换。

单独条款 在自愿停职或受到纪律处罚停职的情况下，也可以采用相当于十二个月总收入的赔偿的惩罚。

第二百三十一条 出现下列情况，党员将被开除出党：

第一，严重违法和违反章程。

第二，严重违反党的纲领性原则、道德、纪律和义务。

第三，对党不忠诚。

第四，参加行政或立法机构职务竞选的党的候选人的行为以及党员的行为与党的机构的决议和党的纲领方针相违背。

第五，对党的领导者、领导层、党的缩写或任何党员抱有公开的敌意、无礼的态度或严重而且反复的侮辱。

第六，在行使议会权力或行政权力时行为不端，在行使党的机构职能或管理职能时亦如此。

第七，个人不当行为重复出现。

第八，重复违反党的义务。

第九，屡次促使党员结成小团体并企图掌控这些与党不同心同德的人或团体。

第十，不遵守党对根本性问题定期做出的决议。

第十一，反对党的候选人或为劳动党不支持的党派候选人举行竞选活动。

第十二，因为臭名昭著的罪行或违法行政活动受到谴责，并最终判定有罪。

单独条款 开除出党的惩罚包括立即取消其在选举法院登记的党员资格。

第四章　纪律程序

第二百三十二条 党员的检举信应以书面形式提出，说明理由和情况，并附有相关证据和最多八人的证人名单，向以下机构递交。

第一，被检举者所属的党的领导机关的执行委员会，如果被检举者担任市长、副市长、市政秘书、市议员或者是州府的领导机构成员以及包含地区的市级领导机构成员，则向相应市级领导机构的执行委员会递交。

第二，如果被检举者是州级领导机构成员、州长、副州长、州或联邦众议员、参议员、国务秘书或同级别官员，则向州执行委员会递交。

第三，如果被检举者是全国领导机构的成员、总统、副总统、部长或同级别官员，则向全国执行委员会递交。

单独条款　如果违规行为的事实或严重性影响到了上一级执行委员会的管辖范围或其利益，上一级执行委员会可以负责应由下一级机构负责的程序及其裁决工作。

第二百三十三条　相应级别的执行委员会将决定道德和纪律委员会受理或委托检举信以启动相应程序，时间为最多三十天。

第一款　如果检举信内容无关，执行委员会将把报告交给相应领导机构并建议存档。

第二款　做出上一款涉及的存档决定之后的十天内，可以向上级执行委员会提出申诉。

第二百三十四条　一旦接到检举信，相应执行委员会将采取以下措施。

第一项　出现明显不遵守党的上级机构制定的决议和指示的情况，在道德和纪律委员会听取证人证词或向相应职能机构提交其他证据以便做出决定之后，无须得到指令，执行委员会将立即通知被检举者在十天内做出辩护，随后交给相应领导机构做出裁决。

第二项　对于其他情况，应交由道德和纪律委员会的协调员负责训诫，在无法成行的情况下，任命一名报告员，该报告员在训诫期间随时可以因为缺席、相关理由或道德原因予以替换。

第二百三十五条　道德和纪律委员会或相应领导机构的任何成员，如果在此案件中存在个人利益，都不得参与训诫和纪律惩戒程序的裁决。不得参与训诫的质询将由党员个人、被检举者或其他相关党员提出，并由相应领导机构的执行委员会做出决定。

单独条款 如果对道德和纪律委员会绝大多数成员存在妨碍或怀疑,纪律惩戒程序将委托给直接上级机构的道德和纪律委员会。

第二百三十六条 考虑到对检举信进行管理,道德和纪律委员会的协调员或报告人将采取以下措施。

第一,通知被检举人在十天内提交书面辩护,包括证据以及指定最多八人的证人名单。

第二,确定举行听证会的日期和时间,会上将听取检举信起草者、被检举人以及相关证人的证词,在作证期间应当立即录制或登记在案,并由证人以及被检举的党员签名。

单独条款 如果道德和纪律委员会的大部分成员做出决定,听证会最好是在周六、周日以及节假日或者其他日期,在党的机构所在地举行。

第二百三十七条 道德委员会可以要求附带文件或听取其他证人的证词,进行详细调查,保证被检举者或其律师可以调阅全部证词、证据和相关文件。

第二百三十八条 训诫结束后,还有十天的时间让检举信起草人和被检举者提交最后的证词。

单独条款 截止日期之后,带或不带任何一方的理由,道德和纪律委员会将制定一份有关详细惩罚措施的意见,以便相应领导机构做出决定。

第二百三十九条 领导机关会议日期将在道德和纪律委员会递交意见之日起二十天内确定,通过邮件通知各方,在会议举行之前五天应当向这一裁决过程中所提及的地址寄出。

第一款 在裁决期间,检举信起草人和被检举人可以个人或通过律师提出口头证据,每次十五分钟。

第二款 在裁决期间,保证被告能够进行反驳并以固有方式享有最广泛辩护权。

第三款 与辩护相关的事实之间存在直接或间接关系的所有方法都被视为进行证明的固有方式,除了那些仅仅为了拖延而采取的方法。

第二百四十条 将要采取的纪律惩罚措施可以是也可以不是道德和纪

律委员会的意见中提及的措施，并且得到相应领导机构根据参加机构决议的法定人数的相关规定，以出席人员绝对多数票的方式通过。

第二百四十一条 在做出采取纪律惩罚措施的决定之后，可以在相关方接到通知后的十天内向上级领导机构提出申诉，相应执行委员会可以暂时中止实施开除出党的惩罚。

第二百四十二条 惩罚期限不包括开始日期但包括结束日期。在开始计时的时候，不计算周六、周日和节假日。

第一款 如果从周六、周日或节假日开始，将从有效计时的第一天开始计算，如果结束于周六、周日或节假日，将顺延至其后的第一天。

第二款 如果章程没有规定专门期限，道德和纪律委员会的协调员也没有确定，那么所有期限都是十天。

第二百四十三条 纪律惩罚程序文件将以带有回执的信函的方式进行通知，在寄送至相关方公布的地址之后即被视为收到。

第二百四十四条 在期限、文件通知或其余程序方面的疏漏将由相关职能领导机构的执行委员会决定，由其裁决纪律过失。

第二百四十五条 在惩罚期限结束前中止实施停职这一纪律惩罚措施，或者反对开除出党这一惩罚措施的重要理由，相关方可以向采取这一措施的领导机关提出复核惩罚措施的要求，并向直接上级机构提出申诉。

第五章 强制措施

第二百四十六条 有明显违反党的纪律和忠诚的行为，对州或者全国层面党组织造成不利影响的，应受到纪律惩罚；或者在紧急情况下，当被告阻挠正常的道德评估进程，或当拖延使得惩罚措施无效时，可以：

第一，由执行委员会根据其四分之三成员投票决定临时停止谴责，为期不超过六十天，其中应当包括裁决过程的时间。

第二，由直接上级机构的执行委员会根据其四分之三成员投票决定对任何下一级机构的成员进行临时停职。

单独条款 上文所及"不利影响"指，州级或全国级新闻当中出现了党员的名字，牵连党卷入不当利益、获利、官商勾结、腐败、挪用公款、贿选或其他不当行为。

第六章 介入、解散或废黜党的组织机构

第一节 介入领导机构

第二百四十七条 上级领导机构可以介入下级机构，旨在：

第一，维护党的统一。

第二，保证党员和少数派的权利以及党内民主的实施。

第三，确保党的纪律和忠诚。

第四，重组财政以及将资金转给本章程规定的党的其他机构。

第五，规范和监督党员。

第六，制止与其他党派就不符合上级决议的事项达成协议或建立联盟。

第七，维护章程、党的道德、党的纲领性原则或相应职能机构确定的政治路线。

第八，保证党关于政治选举程序的安排得到遵守。

第一款 介入的请求将根据本条确定的违规行为的发生或其紧迫性做出。

第二款 在决定有关介入的会议召开前五天，应以带回执的信函方式通知相关机构，以便其在应要求召开的裁决会议上做出书面辩护或进行十五分钟的口头辩护。

第三款 介入的决定将由相应领导机构百分之六十成员的赞成票做出，方案应包括指定五名成员组成的介入委员会，并规定其任期。

第四款 当造成成立介入委员会的相关因素无法消除时，介入期限可以随着做出决定的执行委员会的方案延长。

第五款 介入委员会一旦成立，将被赋予全部权力，在适用的情况

下，决定临时委员会的权限。

第六款　在做出介入决定之后，十天内可向上级领导机构提出无中止效力的申诉，如果决定由全国领导机构做出，则向全国会议提出申诉。

第二节　解散或废黜执行委员会

第二百四十八条　在下列情况下可解散领导机构或废黜执行委员会。

第一，违反章程、违反党的纲领或党的道德，包括不遵守党的上级机构定期做出的任何决议。

第二，不遵守党的纪律。

第三，领导机构的绝大多数成员要求解散。

第一款　应在会议举行之前十天内以带有回执的信函方式通知领导机构或执行委员会，以便其准备三十分钟的口头辩护。

第二款　如果已经解散领导机构或罢免执行委员会，将不予承认其在选举法院的注册或促使取消其注册。

第三款　解散领导机构或罢免执行委员会的命令将以直接上级领导机构成员绝对多数票的方式颁布，解散方案里应包括指定一个临时委员会，其组成应符合本章程的规定。

第四款　从做出解散领导机构或罢免执行委员会的决定之日起，在十天内将资金交由直接上级领导机构管理，如果决定是由全国领导机构做出，则交由全国会议管理，由具备中止执行效力的相应执行委员会接收。

第五款　如果在选举进程当中现行法律使得立即执行解散领导机构或罢免执行委员会的决定变得不可或缺，那么上一款涉及的中止执行效力不应用于决议或与选举进程有关的材料。

第八篇　党的听证机关

第二百四十九条　听证机关是党的合作机构，设有全国和州层级，旨在保持党的行动与党员的集体愿望以及与其希望代表的社会各界相协调，在必要情况下就党的政策方案进行讨论。

第二百五十条 根据全国机构确定的规范和职能，由州和全国执行委员会负责成立各自的听证机关并通过合适的方式来开展活动。

第九篇 党内流派

第二百五十一条 根据本章程的规定，党员有权组织长期有效的党内流派。

第一款 党内流派是党员之间建立联系、在党内维护特定政治立场的团体，不能公开表态并宣称永久存在。

第二款 党员结成的团体如果不组成本章程规定的党的机关或机构，应作为党内流派向相应领导机构申请登记。

第三款 不符合本条开头要求的团体都将被视为不规范的团体，其成员将受到本章程规定的纪律措施的约束。

第四款 党不承认那些公开或党内拉帮结派的党员的权利。

第二百五十二条 党内流派可以是市、州或全国一级，在涉及党的利益的所有领域活动或专注于某个特定部门或主题。

单独条款 党内流派应就其活动领域向相应机构申请登记。

第二百五十三条 党内流派不得有自身的总部。

第一款 党内流派必须在党的活动场所开会，其活动始终限于党内，应向任何党员开放。

第二款 希望拥有场所开展其活动的党内流派应向相应执行委员会报备并获得其授权，其场所不得有任何公开标志。

第三款 上一款涉及的场所也可以被党使用，禁止非党员使用。

第二百五十四条 党内流派可以在党内发布信息简报，编辑与政治和理论讨论有关的刊物，或围绕时局和社会运动提供建议，在党内传播。

第一款 禁止发布宣传册、报纸、杂志或其他任何传播媒介以向党外泄露党内流派的立场。

第二款 禁止向党外传阅党内流派签署的任何涉及党的正式立场的文件。

第三款 社会运动中党的政治活动的确定和组织都应当由党的机构决定，同时尊重其自主性。

第四款 在涉及更换领导机构或对党的基础进行讨论的全国代表大会期间，保证党员和不同竞选名单以及候选者支持的各项政治计划方案得到最广泛的自由传播。

第二百五十五条 只要不与党的财务发生竞争或不从外部获得资金用于内部流派活动，在向党的领导机构通报的情况下，党内流派可以保留筹款机制。

第二百五十六条 党内流派的决议不能超越党的决定，也不能与其实际活动相冲突。

第二百五十七条 国际关系是党的专门权力，通过专门领导机构开展活动。

第一款 全国领导机构应通过党内流派对目前的国际关系进行评估，确定其是否符合党的政策。

第二款 上款涉及的评估，是为了让全国领导机构就国际关系事务设立程序或期限，党内流派不得在国际事务或国际组织中派驻代表。

第十篇 传播媒介和政治培训

第一章 传播媒介

第二百五十八条 信息的民主化是构成党的民主以及民主社会不可替代的因素，劳工党设立常设传播媒介。

第二章 政治培训

第二百五十九条 政治培训与党的多元和民主性相一致，应成为开展批判活动的推动者，超越教条主义和对真理的重复传播。其方法论应以党和社会现有观点和意见的多元性为基础，在此过程中应保持商讨、怀疑和论战。

第十一篇　党的资产

第一章　党的识别标志和符号

第二百六十条　红色五角星内写有劳工党的缩写 PT，"OPTEI"和"Lula—lá"是党的识别符号，与已经注册的党的标志相一致，党的全国领导机构是绝对和唯一的责任人。

第一款　可以注册以党的全国领导机构作为绝对和唯一责任人的其他标志和符号。

第二款　包括商业、产业和品牌开发在内，党的符号和标志只能由全国执行委员会确定的特许权、授权或代表机构来使用。

第二章　党的资产

第二百六十一条　党的资产包括：

第一，资产收益。

第二，个人或公司的捐助和遗赠。

第三，拥有或未来拥有的动产和不动产。

第四，根据本章程的规定获得的资源。

第二百六十二条　如果根据全国会议的决议解散党，其资产将交给劳工机构。

单独条款　本条所涉及的解散决议，只能在提前六个月以解散党组织为议程而专门召开的全国会议上，获得三分之二与会代表的同意之后才能批准。

第十二篇　一般及过渡性规定

第二百六十三条　为便于党组织和管理，联邦区和其他州平级。

单独条款 联邦区众议员或其他同级别议员与州众议员平级。

第二百六十四条 当前章程可以在全国会议上由代表通过多数决方式投票进行修改。

第一款 为使本条生效,全国执行委员会将指定一个委员会制定修改计划,推动其在规定时间内公布,并向所有级别的领导机构散发,以便提交修改意见。

第二款 根据法律规定,章程的所有修改应在具备相应职能民事办公室登记,并向最高选举法院备案。

第二百六十五条 全国领导机构负责规范全国一级宏观区域协调机构的运行,包括本章程的规定,如有必要,应预估其实施效果。

第二百六十六条 党的成员不以党的协会的名义承担相应义务。

第二百六十七条 在通过邮件寄送传票、通知或任何党的文件时,一旦抵达全国登记册上的地址,不论何种用途的邮政收据或回执都被视为档案资料。

第二百六十八条 根据全国、州、市级机构的职责,或通过与专门团体达成的协议,可以根据党的政治利益建立调查、教育和训练系统或开设专业培训课程。

第二百六十九条 工作组可以由全国领导机构根据情况成立,以制定政府计划、公共政策或在竞选活动期间联络各部门。

第二百七十条 为使第一百四十一条生效,市议员职位生效期从2012年开始,其他职位从2014年开始。

第二百七十一条 关于第四十一条、第五十条第二款、第六十六条和第一百五十二条所确定的法定人数,2013年进行的下一次直接选举程序的参加人数从参加最近一次直接选举程序的投票人数的百分之二十五降至百分之十五。

(依据2012年2月修订的劳工党党章译出,来源:www.pt.org.br)

(周志伟、刘镓、何露杨 译 靳呈伟 校)

巴西社会民主党章程

第一篇 党、党的目标和党员

第一章 持续时间、总部和集会场所

第一条 巴西社会民主党（PSDB）是享有私权的法人，其总部位于巴西联邦首府——巴西利亚，活动范围面向全国，根据本章程运行。本章程依据联邦宪法第十七条的规定明确党的架构、组织和运作，章程也遵守现行联邦法律所定制度。

第二章 党的目标和纲领性原则

第二条 巴西社会民主党基于党内民主和纪律，将以下几点视作纲领性目标：巩固个人与集体权利；践行参与式民主和代议制民主；维护国家主权；建立公平的社会秩序，保证机会平等；尊重思想、文化和民族多样性；实现和谐发展，重点平衡各个地区和社会阶层间的财富分配。

第三条 巴西社会民主党组织、运作和行动的基本方针和纲领性原则由以下几点构成：

第一项 党内民主和纪律，确保党的行动团结，确保在制定党的政治方针、通过定期自由的无记名投票选举任命各级领导人时党员能够最大程度地参与。

第二项 在其任期结束后，允许党的领导人再次竞选职务。对于同一职务，最多连任一次。

第三项 党员有效参与党内生活，包括内部决策过程和党产、财务、技术及操作等方面的培训。

第四项 长期坚持行动，不受活动、选举和议会的制约。

第五项 与社会运动接触，尊重其特性和自主性，确保其在党的干部和候选人名单中拥有代表，鼓励社会尤其是仍处于边缘的部门自行组织。

第六项 党的组织机构应推动组织会议、课程、辩论以及相关活动的宣传，党员应积极有效参与上述活动。

第七项 社团机构应为无选任职位的党员保留至少三分之一的席位。

第八项 关于所有问题都可以进行自由辩论，由多数决定，并尊重最后决议。

第九项 所有党员，不论是否担任民选公职，必须遵守纲领性原则和党的决定。

第四条 党将在各选区推动针对其党员、积极分子和竞选公职候选人的培训课程，不允许将评估或任何形式的智力筛选作为选择候选人的条件。

第三章　党　员

第五条 任何充分享有政治权利的巴西人，若正式表示将遵守巴西社会民主党章程及纲领并努力加以实施，都可以发展成为党员。

第一款 入党仪式将由市领导机构在成员所在地用于市民选举的地方进行，或者根据本章的规定，可选择由全国领导机构组织；若该市未有领导机构，入党仪式由相应州执行委员会或临时委员会负责。

第二款 若有意由全国领导机构组织入党仪式，全国执行委员会应至少提前五天通知该成员所在的区或市领导机构和州领导机构。

第三款 依据本章程，在设有区领导机构的市，入党仪式将由区领导机构在该地用于市民选举的地方进行。也允许由市领导机构组织，但应提前通知相应区领导机构，确保在遭到反对的情况下还有时间进行调整。若该区未建立领导机构，则由市执行委员会或临时委员会负责。

第四款　年龄尚不够参加竞选的青年，若承诺遵守党的纲领性和理论原则，可特殊入党，并参与当地党组织举行的有选民资格要求的活动外的活动。

第五款　根据全国执行委员会或州执行委员会的决议，禁止在党的选举过程中，为取得多数支持而群体性入党。

第六款　为了便于参与党的活动、内部交流和政治行动，全国执行委员会可以通过决议将党员分成不同类别，但禁止限制任何在本章程第十四条中明确的党员权利。

第六条　依据宪法和现行法律规定，经执行委员会批准，符合本章程规定，可同意选民加入巴西社会民主党。

第一款　根据全国领导机构决议和现行法律的有关规定，入党可以通过卡片或其他方式。

第二款　入党申请应由领导机构或临时委员会的成员作为推荐人，担任议员的党员亦可。申请将上交执行委员会或临时委员会主席或秘书，不允许拒收。

第三款　收到入党申请后，秘书处将在党总部或其他惯用地点张贴通知，公示三天，以告知其他党员，或接收任何反对意见。

第四款　在上款提及的公示期内无反对意见的，执行委员会或临时委员会应在三天内做出最终决定；若入党申请未批准，申请人有权根据下一条的规定进行申诉。

第五款　若委员会未在三天内做出决定声明，视为批准入党申请。

第六款　向选举法院寄送名单截止日期前一周递交的入党申请，可根据党规和选举法采取简易程序，将前几款内容规定的期限减少至原来的三分之一。

第七款　批准入党后，应向该党员提供有关法律决定的证明，入党日期为申请接收日。

第八款　在第八条规定的期限内，区和市执行委员会应向州执行委员会寄送党员最新完整关系资料，用于会议和党员注册管理，副本寄送选举法院；在三十天内，州执行委员会就本州党员的注册信息与全国执行委员会进行沟通。

第九款 党保持更新区、市、州及全国党员注册的最新信息，此类信息向每位党员开放。

第十款 若未执行第八款的规定，可扣留相关领导机构的政党基金，不妨碍执行本章程规定的其他纪律惩罚。

第七条 自通知在党总部或其他惯用地点张贴开始起的五日内，任何一名党员都可彻底反对入党申请，被反对者同样有五天时间进行申诉。

第一款 可出于以下理由对反对进行反驳：

第一项 在公共事务管理时行为不当。

第二项 个人行为不当。

第三项 对党的缩写抱有公开的敌意，不尊敬党的领导人和领导层。

第四项 不符合党的政治方针、准则和纲领性原则。

第五项 为争取党内选举过程中的数量优势而团体入党。

第二款 在本条开头所及期限内出现反对情况，执行委员会或临时委员会应在调查结束后三天内做出决定。

第三款 关于反对入党申请的决议，可在其公布日起五天内向直接上级执行委员会申诉，被上诉者同样有五天时间进行反驳。

第四款 若入党申请被驳回，申请人可在决议公布日起五天内向直接上级执行委员会申诉。

第五款 若市或州执行委员会在受理申诉时仍维持对应的区或市执行委员会的决定，且表决通过的成员少于三分之二，申请人还可以向对应的州执行委员会或全国执行委员会提出特殊申诉。

第六款 在相关机构调查后，除了上款提及的特殊申诉，受理申诉的市和州执行委员会以及全国执行委员会做出的决定都是最终决定，将在申诉结束之日起十五天内对外公布。

第七款 若经上诉后获准入党，则入党日期仍为申请接收日。

第八款 若入党申请人是公共熟知的名人，包括曾经或现在就任选举职位、公共或有政治影响力的职务，区、市或州执行机构必须在对其进行评估前五天，向全国执行委员会报告该申请。在任何情况下，都可向全国执行委员会进行申诉。

第八条 根据现行选举法和党的相关规定，区或市执行委员会在规定期限内将包含选举职位和入党日期以及所有党员姓名的名单寄给选举法官，以便存档、公布，满足参加职位竞选候选人的党龄要求。

第一款 若名单未在本条涉及的规定时间内寄出，所有选民的党组织关系保持不变，仍为以前寄到的名单，但因本章程所提到的任何原因而取消党组织关系的情况除外。

第二款 由于疏漏、懒散或恶意而受损的人员，可向党的上级机构抗议。遇到不予受理或拖延的情况，可直接向选举法院提出要求遵守本条开头所述内容。

第九条 改变选举住所的党员可与对应的区或市领导机构进行书面联系，后者应立即将入党证明寄至新选举住所的领导机构。

第一款 一旦入住新的选举住所，党员应立即与区或市领导机构汇报新地址以便及时更新登记信息。

第二款 领导机构收到党员选举人关系转移的申请，应将其姓名纳入根据上条规定寄给选举法官的名单中。

第十条 想脱党的党员应与区或市执行委员会以及所登记的区选举法官进行书面联系。

第一款 递交书面材料两天后，与党的关系自动解除。

第二款 巴西社会民主党党员未与对应领导机构和选举法官联系而加入其他党派，成为双党人士，将受到法律制裁。

第十一条 发生以下情况，党组织关系立即自动解除：

第一，死亡。

第二，剥夺政治权利。

第三，开除出党。

第四，本条中所描述的经常性缺勤。

第五，受到州或全国执行委员会召集，但未进行再注册。

第一款 若党员一年内连续两次以上不参加大会，或连续五次以上缺席集会，被视为经常性缺勤，由区或市执行委员会自行或根据相应纪律和道德委员会提议决定。

第二款 一旦发生经常性缺勤的情况，执行委员会应立即通知该党员，要求其在十五天内做出澄清。

第三款 若未做出澄清或未收到任何说明原因的文件，该党员将被取消党籍。决定将在四十八小时内通知该员，根据本章程第七条第四、五、六款规定，该员享有申诉权利。

第四款 对于正在为巴西社会民主党或曾为党做出突出贡献的党员，或执行委员会认为保留该党员的党籍对巴西社会民主党意义重大，则不适用上几款的规定。

第五款 本条开头第五中提到的再注册，须按照第三十二条第一项的规定，以公告的形式召集，至少提前三十天通过电子邮件或寄送邮件通知每个党员，内容包含再注册的地点、时刻以及最后期限。

第六款 担任党或选举职务的党员或党龄不满两年的党员，可以不参加本条第五和第五条中提到的再注册。

第十二条 曾自愿退党或根据相关党的机构的决定被取消党员资格的人员重新入党时，根据本章程规定，将听取基层核心小组的意见。

单独条款 由于对党不忠诚、违反章程、道德或党的原则等问题被开除者不允许重新入党。

第十三条 若有基层核心小组，则应告知党员候选人，可在居住区域或工作单位进行注册；若候选人有兴趣加入基层核心小组，可就加入事宜联系核心小组并使用第七条所规定的反对权利。

第四章 党员的权利与义务

第十四条 党员权利如下：

第一，积极参与党的生活和党开展的活动，享用相关服务。

第二，参与党的决策过程，在会议中发表自己的观点，揭发违规现象，面对指控或处罚为自己申辩。

第三，在党组织中选举或被选举。

第四，与违反党的民主、纲领性原则和章程规定的行为作斗争。

第一款　一般情况下，党员至少入党六个月才能行使选举或被选举的权利。当区或市的第一个领导机构成立，或领导机构解散的情况下，入党满三十天的成员都可以参与临时委员会召开的会议并行使所有党员权利。

第二款　若入党人本身担任选举职位或具有一定政治影响力，第一款涉及的时间限制也可减少至三十天。经直接上级执行委员会认可，该成员可行使所有党员权利。

第三款　如果在多数制或比例制选举日期前的一年内不是党员，任何公民均不能作为党的候选人参选任何职位。

第十五条　党员的义务如下：

第一，按时参加所属党组织的会议和活动，以及党的候选人的竞选和政治运动。

第二，捍卫、宣传、遵守并履行党的纲领和章程。

第三，遵守并履行全国领导机构、全国或州政治委员会以及州、市、区领导机构的指导和决议。

第四，尤其是在担任选举任职和公职的过程中，道德、个人与职业行为符合党的责任性。

第五，在党的候选人竞选职位时给予投票、支持，贡献自己的一份力量。

第六，对党的领导人、任期内人员和其他党员保持礼貌与尊重。

第七，依据本章程规定和区、市、州及全国领导机构的决议，按时缴纳税费，参加为党筹集资金的运动。

第八，如果当选，在党的组织机构中担任职务，准确履行职责。

第一款　选举任期内或担任直接或间接公共管理职务的党员，应信守正直、忠诚等纲领性原则和党的方针。当经所属机构多数成员同意时，应提交活动报告。

第二款　当党员受邀担任未得到党支持或党没有参与的联盟的政府职位时，应提前向对应级别的执行委员会请示，未得到授权不得自行担任。

第三款　由党推选的党员，若在任期内退党，根据相关规范和现行立法的相关规定，将失去所任职务，并支付相当于每月报酬或津贴六倍的罚款。

第四款　由党推选的党员，如果根据第一百三十二至一百三十五条的规定被党开除，根据相关规范和现行立法的相关规定，将失去所选任职。

第二篇　关于党的组织与运作的一般规定

第一章　党的组织

第十六条　党的组织与运作，建立在两条关于结构和行动的基本路线的协调与整合之上。

第一，本章程规定党组织为三级垂直结构，党的决策程序和党内生活的行动都通过该结构进行。

第二，与社会及社会运动的联合结构，包括：在地理方面，与民间、居民及社区组织的联系；在职能方面，与劳工、青年、妇女、少数民族、自由职业者、艺术家、农民及其他运动的联系，上述行动都通过基层核心小组和秘书处进行。

第十七条　按联邦三个级别划分，党的组织机构如下：

第一，决议：区和市、州、全国会议；

第二，党的领导和行动：区、市、州、全国领导机构和相应执行委员会，以及全国政治委员会。

第三，议会行动：市、州、全国议会党团。

第四，党在社会中的行动：基层核心小组，区和市、州、全国秘书处。

第五，党纪与忠诚：区和市、州、全国道德和纪律委员会。

第六，财务监管：区和市、州、全国审计委员会。

第七，合作：州政治委员会，进行政治、经济、社会研究和政治培训的特奥托尼奥·维莱拉学院，地区协调机构及其他。

第一款 选民数超过五十万的市，除了市领导机构负责该地区的活动以外，将设管理单位或选区领导组织，其权限由本章程规定，其行动由市领导机构统筹协调。

第二款 不符合上款规定的情况的市，其领导机构可以组织作为合作机构的选区领导机构，选区领导机构不用呈送选举法院登记报备。

第三款 全国领导机构将明确规定党的劳工与青年运动的组织与运作方式。

第十八条 全国会议是党的最高机构，区或市分组是其基础组织单位。

第二章 会议和领导机构

第十九条 会议和领导机构例会，一般由执行委员会或其主席按照本章程与选举法规定的时间与目的召开，特殊情况下，可由执行委员会或领导机构的三分之一成员召集，或由相应议会党团的三分之一成员召集。

第二十条 除了相应执行委员会另选其他城市，区和市会议及区和市领导机构会议应在市总部或相应选区进行；州和全国会议及州和全国领导机构会议应在州府和首都进行。

第二十一条 党的领导机构和其他机构的任期为两年，可根据本章程第三条再次竞选。

单独条款 经全国领导机构决定，区和市、州、全国领导机构及对应的执行委员会任期可最多延长一年，期间该人员在其他机构担任的职位任期也自动延长。

第二十二条 任何党员都不得同时在一个以上的执行委员会任职，其中之一是全国执行委员会的情况除外，但允许在一个任期结束后担任另一个。

第二十三条 选举领导机构和相应会议代表的区和市、州、全国会议,一般应在领导机构或代表任期结束时根据全国执行委员会的下列决议举行。

第一款 本条开头所提及会议应在上半年进行。

第二款 会议召开日期的确定,应遵守以下规定:

第一项 除了选定全国会议的召开日期,应统一时间召开各区和市、州会议,最好定在周日,可在任何时间段进行,保证至少三个小时的会议时间。

第二项 选定三次例会的时间时,应设间歇,以便执行会议前后的相关工作。

第三项 对于不能按照既定日期举行例会的市,全国执行委员会可设定新的日期,但至少早于相应州例会召开日期一周。

第四项 同理,对于不能按照既定日期举行州例会的,全国执行委员会可设定新的日期,但至少早于全国例会召开日期一周。

第三款 上款第三和第四项提到的情况中,对于未如期举行例会的领导机构,由全国执行委员会决定是否延长其任期至新日期,若无延长决定,则任期自动结束。

第四款 选举领导机构和代表的区和市、州会议,一般在例会结束后进行,被视为特殊会议,举行日期由相应州执行委员会和全国执行委员会决定。

第五款 上一款中提到的特殊会议选出的人员,将在由例会选出的对应的领导机构任期结束的同一天结束任期。

第二十四条 入党满六个月后,党员才能参加会议,本章程提到的特殊情况除外。

第二十五条 各领导机构正式成员与候补成员的候选人以及会议代表与候补代表的候选人名单将以书面形式,在本章程规定的时间内提交相应执行委员会。

第一款 申请应以两联的形式,执行委员会秘书处将第二联交申请人保管。

　　第二款　注册申请应附候选人的个人或集体声明，同意作为监督者的应募者参加投票、清点票数和公布结果的过程。

　　第三款　任何候选人只能加入一组名单，否则该候选人所得选票视作无效，名单得票不会受影响。

　　第四款　同一委员若同时支持两组名单，则该支持视为无效。

　　第五款　若有两组以上名单竞争，应在会议开始日期三天前受理相应应募者的要求，整合已注册候选人的名单，候选人只能登记在新名单上。

　　第六款　注册申请的应募者可成为候选人。

　　第七款　执行委员会应在本条开头提到的申请接收截止日当天，安排一名委员或雇员值班，会议通知中应注明值班地点和时间。

　　第二十六条　在收到注册申请后，执行委员会应根据第二十五条的规定进行审查，若有不符合规范的可进行修正，应明确其补救措施。

　　单独条款　名单注册申请公示异议期结束后，若无异议，且申请业已按照规定修正不规范之处，注册申请视作通过。

　　第二十七条　任何一个委员都可以通过相应执行委员会就申请注册的候选人名单提出异议。

　　第一款　若有异议，则应在注册申请结束四十八小时内提出。

　　第二款　收到异议后，主席应在一天之内指定一位执行委员会委员作为文书，并告知遭到异议的名单的应募者，如需反驳，也将在四十八小时内进行。

　　第三款　反驳期限结束后，文书应在两天内形成意见并提交执行委员会，委员会应在两天之内开会做出决定。

　　第四款　相应执行委员会应在一天内将其决定通知当事人。

　　第二十八条　允许就有关决定进行上诉。

　　第一，市执行委员会：关于针对区领导机构或市会议代表候选人或名单异议的决定。

　　第二，州执行委员会：关于针对市领导机构或州会议代表候选人或名单异议的决定。

第三，全国执行委员会：关于针对州领导机构或全国会议代表候选人或名单异议的决定。

第四，全国领导机构：关于针对全国领导机构候选人或名单异议的决定。

第一款　上诉应在当事人得知决定后的两天内直接提交相应职能机构。

第二款　收到上诉后，上级执行委员会主席应立即指定一名文书，并通知被上诉者，如需要，被上诉者在两天内阐述自己的理由。

第三款　在上款提到的期限结束后，相应执行委员会应在两天内开会审议上诉并做出决定。

第四款　若没有时间保证在会议前一天做出上款提到的决定，相关负责机构可暂停上诉。

第五款　截止会议开始前一天，注册被拒绝的候选人可被其他人替代。

第二十九条　任何会议中，排除无效票和白票，得票超过有效票百分之八十的名单视为当选。

第一款　若只有一组名单，至少获得百分之二十的有效票，方可视为当选。

第二款　若没有举行本条中所指选举，则领导机构无法组建。

第三款　根据注册申请的顺序，候补人员将视为当选。

第四款　若在领导机构和代表以及候补选举中，超过一组名单获得百分之二十以上的会议投票，则按照对应比例分配席位，由其候选人根据相应注册名单上的顺序履职。

第五款　在按比例分配领导机构和代表席位时，零点五以下视作无效，超过零点五则化整为一。

第六款　根据第四款中的内容，若正式候选人没有进入相应的比例并获得席位，则根据上款规定的比例标准，优先考虑进入领导机构候补名单。

第七款 领导机构候补席位填补的顺序可依据各组名单间达成的协议。如不存在协议，则依照以下顺序：得票最多的组根据对应的比例占据前几个席位，得票次之的组根据其比例占据随后的席位，以此类推直至填补完毕。

第八款 若各组没有形成各自的选票证，应在办公室或选举地发布所有候选人的注册名单，以便委员充分了解。

第三十条 在领导机构成员任期内，未被选上的会议代表和候补人员维持其身份。

第三十一条 会议中关于党的组织机构选举、候选人的选定以及联盟等问题的审议，应通过直接无记名投票进行。

第一款 禁止委托投票和累加投票；担任多个党内职位者只能行使一次投票，但若其中的某职位无候补人员，则还需投票。

第二款 在上一款所涉情况中，担任多个党内职位者无法投票时，根据本章程规定，将由其候补或接班人代替投票。

第三十二条 会议和领导机构召集开会时，应遵循以下几点要求，否则可视为无效。

第一，应在当地媒体刊登会议通知，并在党部、市局或当地论坛或选举事务所张贴，按照以下规定确保提前相应的时间。

（a）选定选举职位的候选人以及审议联盟的会议，市选举应提前三天通知，其他选举提前五天。

（b）选举党的组织机构的会议应提前十五天通知。

（c）本章程中规定的特殊会议应提前二十五天通知。

（d）审议道德和纪律委员会进程的会议，根据第一百六十五条第二款第二项的规定，应提前十天通知。

第二，在上述期限内，通过邮寄、电子邮件或者口述等可能方式传达会议通知。

第三，通知应明确会议日期、时间、地点以及审议的相关主题。

第一款 第一（b）中提到的通知应按照第二十五条第七款的规定，注明地点和时间。

第二款 会议通知中还应注明委托候补人员的起始日期。

第三十三条 会议应由对应领导机构的主席主持，有一定数目的委员参与。

第一款 旨在选举党的组织机构成员的区和市会议，应保证至少有全国领导机构设定的最少党员数的百分之二十的人员参加，该人数不得低于三十。

第二款 其余市、州和全国会议，应保证至少有拥有投票权的委员的百分之三十参加，本章程明确人数的情况除外。

第三十四条 在正式成员因故无法参加或缺席的情况下，根据候补人员选举时的得票数，票数多的候补人员优先代替参会，依次类推。

第一款 当成员在会议开始后十五分钟内未现身会场，则视为因故无法参加。

第二款 若发生上一款中的情况并且所有缺席者都由候补替代，在会议结束前迟到者将不能执行其职能。

第三款 会议中，通知将规定候补人员的履职开始时间，在此时间点后，可适用上一款的规定。

第三十五条 根据本章程第一百三十一至一百三十四条等相关规定，因取消党籍、拒绝接受或罢免职务而出现空缺，填补职位时应遵循以下几点：

第一，执行委员会中的空缺应在空缺起九十日内填满，由对应领导机构决定人选，执行余下的任期。

第二，填补领导机构出现的空缺应通过召集候补人员开会，由相应执行委员会按照选举的顺序进行。

第一款 若空缺数超过领导机构或执行委员会成员数（包括候补人员数）的一半，该机构将被直接上级机构定性为无效力，后者根据本章程的规定选举或指派新机构。

第二款 若本条第一中的空缺，从其开始出现到该职位任期结束不到一百八十天，则候补人员直接顶替执行余下的任期。

第三十六条 在会议选举领导机构成员时，至少应满足以下条件：

第一，只有拥有全国领导机构设定的最少固定党员数的市或选区，才能建立市或区领导机构。

第二，若要在有五十万以上选民的市，组织市领导机构，党应至少在百分之十的选区设立区领导机构，且数目不少于三个。

第三，若要组织州领导机构，应至少在该州百分之十的市设立领导机构，且数目不少于三个。

第四，若要组织全国领导机构，应至少在全国三分之一的联邦单位设立州级领导机构。

第一款 在相应会议或领导机构会议后十天内，区或市执行委员会应向州执行委员会寄送经核实的会议记录复印件，其中附上所有入选党内机构成员的署名。州执行委员会应向全国执行委员会寄送。

第二款 全国领导机构应通过决议规范会议及执行委员会和领导机构会议记录的登记形式、复印件的核实手段，保证记录和复印的可靠性。

第三款 出席会议的委员、领导机构和执行委员会的成员，应被记录在会议记录册的前面；或者记录在单独页作为出席辅助名单，该名单应由会议主持人进行核实。

第四款 会议、领导和执行委员会会议的记录册应是公开的，获取记录册应由相应领导机构的主席签字。会议记录应由秘书和主席共同签字，若出席的委员和成员愿意，也可签字，不强迫。

第五款 若区和市执行委员会未遵守本条和本章程的其他相关规定，其会议可由州执行委员会、前公职人员或任何会议的代表取消，取消提议应在会议日期五天内提出。

第六款 若收到代表取消会议的提议，州执行委员会应在收到会议的相关文件之日起十五天内检查并决定，若该期限内未做出决定，相关人士可转向相应州领导机构。

第七款 只有完成本条规定的检查，州执行委员会才能按照法律通告地区选举法院。

第三十七条 党的领导机构成员、代表、相应候补人员以及其他当选的党内机构成员，在发布相应选举结果后，视为自动就职。

第三十八条 为了履行登记义务，执行委员会应按照法律规定的形式将其领导机构的组成、成员名单及有关人事变动告知选举法院。

单独条款 根据法律规定和高等选举法院的指导，全国性机构的成员应告知高等选举法院，州、市和区层面机构的成员应告知地区选举法院。

第三十九条 区和市、州、全国领导机构应由相应执行委员会的主席主持。

第四十条 领导机构和执行委员会可在任何数目的成员出席的情况下开会，但审议须保证拥有投票权的成员的大多数在场，本章程对人数有特殊规定的情况除外。

单独条款 领导机构和执行委员会的会议中，由相应机构自行决定其审议所采用的投票进程，其中包括选举的党组织机构。

第三章 执行委员会

第四十一条 执行委员会应由相应领导机构在同一日期召开的会议上选举产生，在选举当天或随后的五天内应立即宣布投票结果。

第一款 选举执行委员会的领导机构会议，应由会议开始时选定的一名成员主持；如果不这样，也可由被选入新领导机构的前任主席主持，或由最年长的与会者主持。

第二款 执行委员会应根据多数票原则选出，获得相对多数票的候选人或竞选名单整体赢得选举。

第三款 执行委员会成员及其候补人员和其他党的组织机构的成员，一旦公布相应选举结果，即刻视为自动就职。

第四款 执行委员会成员可获得不超过九十天的假期，最多两次，若超过该期限则意味着自动解除职务。

第四十二条　执行委员会应根据已确定的日程召开例会。在特殊情况下，可由执委会主席或三分之一成员召集会议，应将会议的日期、时刻及有关材料通知所有委员。

第一款　在当选后举行的第一次会议中，执行委员会应确定例会的日历，尽可能选择议员方便参加的日期。

第二款　经主席或执行委员会判定，有必要召开特别会议以商议紧急事件，可通过任何方式召集，可在总部以外的地方召开。

第四十三条　各执行委员会以集体管理的方式进行有效管理，这种集体管理的职责不包括执行委员会各个成员的个人职责。

第一款　执行委员会及其成员按照本章程规定的职责范围履行相关职责。

第二款　在涉及州或地区利益的问题上，由全国执行委员会主席在法院或法庭代表党，也可由州、市、区执行委员会主席按照法律和章程规定的职权范围作为相应代表。

第三款　根据法律，党可以授权相关人员在选举法院、地区选举法院和高等选举法院中作为其代表。

第四章　临时委员会

第四十四条　对于尚未建立领导机构或领导机构解散的州，全国执行委员会应从该州选出七到十一名人员组成临时委员会，其中一名担任主席，一名担任秘书，还有一名担任司库。临时委员会拥有州领导机构和执行委员会的职能，并负责在相关文件规定的期限内组织召开州会议。

第四十五条　对于尚未建立市领导机构或领导机构解散的市，州执行委员会（若不存在，则由州临时委员会负责）应从该市选出五到七名人员组成临时委员会，其中一名担任主席，一名担任秘书，还有一名担任司库。临时委员会拥有市领导机构和执行委员会的职能，并负责在相关文件规定的期限内组织召开市会议。

第四十六条　在选民超过五十万的市，若尚未建立区领导机构或领导机构解散，市执行委员会（若不存在，则由市临时委员会负责）应从该选区选出三到五名人员组成区临时委员会，其中一名担任主席，一名担任秘书。临时委员会拥有区领导机构和执行委员会的职能，并负责在相关文件规定的期限内组织召开会议。

第四十七条 第四十五条中指定的市委员会应根据市执行委员会和领导机构的职能领导党，但只有在满足第一百六十三条规定的最少党员数目要求并参与市选举或总的选举，其选举表现经州执行委员会根据全国执行委员会制定的方针纲领及标准进行评定，才能负责召开选举领导机构、代表和其他党组机构的会议。

第四十八条 当全国领导机构遭解散，应指定一个临时委员会在相关文件规定的期限内专门负责全国会议的筹办。

第五章　议会党团

第四十九条 议会党团应根据由相应级别的领导机构制定并通过的章程建立领导层，应遵守相应议院的规范和法律规定。

第一款 在立法机构中的党团成员，应按照本章程的规定，根据党的领导机构确立的纲领、方针路线和原则开展活动。

第二款 "搁置争议"环节，进行决议时，应根据会议及相应级别执行委员会的决定，分别经议会党团和执行机构的绝对多数票通过。

第三款 对于相关决议，由于存在意识或宗教信仰上的不同，议员可能会有不同的意见。这种情况下，应将意见呈交上款中提到的会议进行评定，最终根据绝对多数原则进行取舍。

第四款 处理有决定性或重要意义的事务时，经多数票决定，议会党团可通过其领导层与相应级别的执行委员会开会商议。

第五十条 根据法律及本章程规定，当议员表态或投票表示反对党组机构的合法指导时，除了党的基本纪律处罚，将受到暂停议会党团的职务、暂停内部会议投票权、失去目前在立法机构履行或代表的职位等惩罚。

单独条款 在相应道德和纪律委员会组织的程序结束后，应由议会党团的领导层实施本条所提及相关惩罚措施。若出现未履行"搁置争议"环节相关决议的情况，领导层可不经上述程序直接实施惩罚措施。

第六章 党在社会中的活动机构

第五十一条 党以市和区为基础与社会进行互动，根据全国领导机构发布的规定，由基层核心小组与秘书处组织相关社会运动。

第五十二条 秘书处由执行委员会成立，旨在协调由基层核心小组开展的党的活动和宣传，根据社会运动的同质性进行组织，包括劳工或工会运动以及针对妇女、青年、少数民族、自由职业者、艺术家、农民、老年人、非洲后裔、第三产业、市长、市政议员等的运动。

第七章 道德和纪律委员会

第五十三条 全国、州、市和区会议应选出一部分党员组成一个道德和纪律委员会，该委员会在其职权范围内清算违反党纪、道德或不忠于党的行为，并为相应领导机构做出决定提供参考意见。

第五十四条 道德和纪律委员会应依据本章程的规定选举产生，投票进程经相应会议批准，候选人应在与其他党组机构相同的期限内到相应执行委员会注册。

第一款 道德和纪律委员会应在其成员内部选出一名主席和一名秘书。

第二款 道德和纪律委员会的成员不能兼任执行委员会中的职位。

第五十五条 党的道德准则涉及违反党纪、道德以及不忠于党的行为的审判程序，该准则应由全国会议批准通过。

第一款 针对本条涉及的违纪内容的反对和抗议，应递交相应级别的执行委员会，由该委员会决定其可接受的程度，并传达至道德和纪律委员会以开展相应程序。

第二款　若上一款涉及的反对和抗议遭到拒绝，可依据道德准则向上级机构提出上诉。

第三款　道德和纪律委员会应在启动纪律程序后的九十天内结束有关审理。

第四款　道德和纪律委员会可公布相关决定并明确履行决定的方式。

第八章　财务委员会

第五十六条　市和区、州、全国的财务委员会的特殊职责为：根据本章程和现行法律相关规定，在其职权范围内对党的财务表单和账目情况进行分析并提出意见，关注财务管理的结果、银行资金的运转、收入及其来源和支出的正确入账。

第一款　财务委员会应根据本章程的规定，由相应级别的领导机构选举产生。

第二款　财务委员会的成员不能兼任执行委员会中的职位。

第九章　合作机构

第五十七条　第十七条第七项中提及的，根据本章程规定、成立决议或有关规范成立的合作机构。

第三篇　党的各级组织机构及其职责

第一章　全国层面的组织机构

第一节　全国会议

第五十八条　全国会议为党的最高机构，本章程或法律赋予的主要职责如下：

第一项　选举全国领导机构的成员及其候补人员、全国道德和纪律委员会成员。

第二项　决定解散全国领导机构。

第三项　根据党的纲领性原则，审议关于政治—管理同盟或政党联盟的方针。

第四项　选出竞选国家总统和副总统职位的巴西社会民主党候选人，在党内选举中负责公布结果。

第五项　分析并审批竞选总统的社会民主党候选人的竞选纲领及其选举成功后的行动方针与针对在国会的党的代表的指示，以及党的全国层面的目标与计划。

第六项　审议关于修改党章和党纲的提议。

第七项　做出有关党产的决定。

第八项　裁决针对全国领导机构的决议的上诉。

第九项　决定党的解散或中止、联合或合并，以及在这种情况下，党产的归属问题。

第十项　审批党的道德准则。

第十一项　对向全国代表大会提交的议案和递交的相关政党与政治事务做出决定。

第五十九条　全国会议由以下成员构成：

第一，全国领导机构的成员。

第二，联邦区和州的代表。

第三，党在国会的代表。

第一款　每个州和联邦区的代表数应相当于党在国会中的相应代表数量的两倍，再加上相当于每个联邦单位市级领导机构数目百分之十的代表。

第二款　各联邦单位应在全国会议召开前二十天，将该州或联邦区参会代表和候补代表的名义关系、详细地址通知到位，否则将不予授权或无法参会。

第六十条　全国会议一般由执行委员会或其主席召集，特殊情况下可由全国领导机构或全国执行委员会根据章程第十九条的规定召集。

单独条款 特殊情况下，全国会议可以由三分之一的州执行委员会召集开会，以处理其要求开会所涉问题。

第二节 全国领导机构

第六十一条 全国领导机构职责如下：

第一，选举其执行委员会和全国财务委员会。

第二，颁布本章程规定的必要决议，尤其是关于党员纪律、合作机构的建立、资源分配、候选人初选、组建市或区领导机构所要求的最低选民数等。

第三，听取道德和纪律委员会的意见，审议联邦层面对党员的制裁建议。

第四，裁决关于其执行委员会或州领导机构所作决定的上诉。

第五，干预州领导机构，在本章程涉及的可能情况下决定解散或废黜其执行委员会。

第六，根据本章程规定，授权推迟会议或延长任期。

第七，针对选择候选人及组成全国和州选举联盟制定规范和方针。

第八，根据全国会议确定的方针和纲领性原则，商议关于政治—管理同盟的提议或对总统候选人的支持。

第九，制定全国范围的议会政策路线，在国会的代表及公职人员都应遵守该路线。

第十，批准举行选举共和国总统和副总统候选人的初选，制定初选规范。

第十一，批准党歌和代表党的颜色、象征、旗帜及党徽。

第十二，对递交的政治和党派事务做出决定。

第一款 全国领导机构的会议一般由其主席召集，保证其任期中至少召开两次，为解决其职权范围内的问题或在特殊情况下，可依照本章程第十九条规定的形式召集。

第二款 除了选举执行委员会及其他党组机构成员的会议，全国领导机构的例会都应向与会者发出正式通知，特殊会议应按照本章程第三十二条的规定发出通知。

第六十二条 全国领导机构成员由全国会议选举产生，任期两年，正式成员一百七十七人，候补成员五十九人，其中包括联邦参议院和众议院中党的领导人、州领导机构的主席、特奥托尼奥·维莱拉研究院全国主席、党的荣誉主席和全国执行委员会的前任主席等当然成员。

单独条款 若发生因故无法参会的情况，领导人应由其指定的副职代替，州领导机构的主席则根据本章程相关规定由对应执行委员会的成员代替。

第六十三条 全国领导机构正式成员和候补成员的完整候选人名单，应在会议召开前十二天通过书面形式向全国执行委员会注册。至少有相当于领导机构成员数百分之二十的会议代表的签名，申请和就职的相关程序都遵照本章程第二十五条的规定进行。

第三节 全国执行委员会及其成员

第六十四条 除了荣誉主席和前任主席，全国执行委员会由全国领导机构选举产生的二十五名正式成员和七名候补成员组成，任期两年，设以下职位：

（a）主席。

（b）第一副主席。

（c）五名副主席。

（d）秘书长。

（e）第一秘书和第二秘书。

（f）司库和助理司库。

（g）十名普通人员。

（h）联邦参议院与众议院中党的领导人、特奥托尼奥·维莱拉研究院全国主席等当然成员。

单独条款 为保证全国执行委员会决议的效力，第四十条中涉及的法定有效人数应至少有十三名成员出席，特殊情况除外。

第六十五条 在相应领导机构的职权范围内，在无损于对其的审查和评定的情况下，全国执行委员会行使法律及章程赋予的所有职权。

第一，领导党在全国范围内的活动。

第二，履行全国领导机构和全国会议的决议，关注党纲和党章的遵守情况。

第三，召集全国领导机构的会议和全国会议。

第四，召集党的全国代表大会，决定相关代表的人数及其组织。

第五，向州执行委员会传达全国会议和全国领导机构的决议。

第六，制定旨在选举相应领导机构成员的市或区、州、全国会议的日程。

第七，审批收入与支出预算及执行预算过程中出现的改变，制定执行预算的规范。

第八，在财务委员会评估后，审批财务报表和账目情况，并将其递交高等选举法院。

第九，管理社会财产，获取、转让、出租或抵押财产。

第六十六条 全国执行委员会主席职责如下：

第一，主动或被动，亲自或委托代理人，在法院内外代表巴西社会民主党。

第二，根据全国会议、全国领导机构和全国政治委员会批准的决议和方针领导党。

第三，召集并主持全国执行委员会、全国领导机构、全国政治委员会和全国会议的例会和特殊会议。

第四，组织协调全国执行委员会的活动，监督其他成员的履职情况。

第五，若出现正式成员无法出席的情况，按选举的顺序，召集候补人员。

第六，在得到全国执行委员会授权的情况下，作为财产处置代表，转让动产和不动产。

第六十七条
第一副主席与其他副主席按照全国执行委员会确定的顺序负责：

第一，在主席无法出席的情况下代替主席。

第二，协助主席处理政治秩序和管理事务。

第三，行使主席或全国执行委员会授予的职权。

第四，依照全国执行委员会批准的行动计划、方针和规范，协调全国每个地区的党组机构的活动。

单独条款 在当选后的第一次会议中，全国执行委员会应明确各副主席负责协调的地区。

第六十七条（乙） 主席应指定一名副主席，指导其负责以下事务：

第一，负责全国领导机构的财务管理，根据批准的预算授权常规和特殊支出，会同司库依照本章程第一百四十五条的规定管理银行账户。

第二，直接或通过代表履行全国执行委员会交予的职责，代表包括专业领域的代表和本章程第六十八、六十九条涉及的领导代表，应明确分工。

单独条款 若该副主席缺席则由秘书长代替。

第六十八条 秘书长职责如下：

第一项 在第一副主席和四位副主席因故无法出席时代替主席。

第二项 协调管理活动及合作机构，确保全国执行委员会和其他党组织机构的决定得到执行。

第三项 录用或开除管理人员。

第四项 协调州领导机构的活动，确保遵守全国执行委员会的指导和决定，确保其政治和选举表现。

第五项 组织全国会议、全国领导机构和全国政治委员会的会议。

第六项 担任党组机构会议的秘书并编写会议纪要，保管相关材料，可授权秘书负责。

第七项 组织、发布和宣传关于党的新闻。

第六十九条 第一和第二秘书职责如下：

第一项 当秘书长因故缺席时代替秘书长，履行全国执行委员会授予的职责。

第二项 领导党的宣传和信息机构，制定出版计划并提交全国执行委员会审批。

第三项 负责党的文件归档和图书馆。

第四项 负责党的组团工作，更新党员注册和选举注册。

第七十条 司库职责如下：

第一项 与主席及指定的副主席一起负责全国领导机构的财务管理，采取措施提高财政收入并保证党员及时交纳党费。

第二项 保管并负责党产。

第三项 根据本章程第一百四十五条的规定，负责存款、收款及支付，与指定的副主席或秘书长一道为支票和银行转账必需的文件签字。

第四项 对由主席或指定副主席签字的合同、与党的财务责任和开支相关的领导签名或文件提出意见。

第五项 每月向全国执行委员会提供党的收支概况，将相应账目表交予财务委员会。

第六项 跟进入账登记。

第七项 负责活动的财务总结，经全国财务委员会审阅和全国执行委员会批准后，根据法律规定提交高级选举法院。

第七十一条 助理司库协助司库履行职责，并在其因故缺席时加以代替。

第四节 全国政治委员会

第七十二条 全国政治委员会的职责如下：

第一，定期评估党的政治表现。

第二，与全国领导机构一道处理全国执行委员会提交的全国范围内的政治问题。

第三，在全国多数制选举中，决定选择候选人的方式和形成联盟，以及党派间的合并或联合。

第一款 全国政治委员会的构成如下：

第一，前任共和国总统及其竞选人。

第二，一名州长代表。

第三，一名国会议会党团代表。

第四，全国执行委员会主席。

第二款 全国政治委员会主席从其成员中选出。

第三款 第一款第二和第三中提到的代表由委员会指定。

第五节 全国秘书处

第七十三条 根据本章程第十六、十七、五十一和五十二条及其他相关规定，全国秘书处由全国执行委员会设立，负责协调各州秘书处通过市和区秘书处及基层核心小组开展活动。

第一款 设立一个国际关系秘书处，作为全国秘书处的组成部分，负责与党的利益相关的外国或国际政治运动和政党组织间的交流与合作。

第二款 根据全国领导机构颁布的规定，设立一个全国劳工与工会关系秘书处、全国青年秘书处、全国妇女秘书处、全国市政人员秘书处。根据全国领导机构的决议，还可设立其他组织动员机构。

第三款 每个秘书处的领导以及妇女运动、青年运动等相关运动的主席，可参加全国执行委员会的会议，在审议涉及其行动领域的问题时，有投票权。

第六节 全国道德和纪律委员会

第七十四条 根据本章程第五十三、五十五条的规定，全国道德和纪律委员会负责清算全国领导机构成员、联邦议会党团成员或在联邦行政机构任职的党员的违纪行为，为全国领导机构做出相关决定提供参考意见。

第一款 全国道德和纪律委员会由七名正式成员和七名候补成员构成，由全国会议选定。

第二款 在当选后的第一次会议中，委员会应在其正式成员中选出一名主席和一名秘书。

第七节 全国财务委员会

第七十五条 全国财务委员会在其活动范围内行使本章程第五十六条规定的职责。

单独条款 全国财务委员会由五名正式成员和五名候补成员构成，由全国领导机构选定。

第八节 特奥托尼奥·维莱拉研究院

第七十六条 特奥托尼奥·维莱拉研究院致力于调查研究巴西和国际现实、理论、教育和政治培训，专门负责其自身章程明确的其他活动。

第一，推动关于巴西和国际政治、经济、社会领域现实问题的调查、研究和分析。

第二，通过定期的课程、学习与讨论、会议及其他文化和教育活动，管理巴西社会民主党党员和候选人的政治培训和教育。

第三，组织编辑书籍、杂志和宣传册等。

第四，在党组机构和领导干部使用现代通信技术组织和开展活动时，提供咨询和技术辅助。

第五，与国内和国际公共、私人单位签订及保持协议，进行交流。

第六，向党组机构及领导提供其他咨询或技术服务。

第一款 特奥托尼奥·维莱拉研究院由巴西社会民主党设立，根据民法规定，拥有法人资格，管理和财务自主，在全国范围内活动。

第二款 特奥托尼奥·维莱拉研究院属于党的全国性组织，通过其市和州的分机构实现其在当地的活动，其领导和审议机构成员由同级的执行委员会根据研究院的章程指定。

第三款 根据本章程和法律规定，特奥托尼奥·维莱拉研究院应每季度向全国执行委员会提交评估、财务报表（包括政党基金的使用及收到的捐赠），每年提交一次账目表。

第二章 州级组织机构

第一节 州会议

第七十七条 州会议职责如下：

第一项 批准党在本州的行动方针。

第二项 在初选阶段，选举并公布州层面参加多数制选举的党的候选人，选举参加比例代表制选举的候选人。

第三项 依照上级机构确定的方针，对政治管理同盟和与其他政党的联盟出决定。

第四项 分析并审批竞选州政府候选人的竞选纲领。

第五项 选出州领导机构的成员、全国会议的代表、州道德和纪律委员会的成员及相应候补。

第六项 裁决关于反对州领导机构和州执行委员会决定的上诉。

第七项 决定本州范围内的党和政治事务。

第七十八条 州会议由以下人员构成：

第一，州领导机构的成员。

第二，该州入选联邦众议院、参议院及立法会的党代表。

第三，选举住址在该州的全国领导机构的成员。

第四，市代表，选民超过五十万的市的选区代表。

第一款 对于设立了执行委员会和领导机构的市，确保其至少有一名代表和一名候补。

第二款 市会议选出参加州会议的代表和候补人数：每个市至少有一个名额，最近一次众议院选举中每获得一千张选票可增加一个名额，代表的上限为四十人，候补人员数目相同，不影响其余名额的分配。

第三款 选民超过五十万并设立领导机构的市，其在州会议的代表应是：每个选区的领导组织至少一名代表和一名候补，增加的比例代表根据上一款规定的标准，由相应的区会议选定。

第四款 市或区的相关部门应在州会议召开日期前二十天,将区和市的代表及其候补人员的名义关系和详细地址通知到位,否则将无法授权和参会。

第七十九条 如果联邦区或州内的市(或同级别行政单位)的数量低于相应州领导机构的成员数,应确保其获得最低数量的代表。将州领导机构成员的人数除以城市(或同级别行政单位)或选区的数量,小数点后的数字采取进一法求得整数,这个数值即为代表人数的最低数量。

单独条款 市或区领导机构负责在各自的会议上选出本章程规定的最低数量的代表和候补,应将其算入上一条第二款中规定的比例代表数。

第八十条 按照本章程第十九条的相关规定,州会议一般情况下由执行委员会或其主席召集,特殊情况下可由州领导机构或州执行委员会单独召集。

单独条款 州会议在特殊情况下还可以由市或区执行委员会三分之一成员召集。

第二节 州领导机构

第八十一条 州领导机构职责如下:

第一,选出其执行委员会以及州财务委员会。

第二,在州层面,根据相应道德和纪律委员会的意见,审议拟对党员实施的惩处。

第三,裁决针对其执行委员会或市领导机构所作决定的上诉。

第四,在本章程规定的情况下,干涉市领导机构,对其执行委员会的解散或中止做出裁决。

第五,制定关于市选举候选人选举及联盟组建的规范和方针。

第六,根据上级机构的议定和纲领性原则,商定关于政治管理同盟的提议和对竞选州政府职位候选人的支持。

第七,根据上级机构的方针,制定在立法会的党员代表及公职人员都应遵守的议会和政治路线。

第八，批准进行参与多数制选举的候选人的初选，制定相关规范。

第九，下发关于州秘书处、基层核心小组的组织和运行及党员交纳党费的相关约束决议。

第一款 根据就职时规定的日期和地点，州领导机构一般情况下应至少每三个月开一次例会。

第二款 州领导机构可与市、区部门领导一同召开会议，由其执行委员会的主席和秘书长作为代表，商议本条第五至第九规定的内容。

第八十二条 州领导机构由州会议选举产生，任期两年，最多由一百零五位正式成员和三十五位候补构成，最少应有三十一位正式成员和十位候补，包括立法会中党的议会党团领导人在内。

单独条款 州领导机构应在相应会议四十五天前确定其未来成员的数量并告知全国执行委员会，相应数量不能超过本条开头规定的数量上限，不能低于本条开头规定的数量下限。

第八十三条 州领导机构正式成员和候补成员的完整候选人名单及参加全国会议的代表和候补的注册，应在会议前十二天以书面形式递交执行委员会主席，每个名单应至少有相当于领导机构正式成员数量百分之二十的委员的签名，注册申请和就职的相关程序应遵照本章程第二十五条的规定进行。

第八十四条 州领导机构一般情况下由其主席召集开会，为处理其权限范围内的问题或在特殊情况下，可根据本章程第十九条规定召集特别会议。

单独条款 除了选举执行委员会及其他党组机构成员的会议，州领导机构的普通会议应向与会者发布正式通知，特殊会议应按照本章程第三十二条的规定发布通知。

第三节 州执行委员会及其成员

第八十五条 州执行委员会由州领导机构选举产生，任期两年，最多包括十五名正式成员和三名候补，设以下职位：

（a）一名主席。

（b）第一、第二、第三副主席各一名。

（c）一名秘书长。

（d）一名秘书。

（e）司库及助理司库各一名。

（f）六名普通人员。

（g）作为当然成员的立法会中党的议会党团的领导人。

第一款 本条开头涉及的州执行委员会的构成与本章程第八十二条规定的州领导机构的最多人数相对应；在最少人数的情况下，执行委员会应有九名正式成员和三名候补，此时取消第二、第三副主席和助理司库的职位，普通人员也将减至三名。

第二款 当州领导机构的人数介于本章程第八十二条规定的最多和最少人数之间时，执行委员会应有十一名正式成员和四名候补，普通人员减少至四名，取消第三副主席和助理司库的职位。

第八十六条 在相应领导机构的职权范围内，在无损于对其的审查和评定的情况下，州执行委员会行使法律及章程赋予的所有职权。

第一项 领导党在本州范围内的活动。

第二项 履行全国会议和州会议、全国和州领导机构会议的决议，关注党纲和党章的遵守情况。

第三项 召集州领导机构的会议和州会议。

第四项 向市和区执行委员会传达全国和州会议及全国和州领导机构会议的决议。

第五项 审批收入与支出预算及预算执行过程中出现的改变，明确执行预算的规范。

第六项 在财务委员会评估后，审批财务报表和账目情况，并将其转至地区选举法院。涉及政党基金的情况，应提交全国执行委员会并由其转至高等选举法院。

第八十七条 州执行委员会主席在其活动范围内，主动或被动，亲自或委托代理人，在法院或法庭代表巴西社会民主党。具有与本章程第六十六条第二项至第四项关于全国执行委员会主席职责规定相对应的州层面的职责。

第八十八条 副主席、秘书长和司库分别履行与本章程第六十七条至七十一条明确的职责相对应的州层面的职责。

第四节 州政治委员会

第八十九条 州政治委员会，作为党的合作机构，有以下职责：

第一，定期评估党的政治表现。

第二，与州领导机构及其执行委员会一道审查并决定关于政治管理同盟的建议和涉及党的政治问题。

第三，与州执行委员会共同做重要政治决定。

第一款 州政治委员会构成如下：

第一项 党的前任全国主席和州主席，立法会的领导及前任领导。

第二项 担任或曾经担任州长或副州长的党员。

第三项 由州领导机构选出的杰出党员，任期两年，为州执行委员会选举做准备，人数为州领导机构成员的十分之一。

第二款 州政治委员会的会议应由州党主席召开并主持。

第五节 州秘书处

第九十条 根据本章程第十七、五十一和五十二条及其他规定，州秘书处由州执行委员会设立，负责协调市秘书处通过基层核心小组开展党的相关活动。

单独条款 根据全国领导机构颁布的规定，根据章程第七十三条第二款、第三款的规定，应设立一个州劳工与工会关系秘书处、州青年秘书处、州妇女秘书处、州市政人员秘书处。

第六节 地区协调机构

第九十一条 地区协调机构由州领导机构设立，作为合作机构主要负责：

第一，根据州领导机构和州执行委员会批准的方针和计划，协调党组机构在微观地区的行动。

第二，接收并将微观地区党组机构的要求、建议和提议转达州执行委员会，包括关于参加州和联邦层面选举的候选人的建议。

第七节　州道德和纪律委员会

第九十二条　根据本章程第五十三、五十五条的规定，州道德和纪律委员会负责清算州领导机构、州议会党团的成员以及担任州公共管理职务的党员的违纪行为，向相应领导机构提供参考意见。

单独条款　根据本章程第五十四条的规定，州道德和纪律委员会应有五名正式成员和五名候补组成。

第八节　州财务委员会

第九十三条　州财务委员会在其活动范围内，按照本章程第五十六条规定行使职能。

单独条款　州财务委员会由三名正式成员和三名候补组成，由州领导机构选定。

第九节　特奥托尼奥·维莱拉研究院的州机构

第九十四条　州范围内的调查研究、党员与候选人员的政治培训等活动由特奥托尼奥·维莱拉研究院的州机构负责，该机构根据本章程第七十六条及其自身章程建立，受州执行委员会的协调和监督。

第三章　市级机构

第一节　市会议

第九十五条　市会议职责如下：

第一项　批准党在市辖区的行动方针。

第二项　选举并公布初选阶段党内竞选市长和副市长的候选人，选举相应市议会议员候选人。

第三项　依照全国和州领导机构确定的方针，对政治管理同盟和与其他政党的联盟做出决定。

第四项　分析并审批竞选市政府职位候选人的纲领。

第五项　选出市领导机构的成员、州会议的代表和候补、市道德和纪律委员会的成员。

第六项　裁决针对市领导机构和市执行委员会行动的上诉。

第七项　围绕本市辖区内的政党和政治问题做出决定。

第九十六条　召集市会议以审议上条第五项之外的其他项所涉及的事务时，会议由以下人员构成：

第一，市领导机构成员。

第二，选举住址在该市的市政议员、州众议员、联邦众议员和参议员。

第三，选举住址在该市的州领导机构成员。

第四，参加州会议的市代表。

单独条款　在选民超过五十万的市，根据本章程第七十八条第三款规定，区领导机构的代表也将参与市会议。

第九十七条　当为了选举市领导机构成员、州会议代表和候补、市道德和纪律委员会成员时，所有选举住址在该市的党员都应参加市会议。

单独条款　本条所述市会议参会人数虽无明确数量要求，但应保证相当于全国领导机构确定的最少党员数目的百分之二十的人员参加，不得少于三十人。

第九十八条　按照本章程第十九条的相关规定，市会议一般情况下由执行委员会或其主席召集，特殊情况下可由相应市领导机构或其执行委员会召集。

单独条款　在选民超过五十万的市，特殊情况下，市会议可以由三分之一区执行委员会召集，以审议其所要求解决的问题。

第二节 市领导机构

第九十九条 市领导机构职责如下：

第一，选出其执行委员会以及市财务委员会。

第二，根据相应道德和纪律委员会的意见，审议对党员的处罚。

第三，裁决针对市执行委员会所作决定的上诉。

第四，根据上级机构的议定和纲领性原则，商定关于政治管理同盟的提议或对竞选市政府职位候选人的支持。

第五，根据上级机构的方针，制定在市议会的党员代表及公职人员都应遵守的议会政治路线。

第六，批准进行参与多数制选举的候选人的初选，制定相关规范。

第七，根据全国和州领导机构决议确立的规范，批准设立市秘书处和基层核心小组。

单独条款 根据就职会议上确定的日期与地点，市领导机构一般情况下应至少每两个月开一次会。

第一百条 市领导机构由市会议选举产生，任期两年，最多由四十五名正式成员和十五名候补人员构成，最少由十五名正式成员和五名候补人员组成，包括市议会中党的议会党团领导人等当然成员。

第一款 根据本条规定的最多和最低人数，市领导机构成员数量应由州领导机构根据比例在市会议召开前的四十天确定。

第二款 若无上款中提到的州领导机构确定的数量，则维持原来设定的数量。

第一百零一条 市领导机构正式成员和候补成员以及州会议代表和候补的完整候选人名单的注册，应在市会议召开前十二天以书面形式向执行委员会提出，应有相当于市领导机构正式成员数量一半的委员的签名。

单独条款 注册申请应通过两联的方式，市执行委员会秘书处将第二联交申请人保管，具体按照章程第二十五条规定进行。

第三节 市执行委员会及其成员

第一百零二条 市执行委员会由市领导机构选举产生,任期两年,由七名正式成员和四名候补组成,设以下职位:

(a) 一名主席。

(b) 一名副主席。

(c) 一名秘书。

(d) 一名司库。

(e) 两名普通人员。

(f) 作为当然成员的市议会中党的议会党团领导人。

单独条款 市执行委员会一般情况下应每月至少开一次会,特殊情况下,可由其主席或大多数成员召集开会。

第一百零三条 在其对应领导机构的权限范围内,市执行委员会行使法律及章程授予的职权。

第一项 领导党在市范围内的活动。

第二项 履行全国、州、市会议及全国、州、市领导机构会议的决议,关注党纲和党章的遵守情况。

第三项 召集市领导机构的会议和市会议。

第四项 根据全国和州领导机构决议设定的规范批准设立基层核心小组。

第五项 根据本章程的规定,决定有关入党的提议并将入党申请告知基层核心小组。

第六项 审批收入与支出预算及其执行过程中出现的改变,并制定执行预算的规范。

第七项 在财务委员会评估后,审批财务报表和账目情况并将其转至地区选举法院。涉及政党基金的情况,应提交州执行委员会并由其转至全国执行委员会,以告知高等选举法院。

第一百零四条 市执行委员会主席在其活动范围内,亲自或委托代理人，在法院或法庭代表党，行使相应职责，还具有与本章程第八十七条规定的州执行委员会主席职责相当的市级的职责。

第一百零五条 市执行委员会副主席、秘书和司库分别行使与本章程第八十八条明确的州执行委员会相应职位职责相当的市级的职责。

第四节 基层核心小组

第一百零六条 基层核心小组是党在市范围内开展活动的基本机构，根据本章程第十六、十七、五十一、五十二条的规定，基层核心小组负责促进党与社会以及社会运动间的沟通，包括民众和社群组织，劳工与工会、青年、妇女、少数民族、自由职业者、艺术家、农民等运动。

第一项 传达民众运动的要求、提议和想法，将其整合提交党在议会的代表或者是公职人员。

第二项 推动有关政治、经济、社会问题的分析和讨论，依据党的社会民主思想和纲领方针形成议案。

第一百零七条 基层核心小组应根据全国和州领导机构决议设定的规范，按住址所在地、工作单位或其他社会和地理单位进行组织。

第一，基层核心小组由不定数目的党员组成，至少应有六名成员。

第二，基层核心小组根据上一条涉及的行动路线，在相应的活动领域组成行动单位，至少由一位负责党组联络的协调员组织。

单独条款 在遵守全国及州领导机构制定的规范的基础上，市领导机构也可就其辖区内基层核心小组的组织做出补充规定。

第五节 市秘书处

第一百零八条 市秘书处由市执行委员会设立，负责根据本章程规定通过基层核心小组协调和推动开展党的相关活动，宣传党。

单独条款 根据全国领导机构下发的规定，根据本章程第七十三条第二、第三款的规定，设立市劳工与工会关系秘书处、市青年秘书处和市妇女秘书处。

第六节 市道德和纪律委员会

第一百零九条 根据本章程第五十三、五十五条规定，市道德和纪律委员会负责清算市领导机构成员、市议会党团成员以及担任市公职党员的违纪行为，为对应的领导机构做出相关决定提供参考意见。

单独条款 根据本章程第五十四条的规定，市道德和纪律委员会由五名正式成员和五名候补组成，全部由市会议选出。

第七节 市财务委员会

第一百一十条 市财务委员会在其活动范围内，按照本章程第五十六条规定行使职能。

单独条款 市财务委员会由三名正式成员和三名候补组成，由市领导机构选举产生。

第八节 特奥托尼奥·维莱拉研究院的市机构

第一百一十一条 市范围内的调查研究、党员与候选人员的政治培训等活动由特奥托尼奥·维莱拉研究院的市机构负责，该机构根据本章程第七十六条规定及其自身章程建立，受市执行委员会的协调与监督。

第四章 选民超过五十万的市的组织机构

第一节 市组织机构

第一百一十二条 在选民超过五十万的市，应设立一个负责全市范围内政治竞选和党务职责的市领导机构，以及多个只负责各自选区党务的区领导机构。

第一百一十三条 除了本章程第九十五条规定的市会议职责外，选民超过五十万的市的市会议还特别负责选举各区参加州会议的代表，裁决针对区领导机构和执行委员会行动的上诉。

第一百一十四条 鉴于上条的职责，选民超过五十万的市的市会议由以下成员构成：

第一，市领导机构的成员。

第二，选举住址在该市的市政议员、州和联邦众议员及参议员。

第三，选举住址在该市的州领导机构成员。

第四，选区代表。

单独条款 区在州会议中的代表比例与最少人数应根据章程第七十八条第一至第三款的规定。

第一百一十五条 对于选民超过五十万的市，市领导机构成员经选举产生，任期两年。最多由七十一名正式成员和二十四名候补组成，最少由四十五名正式成员和十五名候补组成，其中包括作为当然成员的市政议会党团的领导人。

单独条款 每个市领导机构成员的数目应在市会议召开前六十天由州领导机构根据选举数目比例的原则确定。

第一百一十六条 选民超过五十万的市的市领导机构，除了本章程第九十九条第一至七项规定的职责外，还特别负责：

第一，裁决针对区领导机构和执行委员会所作决定的上诉。

第二，根据本章程规定，干预区领导机构，决定解散或中止区执行委员会。

单独条款 本章程第九十九条单独条款以及第一百零一条中的有关会议周期及选举注册的规定对于选民超过五十万的市的市领导机构也同样适用。

第一百一十七条 市执行委员会由市领导机构选举产生，任期两年，由十一名正式成员和四名候补组成，设以下职位：

（a）一名主席。

（b）第一、第二副主席各一名。

（c）一名秘书长。

（d）一名秘书。

（e）司库及助理司库各一名。

（f）三名普通人员。

（g）作为当然成员的市政议会党团的领导人。

单独条款 本条开头市执行委员会的职位组成与第一百一十五条中人数最多的情况相对应；在人数最少的情况下，执行委员会应只有七名正式成员和三名候补，此时取消第二副主席、秘书和司库的职位设置，普通人员也将减至一名。

第一百一十八条 在其对应领导机构的职权范围内，在不影响对其的审查和评估的情况下，市执行委员会行使法律及本章程赋予的所有职权，负责本章程第一百零三条第一至第七项规定的职责，第五项中涉及区领导机构的除外。

第一百一十九条 本章程第一百零四、一百零五条中明确的职责同样适用于选民超过五十万的市的市执行委员会主席和委员。

第一百二十条 选民超过五十万的市，同样设有市秘书处、市道德和纪律委员会、市财务委员会、市政治委员会、特奥托尼奥·维莱拉研究院的市机构，职责和组成都根据本章程第一百零八至一百一十一条的规定。

第二节 区组织机构

第一百二十一条 选民超过五十万的市的区会议特别负责：

第一项 批准党在相应选区的行动方针。

第二项 选举区领导机构和区道德和纪律委员会的正式成员和候补。

第三项 选举参加市会议的代表和候补，选出的人员也将参加州会议。

第四项 决定区范围内的党政事务。

第五项 裁决对针对区领导机构和区执行委员会所作决定的上诉。

第一百二十二条 审议上条所涉问题（第二、第三项的除外）的区会议，参会人员如下：

第一项 区领导机构的成员。

第二项 选举住址在该区的市政议员、州和联邦众议员及参议员。

第三项　选举住址在该区的州和市领导机构成员。

第四项　参加市和州会议的区领导机构代表。

第一百二十三条　当召开旨在选举领导机构及道德和纪律委员会正式成员及候补、市和州会议代表及候补的区会议时，参会人员为选举住址在该区的所有党员。

单独条款　本条所述区会议可由任何数目的人员参加，但只有参会人员超过全国领导机构设定的最少党员数的百分之二十时，会议才可对有关事务进行决议。

第一百二十四条　区领导机构成员由区会议选出，任期两年，最多由四十五名正式成员及十五名候补组成。

第一款　区领导机构成员数遵循本条规定的上限，由市领导机构在区会议开始前四十天根据选举人数的比例确定。

第二款　若未在规定时间内确定上一款所提及人数，则沿用既有人数。

第一百二十五条　区领导机构职责如下：

第一，选举对应的区执行委员会和财务委员会。

第二，听取道德和纪律委员会的意见，审理对党员进行制裁的提议。

第三，裁决针对区执行委员会所作决定的上诉。

第四，根据全国、州、市决议设定的规范，批准设立区秘书处和基层核心小组。

单独条款　根据就职时规定的日期及地点，区领导机构一般情况下应至少每两个月开一次会。

第一百二十六条　区执行委员会由区领导机构选出，任期两年，有五名正式成员和两名候补人员组成，设如下职位：

（a）一名主席。

（b）一名副主席。

（c）一名秘书。

（d）一名司库。

(e) 一名普通人员。

第一款　[已废除]。

第二款　区执行委员会一般情况下应每月召开一次例会，特殊情况下可由其主席或多数成员召集会议。

第一百二十七条　在其对应领导机构的职权范围内，在不影响对其的审查和评估的情况下，区执行委员会行使法律和本章程赋予的所有职权。

第一项　领导党在行政单位或选区范围内的活动。

第二项　履行全国、州、市会议及全国、州、市领导机构会议的决议，关注党纲和党章的遵守情况。

第三项　召集区领导机构的会议和区会议。

第四项　审批收入与支出预算及执行预算过程中的改变，制定执行预算的规范。

第五项　根据本章程的规定，决定有关入党的提议，并将入党申请告知基层核心小组。

第六项　在财务委员会评估后，审批财务报表和账目情况，并将其转至市选举法院。涉及政党基金的情况，提交市执行委员会并由其转至全国执行委员会，以告知高等选举法院。

第一百二十八条　本章所述以市为基础的活动都应通过区领导机构进行，由基层核心小组及秘书处组织，遵守本章程第一百零六至一百零八条的规定。

第一百二十九条　以下组织也是区党组机构的组成部分：区道德和纪律委员会、区财务委员会及特奥托尼奥·维莱拉研究院的区机构，其职责和构成都遵照章程第一百零九至一百十一条的规定。

第五章　联邦区及特区党的组织机构

第一百三十条　对于联邦区和非市属特区，每个行政单位或选区都相当于市，根据本章程的规定进行组织。

第一款　在每个联邦单位都将设立地区领导机构，遵守本章程第三篇

第二章所明确的关于州级组织的规范。

第二款 在行政单位或选区应组织区领导机构，拥有市领导机构同样的职责，遵守本章程第三篇第三章所明确的关于市级组织的规范。

第三款 非市属特区的区执行委员会、地区执行委员会领导人的空缺，当无相应合法组织时，应由一名普通人员取代。

第四篇　党的纪律与忠诚

第一章　党的纪律与忠诚

第一百三十一条 党内纪律和忠诚是党行动的基础，应通过以下方式保持：

第一项 根据本章程和法律规定，上级机构干预下级机构。

第二项 根据本章程和法律规定的形式实施纪律惩罚。

第三项 党组机构根据本章程规定发出声明。

第一百三十二条 在调查过程中，应确保党员拥有全面的辩护权。如出现以下行为，应受到纪律惩罚：

第一项 违反纲领性方针、道德、忠诚、纪律和党员义务，或党章、道德准则、党纲的规定。

第二项 不遵守党的职能机构制定的政治方针或决议。

第三项 不服从在重要问题上的决议，包括在立法或行政机构任职者不服从议会党团所作决议。

第四项 侵犯自由行使选举权利和入党权利，违反选举规范。

第五项 在党组机构、管理岗位，或在议会或行政职位任期中表现不正直。

第六项 违背民主政体或党的利益的政治行为。

第七项 未提供书面解释的情况下，连续三次以上缺席所属党组机构的会议。

第八项 未准时准确履行自身职位或党内职务的义务。

第一百三十三条 纪律惩罚如下：

第一，警告。

第二，停职三到十二个月。

第三，解除在党组机构担任的职务。

第四，不允许竞选选举职位。

第五，开除党籍。

第一款 对于违反道德、纪律、忠诚和党员义务的党员，按情节轻重程度执行本条开头第一至四的惩罚措施。

第二款 本条开头第二至四的惩罚措施可根据行为的严重性和特殊性累加执行。

第三款 在情节特别严重的情况下可开除党籍。

第一项 违法或违反本章程的规定。

第二项 不服从党员义务、纪律、忠诚、道德和纲领性方针，情节严重。

第三项 担任行政或立法机构职位的党员或普通党员违反纲领方针及党组机构决议的选举行为。

第四项 严重冒犯或不尊重党的领导人或选举职位任期内人员或党的缩写。

第五项 在党组机构、管理岗位或在立法或行政职位任期中表现不正直。

第四款 停职处分针对权利和党内职务。

第五款 对于议会党团的党员，除了本条列举的纪律处分措施外，本章程第五十条的惩罚也适用。

第一百三十四条 纪律处分由对应的领导机构执行，执行过程和裁决应遵守本章程相关规定。

第一百三十五条 因败坏名誉的罪行或违法行政行为，党员将受到开除党籍的处分，在判决尚可上诉时拥有全面辩护权。

单独条款 一旦判决生效，则立即开除党籍，并附上审判副本。这也适用于因缺乏议员品行而丧失任期的党员。

第二章　党组机构的干预、解散或废黜

第一节　党组机构的干预

第一百三十六条　党组机构干预下级机构，以实现以下目的：

第一，维持党的完整。

第二，根据本章程规定，重新组织财政，规范向其他党组机构的资源转移。

第三，保持党的职能机构制定的政治路线和章程规范。

第四，阻止违背上级决定擅自与其他党派签署的协议或建立的联盟。

第五，维护党的纪律、忠诚和道德。

第六，保障内部民主、党员和少数群体的权利。

第七，根据全国执行委员会的方针和指导，提升在政治选举中的表现。

第一款　申请干预应由证明本条所述不当行为的文件指导进行。

第二款　关于干预的决议应通知有关机构，该机构有八天时间以书面形式进行申辩并递交执行委员会指定的文书。

第三款　干预应由直接上级领导机构的执行委员会以绝对多数票的形式决定，文件中应明确干预委员会成员的名字及持续时间，干预委员会由七名成员组成。

第四款　若上一款中涉及的决议尽管获得多数票，但人数低于成员数的五分之三，目标机构可在七天之内向直接上级机构提出申诉。

第五款　当干预要求基于本条第五和第六的内容，则上一款中的决定应听从对应级别的道德和纪律委员会的意见，由其做出最终决定。

第六款　当干预的原因未结束，干预将持续，仍中止受干预机构的职能。

第一百三十六条（乙）　出现严重紧急事件，全国执行委员会可立即下令对下级党组机构进行干预，中止该机构的职能，并指派最多七名干预

委员会成员，文件中应明确干预委员会成员的名字及持续时间。

第一款　出现上述干预时，全国执行委员会主席应根据本章程第一百三十六条第一至六款的规定，决定立案侦查。

第二款　州执行委员会可根据本条的规定下令干预市级机构，全国执行委员会有权撤回。

第二节　党组机构的解散或废黜

第一百三十七条　领导机构或执行委员会，若违反本章程的规定，尤其是第三条中涉及的党纲或纲领性原则和方针，不遵守有关职能机构的决议，或政治选举行为不当，或将成为干预对象，有可能受到解散或废黜的处分。相应处分由上一级机构执行，经其成员绝对多数票决定。

第一款　目标领导机构或执行委员会应在五天内递交书面申诉，可口头辩护二十分钟。

第二款　若受到解散或废黜处分，该机构可在收到通知后七天内向直接上级机构上诉，接收上诉的机构应立即决定是否中止其职能，并在三十天内做出最终决定。否则，应立即中止相应处罚措施。

第三款　对于已经解散或废黜的领导机构或执行委员会，其在选举法院的登记将被取消。或者相应裁决生效，应督促其取消。

第四款　对上诉做出的决定是不可申诉的。

第一百三十七条（乙）　出现严重紧急事件或第一百三十七条开头所涉及的任何情况，作为解散或废黜程序的准备工作，全国执行委员会可立即下令对下级党组机构进行干预，中止该机构的职能，指派七名干预委员会成员，文件中应明确干预委员会成员的名字及持续时间。

第一款　出现上述干预时，全国执行委员会主席应根据本章程第一百三十七条第一至四款的规定，决定进行解散或废黜程序。

第二款　州执行委员会可根据本条规定下令干预市级机构，以为解散或废黜程序做准备。全国执行委员会有权撤回相关决定。

第一百三十八条　当区、市或州领导机构被解散时，应根据本章程第四十四至四十六条的规定设立临时委员会；当执行委员会被废黜，则由相应领导机构中的年长者召集会议，在三十天内选出新的执行委员会来结束上一任期。

单独条款 若离被解散的领导机构的任期结束不到一年，临时委员会将完成任期。

第五篇 全国代表大会

第一百三十九条 党定期召开市、州和全国代表大会，围绕党的行动、政治斗争、州或全国计划的实施以及党的组织和运作方式进行分析、讨论并做出决定。

单独条款 应由相应执行委员会召集各级代表大会并制定议程，党员可根据党内条例明确的标准参加会议。

第一百四十条 全国执行委员会决定全国代表大会的召开周期，同时负责召集与组织会议，可在市、州代表大会或地区会议之前召开。

单独条款 全国代表大会条例由全国执行委员会批准通过，应明确州代表团的组成标准，州代表由州代表大会或对应的领导机构选举产生。

第六篇 党的财务和账目

第一章 党的资源和财产

第一百四十一条 党的财政资源主要来自：

第一，党员、党组机构成员、当选者或担任公职的党员应交纳的党费。

第二，根据法律规定的最高限额和其他规定，自然人和法人的捐赠。

第三，法律规定的政党基金份额。

第四，党的活动相关服务的报酬。

第五，为获取资金而组织的活动的收入。

第六，其他不违法的捐款、捐赠或资源。

第一款　根据本章程规定及全国和州领导机构（特殊情况下市和区领导机构）下发的决议，党费将由相应领导机构征收。

第二款　当其收入不足以维持其运作时，州领导机构可通过决议向区和市领导机构强制征收一定费用，以维持其服务。

第三款　在接受钱款形式的帮助/捐赠或价值高昂的物品时，应符合宪法和有关法律规定，并根据法律接受选举法院的检查。

第四款　自然人和法人向党的基金的捐赠可由市、州、全国领导机构直接接收，根据现行法律、本章程及高等选举法院的指导，接受方应向选举法院及党内上级机构寄送接受和对应的去向清单，同时附上账目表。

第五款　市、州及全国领导机构负责各自的财务管理，应在全国法人登记处分别注册，州和全国领导机构不负责市领导机构的债务，同样全国领导机构也不为州领导机构的债务负责。

第一百四十二条　政党基金应按照法律规定以及高等选举法院下发的指令，具体用于以下方面：

第一，用于维持党的总部及运作，支付人员的薪水，最多不超过总额的百分之五十。

第二，用于理论和政治宣传。

第三，用于登记和选举运动。

第四，用于创建和维持本章程所规定的开展调查研究和组织政治培训的特奥托尼奥·维莱拉研究院，这部分款项不得少于总额的百分之二十。

第五，用于发起和维持加强妇女政治参与的计划，不得低于总额的百分之五，遵守全国执行委员会决议明确的标准。

第一款　全国执行委员会在接收高等选举法院批给全国领导机构的政党基金份额时，应：

（a）突出本条第四中所提及的特奥托尼奥·维莱拉研究院的份额，确保其符合最低限度要求。

（b）对于剩余的钱款，应在接收日起三十天内将不少于百分之五十的份额转给州领导机构，由其按照法律和本章程的规定支配。

第二款　在进行上款（b）的转移时，全国执行委员会应遵守以下规定：

（a）总额的百分之五十应平均分配到各个州领导机构及其在地区选举法院注册的机构。

（b）总额的百分之五十将根据在全国代表大会中的代表人数按比例分配给上述州领导机构，保证每个州至少获得相当于一名代表的份额。

第三款　州执行委员会应将相应领导机构接收的资金用于：

（a）按照本条第一至第三所涉及的州领导机构支出的部分。

（b）根据通过的计划将剩余的资金用作对市和区领导机构的支持，可根据对应领导机构设立的标准确定转给区和市领导机构的金额，应遵守法律和本章程的相应规定。

第四款　全国执行委员会可审阅金额分配的比例和标准，以自身的资金代替政党基金提供给州领导机构，根据其预算和财政状况还可以采取一定的便利措施。

第五款　全国执行委员会可通过决议对中止政党基金的州领导机构的航空路费、还款及维持运作等所必需的支出制定规章，并对其他支出是否必需做出裁决。

第一百四十三条　占有选举职位的党员应根据本条规定每月向相应领导机构交纳党费。

第一款　在联邦众议院和参议院的议会党团成员，应每月至少向全国领导机构交纳其固定、可变、附加和特殊补贴的百分之三，扣除收入税和社保支出，费用将通过支付页或银行往来账户扣除。

第二款　除了上一款所及的固定缴费，议会党团成员还应向各自的州领导机构交纳最多百分之二的金额，这笔费用可由全国领导机构扣除并在十五天内转交对应州领导机构。

第三款　立法会中的议会党团成员，还应按照上款规定的比例分别向其选举住址所在的市和州的领导机构缴费；市议会的议会党团成员，应每月至少向市领导机构交纳其补贴和每月代表费用的百分之三，扣除方式参照本条第一款的规定。

第四款　担任多数制选举产生的职位的，应每月至少交纳总收入的百分之三，扣除方式参照本条第一款的规定。

第五款　[已废除]。

第六款　执行委员会可赦免经济困难的负债党员，或免除低收入党员应交纳的费用。

第七款　全国、州和市领导机构可决定将本条所涉党费的一部分用于不同级别领导机构间的分配，保证每个领导机构都获得充分的资金。

第一百四十四条　未履行交纳固定费用义务的党组机构成员、当选的在议会或行政机构的任职者将受到本章程第一百三十三条的相应处分。

第一百四十五条　执行委员会负责对应领导机构的财务管理，银行账户或资金的转移应至少同时通过两名领导人员，其中一名必须是司库，另一名可为主席或秘书长，或由执行委员会指定其他人员。

第一款　根据法律规定，源自政党基金的资金的存款或转账都应通过联邦公共权力机构和州公共权力机构控制的银行。若不存在相应银行，应通过对应执行委员会选定的银行。

第二款　根据法律规定，党自身资金的存款或转账，包括自然人或法人直接对党的捐赠，可通过上款提到的银行或对应执行委员会自由选择的银行。

第一百四十六条　党的财产应由属于党的动产和不动产以及本章提到的党接受的资源组成。

第一百四十七条　一旦出现党解散的情况，党的财产应根据负责评估解散事宜的全国会议的决议转移到同类实体或具有社会文化性质的机构。

第一百四十八条　党员不需要为以党的名义所欠债务负责。

第二章　预算和账目

第一百四十九条　全国、州、市和区领导机构将对其收入和支出登记入账,从而使收入来源和支出用途都有迹可循,并根据现行法律规定和高等选举法院颁布的规范,负责制作有关所执行项目的年度财务报表和月账单。

第一款 领导机构的年度账目清单在经党组机构评估和批准后,应按照本章程和法律规定的形式转至选举法院。

第二款 为了监督并确保政党基金的正确使用,一旦有需要,州领导机构应将所有财务文件的复印件提交至全国执行委员会。

第三款 若拒绝或未提交所要求的文件,应考虑中止汇寄政党基金或其他资金,或可实施干预、解散或废黜的该机构的处分。

第一百五十条 各级执行机构应在财务行动开始前三十天之前制定出每年的预算。

第七篇 党的选举活动和选举职位候选人的推选

第一章 初选及推选选举职位候选人的会议

第一百五十一条 当出现不止一位候选人竞争党的提名时,经各自的执行委员会提议,全国、州和市领导机构可批准进行初选,以选定参选多数制选举职位的候选人。

第一款 本条中所述的初选,应按照全国执行委员会通过的决议进行,根据章程规定,州和市领导机构可制定补充规范。

第二款 若无全国执行委员会的决议,州领导机构可负责制定初选的规范,直到全国执行委员会出台相关规定。

第一百五十二条 由专门会议审核初选中胜出的候选人。

第一百五十三条 旨在选定参选选举职位候选人和商议联盟事宜的市、州、全国会议,应由对应的执行委员会召集,并根据现行选举法和选举法院的指令进行。

第一款 本条中涉及的会议,应按照本章程第五十九、七十八、九十六和一百一十四条的规定组成，遵守第三十二条中有关召集的规定。

第二款　对于被视为无法任选，在注册期结束后辞职或去世，注册不明确或被取消的候选人，其代替者应由相应执行委员会选出；执行委员会还应以同样的形式在注册期结束前选出填补比例制选举名单空缺的候选人。

第三款　经相应执行委员会决定，党可在选举日期前向选举法院要求撤销以下候选人的注册：

第一，开除党籍的。

第二，对党不忠诚，支持、宣传或向选民推荐非社会民主党联盟推选的候选人。

第二章　竞选活动

第一百五十四条　选定候选人的会议结束后，相应领导机构应在选举法规定的期限内批准竞选活动的预算，明确党及其候选人在竞选活动中花费的最大限额。

第一款　会议制定选举进程后，对应的执行委员会应根据选举法和高等选举法院的指令设立财务委员会，由三到五名成员组成，并在选举法院登记，负责接收和使用竞选活动的资金。

第二款　执行委员会也可成立竞选活动委员会，负责竞选纲领的制定、候选人的选举宣传、行程、广播电视节目的组织及其他活动。

第三款　候选人挑选自己的竞选活动财务管理人，其为财务信息真实性的唯一责任人，应由候选人本人或与负责资金管理的人员及财务共同签署相关账目。

第四款　竞选活动结束后，应根据法律进行财务结算，有关文件需财务委员会成员、执行委员会主席及会计签名并转至选举法院。

第五款　候选人在竞选活动中的账目文件应从党的财务报告中分离出来单独寄送。

第六款　根据法律规定，竞选活动剩余的资金应回收至对应的领导机构的账户。

第一百五十五条　竞选活动资金的收取和使用、银行转账、财务登记入账和其他财务管理活动，都应遵守党规、现行选举立法及选举法院的指令。

第八篇　广播电视中对党的宣传

第一百五十六条　通过广播电视的免费宣传，应按照宪法及现行法律相关规定进行，旨在：

第一，宣传党的纲领。

第二，向党员传递有关党的计划及其有关项目的实施和党的会议活动信息。

第三，就有关政治社会话题表明党的立场。

单独条款　付费宣传的相关时段及播送方式应按照有关法律规定进行。

第九篇　一般规定

第一百五十七条　任何担任公务员的党员，不得选任同级党组机构的职位。

第一百五十八条　执行委员会可设执行秘书一职，提供薪酬，主要负责执行党政决定、管理与技术服务，执行秘书也不允许担任同级党组机构的职位。

第一百五十九条　由各级特奥托尼奥·维莱拉学院负责或组织，或通过与专业机构的协议，党将组织调研、教育和训练计划、党员及候选人或党政利益相关人员的培训课程。

第一百六十条 由全国执行委员会专门指定的特别委员会，应在六个月内向全国会议提交党的道德准则的最初版本。

单独条款 经全国执行委员会审阅后，道德准则由全国领导机构审批，应满足全国会议的条件。

第一百六十一条 全国会议可对现行章程进行修改，由其多数成员投票决定。

第一款 在接到修改章程的提议后，全国执行委员会应组建一个专门委员会，负责修改项目，并在规定期限内向州、市和区领导机构传达修正内容。

第二款 全国执行委员会审批完修改项目及有关修改的意见后，应至少提前三十天通知召开全国会议以审批相关修改。

第三款 会议批准通过的修改，应根据法律在相关的民事办公室登记，并在高等选举法院登记。

第一百六十二条 全国执行委员会可通过特别决议给本章程的规定制定条例，包括在实际运用规定时的理解。

第十篇 临时规定

第一百六十三条 当全国领导机构未就某项事务形成决议时，可组建市或区领导机构，前提是参加会议的党员数符合以下条件，且在任何情况下均不可少于三十人。

第一，选民数量在一千人以下的选区或市的选民数量的百分之二。

第二，选民数量在一千人至五万人的，第一项中的二十加上，每一千名选民对应两名党员。

第三，选民数量在五万人至二十万人的，前两项一百一十八加上，每一千名选民对应一名党员。

第四，选民数量在二十万人至五十万人的，前三项的二百六十八加上，每一千名选民对应一名党员。

第五，选民数量在五十万人以上的，前四项中的五百六十八加上，每两千名选民对应一名党员。

单独条款 为就某项事务做出决议，全国领导机构除了规定本条所涉及的组建市或区领导机构的最少党员数外，还应就本章程第九十七至一百二十三条单独条款中所涉及的区和市会议有关决议的最少法定人数做出规定。

第一百六十四条 1995年会议选出的州（联邦区）、市和区领导机构，对应的财务委员会以及道德和纪律委员会，将保持现有的组成直至相应任期结束。

单独条款 根据本章程第六十二条、七十四条和其他相关规定，从现有的对章程的修改得到批准之日起，全国执行委员会应召集全国会议以选举全国领导机构及全国道德和纪律委员会。

第一百六十五条 在第五十五条涉及的全国会议批准党的道德准则前，应遵循对违反党的纪律、道德、忠诚、党员义务的裁决程序，遵守本章程有关规定。

第一款 根据第五十五条第一款规定，在相应执行委员会肯定案件的可接受程度后，开始纪律程序，道德和纪律委员会主席应立即指定一名文书负责采取相关措施以推进和指导该程序。应遵守以下原则：

第一项 在接到检举后，文书应通知被检举者在十天内呈交辩护，若被检举人在基本申请中给出重要理由，则期限可由道德和纪律委员会延长十天。

第二项 被检举人应在规定期限内呈交书面辩护，附上自认为重要的证据和文件。

第三项 若文书认为有必要，可在被检举人呈交书面辩护前请相关人员就有争议的事实进行说明。

第四项 辩护结束后，文书应在五天内完成报告并形成结论性意见，提交道德和纪律委员会。委员会应在十天内做出审批，应道德和纪律委员会主席要求，相应期限可由执行委员会延长十天。

第五项　在收到文书的相关结论性文件后，道德和纪律委员会主席应召集成员审议，应提前三天通知并附上案件的清晰说明。

第六项　报告和意见审批结束后，相应文件应转至执行委员会主席，由其召集相应领导机构进行裁决。

第二款　收到相应文件后，执行委员会主席应按照以下规定安排裁决：

第一项　收到报告和意见后，可要求道德和纪律委员会在五天内说明案件及其调查结果或新发现的相关情况。

第二项　在收到相关文件或结束调查起十五天内，召集相应领导机构做出裁决，遵守第三十二条的规定，决定并公布地点、日期、时刻和当天的程序，通知被检举人本人。

第三项　在裁决过程中，由道德和纪律委员会中曾担任过文书一职的成员履行该职务，当其也是负责该裁决的领导机构的成员时才有投票权。

第四项　在文书宣读其报告和意见后，被检举人或其律师有三十分钟的辩护时间，每个领导机构的成员都有十分钟发言时间。

第三款　在做出纪律处分决定后，可依据下列规定，向直接上级机构上诉，以中止实施纪律处罚：

第一项　上诉时间是自受处分党员接到传讯日起五天内。

第二项　可针对无罪裁决向直接上级机构上诉。

第三项　收到上诉后，领导机构主席应在五天内转至直接上级机构。

第四项　直接上级机构应在三十天内对上诉进行裁决。

第五项　对于上诉的裁决为最终决定。

第四款　本条所述期限从传讯或通知后的第一个工作日算起，包括截止之日，但开始的那天不计入在内。

第五款　特殊情况下，上级领导机构的执行委员会，可将对任期中的党员或执行委员会成员的纪律处罚程序上调审理。

第六款 在对应情况下，民事程序法规定的期限同样适用。

第一百六十六条 本章程一经通过，选民超过五十万的市可立即设立党组机构，州执行委员会应指定市临时委员会组织领导相应会议，保证其在1996年5月15日前举行，遵守本章程第三十二、四十五、四十六、一百一十二和一百二十九条的规定。

第一百六十七条 若选民超过五十万的市未按上一条规定举行会议，则在法律规定的期限内由州执行委员会召集召开，处理有关1996年10月3日大选的候选人选定、联盟等问题，会议由以下成员组成：

第一，选举住址在该市的市议员、州或联邦众议员和参议员。

第二，选举住址在该市的州领导机构成员。

第三，由区会议选举出的参加州会议的区领导机构代表，其数目遵守相关规定。

单独条款 市会议应由州执行委员会主席或其他指定人员主持，会议按照本章程第三十二条的规定召集。

第一百六十八条 本章程第十四条第二款中，对于竞选职位候选人具备至少一年党龄的要求，不适用于1996年的市选举，对其适用选举法的相关规定；第十四条第一款和第二十四条中，对于参加会议和选举及被选举的六个月党龄的要求，在1997年1月1日后正式生效，在这之前适用此前法律和章程关于党龄的要求。

第一百六十九条 第二十三条第一款所提及的对上半年召开普通会议的要求，仅仅针对2011年，为适应新的日程，2009年上任的领导机构和其他党组机构成员任期将不足两年。

第一百七十条 全国执行委员会，应采取必要措施来协调本章程第七十六条关于特奥托尼奥·维莱拉研究院的规定与现行民事法的有关规定及高等选举法院对政党的研究院和基金会的决议。

第一百七十一条 巴西社会民主党的章程连同党的纲领和宣言在1988

年 6 月 25 日的成立大会上通过，按照当时的法律，分别经 1989 年 3 月 19 日、4 月 30 日和 5 月 14 日召开的市、地区及全国会议确认；根据 1995 年 9 月 19 日第 9096 号法律第五十五条的规定，经 1996 年 3 月 8 日召开的全国会议特别会议决议更新；经 1999 年 5 月 15 日召开的全国会议特殊会议、2003 年 11 月 21 日召开的第七次全国会议及 2007 年 11 月 23 日召开的第九次全国会议修改，新的修改经 2011 年 5 月 28 日召开的第十次全国会议审批通过，并按照法律在高等选举法院和民事办公室注册后，于审批通过之日起正式生效。

（依据 2011 年 5 月修订的社会民主党党章译出，来源：www.psdb.org.br）

（周志伟、刘镓、何露杨 译　靳呈伟 校）

巴西共产党章程

第一章 党

第一条 巴西共产党成立于1922年3月25日，重建于1962年2月18日，1985年5月27日获得合法地位并保持至今。巴西共产党是巴西工人阶级和全体劳动人民的政党，是劳动人民和国家利益的代表，是自觉的无产阶级先锋队的政治组织，以由马克思和恩格斯创立、由列宁和其他马克思主义革命家发展的科学革命理论为指导。

巴西共产党反对资本主义和帝国主义的剥削和压迫并与之斗争。旨在让无产阶级及其同盟获得政权，捍卫科学社会主义。最终目标是实现共产主义。坚信社会主义优于资本主义，渴望开辟为社会主义理想而斗争的新时期。伴随20世纪的社会主义实践经验，我们的社会主义理想不断更新，并应时代现实、国家和人民的要求而不断发展。同时，要按照无产阶级国际主义精神，支持各国人民争取民族和社会解放、国家主权、世界和平的反帝斗争。

巴西共产党是一个爱国、反帝的社会主义组织，宣传和继承巴西人民的崇高斗争传统，承担21世纪的战斗责任，推动转型，受权利平等、自由和团结的价值观激励，具有无产阶级伦理道德、人道主义和民主精神。

为实现自身目标，巴西共产党在国家现行法律框架内，依照本章程开展活动。

第二章 党　员

第二条 巴西共产党是一个只要接受其纲领和章程、年满十八岁的男女公民均可自由和自愿参加并享有其政治权利的团体。在特殊情况下，年满十六岁的年轻选民也可入党。

成为一名党员意味着，致力于团结广大人民群众和民主进步人士，为捍卫巴西人民的权利平等和尊严、促进民主进步、维护国家主权、实现社会主义而斗争。

党员身份隐含权利与义务。党员的权利和义务是随着加入党的一个组织，执行党的方针，在物质和资金方面支持党，学习并宣传党的思想与主张，通过一种有意识的不断进步的过程形成的。

第三条 党员身份从个体通过填写全国党员登记表、表示接受党的纲领和章程的形式入党开始。入党申请应由一名党员担保并经党的一个组织批准。正式接纳入党的信息应在三十天内通知该申请人。新党员将在党员登记簿上登记，并知会选举法院。

准许其入党的组织应向新党员指明其所属组织，解释其权利和义务，同其确定党费交纳事宜，并向其建议订阅《工人阶级报》及参加政治理论培训班。

第一款 著名领导人、有选举职务者、其他党派领导干部和社会知名人士等，申请加入本党，应得到州委员会批准，并听取全国政治委员会的意见。

第二款 在特殊情况下，可申请仅内部入党，应得到州政治委员会的批准。

第三款 党员退党应向其所属基层组织或向市级委员会提出书面申请。

第四条 作为党的政治财富，党员应持续努力提高自己的政治觉悟，积极参与党的生活和承担党员责任。

党员的权利包括：参加党的会议，参与制定党的政治路线并在其活动范围内向党的领导机构表明自己的立场。申请者可自愿成为党员，通过获得全国党员证并定期参加党的一个组织的活动，以便能在党组织中获得选举权和被选举权。

党员的义务包括：支持党的事业和各项活动，投票给党的候选人，执行党的方针政策并承诺推动提高人的尊严，为维护人民的权利、自由、国家主权和实现社会主义而斗争。

第五条 党员是在党的一个组织中正常参加各项活动，按时交纳党费，学习、服从并执行党的决定，宣传党的方针、主张和建议的申请者。党员同劳动者和人民群众一起构成党的力量基础。

党员应不断努力加强与劳动者和人民群众的联系，团结人民群众，提高自己的文化水平和政治觉悟，培育高尚的伦理道德，关注公共事务，成为与同志们并肩斗争、为人正直、真诚的榜样，无愧于共产主义战士的光荣称号。

党员身份应凭全国党员证确认，应注册登记，遵守中央委员会的规定。

第六条 所有党员拥有同等权利和义务。

第一款 党员的权利如下：

第一项 参与制定党的政治路线，自由发表意见，参加党组织关于政治、理论和实践问题的讨论；如有分歧，在不妨碍执行、维护和宣传党的决定的前提下，保留个人意见。

第二项 在所在的党组织中选举和被选举。

第三项 向党组织反映有利于改进党的活动的意见；通过所在组织提出意见建议，请求任何一个上级组织提供信息；对关于自己的纪律决定提起上诉；要求参加处理自身态度或行为的会议并享有最充分的辩护权。

第二款 党员的义务如下：

第一项 根据本章程的原则和规定行动，遵守党的纪律，定期参加党的一个组织的活动，为推动党的政治路线的发展、发展新党员做贡献，执行党的决定，维护党的政治行动的一致。

第二项　拥有全国党员证作为按时交纳党费的证明，阅读并宣传《工人阶级报》、党的理论杂志、党的网站及党的其他出版物，参加党组织的培训活动。

第三项　参加与自身工作、居住、活动区域或部门有关的群众团体或组织，尊重其做出的民主决定，并为其发展与巩固做出贡献。

第四项　向集体报告参加党的活动的情况，鼓励并开展批评与自我批评；报告可能会引起所属党组织变动的工作、居住地或活动区域的变化。

第五项　反对任何形式的压迫，支持受到政治迫害或社会、性别、民族、种族、性取向、宗教歧视的对象，改善儿童、青少年、老年人、有特殊需要者的条件。全力支持劳动者和人民群众捍卫国家主权、争取社会解放、维护和平以及反对帝国主义的斗争。

第三章　党的干部

第七条　干部是党组织架构的中坚力量，是使党在原则和方针方面团结一致的主要负责人，是党长期开展政治、思想和组织建设的主要负责人，是党员义务的模范执行者。

造就干部要经过长期、艰苦的过程，是集体付出和个体努力的结晶。所受的先进共产主义教育，将促使干部秉着批评和自我批评的精神及对党的事业的热忱去承担并完成其所担负的党的任务。他们对社会主义事业坚定的思想信念，忘却自我及对所委派任务的全心投入，与人民群众的密切联系，严格的个人自律及在党的生活中对民主集中制的维护等，是对党的团结和力量的最大激励。

干部是在党的一个组织中正常参加组织活动的党员，他们长期努力提高个人掌握马列主义和党的政治路线的水平，严格履行交纳党费的义务，并：

第一项　当选为党的委员会的领导职务，或者与党的领导机构一起，作为辅助委员会或其他支持性职位的成员。

第二项　在公共机构或在群众组织领导岗位上，作为经选举或党指定的政治代表开展活动。

第三项 在国家事务、学术和科学文化领域，为议会党团和党的领导机构提供专业咨询。

第八条 在符合集体利益的前提下，党的干部政策鼓励根据每个人的能力、潜力和天赋等综合素质，对各级干部进行培训、长期观察、评估、提升和分配。在党务工作中，借助杰出干部完成主要任务。反对任人唯亲、钻营、个人主义、官僚主义和腐败等与共产党人政治修养格格不入的倾向。表彰具有敬业精神的党务工作者，不断提高他们的政治和业务、文化和思想素质，发挥其社会和政治作用。作为共产党人终身教育的组成部分，在党务工作中坚持实行干部轮岗交流机制，实现均衡。

第四章 党费和全国党员证

第九条 交纳党费是党员履行对党组织、对理想和斗争所作承诺的表现。对党的活动及对党的委员会的物质和财务支持是全体党员的共同责任。全体党员都应尽己所能保证兑现承诺，具体数额如下：

第一，每年交纳的党费至少相当于工资或月收入的百分之一，基数按最低工资计算，收党费的工作由州委员会承担。

第二，党员干部的月党费应至少相当于其工资或月收入的百分之一，收费工作由中央委员会负责。

第三，担任由选举产生的公职、党指派的代理职务、立法或行政部门推荐职位的党员，将按照中央委员会的规定交纳特殊党费、月党费或附加党费。

第一款 党的各级委员会应制定在党的各级组织机构中分配收到的资金的规范。

第二款 党的组织机构可以采取集体募捐形式筹集资金，以免除失业党员或无收入党员按本条开头第一要求交纳的党费。

第十条 全国党员证是党员的身份证明，是在党的组织机构行使选举和被选举权以及参加活动时上级领导机关要求出示的必不可少的文件。所有按本章程第九条要求向党交纳党费的党员，每年都可得到由中央委员会换发的证书。

第五章 民主集中制

第十一条 党内生活的形成和发展建立在民主集中制原则之上。民主集中制即在唯一中央——党的全国代表大会（在两次代表大会间，是中央委员会）的领导下，鼓励个人以自由和负责的方式发表意见，鼓励每个党员和所有党组织充分发挥积极主动性，以此作为党的方针建设的积极因素。党在自主和自觉遵守纪律的基础上保持行动的一致性。团结就是党的力量。

实行并创造性地发展民主集中制，旨在通过集体力量，在全党政治行动团结一致的前提下，增强党的政治和思想凝聚力。

第一项 民主是党内生活的根本财富，它意味着：

第一目 所有党员权利和义务平等。只要履行对党义务，在党组织里拥有选举权和被选举权。

第二目 自下而上选举产生党的各级领导机构，选出它们的组织有权解除被选举人职务。

第三目 党内自由发表意见，在党的组织机构中广泛讨论党的方针。

第四目 党的领导机构应定期向选出它的组织和全体党员汇报情况、提供信息。

第五目 在根据本章程及党的中央委员会制定的准则和条例的规定开展各项活动时，严格遵循制度化、诚实正直和客观原则。

第二项 集中制确保全党政治行动必不可少的一致，它意味着：

第一目 通过协商共识或多数做出的集体决定，对所有党员均有效。个人利益服从集体利益，少数利益或多数利益。

第二目 由上级组织做出的决定对其所有下属组织都有效，全党必须执行由全国代表大会或中央委员会做出的决定。

第三目 意见分歧并不免除党员执行、捍卫和宣传党的方针的义务。

第四目 不允许党员或党组织在党的组织架构之外，围绕自己的建议或行动方案（无论是个人的，还是集体的，临时的抑或或长期的）而组织帮派的倾向和活动。

第六章 党的组织和运行体系的一般准则

第十二条 党是一个由相互联系的各级组织组成的体系，党的各级组织以国家行政区划为参考标准设立，包括最高层级的全国组织、中间层级的州级组织以及市级和地方组织，党的各级组织具有审议性质。

第一，党的全国代表大会、中央委员会以及全国选举会议。

第二，在联邦各州（联邦区）设立的州级会议、委员会和选举会议。

第三，在联邦各市（联邦区下辖的行政区）设立的市级会议、委员会和选举会议。

第四，基层会议和基层组织。

单独条款 根据党的政治行动和党的组织架构需要，在遵守本章程规定的情况下，经党的中央委员会、州委员会或市委员会审议批准，可根据其他标准设立党的委员会。

第十三条 党的运行体系还包括各级协商机构，其任务是加强横向协商机制，加强党的方针政策的设计和引导。各级协商机构由相应党的委员会召集，要讨论的问题及参与人的标准也由相应委员会确定。协商机构所作的决定和建议应由相应委员会审议。协商机构的构成如下：

第一，全国性会议，在全国层面召开。

第二，各种会晤，可以是全国性的，也可以在州及市层面召开。

第三，全国、州、市级论坛。

第一款 召开全国性会议是为了由集体协商确定党的政治立场，或制定特定行动或认知领域全国层面的纲领性政策。

第二款 召开会晤是为了讨论和贯彻党的方针政策，监督其实施情况。

第三款 召开论坛是为了使党的方针政策的实施系统化，并加以监督。论坛可以是常设的，也可以是临时的，与会人员构成、论坛的目标由党的委员会审议确定。

第四款 根据党的中央委员会和州级委员会设置的标准，可以组织全国层面或州层面的跨区论坛，讨论和实施由党的相应委员会制定的方针政策。

第五款 还可以召开不同级别的研讨会、行业性会议和座谈会，此类会议起草的决议和提出的建议，只有在经相应委员会批准通过之后，才可以作为党的意见加以公布。

第十四条 党的各级委员会委员根据本章程的规定选举产生，有明确任期。党的委员会应由按时履行党要求的各项义务的正式党员组成，应鼓励选举妇女、劳动者（尤其是产业工人）进入党的各级委员会。

单独条款 只有按照本章程第九条开头第二的规定按时交纳党费的党员，才有资格被选为党的中央委员会、州级委员会和市级委员会（在居民人数超过十万以上的城市建立）委员。通过选举担任公职或党委派做代理人的党员，应根据本章程第九条第三的规定按月交纳党费。

第十五条 各级委员会从其成员中选出政治委员会，在相应委员会闭会期间，政治委员会履行政治指导的职责，在政治、思想和组织方面指导群众和党组织的行动。

第一款 政治委员会委员人数不应超过相应委员会总人数的一半。

第二款 政治委员会通常每三十天召开一次例会。经政治委员会主席召集或由委员会多数成员同意，可以召开特别会议。

第三款 由党的中央委员会、州级委员会和市级委员会负责选定党在众议院、联邦参议院、州议会及市议会的议会党团领袖，议会党团领袖是相应政治委员会委员。

第四款 在组建政治委员会时，各级委员会应指定其正、副主席。

第五款 通常由主席代表相应政治委员会。当主席暂时不能履行职责时，由副主席代行职责。当政治委员会主席出现空缺时，它所隶属的委员会应在四十五天内选定新主席。

第六款　中央委员会可设三位副主席，应确定其在主席暂时不能履行职责的情况下临时代替主席履行职责的先后次序。

第七款　各级委员会可根据各种具体情况选出组织秘书处、财务秘书处、联络秘书处、工会秘书处、培训和宣传秘书处、青年秘书处、社会运动秘书处、机构活动秘书处、公共政策秘书处以及其他辅助性委员会的负责人。这些负责人在政治委员会指导下履行职责，完成日常任务。

第八款　中央委员会和州级委员会下设的政治委员会可以在其职权范围内组建临时委员会。这些临时委员会至少由三名成员组成，最长任期为一年。

第九款　每个委员会的执行权限应在由中央委员会批准的条例中加以规定。

第十款　中央委员会政治委员会能将党的中层领导组织的任期延长六个月。

第十六条　各级委员会可以从自身成员、政治委员会成员或非成员中指定组成一个秘书处，协调各秘书处的行政工作。依照本章程第四十八条的规定，各级委员会还可以建立监督委员会。

单独条款　秘书处定期向相应政治委员会汇报活动情况。

第十七条　只要不违背党的总体方针，党的各级组织在其管辖范围内有主动采取行动的自由。党提倡党组织的行动广泛地分散开来，鼓励党的组织建设实行两年规划，并鼓励监督这些规划的实行，反对自发主义、派别主义、社团主义等倾向。党的各级组织按照集体工作、个人负责的机制运行。党提倡批评和自我批评，以此作为促进党完善工作的推动因素。党反对专断倾向，反对个人崇拜。倡导在党的行政职位和代表职位上实行轮换制。

第十八条　除本章程有相反规定的事务外，当具备法定人数时，党的各级组织可以通过与会多数成员投票赞成做出决议，投票公开、一人一票，且投票权不可转让。为选举领导机构或代表机构成员，应在相关机构中开展紧张的民主的集体酝酿工作，先由领导层提出初步建议，然后进行广泛的磋商和讨论，以便形成一个能在党组织所辖区域内更好地反映党的总方针的一致意见。最终表决应通过不记名、一人一票和投票权不可转让的方式进行。想要享有选举权和被选举权，党员必须按时交纳党费，并由所属的党组织以适当方式加以证明。

第七章 党的组织机构

第十九条 全国代表大会是党的最高领导机构，也是确定党的方针和选举党的中央委员会的最高民主审议机构。基层组织及以上的党员和干部在内的所有人均参与其中。全国代表大会的决议对全党有约束力。除新一届代表大会外，不能修改、替换或废除全国代表大会的决议。

党的全国代表大会由中央委员会召集，应至少提前三个月发出举行全国代表大会的通知，在党的新闻机构公布大会要讨论的内容、会议日期与地点，以及将由党的各级机构讨论的决议草案。全国代表大会应每四年召开一次。经三分之二中央委员会委员同意，可以召开全国代表大会特别会议。

第一款 参加全国代表大会的代表由州代表会议根据中央委员会制定的规范选举产生，代表人数应以参加基层全体大会的人数为基础确定。

第二款 中央委员会委员是全国代表大会的当然代表，有发言权和投票权，但人数不能超过全国代表总人数的百分之十；如果超过百分之十，只能遴选百分之十享有发言权和投票权，其余仅有发言权。

第二十条 全国代表大会具有以下职权：

第一项 批准工作日程安排，批准内部及选举规章；选举大会领导机构，选举决议委员会和选举委员会；在全国代表大会召开期间，由全国代表大会领导机构行使中央委员会职责。

第二项 讨论和审议中央委员会决议草案，审议由代表提交的关于规章的建议。

第三项 按照日程安排，修改党的纲领和章程。

第四项 针对当前政治局势中的根本问题，确定政治路线。

第五项 选举中央委员会，审定其活动总结，并确定其成员人数。

第六项 审理针对中央委员会或中级领导机构所作决定的上诉。

第二十一条 除了召开全国代表大会特别会议的规定之外，在定期召开的全国代表大会闭会期间，中央委员会是党的最高领导机构。党的所有组织均应执行中央委员会的决议。中央委员会至少每四个月举行一次例会。可由中央委员会主席、政治委员会或中央委员会多数委员提议召开特别会议。

第二十二条 中央委员会有如下职权：

第一项 召集召开全国代表大会并确定会议规范。

第二项 从其成员当中选举主席、全国政治委员会、全国秘书处和监督委员会。

第三项 制定党的全国方针。

第四项 捍卫党的完整性，必要时对州委员会进行纪律审查，必要时也可越过州委员会直接对市委员会进行纪律审查，甚至可以召集召开相应州或市委员会特别会议；在执行政治和组织决议、全国性运动和计划、关于劳动者的系统工作、推动财务、宣传和培训等方面，对州委员会的行动进行指导、鼓励和评估。

第五项 确立各级推举公职和党的委员职务候选人的规范和程序；审批由相应州选举大会推选的参加州选举的候选人。

第六项 通过全国政治委员会指导党在联邦众议院和联邦参议院中的党团，审批关于议会党团的规章。

第七项 在联邦层面，指导通过选举担任公职、由党委派为代理人或在议会或政府等要害部门履职的党员的活动。

第八项 在联邦层面，指导在全国性群众团体和社会运动中担任代表的党员的活动。

第九项 指导和监督党的全国性传播机构，确定其负责人。

第十项 发放全国党员证。

第十一项 每年审批关于党的基金使用情况的决议，每年确定从各种来源募集到的资金在党的各级组织之间的分配比例。

第十二项　与有关职能机构一起，推动党的章程和纲领的登记；审理针对全国政治委员会或州委员会所做决定的上诉；批准关于各级政治委员会和秘书处的构成和运行的规章。

第二十三条　党的中央委员会的机构如下：

第一项　全国政治委员会，是闭会期间的全面领导机构。

第二项　全国秘书处，是党的活动的执行机关，隶属于全国政治委员会。

第三项　联邦众议院和参议院中的议会党团。

第四项　监督委员会。

第二十四条　当认为有必要围绕党的参与和结构政策、与政治和社会相关的一般或具体问题以及在各个行动领域制定纲领和开展政治行动等问题讨论、准备和定位时，应由党的中央委员会召集召开全国代表会议。

第一款　全国代表会议由中央委员会委员以及州委员会根据中央委员会的有关规定指派的代表构成。

第二款　为使全国代表会议的决议有效并对全党有约束力，决议应得到中央委员会批准。

第二十五条　全国选举大会由党的中央委员会召集，目的是就与其他政党的联合与结盟以及共和国总统和副总统的人选做出决定。全国选举大会由中央委员会委员和州委员会根据中央委员会的有关规定指派的代表组成。全国选举大会的决定对全党有效。

第二十六条　州或市代表会议是州或市的最高领导机构。应当每两年召开一次，由相应委员会召集。经委员会三分之二多数同意或经中央委员会同意，可以召开特别会议，讨论议程中所包括的经常性议题。

第二十七条　代表会议是由下一级代表会议或基层全体会议根据上级委员会通过的规范和补允规则选出的代表组成。

单独条款　委员会委员自动成为相应代表会议的代表，有发言权和投票权，但人数不能超过由选举产生的代表人数的百分之十；如果超过百分之十，委员会应遴选百分之十的委员享有发言权和投票权，其余仅有发言权。

第二十八条 州或市级代表会议的职权如下：

第一项 分析其辖区的政治形势，根据党的全国代表大会和上级组织的方针，制定行动方针。

第二项 选举相应委员会，并根据本章程第三十一条所规定的限额确定其成员人数。

第三项 根据会议通知的相关规定，选出参加全国代表大会和上一级党的代表会议的代表。

第四项 审议针对相应委员会所作决定提出的上诉。

第二十九条 选举大会的召开应遵循与代表会议同样的规范。对于在选举中与其他政党的联合和结盟，以及在其辖区由选举产生的公职候选人，应征得上级委员会的意见和同意后做出决定。

第三十条 州或市委员会任期两年。领导辖区内所有党组织的活动。州委员会至少每三个月召开一次例会，市委员会至少每两个月召开一次例会。委员会主席、政治委员会或委员会多数委员可提议召开特别会议。

第一款 至少有百分之五的市举行代表会议的州才可以选举组建州委员会，联邦区也是如此。

第二款 至少有十五名党员且每千名选民中至少有一名党员的市才可以按照本章程第二十七条的有关规定通过选举组建党的市委员会。在联邦区，其行政区相当于市。

第三十一条 以党员登记表中所登记的党员人数为基础，州或市委员会的构成应遵照下述最高人数限额：

第一项 一百名及以下党员：市委员会最多十五名成员，州委员会最多十九名成员。

第二项 一百零一到五百名党员：市委员会最多二十三名成员，州委员会最多二十七名成员。

第三项 五百零一到一千名党员：市委员会最多二十七名成员，州委员会最多三十九名成员。

第四项　一千零一到三千名党员：市委员会最多三十五名成员，州委员会中最多五十一名成员。

第五项　三千零一到五千名党员：市委员会最多四十三名成员，州委员会中最多五十九名成员。

第六项　五千名以上党员：市委员会最多五十一名成员，州委员会最多六十三名成员。

第三十二条　州或市委员会的一般权限和义务如下：

第一，召集相应代表会议。

第二，贯彻上级机构做出的决定，确保其下属机构执行相应决定，定期举行会议，倡议、制定辖区的政治方针，向全党通报其决定和活动情况。

第三，支持、组织、加强所领导的党组织在劳动者或人民中间开展活动，以及其开展的斗争。

第四，在其委员间分派任务，关注其活动；鼓励参与，提倡争论，深化内部民主，听取并采纳党员意见；鼓励批评和自我批评；了解、培养、严格考察或罢免所领导的党的干部，考虑更好地发挥党员干部的能力和天赋。

第五，传播、鼓励阅读《工人阶级报》和党的其他出版物；组织党员交纳党费，并向党提供其他形式的资金支持；定期将党费上缴给上级党组织；鼓励党员提高政治文化水平，推动学习马克思列宁主义和党的文件。

第六，通过其政治委员会指导职权范围内的议会党团，审批辖区的党组织指定的候选人名单，督促辖区的候选人进行登记。

第七，通过其政治委员会指导通过选举担任公职、由党委派的代理人及在议会或政府等重要部门任职的党员的行动。

第八，指导其辖区内在群众团体和社会运动中担任代表的党员的活动。

第九，选举监督委员会；监督下属委员会的活动，对其实施纪律惩处，确保党整体一致；审核针对相应政治委员会和由其直接领导的组织做出的决定的上诉。

单独条款 市委员会应每年至少一次与其辖区内未加入基层党组织的党员举行一次全体会议，以便讨论党的政治方针，把他们纳入党的队伍。

第三十三条 根据市政治行动的需要，只要有三个基层组织及/或活跃在基层组织的三十名党员，市委员会可以以区委员会、企业委员会、大学委员会、行业或行业分支委员会的形式，设立辅助委员会，以加强对基层组织的管理和领导。

这类委员会的权限与本章程第三十二条第二项、第三项、第四项、第八项所规定的权限相同。市代表会议授予委员会规范辅助委员会在自身领导下召开代表会议或通过基层代表大会或党员全体会议直接选举代表的权力。辅助委员会委员将由专门召开的代表会议根据市委员会的规定选举产生。

第三十四条 基层组织是党的日常行动的支柱，是党与劳动者和人民之间的纽带，了解他们的愿望和要求，有助于党的方针制定和政治参与。通过定期参加党的基层组织活动，党员可以实现参与党的生活的许诺，并提高理论和政治觉悟。

基层组织至少由三名党员组成，建立在工厂、企业及其他劳动场所、学校和大学、居住地、农村安置点、农庄及农业企业、各职业行业、群众组织和社会运动中。

建立党的基层组织的标准是党员能积极参与党的政策制定和政治行动。委员会在确定基层组织的活动范围时，应关注具体条件及更好地开展活动的形式。用党的政治方案指引，丰富党员及公民的活动，鼓励把党的行动扎根于政治、社会和文化生活之中。

第一款 优先依据其劳动关系组织基层组织的党员，将其作为加强党与劳动者联系的举措，也作为党内生活的力量。

第二款 在特殊情况下，经州委员会或中央委员会决定，特殊领域的党员可以自我组织，直接与州委员或中央委员会联系，作为利用其知识和经验构思和执行党的方针的形式。在州代表大会和代表会议上，可以作为与基层组织对等的组织，直接选举相应代表。

第三十五条 基层组织的日常运转。定期召开会议并充分准备，是基层组织履行职责和在当地或相应行业开展工作必不可少的工具。基层组织通常应至少每六十天召开一次会议，应选出至少由三名基层组织协调秘书组成的领导机构（其中一名为政治秘书），来领导政治、意识形态和组织领域的工作。

第三十六条 基层组织的基本任务是确保经常参加基层组织活动的党员履行研究、宣传和按时交纳党费的义务。

第一项 贯彻党的政策，收集民众意见和批评以制定行动纲领和政治路线；与人民保持紧密联系，开展行动以促进其在捍卫自身利益的斗争中实现团结、动员和组织；支持和引导党员参与民众及工会团体和运动，加强并尊重其自主性；在竞选期间，组织党的竞选活动和指导党的候选人。

第二项 定期开展纳新活动；组织适当的符合规定的活动，宣传、传播党的事迹和旗帜。

第三项 推动阅读、订购和传播《工人阶级报》和党的其他刊物、传播和宣传工具。

第四项 鼓励党员加强学习，开设基础课程，开展文化活动，学习党的文件，将之纳入所属委员会确定的培训计划。

第五项 根据党的领导机构制定的规范，确保党员交纳党费；参与募集特别基金的活动，鼓励自筹资金开展活动。

第六项 关心党的团结，不允许在其内部出现分裂活动。

第三十七条 基层全体大会是全体基层组织的特殊时刻，大会总结工作，确定工作计划，选举其领导机构。在即将召开州代表会议之际，根据相关规定选出与会代表。

基层全体大会应每年至少召开一次。基层组织的所有党员和辖区的预备党员都应参会，会议通知应至少提前七天下发。特殊情况下，可以破例邀请党外友好人士参会，享有发言权，以使他们能参与讨论和接触党的政治方针。

第八章 党的纪律

第三十八条 以党的纲领和章程为基础，党通过所有党员和党组织自觉、自愿、平等、义务遵守纪律的方式，确保政治行动一致。对于纪律，全党都应当谨慎，严格执行、捍卫和尊重规范党内生活的本章程和中央委员会确定的规章和规范。

第三十九条 党员违反了纲领性原则、道德、纪律以及本章程所规定的义务，应在其所属的党组织内部，本着教育本人和全体党员的精神，对其进行批评，使其负起责任，保护党的利益。同时，视违纪严重程度给予纪律处罚。

处罚的目的是为了加强全党团结、纪律和革命道德。处罚以每个案例的情况、过失的原因、严重程度和党员应负的责任为基础，以下列形式中的一种或几种进行：

第一，内部警告，由其所属组织做出，并报直接上级组织。

第二，公开批评，应在传播机构发布。

第三，有限期暂停在党的机构和议会党团的职权，最高期限不超过九个月，不可延长。在停职期间，受惩罚者不能以党的名义发表讲话。

第四，撤销党内职务，或者撤销代表党所担任的公职，脱离议会党团。

第五，脱离组织关系。

第六，开除出党。

第一款 处罚应由党员所在的党组织做出，如果该党组织未对其进行处罚，由直接上级组织进行处罚。

第二款 对党的委员会委员的任何处罚，都应经与会三分之二多数票通过，应确保法定人数。

第三款 脱党或开除出党的决定应由直接上级党组织批准。

第四款 中央委员会委员脱党或开除出党的决定应经中央委员会委员三分之二多数做出，并得到全国代表大会批准。

第五款　脱党指一名党员被强制与党脱离关系，相应情况应通报选举法院，被处罚者五年内不能回到党内。

第六款　开除出党适用于严重违纪或屡次违纪的情况，包括对党或党的领导人有明显的敌意或持不尊重态度，犯下寡廉鲜耻的罪行或有违法行政行为。

第四十条　党员涉嫌违反党的纪律，其所在组织应书面通知他的违纪行为，并通过监督委员会启动纪律程序。监督委员会应听取涉嫌违纪党员的申诉，召集适当的证人并听取他们的意见，在初步收集证据之后，于纪律程序启动后三十日内形成一份报告，并将相关结论提交相应组织审议。

违纪者有充分的辩护权利，具体如下：

第一，可以在七天之内向监督委员会提交辩护材料。

第二，针对监督委员会的报告提出反驳理由。

第三，参加讨论处罚决定的会议，有权口头辩护，提交自己和至少三名证人的证据。

单独条款　如果没有监督委员会，该党员所属党组织可以指定一个负责纪律程序的委员会。

第四十一条　党的领导人如果连续三次或累计五次不参加其所在委员会的会议，而又不能提出全体委员认可的理由，应视为离职，同时并不影响对其做出其他处罚。经直接上级党组织同意，可以恢复其党内职务，但应减少其职责。中央委员会委员只有得到中央委员会委员三分之二多数同意，才能恢复职务。

第四十二条　在特殊情况下，如果党员的行为与党的道德规范相违背，并且给党带来负面影响，党组织可以对其进行预防性停职，最长期限为一百二十天，不能延长，应由当事人所在组织三分之二多数同意，并经直接上级组织批准。在停职期结束前，当事人所在党组织应启动有关纪律程序。在此期间，该党员不能以党的名义发表意见。

第四十三条　在特殊情况下，党员因个人问题可以向党组织请假，不履行党组织所要求的任务，但最长只能请假一年，期满后不能延期。在此情况下，不能以党的名义发表意见，但继续受党纪约束，应公开遵守党的方针，履行经济方面对党的义务。请假须经直接上级组织批准，重回党组织也须经直接上级组织批准。

第四十四条 任何违反纲领性原则、道德规范、纪律，或本章程所规定的义务，尤其是第十一条第二项的规定，或全国政治方针的组织，将视情节轻重，在不影响对相关组织的党员个体进行处罚的同时，对其做出如下处罚：

第一，警告。

第二，公开批评。

第三，解散组织。

单独条款 处罚应由直接上级党组织实施。在直接上级组织不作为时，由再上一级组织做出。

第四十五条 受到指控的组织，将会收到上级党组织发出的本章程第四十条提及的违纪事项书面通知，应确保该组织享有充分的辩护权利，具体如下：

第一项 在十五天时间内向监督委员会提交辩护材料。

第二项 针对监督委员会的报告提出反驳理由。

第三项 受到过失指控的组织，最多可由五人组成小组参加对其做出处罚决定的会议，有权进行口头辩护，提交证据，并可有至少三名证人。

第四十六条 在特殊情况下，在与党的全国政治方针和道德规范相抵触并给党带来消极影响的问题面前，党的委员会可以对下属组织采取为期一百二十天不是纪律处罚性质的预防性干预措施。此种措施不能延长，应经委员会委员三分之二多数同意，并经直接上级组织批准。在干预期间，应解散该组织的领导机构，并任命一个临时性领导机构。在干预期结束之前，委员会应启动相应纪检程序。

第四十七条 任何一种纪律处罚，不论是停职、预防性干预或者是准予离职，党员或党组织都可以向直接上级组织甚至代表大会提出申诉。

单独条款　在处罚判决之后的十五天期限内，受到纪律处罚的党员或党组织可以向直接上级组织提出书面上诉。该组织应听取监督委员会的意见建议，并在六十天内对上诉做出答复。

第九章　监督委员会

第四十八条　监督委员会是党的委员会的机构，拥有如下权限：定期检查党务活动中履行本章程和遵守道德规范的情况，启动纪检程序，审理党的各级组织的上诉，审查党的财务情况。监督委员会由相应委员会选举产生，由三到五名成员组成。根据中央委员会批准的规章运行。

第一款　在中央委员会和州委员会内必须设立监督委员会。

第二款　市委员会可自行决定是否设立监督委员会。如果没有设立监督委员会，尤其在需要对党的财务进行审查的情况下，其职责可由政治委员会或市委员会指定的其他委员会履行。

第三款　监督委员会在其成员中间选出一名书记，定期向所属委员会汇报活动情况。

第四款　相应委员会召开会议时，监督委员会通常也应同时召开会议。在特殊情况下，可以由监督委员会书记、党主席或政治委员会召集监督委员会会议。

第十章　共产党员在社会团体和社会运动中的活动

第四十九条　与广大人民群众、青年、进步知识分子紧密联合的城乡劳动者，是党的政治规划的核心驱动力。党重视在劳动者中开展活动，同时也参与青年运动、学生运动、社区运动以及包括妇女、黑人、印第安人在内的其他人民阶层的运动，重视推动文化、艺术、环境保护、性取向自由等运动，推动人权，推动退休者、儿童和青少年、受压迫和歧视的少数群体，推动民主和进步事业以及各国人民争取和平及国际团结的运动。反对工团主义倾向。根据党的方针，通过政治斗争联合上述运动。

与不同制度领域的行动紧密联系的群众政治行动是党参与和架构的核心要素。作为共产党员，必须扎根劳动者和人民之中，在政治、社会和文化生活的不同领域开展活动，以争取人民群众并按照党的政治规划方向提高群众运动的觉悟。

第五十条 党员应参与人民的组织和动员，以加强各种社团和社会运动。党员还应捍卫社团成员和人民群众的利益，尊重、维护和遵守上述团体和运动的自主、团结和民主生活。

单独条款 作为社团或运动领导者的共产党员应参加相应委员会领导下的基层党组织的活动。

第五十一条 当社团或运动具有全国性质或者其活动范围包括一个以上的市时，在其领导机构任职的党员可以组成一个党小组，分别服从党的中央委员会或州委员会领导。

党小组是协调社团或运动领导机构中的共产党员的辅助机构。党小组不具备一级党组织的权利，也不是党的领导机构。应指定一名协调者，定期向所属党组织汇报活动。

第一款 只要在社团或运动的领导机构中有三名或以上党员，应成立党小组。

第二款 参加党小组的活动，不能替代该共产党员参加其所属的基层组织或委员会的活动。

第五十二条 党重视在劳动者中间开展活动和建立组织，要在一切类型的群众组织和运动中开展活动，包括在企业内部，直至工会所在地。努力传播行动纲领，使其得到加强；同时，也要尊重其组织独立性。

第五十三条 在党的活动和内部生活中，反对歧视女性的斗争占优先位置。党推动争取女性解放、两性权利平等的斗争，鼓励党员加入致力于此项事业的团体，培养和造就女性干部和党员，制定扩大女性参与党的各级组织及其领导机构的政策。

第五十四条 中央委员会应定期召开关于女性问题的全国会议，并根据女性解放和参与变革的斗争及党的生活的需要，从性别的视角制定和实施政策。

第五十五条 女性问题全国会议应设立一个全国常设论坛，由党的中央委员会的一个秘书处进行协调。它将是构思女性解放政策和跟踪党的各项政策执行情况的平台。全国常设论坛的任期与两届女性问题全国会议的闭会期相同。

第五十六条 党支持巴西青年的斗争，保护他们的利益和权利，为实现他们的愿望而斗争。党鼓励发展青年运动和斗争，为使社会主义青年联盟更有活力并在政治、意识形态和组织方面得到加强作贡献。

所有青年共产党员在年满二十五岁之前都应参加社会主义青年联盟的活动。担任领导职务的，可以延至三十岁。

第五十七条 所有青年党员都应通过党的基层组织定期与党保持联系，在特殊情况下，参加由相应委员会召开的青年共产主义者大会，积极参与讨论党的方针，推动党的思想教育工作。遵守通过社会主义青年联盟组织的青年运动的行动标准。

第一款 鼓励选举青年共产党员进入各级委员会和政治委员会，使之成为他们更多参与党的生活的方式，不应指派他们在所在的党组织担任行政职务。

第二款 州委员会可以提供特定环境，使青年共产党员在青年运动中承担主要任务。

第五十八条 反对种族主义是党为实现社会和民族解放而斗争的纲领的重要内容，不仅只有在反对种族主义前线的党员，全党都应参与。

共产党人站在阶级斗争的立场，对本国的种族压迫进行马克思主义分析，支持并参与黑人及其组织的运动，通过制定反对偏见和歧视的政策、推动权利平等为战胜种族主义做出贡献。

第十一章　代表党担任公职的共产党人的活动

第五十九条　不论是担任通过选举获得的公职，还是充任由党指派的代理之职，抑或担任立法或行政机构委派的职务，或党所参加的所有政府机构，都构成重要的工作前线，都为党的政治目标服务，都应遵守党的中央委员会的相应规范。这些职位的共产党员应根据职位本身及所属党组织的规范和决议开展活动，不能凌驾于它们之上。在党的名义之下所取得的选举产生的职务属于党的整体。

在这些职位上，共产党人应尽其所能做到以下事项：

第一项　捍卫并传播党的政治方针和决议，贯彻实施所属的党的领导机构做出的决定。

第二项　珍视党的名称，诚实履行职务，关注公共事业和人民的权利，定期向组织汇报。

第三项　通过所在的组织，积极参加党的生活。

第四项　致力于反对实用主义和官僚主义行为，保持本人的习惯、生活方式及与原单位的社会关系。

第五项　利用自己的知识、自己所能得到的资料和信息，帮助党了解现实，以找到解决当下问题的创新性方法。

第六项　根据本章程第九条第三项的规定及党的领导机构的规范，交纳常规和特殊党费。

第六十条　根据本章程第三十四条第二款的规定，担任经选举产生的公职或由党指派的代理职务的党员，应坚持作为所属党组织的一员，或组建一个党集体。除非获得直接上级党组织的明确批准同意，党的主席原则上不在政府中担任职务；如果担任公职，应辞去所任主席职务。

第六十一条　即便担任议员的党员不是相应委员会委员，各级议会党团是相应委员会的一个机构。议会党团应接受相应委员会政治委员会的领导，遵守党的中央委员会的各项规章制度，党委负责监督议会党团，议会党团由相关领袖协调。在征求议会党团成员意见后,由党的政治委员会指定各级党团领袖。

第六十二条 在各级议会的党团应根据指导党组织运行的总体规章履行职责,还应该履行参加相应党组织的义务。议会党团应定期开会讨论党的政策及在议会中的提案,明确投票时应采取的立场,给党派驻议会委员会的代表提供建议,负责确定议题,参加全国性或国际性活动。议会党团的所有成员都有义务执行政治委员会的决议,议会党团的决议应得到相应政治委员会的批准。如何行使咨询的职责应由党的议员与相应政治委员会协商确定。

第十二章 党的交流传播媒介

第六十三条 党的交流传播媒介由一系列负责信息、政治方针和党的方针与社会主义宣传工作的传播组织组成。对于党的政治行动、组织建设、政治和思想教育以及讨论和阐述国内和国际热点问题而言,交流传播媒介必不可少。

《工人阶级报》创建于1925年,是党的中央机关报。党在因特网上的门户网站也是使党与党员和全社会得以进行日常交流的工具。理论杂志是党与进步知识分子进行互动和传播自身学术成果的工具。宣传党的出版物是所有党员及党组织的一项义务。

第一款 党的全国性传播媒介的领导机关应由中央委员会任命。

第二款 在不影响中央机构传播的情况下,州、市委员会可以在其辖区发行出版物。

第十三章 毛里西奥·格拉博伊斯基金会

第六十四条 毛里西奥·格拉博伊斯基金会属于法人组织,有自己的领导机构和章程。它是党从事科学研究、构思及政治和理论培训等活动的协作机构，是一个理论、科学和文化性质的协会，是共产党员参与思想斗争以及与马克思主义和进步知识分子对话和联系的平台。

高级知识分子在推动社会转型，提高巴西劳动者和人民的觉悟水平，发展国家社会经济、文化、科学和技术及维护国家主权等方面都发挥突出作用。共产党人与其一起行动，以发展马克思主义，并加强为《巴西社会主义纲领》的斗争。

毛里西奥·格拉博伊斯基金会由党员和学术、文化与知识界打算与党合作的人士组成。目标主要有：

第一，受中央委员会委托，推动和支持在政治、经济、社会、文化、技术和环保等领域对巴西和国际现实进行调查、研究和分析；根据基金会工作纲领，组织学习小组、会议、研讨会、讨论会和其他活动；研究和宣传巴西人民、工人运动和巴西共产党的历史。

第二，通过理论和政治形势课程，推动党员的政治和思想理论教育工作；根据要求协助党的领导机关和党的议会党团履行其职责；向党的组织机构提供技术服务、咨询和协助。

第三，同国内或国际公私机构签署并履行协议，与之交流；编辑制作刊物、电视节目、录像、电影、因特网、音频或其他必要媒体形式，以推动党的理念宣传及理论和政治教育活动。

第一款　除了其他可以采取的措施之外，党的中央委员会应把所获政党资助的至少百分之二十拨给毛里西奥·格拉博伊斯基金会使用。

第二款　在遵守毛里西奥·格拉博伊斯基金会章程规定的情况下，党的中央委员会任命党员担任基金会领导。

第三款　在毛里西奥·格拉博伊斯基金会章程允许的范围内，党的各联邦单位委员会可以建议设立毛里西奥·格拉博伊斯基金会分部。

第十四章　党产与财务管理

第六十五条　党产主要包括有权和有义务获得诸如证券、财产收益和党通过自有资金、捐赠、法律允许的遗产或其他形式获得的动产和不动产。

第六十六条 党的财政收入有：

第一项 根据本章程第九条的规定，通过党员交纳党费获得的资金。

第二项 党员或党的同情者的捐款。

第三项 通过党所组织的竞选和募捐活动筹得的款项。

第四项 出售出版物和宣传材料所得。

第五项 法律许可的商业性质的合同和协议所得。

第六项 政党基金的资助。

第七项 其他不违法的捐献，诸如自然人或法人的可以折合成金钱的实物捐赠、服务或工作。

第六十七条 党的各级委员会有在其辖区内筹集资金并妥善加以使用的自主性，以为党的各级组织的良好组织和有效运行提供必需条件。所有层级的政治委员会都应向相应委员会和选举法院提交收支账目，应遵守经济和财务自给自足、收入集中和分配、合法、道德、诚实、透明、定期报账和集体监督等原则。

第一款 中央委员会将根据相应规范确定在党的各级组织中分配从各种来源获取的资源的比例。政党资助将在本章程第六十四条第一款规定的基础上，按中央委员会百分之八十、联邦单位委员会百分之二十的比例分配。

第二款 各级委员会可以就其名下的社会财产的管理做出决定，包括可以获取、转让、出租、租用或抵押财产，也可以接受捐赠和遗产赠予。

第三款 党的资金由各级政治委员会管理，由主席办公室和财务秘书处负责，应每年向相应委员会提交一次账目。应在全国代表大会期间公开全党资金账目；在选举州、市委员会的州、市党员代表大会召开时，向代表大会报告。

第四款 当需要时，监督委员会有权查账并就政治委员会提交的账目提出意见；可以要求对方提出理由和解释性材料，为了更好地履行其职责，监督委员会有权自由查阅所有必要文件；相应监督委员会的意见，是向选举法院提交账目的先决条件。

第五款 党员不用偿还以党的名义欠下的债务，但是如果浪费党的资金和财产或给党造成损失，违反合法和诚实原则、本章程的规定以及党的领导机构的规范，就要负法律责任。

第六十八条 除非党的相应财务秘书或政治委员会主席授权，任何人，无论党员与否，以个人名义或使用党的法人全国登记号所进行的任何金融交易，党都不会替其承担责任。

第一款 党的各级组织都应拥有自己的法人全国登记号。

第二款 未经相应负责人授权，任何党组织或党员使用任何一级党组织的法人全国登记号都构成严重违纪行为，应受到相应纪律处罚。

第六十九条 党的账目报告应符合会计基本原则、国家关于会计的规范和国家法律中包含的其他规定。

第一项 记账工作应由精通会计业务的专业人员进行，以便可以查清收入来源和支出去向，同时也有利于查清财务状况。

第二项 依法履行向选举法院上报账目的义务。

第三项 在做党的年度收支和选举年收支状况账目报表时，应使用由选举法院提供的表格，同时还应遵守法律中的其他规定。

第四项 除非是毛里西奥·格拉博伊斯基金会所做的投资，不对其任何收支情况进行会计记录，但应记在基金会自己的账目上。

第十五章 最后条款

第七十条 巴西共产党的名称缩写为"PCdoB"，选举编号为65。党徽是交叉的一把镰刀和一把锤子，象征城市和农村劳动者的联盟。党旗为红色横向长方形，中间为黄色党徽和白色名称缩写。

第七十一条 党的全国总部及其办公地在联邦区巴西利亚。

第七十二条 本章程经党的全国代表大会批准后方可生效，应刊登在联邦官方公报及党的报刊上，应到民事职能机构注册登记，并提交给最高选举法院。

单独条款　任何需要得到选举法院批准的审理、修改或改动,应由党的中央委员会做出决定,并由其提交选举法院。

（依据 2009 年 11 月修订的巴西共产党章程译出,来源:www. pcdob. org. br/）

（靳呈伟　译校）

后　记

本书是国家出版基金资助项目"世界主要政党规章制度文献"之一，同时也是中央编译局社会科学研究项目"拉美民主进程中的政党治理——基于党内法规建设的角度"（13B08）的阶段性成果以及中国博士后科学基金资助项目"拉美政党法规研究"（2016M590115）的前期成果。

本书是集体劳动成果。中国社会科学院拉丁美洲研究所周志伟、刘镓、何露杨团队，中国现代国际关系研究院拉美研究所孙岩峰研究员，北京语言大学西班牙语系刘柳老师，天津外国语大学西班牙语系张鹏老师，中央编译局赵悦、于春伟等等，都付出了辛勤劳动。对他们表示诚挚的感谢。

为了保持全书前后的一致性，我对译文进行了校对和统稿。在此过程中，结合专业知识，做了大量修改。由于时间关系且改动颇多，相关修改未来得及和上述译者探讨，向他们表示歉意。同时，我也愿意承担相关责任。

本书翻译的墨西哥、巴西两国的政党文献原文为西班牙语和葡萄牙语。受相应语言以及时间和能力等方面所限，虽经校对和统稿，但仍不免存在错漏，请读者朋友批评指正（联系邮箱：cctbjinchw@ yeah. net）。另外，其中一些文献已经有了新的修订版本。请读者朋友使用时注意比对本书中所依据的文本与新文本之间的差异。

对中央编译出版社薛迎春编辑细致、认真的工作表示感谢！

靳呈伟

2016 年 6 月

图书在版编目（CIP）数据

世界主要政党规章制度文献. 墨西哥、巴西 / 俞可平主编；靳呈伟分册主编. —北京：中央编译出版社，2016.5

ISBN 978-7-5117-3031-2

Ⅰ.①世… Ⅱ.①俞… ②靳… Ⅲ.①政党-规章制度-文献-墨西哥 ②政党-规章制度-文献-巴西 Ⅳ.①D564

中国版本图书馆 CIP 数据核字(2016)第 123595 号

世界主要政党规章制度文献. 墨西哥、巴西

出 版 人：葛海彦
责任编辑：薛迎春
责任印制：尹　珺
出版发行：中央编译出版社
地　　址：北京西城区车公庄大街乙 5 号鸿儒大厦 B 座（100044）
电　　话：（010）52612345（总编室）　　（010）52612335（编辑室）
　　　　　（010）52612316（发行部）　　（010）52612317（网络销售）
　　　　　（010）52612346（馆配部）　　（010）55626985（读者服务部）
传　　真：（010）66515838
经　　销：全国新华书店
印　　刷：山东鸿君杰文化发展有限公司
开　　本：787 毫米×1092 毫米　1/16
字　　数：552 千字
印　　张：38.5
版　　次：2016 年 5 月第 1 版第 1 次印刷
定　　价：230.00 元

网　　址：www.cctphome.com　　邮　　箱：cctp@cctphome.com
新浪微博：@中央编译出版社　　微　　信：中央编译出版社（ID：cctphome）
淘宝店铺：中央编译出版社直销店（http://shop108367160.taobao.com）　　（010）52612349

本社常年法律顾问：北京市吴栾赵阎律师事务所律师　闫军　梁勤
凡有印装质量问题，本社负责调换。电话：（010）55626985